はじめに

2021年の共通テストは，センター試験と比べると，資料や会話文などの場面設定を利用した問題など形式的に変化がみられ，読解力や思考力を要する問題が増えて問題文が長くなり，解答に時間を要するため，大問数，マーク数とも少なくなったが，問題の内容と難易度には変化はなかった。本書は，これまでのセンター試験と共通テストの地理Bの問題をふまえ，出題の可能性が高い事項や用語，地名を精選し，共通テストに必要な知識を効率的に学習できるように作成されている。以下に記した地理学習の基本や共通テストの出題傾向などを参考にして，学習を進めてほしい。

(1)地理学習の基本

地歴・公民科の学習は「暗記」と考えがちであるが，地理は分布や統計の背後にある法則性を読み取ることが重要で，論理的な思考によって理解を深め，応用力を身につけることができる。たとえば，イギリスやドイツなどヨーロッパ中部で産業革命当時に工業が発展したのは，この地域が古期造山帯で石炭の埋蔵が多かったこと，平野が広く西岸海洋性気候であることから，河川が緩やかで流量が安定し内陸水路交通に適していたことなどが背景となっている。一方，日本では資源のほとんどを輸入に依存したため，ヨーロッパと違い工業地域は臨海地域に集中している。

統計についてもみてみよう。近年，発展途上国で都市への人口流入が活発なことから，都市人口率も高いと勘違いする受験生が多いが，発展途上国では依然として第１次産業人口割合が高い。そこで，「第１次産業人口率が５割前後もあるのに都市人口率が８割もあるはずがない」と考えられればよいのである。このような地理的見方・考え方ができるようになると，共通テストで初見の図表をみたときもあわてることなく対処できる。もっとも，英語学習でいくら文法に精通しても単語を知らなければ読めないのと同様に，地理でも重要な用語や地名，位置を知らなければ論理的思考もできない。地理ができないという受験生の多くは単に学習時間が不足し，知識が足りないか曖昧なだけである。英数国とまではいわないが，ある程度時間をかければ必ず地理の得点は伸びるので，本書を繰り返し読み返し，知識を増やし，確実なものにしてほしい。

(2)共通テストの出題傾向

①**出題分野**：2021年からの共通テストは，自然環境と自然災害，資源と産業，村落・都市と人口，地誌，地域調査の５題で，2025年からの『地理総合，地理探究』は６題，『地理総合，歴史総合，公共』の中の地理総合は４題の予定。

②**出題内容**：図表か資料をみて判定する問題で，地図や写真，統計地図，グラフ，統計表などの読み取りで地理的見方・考え方を試し，地形図の読図問題も定着している。

(3)地理総合と地理探究，本書の構成と使い方

地理総合と地理探究は旧課程の地理Ａと地理Ｂに類似しており，学習項目は，地理総合は，地図と地理情報システムでとらえる現代世界，国際理解と国際協力，持続可能な地域づくりと私たち，地理探究は，現代世界の系統地理的考察，現代世界の地誌的考察，現代世界におけるこれからの国土像で構成されている。地図と地理情報は地理総合のみに掲載されており，他の項目は地理総合と地理探究でほぼ同じであるが，例えば，工業の立地は地理総合には書かれておらず，ほとんどの項目で地理探究は詳しい。本書では，第１部「現代世界の系統地理的考察」に地図，自然環境，環境問題，農業，鉱工業，交通・通信，人口，都市，民族，国家などの系統的分野を，第２部「現代世界の地誌的考察」に世界各地の地誌と日本を含めた。各項は，重要事項の説明と図表でのチェックで構成され，空欄と赤字の用語・地名は重要なので必ず覚えるようにしてほしい。

2024年１月

著　者

もくじ

第Ⅰ部 現代世界の系統地理的考察

第Ⅱ部 現代世界の地誌的考察

第Ⅲ部 大学入学共通テスト問題

第Ⅰ部 現代世界の系統地理的考察

コイリン（桂林）のタワーカルスト

1章 地図の利用

1 緯度・経度と時差

1 **地球の大きさ**：赤道，子午線全周は約［　1　］万km。地軸は［　2　］度傾いて公転しているため，季節変化が生じ，南北半球では季節が反対になる。

2 **緯度**：緯度は赤道を０度，北極・南極をそれぞれ北緯・南緯90度とする。太陽の南中高度が90度となるのは，赤道では春分・秋分，［　3　］(23.4°N)では夏至(６月20日頃)，［　4　］(23.4°S)では冬至(12月20日頃)。**北極圏**(66.6°N)では［　5　］，**南極圏**(66.6°S)では［　6　］のときに太陽が沈まない白夜となる。

3 **経度**：経度は，ロンドンを通る経線を０度(本初子午線)，その東側を東経，西側を西経とし，東経・西経180度は同一経線で太平洋中央部を通る。

4 **時差**：地球は北極上空からみて反時計回りに自転している。１日は日付変更線(ほぼ経度180度に対応)から始まり，24時間で360度回転するので，経度差［　7　］度で１時間の時差を生じる。世界標準時は，経度０度を基準とし，日本は135°E(兵庫県［　8　］市を通る)を標準時子午線としているので，世界標準時との時差は，135÷15＝９時間，すなわちロンドンより９時間進んでいる。時計を１時間進めるサマータイムは欧米を中心に約60か国で導入されている。

図表でチェック

1 地球

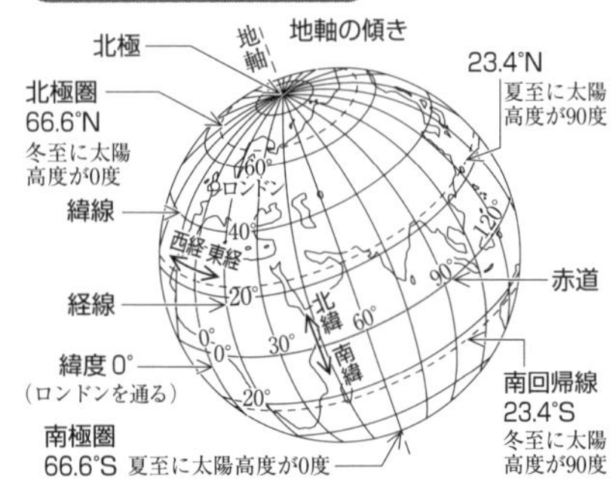

2 地球の公転と四季

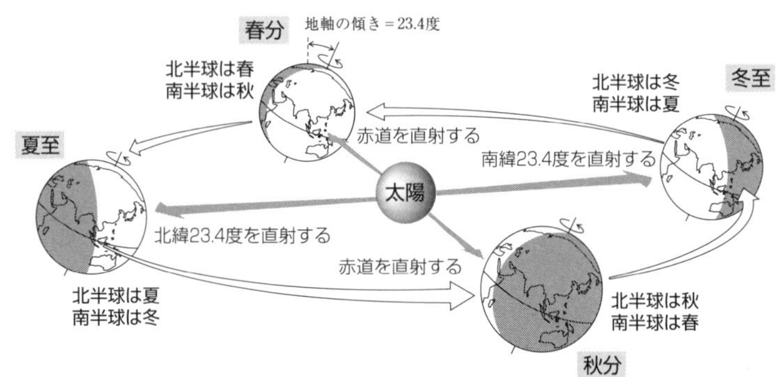

3 等時帯(2020年)

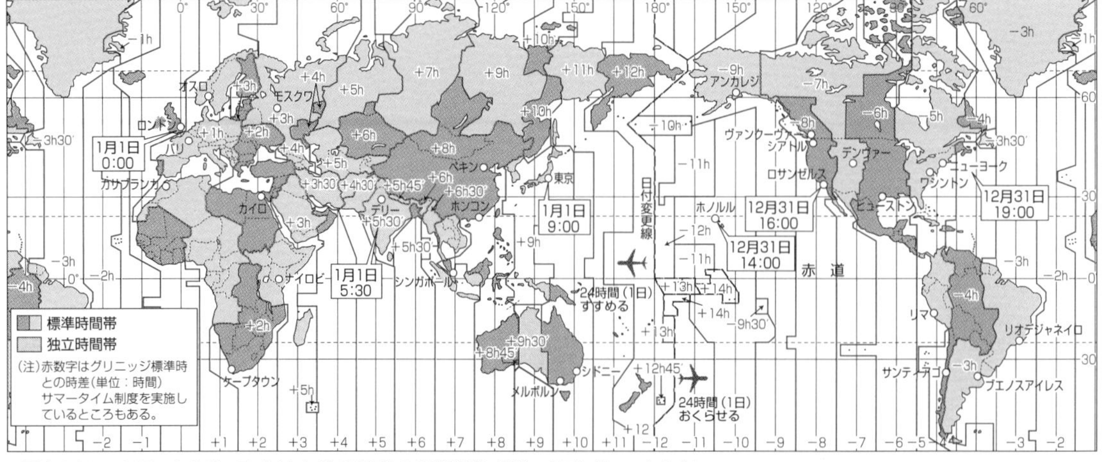

▲国土の広いロシア，カナダ，アメリカなどでは複数の等時帯があるが，中国には一つしかない。

[時差の計算]

東京国際空港を１月１日17：00に出発した航空機が，10時間後にロサンゼルスに到着した。右の図を参考に，到着時の現地時刻を求めよ。
ただし，ロサンゼルスの標準時子午線は120°Wである。

→東京とロサンゼルスの経度差は　135°＋120°=255°
　経度15°で１時間の時差が生じるので両都市の時差は
　255：15=17時間
　１日は日付変更線から始まるので，ロサンゼルスは東京より17時間遅れている。
　すなわち，成田を出発した１月１日17：00はロサンゼルスでは１月１日０：00
　よって，10時間後の１月１日10:00が到着時の現地時刻である。

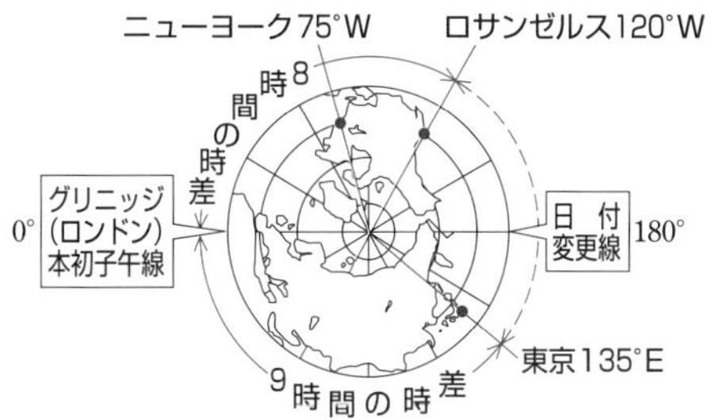

ロサンゼルスは東京より17時間遅れ。

［問題１］ ニューヨーク発１月１日11：30発の航空機が，１月２日15：30に東京国際空港に到着した。所要時間を求めよ。ただし，ニューヨークの標準時子午線は75°Wである。　（　　　　　　　　　）

4 緯度・経度

［作業１］ 次の経緯線，都市を上の世界地図に記入せよ。
赤　　道：ナイロビ，シンガポール，キト
北回帰線：リヤド，ダッカ，ホンコン，ハバナ
北緯30度：カイロ，デリー，シャンハイ，ニューオーリンズ
北緯40度：マドリード，タシケント，秋田，ニューヨーク
北緯60度：オスロ，サンクトペテルブルク，アンカレジ(アラスカ)
南回帰線：プレトリア，サンパウロ
本初子午線：ロンドン，アクラ(ガーナ)
東経90度，西経90度，日付変更線

2 地図の発達と図法(地図投影法)

[1] 地図の発達と世界観の変化

①**古代**：地球円盤説(バビロニアの世界地図)から地球球体説(アリストテレス)へ。エラトステネスによる地球の大きさの測定(紀元前3世紀)，プトレマイオスの円錐図法による経緯線の入った世界地図(２世紀)。

②**中世**：TOマップはキリスト教世界観により，球体説から円盤説に戻る。

③**大航海時代**：最古の地球儀(マルティン・ベハイム，1492年)。メルカトル図法。

④**日本**：行基図(９世紀)，伊能忠敬の実測図(大日本沿海輿地全図，1821年)。

[2] 投影面による分類：球面の地球を，平面の地図上に描く方法を地図投影法(図法)といい，投影面の違いから，円筒図法，円錐図法，平面図法に分類。

[3] 用途による分類：面積，角度，距離，方位を地図の４要素といい，どれを正しく表すかによって，正積図法，正角図法，正距図法，正方位図法に分類。

[4] 正積図法

①**サンソン図法**：緯線は，実際の緯線の長さに対応した等間隔の直線で表し，経線は正弦曲線。低緯度地方の歪みは小さいが，高緯度地方の歪みが大きい。

②**モルワイデ図法**：経線を楕円曲線とし，高緯度地方の経線を実際より長く表して歪みを小さくしてあるが，面積を正しくするため緯線間隔は高緯度ほど狭い。

③**グード(ホモロサイン)図法**：低緯度地方を[　1　]図法で，高緯度地方を[　2　]図法で描き，緯度40度付近で両者を接合した図法。さらに陸地の形の歪みを小さくするため，海洋部分で断裂してある。

④**ボンヌ図法**：円錐図法を改良したもので，緯線は等間隔の同心円。周辺部の歪みが大きいため，図の中央部を大陸図，地方図として利用。

[5] 正角図法

● [　3　]図法：円筒図法を改良したもので，任意の２地点を結ぶ直線は[　4　]航路(経線に対して一定の角度を保つ航路)を示し，大航海時代以降海図として利用された。高緯度ほど面積と距離が拡大され，極は描けない。

[6] 正距図法

● [　5　]図法：図の中心と任意の地点を結ぶ直線は[　6　]航路(最短コース)を示し，その地点までの距離と方位が正しい。航空図，国連マークに利用。

[1] 地図の発達と世界観の変化
❶
[2] 投影面による分類
❷
[3] 用途による分類
[4] 正積図法
❸
1
2
[5] 正角図法
3
4
[6] 正距図法
5
6

図表でチェック

❶ TOマップ

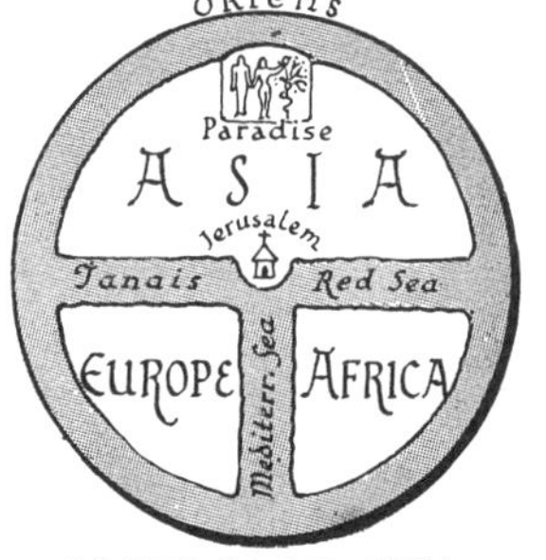

中心はエルサレムで，東が上。

❷ ３つの投影法

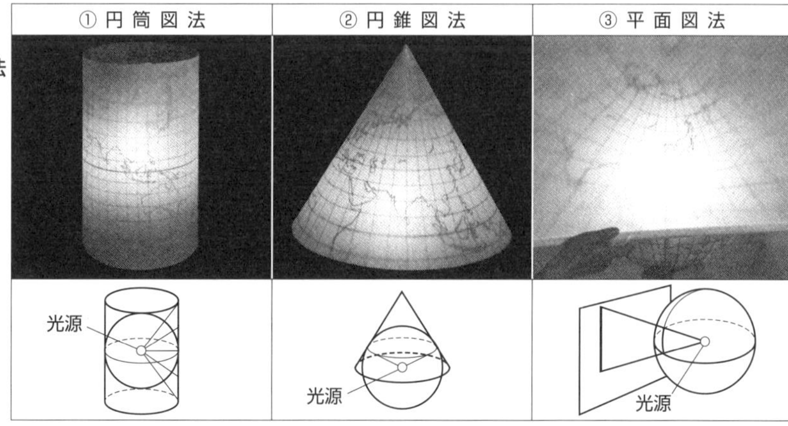

3 さまざまな図法

（a　　　　　　　　）図法

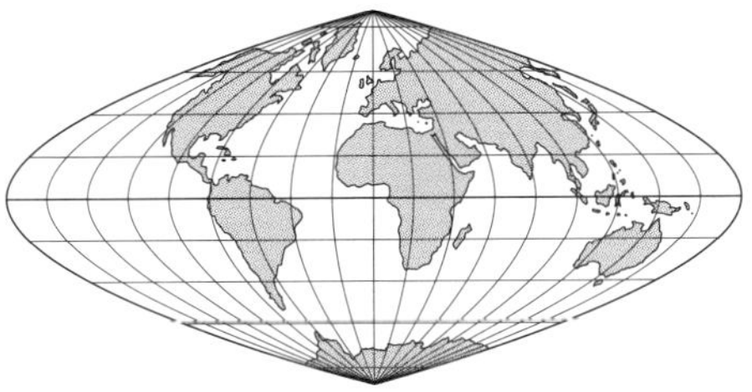

（b　　　　　　　　）図法

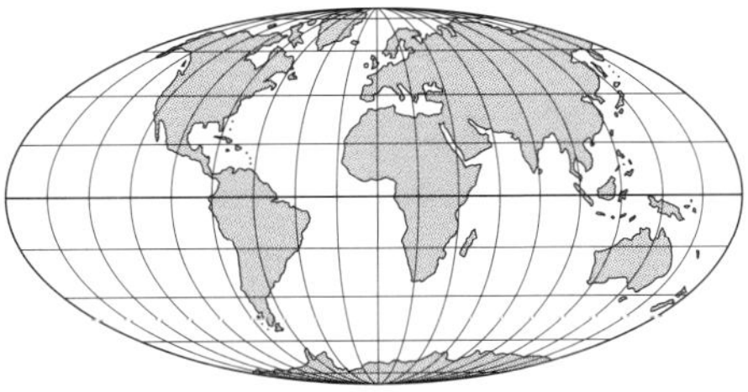

（c　　　　　　　　）図法

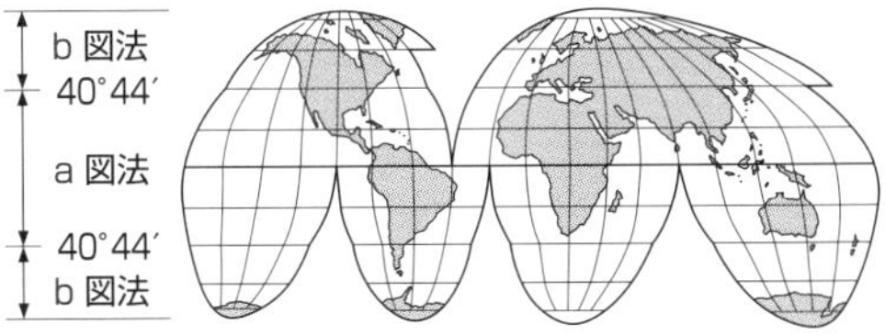

b 図法
40°44′
a 図法
40°44′
b 図法

（d　　　　　　　　）図法

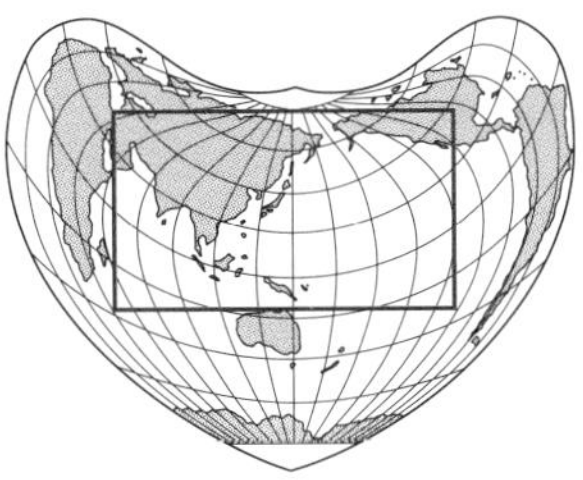

（e　　　　　　　　）図法

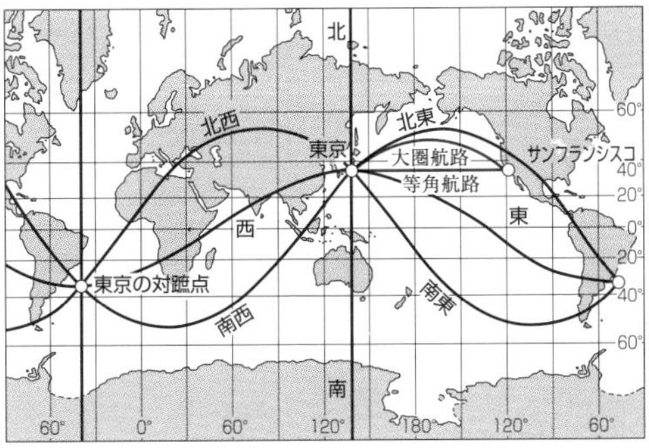

北
北西
東京
北東
大圏航路
等角航路
サンフランシスコ
西
東
東京の対蹠点
南西
南東
南
40°
20°
0°
20°
40°
60°
60°
60°
0°
60°
120°
180°
120°
60°

（f　　　　　　　　）図法

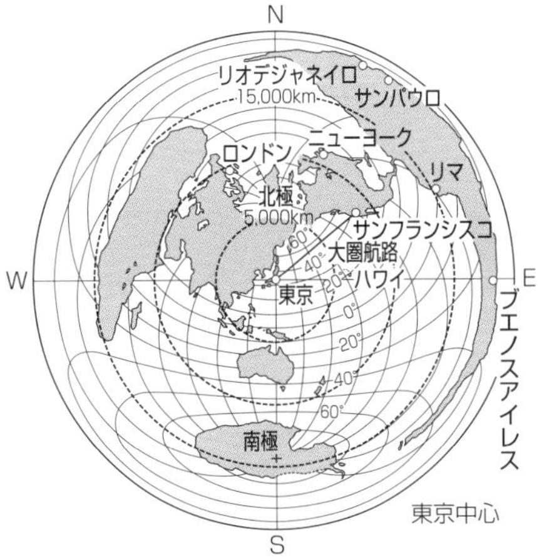

N
リオデジャネイロ
15,000km
サンパウロ
ロンドン
ニューヨーク
リマ
北極
5,000km
サンフランシスコ
大圏航路
ハワイ
W
東京
E
ブエノスアイレス
南極
東京中心
S

［問題1］　a～fの図法名を答えよ。
［問題2］　eで，60度の緯線は赤道の何倍の長さで表されているか。　（　　　　　　）
［問題3］　fで，東京からみたニューヨークの方位と距離を答えよ。　（　　　　　・　　　　　　）

［解説］　**大圏航路と方位**

経線や赤道に沿って地球を切ったときのように，地球の中心を通る切り口を大円という。２地点間の最短経路は必ず両地点を結ぶ大円上を通り，大圏（大円）航路と呼ばれる。地図上で距離という場合は，大圏航路上の距離をいう。また，A地点からみたB地点の方位は，A地点を通る経線とA・B地点を結ぶ大円のなす角で表される。正距方位図法による世界全図では，円周は中心の対蹠点を表し，半径は２万kmである。

B
方位角
A
大円
O
A′
小円

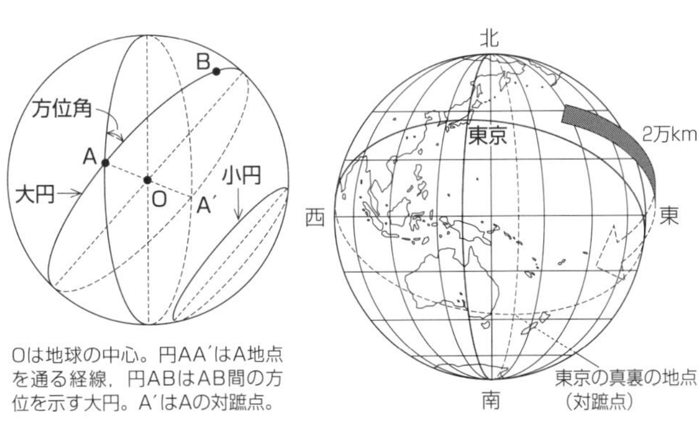

Oは地球の中心。円AA′はA地点を通る経線，円ABはAB間の方位を示す大円。A′はAの対蹠点。

北
東京
2万km
西
東
南
東京の真裏の地点
（対蹠点）

3 いろいろな地図

1 統計地図：絶対分布図(①～④)と相対分布図(⑤・⑥)

①[　1　]：絶対的な数量の分布を点(ドット)で表す。

②[　2　]図：連続的に変化する数量の分布を表す。気温，降水量など。

③図形表現図：絶対的な統計値を円や球，正方形，棒などで表す。

④流線図：移動の方向を矢印で，移動量をその幅で表す。

⑤階級区分図：相対的な統計値をいくつかの階級に区分して表す。

⑥メッシュマップ：地図に網(メッシュ)をかけ各方眼の数値を階級区分して表す。

⑦カルトグラム：統計値を効果的に示すため地図を変形して表す。

2 新しい地図と地理情報

①[　3　](遠隔探査)：ランドサット，ひまわりなどの人工衛星で対象物から反射・放射される電磁波を収集・分析し，土地利用や気象，海洋などの情報を得る。

②GIS(Geographic Information System，地理情報システム)：標高，人口，土地利用などの地理情報をデータベース化し，コンピュータを利用して必要な情報を取り出し，組み合わせて地図化する。デジタル地図など。

③GPS(全地球測位システム)：アメリカが複数の人工衛星からの電波を利用して位置を測定。カーナビゲーションシステムや電子基準点，スマホなどに利用。EU，ロシア，中国などのものも含め総称はGNSS(全球測位衛星システム)。

1 統計地図
1
2
1

2 新しい地図と地理情報
3

Global Positioning System

Global Navigation Satellite System

図表でチェック

1 統計地図

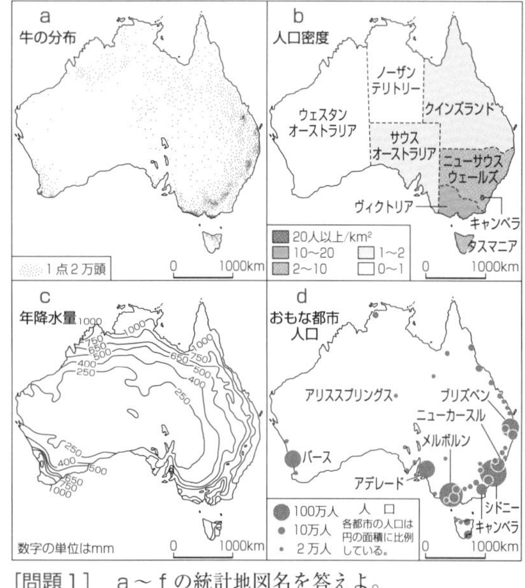

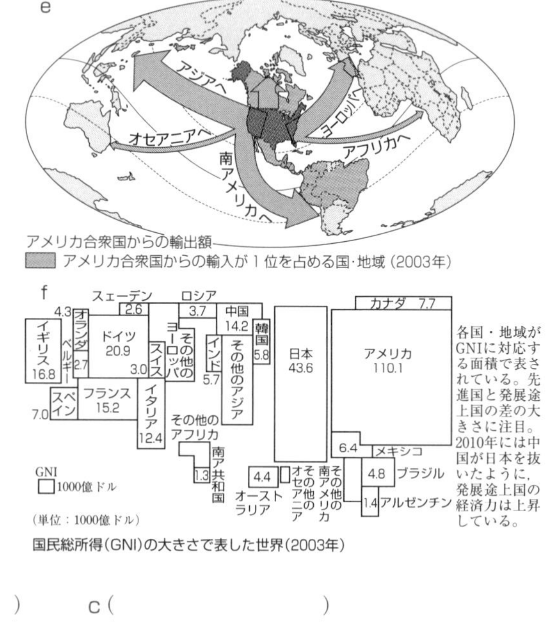

国民総所得(GNI)の大きさで表した世界(2003年)

[問題1]　a～fの統計地図名を答えよ。

a(　　　　　　　　)　b(　　　　　　　　)　c(　　　　　　　　)

d(　　　　　　　　)　e(　　　　　　　　)　f(　　　　　　　　)

4 地形図

日本では，国土交通省国土地理院が発行。2万5千分の1地形図は写真測量などにより作成された実測図で，5万分の1地形図はこれをもとに作成された編集図。都市部を中心に1万分の1地形図も発行されている。地理院地図でデジタル化。

1 **等高線**：計曲線，主曲線は連続して描かれるが，補助曲線は，緩傾斜地など主曲線だけでは起伏が十分表現できない場合に部分的に描かれる。崖，岩などの記号の部分では等高線は描かれない。等高線間隔が狭いほど急傾斜。

2 **距離**：2万5千分の1地形図では1cmが[　1　]m，5万分の1地形図では1cmが[　2　]mを表す。

3 **面積**：求められている単位に換算してから計算する。たとえば，5万分の1地形図で，4cm×6cmの長方形の面積(km^2)は，2km×3km＝6km^2。2万5千分の1地形図で，2cm×2cmの正方形の面積(ha)は，[　3　]ha(1haは100m×100m)。

4 **平均勾配**：標高差／水平距離で求め，分数のままでよい。

1

1 等高線

2 3 4 5 6

2 距離

1

2

3 面積

3

4 平均勾配

図表でチェック　1 地形図の記号(1：25,000)

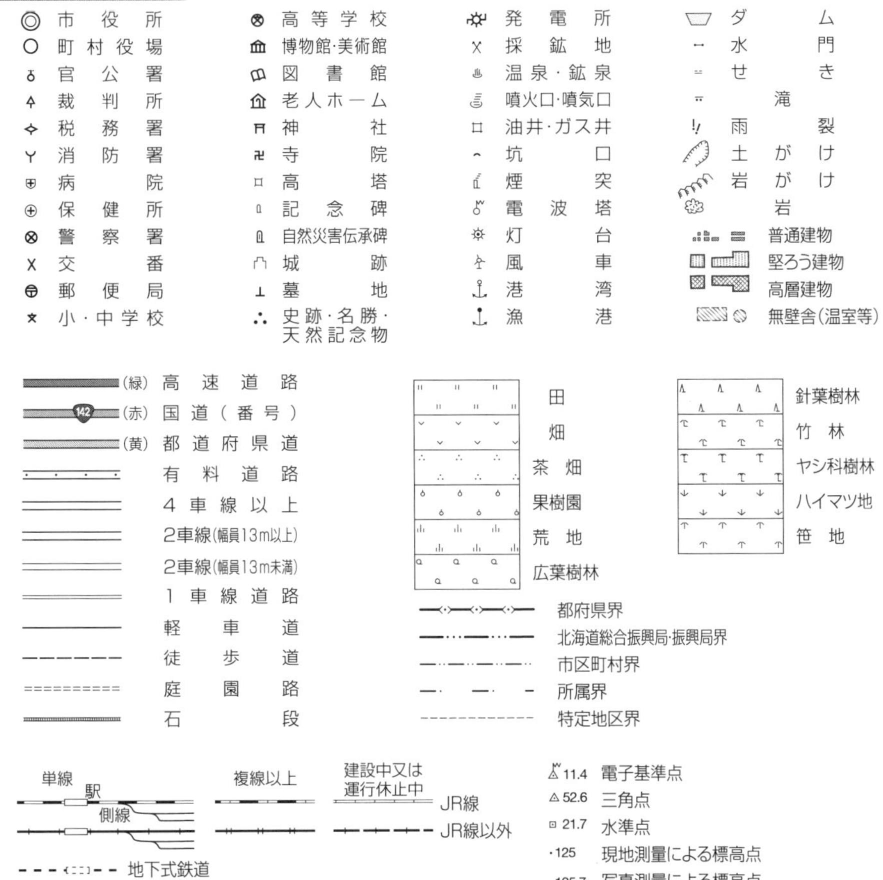

(平成14年·平成25年 2万5千分1地形図図式(令和元年一部改正)，平成24年電子地形図25000地形図図式(令和元年一部改正) をもとに作成、印刷の都合上モノクロで表現)

2 等高線の種類

種類＼縮尺	表し方	1：25,000	1：50,000
計曲線	―――	50m間隔	100m間隔
主曲線	――	10m 〃	20m 〃
補助曲線	―　―	5m 〃 2.5m 〃	10m 〃
	- - - - -	(数値を表示)	5m 〃
地図上の 1cm		250m	500m
実際の 1km		4cm	2cm
1km²		16cm²	4cm²

3 等高線の高さを読む(1：50,000)

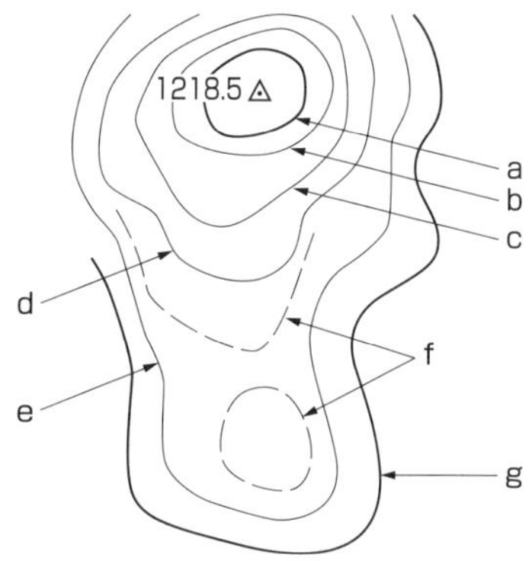

▲a…1218.5mの三角点より低い計曲線だから1200m。
b…1200mの計曲線より20m低い主曲線だから1180m。
同様にc…1160m，d…1140m，
e…1120m，g…1100m。
fは1140と1120の間の補助曲線だから1130m。

4 断面図の描き方

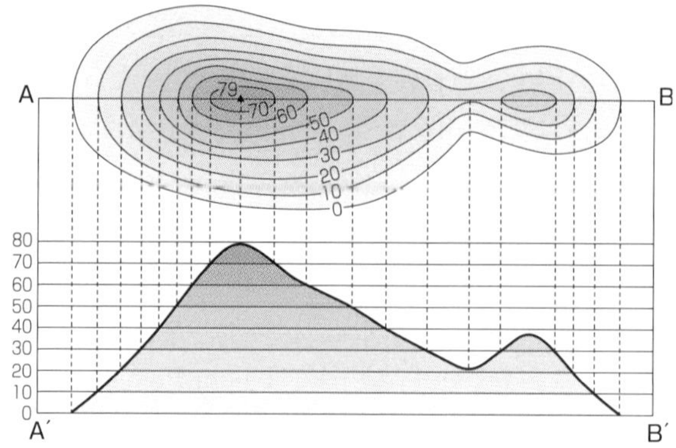

①目標位置にＡＢ線を引く。
②ＡＢに平行線Ａ′Ｂ′を引き，高さを表す数字を記入する。
③ＡＢ線と等高線の交点から垂線を下ろす。
④平行線との交点を結んでいく。

5 尾根と谷，下の集水域

尾根線とは，図１のように，進行方向に向かって左右両側が，自分のいる所よりも低い道すじをさす。図２に示すように，山頂など閉曲線で表される周囲より高い地点(Ｐ)から等高線が張り出したＡ～Ｃの３方向へのびる線が該当する。谷線は，尾根とは反対にＰに向かって鋭角的に入り込んでいるＤからＰへ向かう線で，川は必ず谷線を示している。図３で細かくみると，Ｒの標高は330mで，両側の320mの等高線より高いため尾根，Ｑの標高は230mで，両側の240mの等高線より低いため谷である。また，尾根は降ってきた雨水の流れる方向を分ける線であり，この線を分水界という(図４)。図５で，尾根線Ｐ～Ｑの両側に降った雨は，ａとａ′の谷に分かれて流れ込み，Ａで合流する。また，ダムＸを造るとすれば，尾根Ｐ～Ｑ，Ｐ～Ｒで囲まれた範囲に降った雨が貯水される。この範囲を集水域と呼ぶ。流域はこれと同義で，河川に水が流れ込む範囲全域をさす。

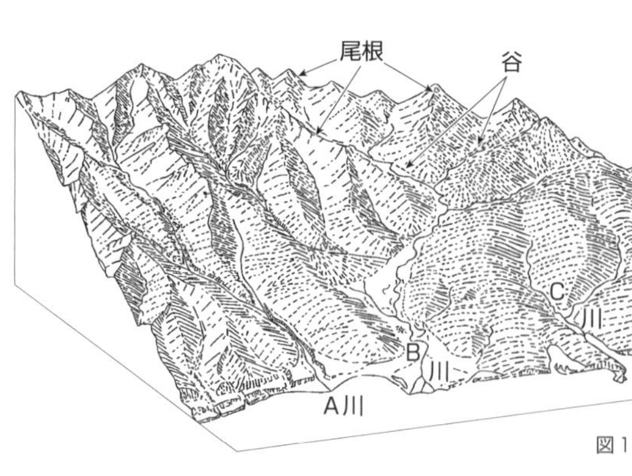

図１

［作業１］　Ａ川・Ｂ川・Ｃ川の流域を図示せよ。

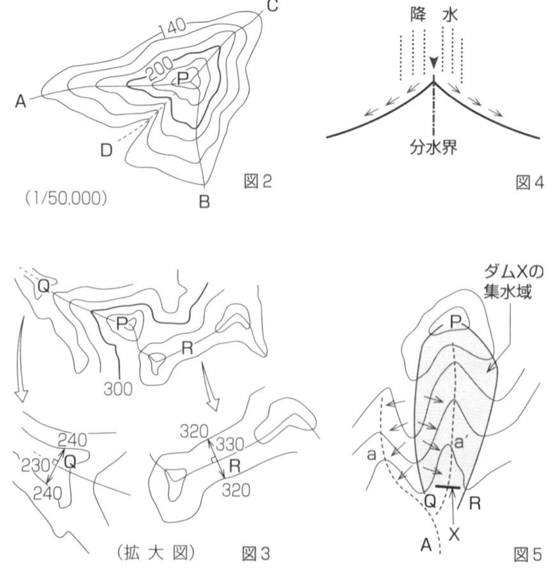

図２　図４　図３　図５

6 尾根と谷，集水域

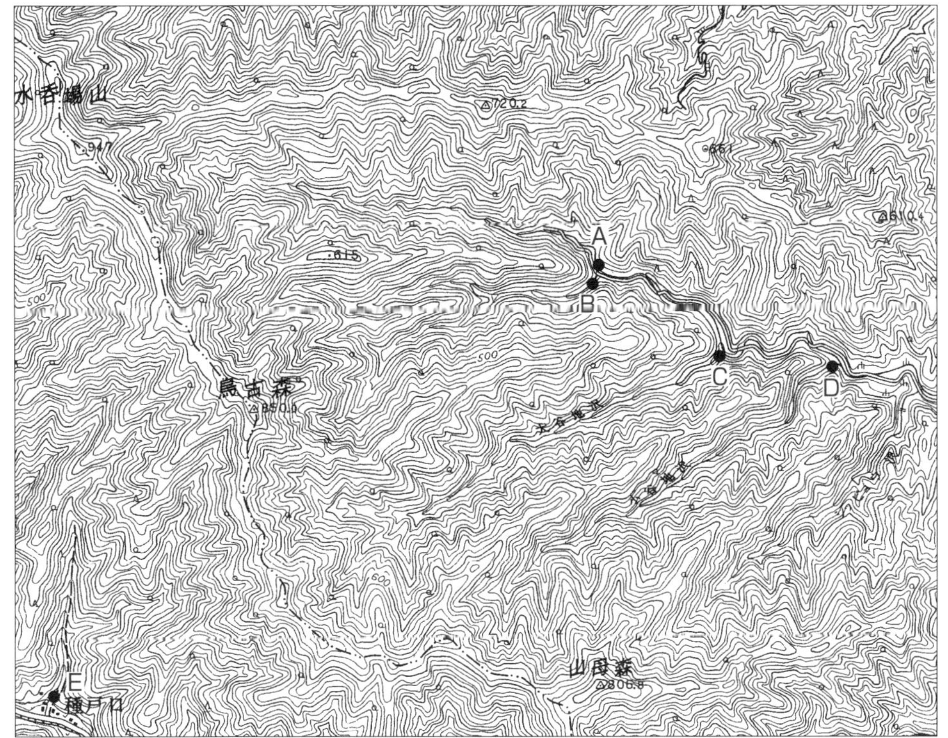

［作業２］　(1)尾根線を実線，谷線を破線で記入せよ。
(2) A～E地点にダムを建設したときの集水域を図示せよ。

〈解答例〉

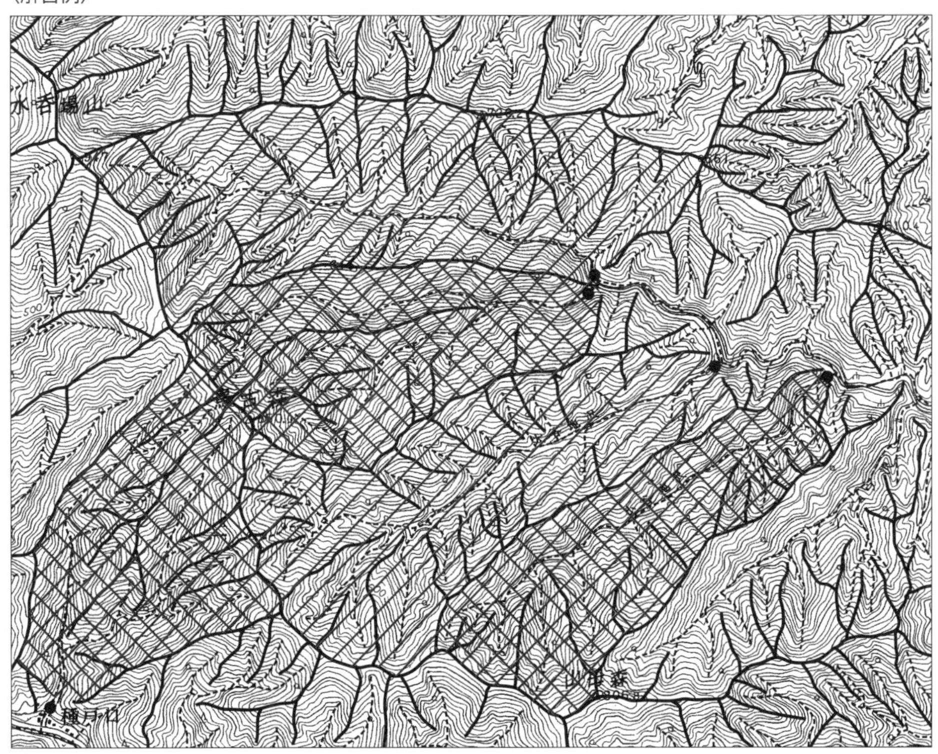

2章 地形

1 大地形

1 海陸比と大陸の高度別面積割合：海洋と陸地の比率は71：29。大陸の平均高度は，厚さ約2000mの大陸氷河に覆われる南極が最高で，ヒマラヤ山脈，チベット高原のあるアジアがこれに次ぐ。200m未満の低地の割合は[　1　]が最も高く，沿岸に低地の少ない[　2　]で低い。

2 地形の成因

①**内的営力**(営力：地形を造る力)：地球内部から働く力で，地殻変動と火山活動により**大地形**を造る。地殻変動は，褶曲(しゅうきょく)・[　3　]運動を伴う**造山運動**と，緩やかな隆起，沈降が生じる**造陸運動**に分けられる。火山は溶岩の粘性により溶岩台地(デカン高原など)や楯状火山，成層火山，溶岩円頂丘などに分けられ，大噴火でカルデラを形成。溶岩流，火砕流，火山灰などの被害をもたらす。

②**外的営力**：地球外部から働く力で，風化作用と侵食・運搬・堆積作用により小地形を造る。河食，氷食，海食，風食，溶食(カルスト侵食)などがある。

③**地形の侵食輪廻**(**河食輪廻**)：河食による地形の変化をモデル化したもので，幼年期→壮年期→老年期→[　4　]と変化し，[　4　]が隆起すると侵食が復活。

3 プレートテクトニクス

大陸移動説から発展。地球表面を覆う十数枚のプレート(地殻とマントル最上部からなる厚さ約100kmの岩石圏)が，その下のマントルの対流によって移動。プレートの境界は三種類あり，火山が多く，地震が頻発する変動帯となっている。プレートの中央部は安定大陸で，安定陸塊や古期造山帯が位置する。

①**広がる境界**：マントルが上昇してプレートが押し上げられ，両側に引き裂かれて広がるところで，新しいプレートが生成される。大部分は海底で，**海嶺**(大西洋・インド洋中央海嶺，東太平洋海嶺)を形成。[　5　]島は大西洋中央海嶺上に噴出した火山島。**アフリカ大地溝帯**は大陸プレートが引き裂かれたもの。

②**せばまる境界**：プレートがぶつかるところで，重い海洋プレートが軽い大陸プレートの下に沈み込むと[　6　]が形成され，並行して日本列島のような弧状列島(島弧)やアンデス山脈のような山脈が形成される(沈み込み帯)。大陸プレートどうしがぶつかると，ヒマラヤ山脈のような大山脈が形成される(衝突帯)。

③**ずれる境界**：プレートどうしがすれ違うところで，カリフォルニアの**サンアンドレアス断層**のような横ずれ断層が形成される。

④**ホットスポット**：プレート内部でマントルが上昇してマグマが発生し，火山が噴出する固定点。[　7　]諸島は，プレート移動の影響で列状に火山島が並ぶ。

4 世界の大地形：造山運動を受けた時期で三つに区分される。

①**安定陸塊**：**先カンブリア時代**に造山運動を受けた後，造陸運動を受けた地域で，長年の侵食により平原や高原となっている。先カンブリア時代の岩石が露出した[　8　]と，その上に古生代以降の地層がほぼ水平に堆積した[　9　]に分けられる。[　10　]や金，ウランの埋蔵が多い。

1 海陸比と大陸の高度別面積割合
1 2 3
1
2
2 地形の成因
3
10
4
4
3 プレートテクトニクス
5 7 8 9
5
6
7
4 世界の大地形
8
9
10
6 11

②古期造山帯：古生代の造山運動で隆起した後，侵食を受けてなだらかな老年期山地(標高2000〜3000m前後)となっている。テンシャン山脈は，ヒマラヤ山脈を形成したプレート衝突に伴う断層運動で再隆起したため，標高7000mに達し，例外的に高い。古生代の石炭紀からわかるように[　11　]の埋蔵が多い。

③新期造山帯：中生代末から新生代の造山運動によって形成された高峻な山脈で，大部分はプレートの狭まる境界に対応。[　12　]造山帯とアルプス・ヒマラヤ造山帯に分かれ，地震帯，火山帯と重なるが，大陸プレートどうしがぶつかるヒマラヤ山脈周辺には火山がみられない。石油，銅の埋蔵が多い。

11

12

図表でチェック

1 陸半球(左)と水半球(右)

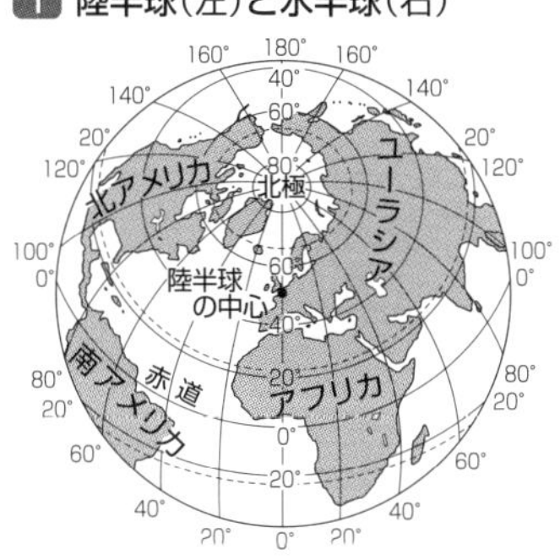

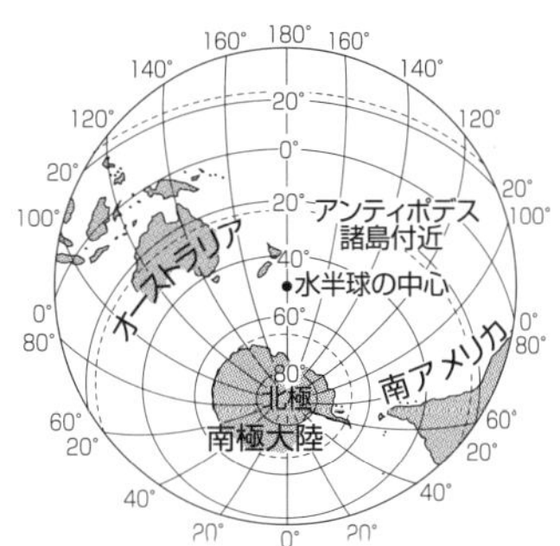

◀パリ南西付近を中心とする陸半球には，陸地面積の約83%が含まれているが，陸地より海洋の方が広い。水半球では約89%が海洋である。アンティポデスは対蹠点という意味。

2 大陸別の高度別面積の割合

高度(m) ＼ 大陸	a	ヨーロッパ	b	北アメリカ	南アメリカ	c	南極	全大陸
200未満	24.6%	52.7%	9.7%	29.9%	38.2%	39.3%	6.4%	25.3%
200− 500	20.2	21.2	38.9	30.7	29.8	41.6	2.8	26.8
500−1000	25.9	15.2	28.2	12.0	19.2	16.9	5.0	19.4
1000−2000	18.0	5.0	19.5	16.6	5.6	2.2	22.0	15.2
2000−3000	5.2	2.0	2.7	9.1	2.2	0.0	37.6	7.5
3000−4000	2.0	0.0	1.0	1.7	2.8	−	26.2	3.9
4000−5000	4.1	0.0	0.0	0.0	2.2	−	0.0	1.5
5000以上	1.1	−	0.0	0.0	0.0	−	0.0	0.4
平均高度	960m	340m	750m	720m	590m	340m	2200m	875m

[問題1]　a〜cの大陸名を答えよ。

a (　　　　　　　　)
b (　　　　　　　　)
c (　　　　　　　　)

3 陸地と海洋の高度別の割合

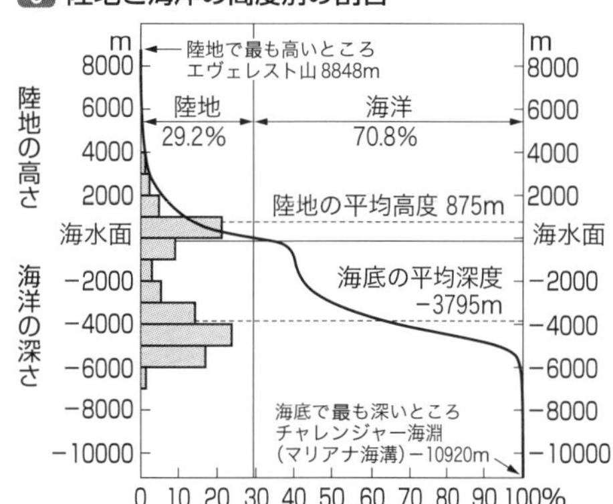

4 地形の侵食輪廻(河食輪廻)

(1) 原地形　(2) 幼年期　(3) 壮年期　(4) 老年期　(5) 準平原 (6) 隆起準平原と侵食の復活

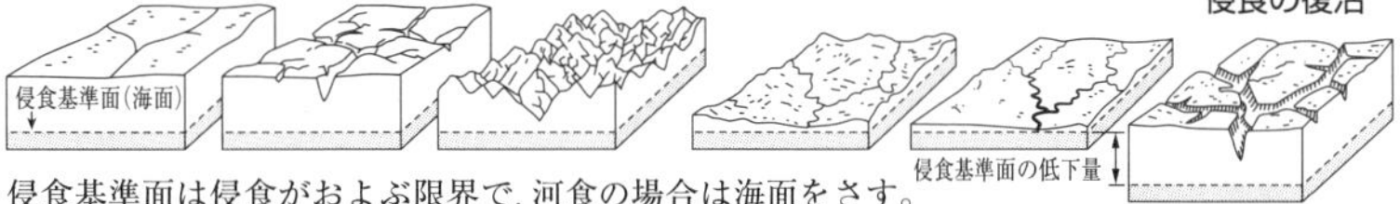

侵食基準面は侵食がおよぶ限界で，河食の場合は海面をさす。

5 プレートテクトニクス

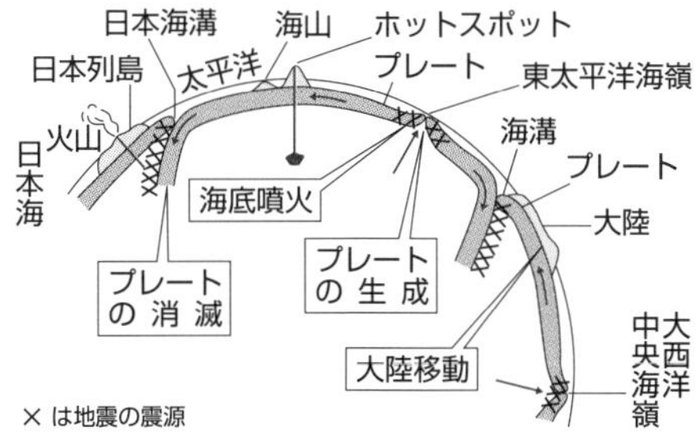

×は地震の震源

6 地質時代と造山帯の形成期

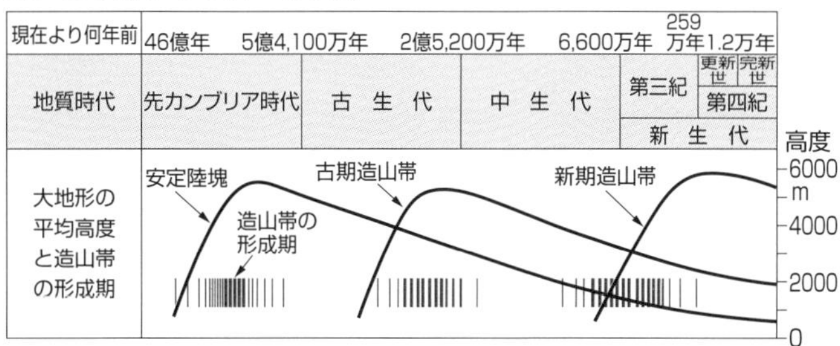

7 大陸の起源と移動

▲ゴンドワナランドは，現在の南アメリカ・アフリカ・オーストラリア・南極大陸とアラビア・インド半島に分裂した。

8 プレートの分布

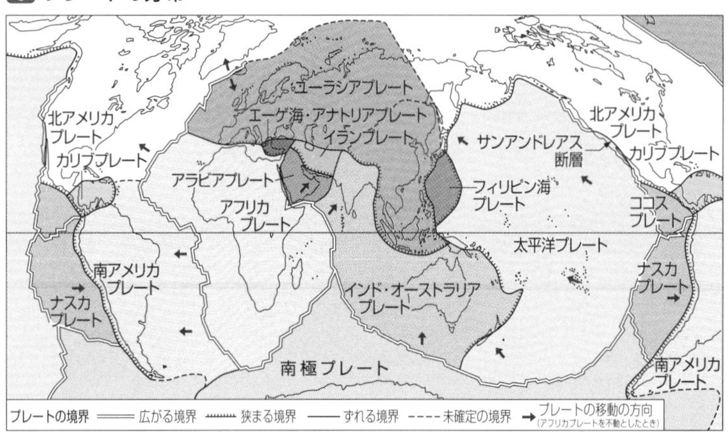

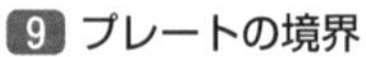

9 プレートの境界

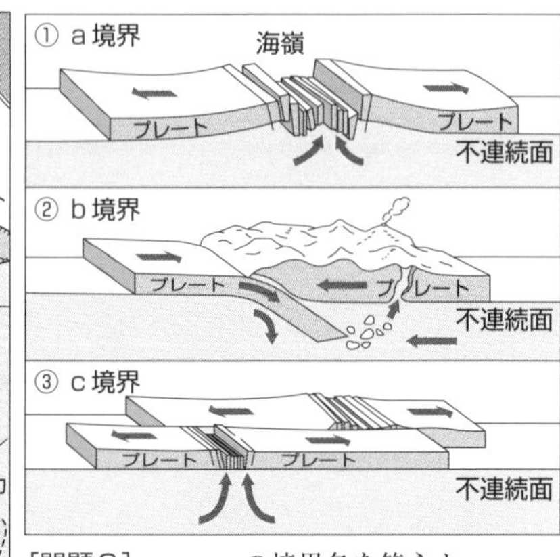

［問題2］　a～cの境界名を答えよ。

a（　　　　　　　　　）
b（　　　　　　　　　）
c（　　　　　　　　　）

10 火山地形

楯状火山
粘性の小さい溶岩からなる，扁平な火山。ハワイなど。

カルデラ
楯状火山や成層火山の山頂部が広く陥没（または爆発）したもの。阿蘇山など。

成層火山
溶岩と火砕物（爆発による噴出物）とからなる。富士山など。

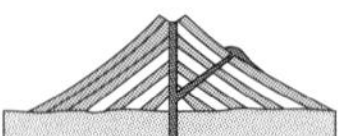

溶岩円頂丘
おもに粘性の大きい溶岩からなる。火口丘などに多い。昭和新山など。

11 世界の地体構造

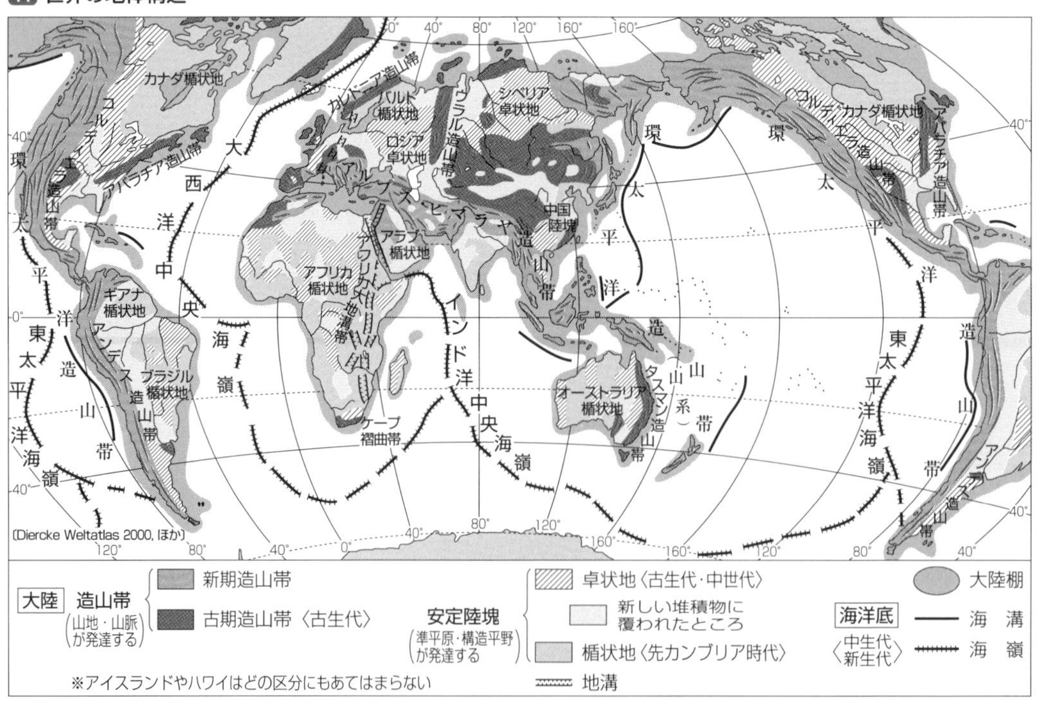

2 平野地形

平野は，成因から侵食平野と堆積平野に分けられ，侵食平野は古く，広く，堆積平野は新しく，狭く，世界の大平野のほとんどは侵食平野である。

1 侵食平野

①準平原：侵食輪廻の最終段階の緩やかな起伏の平原で，硬い岩石は侵食から取り残されウルル(エアーズロック)のような残丘となる。楯状地に多い。

②構造平野：準平原が沈降し，海底で堆積して隆起し，堆積した地層が侵食され，硬い地層が表面に現れた平野。地層の構造が平野の表面形態に反映されるため構造平野と呼ばれる。パリ盆地のように緩やかに傾いた硬軟の互層が侵食を受けると，軟層は低地となり，硬層は断面が非対称な丘陵となって残った[　1　]が形成される。硬層が侵食から取り残されたテーブル状のメサや塔状のビュートもある。卓状地に多い。東ヨーロッパ平原，中央平原(北米)など。

2 堆積平野

①沖積平野：完新世(沖積世)に河川の堆積作用(沖積作用という)によって形成された平野。上流から，谷底平野，扇状地，氾濫原，三角州の順に並ぶ。

- 扇状地：河川が山地から平野に出る谷口で流速を減じ，運ばれてきた砂礫が堆積してできた扇状の地形で，扇頂，扇央，扇端に分けられる。砂礫質で水はけがよいため，扇央では河川水は浸透して伏流し，[　2　]川となりやすい。伏流水が現れ湧水帯となる扇端には集落が立地し，水田が広がる。一方，地下水面が深く水が得にくい扇央は開発が遅れ，畑や果樹園，茶畑，森林などに利用される。河川の氾濫を避けるために堤防を築くと，堤防間に土砂が堆積して河床が高くなり，[　3　]川が形成されることもある。
- 氾濫原：河川の氾濫で土砂が堆積してできた低平な平野。河川は蛇行し，流路が変わると旧流路は河跡湖(三日月湖)となる。洪水時に河川の両岸に砂が堆積してできた微高地は[　4　]と呼ばれ，水害を受けにくいため集落が立地し，水はけがよいため畑，果樹園，茶畑などに利用される。その背後には洪水時に泥が堆積してできた[　5　]が広がり，低湿なため水田として利用される。
- [　6　]：河口に土砂が堆積して形成され，河川は分流。低湿で地盤が軟弱なため，洪水，高潮，地盤沈下や地震時には液状化現象が生じやすい。濃尾平野では，水害から集落を守るために堤防をめぐらした輪中がみられる。形態は，円弧状(ナイル川)，鳥趾状(ミシシッピ川)，カスプ(尖)状(テヴェレ川)。

②台地(洪積台地)：更新世(洪積世)に形成された沖積平野や海岸平野が隆起してできた台地で，隆起扇状地，隆起三角州，河岸段丘，海岸段丘などがある。沖積平野との境界は崖となり，集落は湧水の得やすい台地の崖下に立地しやすく，台地上は水が得にくいため開発が遅れ，畑，果樹園，茶畑などに利用される。都市近郊では新興住宅地として開発。武蔵野台地，下総台地，牧ノ原など。

③[　7　]：谷底平野や氾濫原が隆起し，河川の下刻作用が復活して形成された階段状の地形。かつての平野は平坦な段丘面となり，集落や耕地に利用され，段丘崖は未利用で森林となっている。天竜川など。

1 侵食平野
1
1
2 堆積平野
2
3 4
2
3
5
4
5
6
6
7 8 9 10 11
7
→P.18 1 2

図表でチェック

1 侵食平野の地形

［問題1］ a～dの地形名を記入せよ。

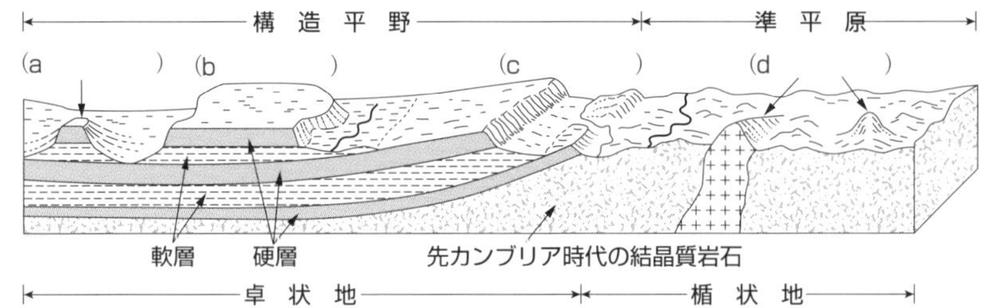

2 沖積平野

谷底平野
山地
扇状地
氾濫原
旧河道
礫
砂
泥
海
河跡湖（三日月湖）
三角州

3 扇状地

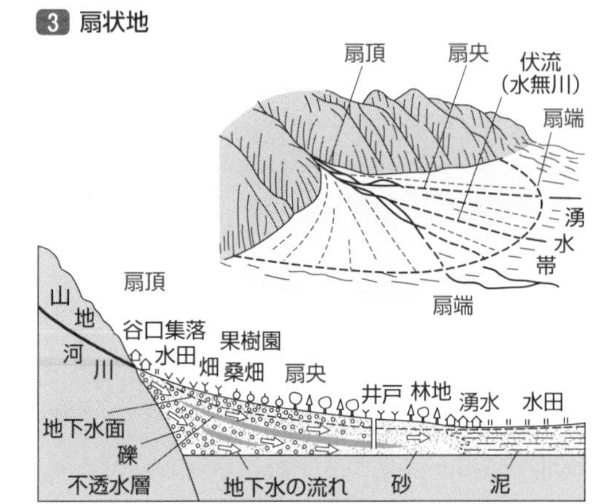

4 扇状地の読図（1：25,000 養老）

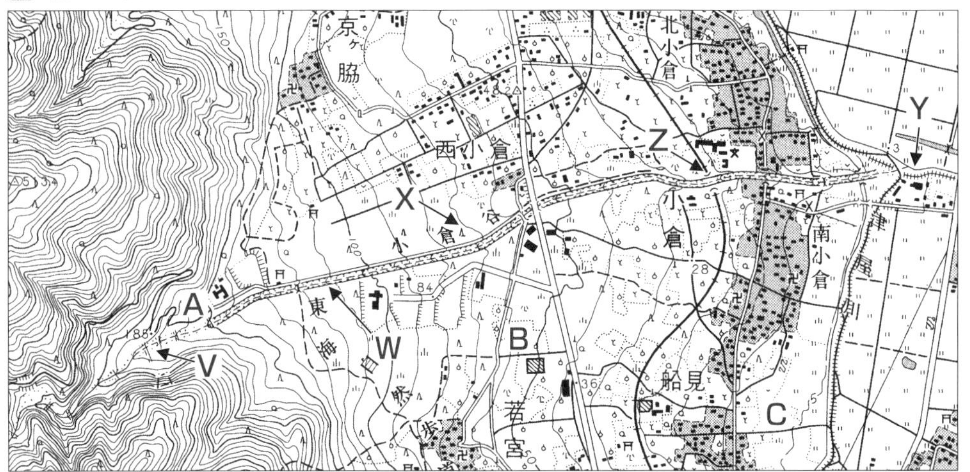

［問題2］　次の文の（ a ）～（ f ）に適語を記入せよ。

扇頂（A）：河川はV付近から下流では破線（かれ川）で表された（ a ）川で，扇端のYまで伏流している。Vは（ b ）の記号で，水流を遅くして（ c ）などを防ぐ砂防ダムを示している。これが多数あることから，この河川は上流からの土砂の供給が多いと考えられる。

扇央（B）：同心円状に描かれた等高線が扇状地の特徴。畑，（ d ），桑畑に利用されているほか，森林，竹林（ㄒ），荒地がみられる。河川には護岸（W）の記号がみられ，河道が固定されていることがわかる。X付近から下流では，等高線が河川に沿って下流側に張り出している。これは，河川付近が周囲より高い，すなわち（ e ）川であることを示しており，Z付近で鉄道が河川の下をくぐっていることからもわかる。

扇端（C）：北小倉，南小倉，船見にかけての集落付近は，ちょうど同心円状の等高線が終わるところで，伏流した水が湧き出す扇端に当たる。ここより東側は（ f ）で，低湿なため水田が広がる。土地利用が集落を境に東西で明瞭に分かれることに注意。鉄道が湾曲しているのは等高線に沿うため。

読図ポイント：扇央→水無川，畑，果樹園，桑畑，森林
扇端→湧水帯，集落立地，水田

a（　　　　　　）　b（　　　　　　）
c（　　　　　　）　d（　　　　　　）
e（　　　　　　）　f（　　　　　　）

5 氾濫原の読図(1：50,000 新潟・新津)

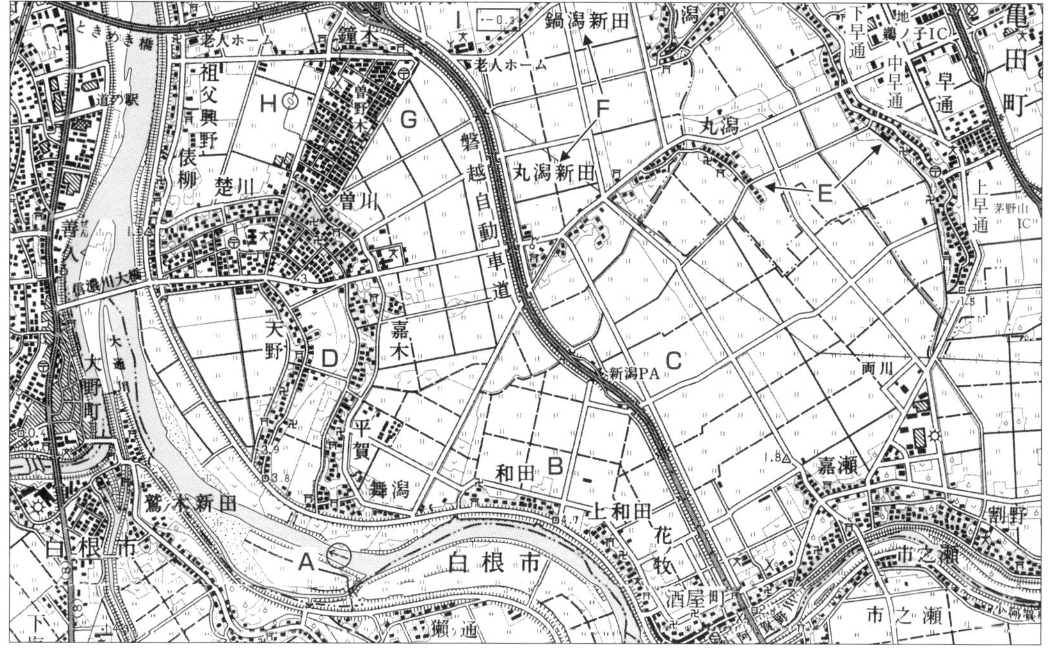

［問題3］ 次の文の(a)～(d)に適語を記入せよ。

等高線がほとんどみられない低平な氾濫原で，河川はAの流水方向から北西に流れていることがわかる。河川の両側にはBの和田のように周辺より高い(a)に立地した集落が連続し，水はけがよいため(b)や果樹園も分布している。Cは(c)で，水田が広がるが，Dのように(d)沿いの(a)の両側には天野などの集落が立地している。EやFも同様な集落で，Fは「新田」という地名から江戸時代の開拓によって成立した新田集落であることがわかる。Gは整然とした街路から新興住宅地と判定できるが，Hの0mの等高線やIの標高点(海面下)からわかるように，低湿な(c)に立地しているため，洪水の被害を受けやすい。

a(　　　　　　)
b(　　　　　　)
c(　　　　　　)
d(　　　　　　)

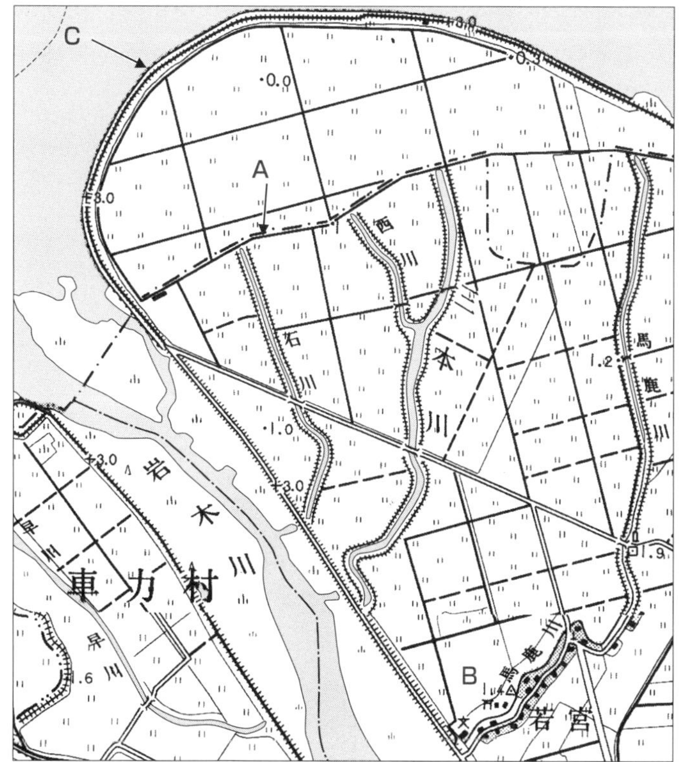

氾濫原の模式図

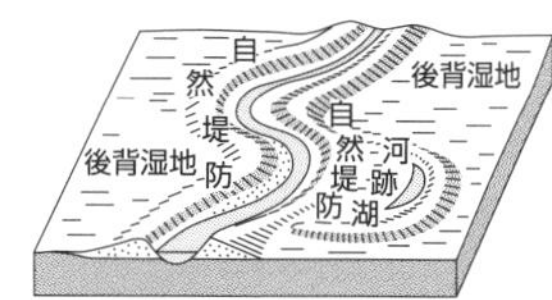

6 三角州の読図(1：50,000 小泊・金木)

［問題4］ 次の文の(a)・(b)に適語を記入せよ。

河口付近で河川は分流し三角州を形成するが，図ではAの町村界がかつての海岸線を示している。三角州の地形は氾濫原と同じで，Bの若宮のように集落は(a)に立地し，(b)は水田に利用されている。Cは干拓用に造られた締切堤防で，AとCの間の干拓地には水田が広がっている。

a(　　　　　　)
b(　　　　　　)

7 台地の模式図

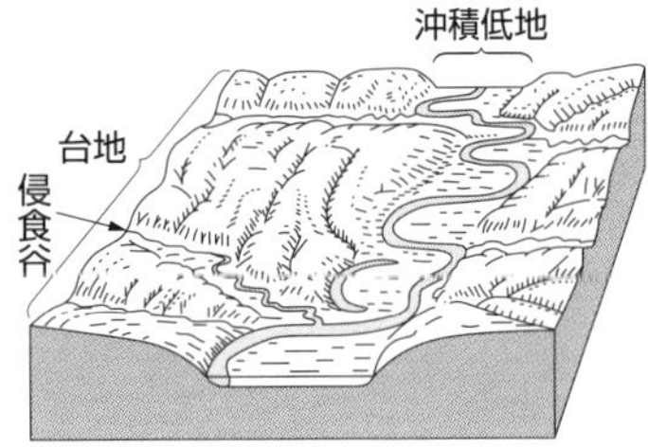

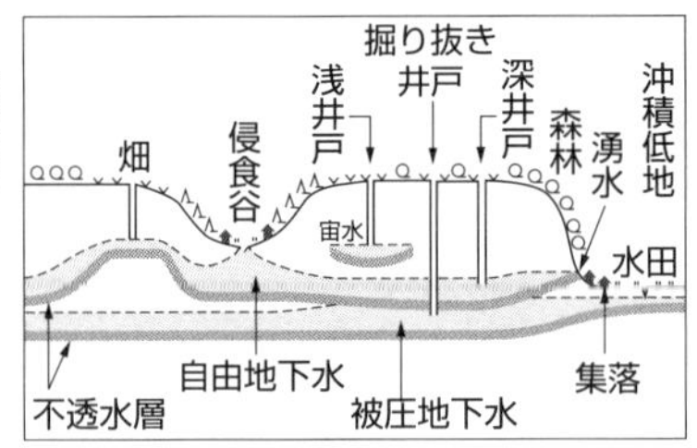

8 台地(洪積台地)と沖積平野の成因

更新世(洪積世)の河川の縦断勾配
更新世(洪積世)の沖積平野⇒台地(洪積台地)
更新世(洪積世)の海面
隆起による海面の低下
完新世(沖積世)の河川の縦断勾配
沖積平野
完新世(沖積世)の海面

9 台地の読図(1：25,000 佐倉)　［問題5］　次の文の(a)～(c)に適語を記入せよ。

読図ポイント：台地面→畑など水田以外の農地，新しい集落。崖→森林。
台地の崖下→古い集落。沖積低地・侵食谷→水田。

A：河川沿いの低湿な沖積平野(沖積低地)で，2m，3mの標高点(赤丸)や5mの補助曲線(X)からわかるように標高は5m前後で，(a)に利用されている。

B：等高線が密で，台地と平野の境界となる崖であることが読みとれる。農地として利用できないため森林となっている(赤丸)。崖下にある高座木，部田，下根などは樹木に囲まれた居住地の記号で示され，家屋がやや不規則に並んでいることからも古い集落と考えられる。湧水があり，洪水を避けやすいという利点から立地している。

C：標高25m前後の台地面で，地下水面が深く，水が得にくいため，水田はみられず，(b)が広がっている。

D：河川が台地を刻んだ(c)で，水田として利用されている。両側には崖があり，森林もみられる。

a (　　　　　　　　)
b (　　　　　　　　)
c (　　　　　　　　)

10 関東平野の地形

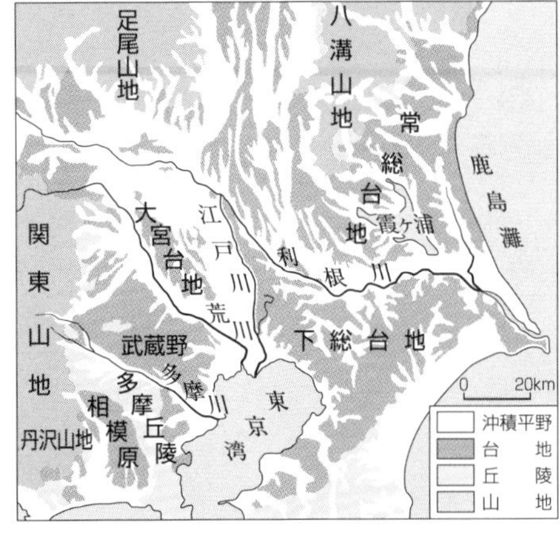

11 関東地方の旧海岸線と貝塚の分布

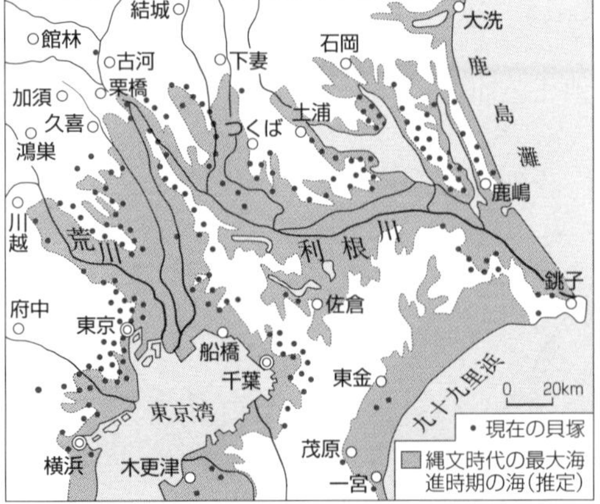

◀沖積平野の大部分は，縄文海進(約6000年前に海面が2～3m上昇)後の海退(海面低下)に伴い，河川の堆積作用で形成されたことがわかる。貝塚は当時の海岸線を示している。

3 海岸地形

海岸は成因から離水海岸と沈水海岸に分けられるが，陸地の隆起，沈降だけでなく，気候変動に伴う氷河量の変化によって，海面が氷期には[　1　]し，間氷期には[　2　]する氷河性海面変動の影響も大きい。

1 離水海岸：陸地の隆起，海面の低下により海底が陸化して形成。海岸線は単調。

①[　3　]：遠浅の海底が隆起してできた平野で，波によって打ち上げられた砂礫が堆積した浜堤(ひんてい)が海岸線に並行して何列も発達することが多い。風で砂が吹き寄せられた砂丘がみられることもある。九十九里浜，アメリカ合衆国大西洋岸平野など。

②**海岸段丘**：波の侵食によってできた[　4　]と海食台が隆起し，[　4　]が段丘崖，海食台が段丘面となった階段状の地形。室戸岬など。

2 沈水海岸：陸地の沈降，海面の上昇により形成。海岸線の形態は沈水した地形により異なり，一般に複雑。

①**リアス海岸**：河食によるV字谷が沈水した溺れ谷が連続する鋸歯状の海岸で，尾根は岬，谷は入江になる。良港となるが，背後に山地を控え，平野が狭いため大きな港は発達しない。地震に伴う津波の被害を受けやすい。名称は[　5　]北西部のリアスバハス海岸に由来。三陸海岸，若狭湾など。

②**フィヨルド**：氷河が後退し，氷食による[　6　]に海水が浸入してできた奥深い入江で，両側は絶壁。ノルウェー，アラスカ～カナダ太平洋岸，ニュージーランド南島南西岸，チリ南部など，偏西風が山脈にぶつかる多雨の西岸に多い。

③**エスチュアリー(三角江(さんかくこう))**：大河の[　7　]が沈水してできたラッパ状の入江。背後に平野が広がり，テムズ川のロンドン，エルベ川のハンブルク，ラプラタ川のブエノスアイレスなど大都市が発達しやすい。他に，セーヌ川，ロアール川，ジロンド川，セントローレンス川など。

3 沿岸流による海岸地形：海岸に平行な流れである沿岸流が砂礫を運搬して形成。

①**砂嘴(さし)**：鳥の嘴(くちばし)状に砂礫が堆積した地形。先端部は湾曲することが多い。野付(のつけ)崎(北海道)，三保松原(静岡県)など。

②**砂州**：砂嘴と同様に砂礫が堆積し，入江を閉ざすように直線状にのびた地形で，閉ざされた入江は[　8　](ラグーン)と呼ばれる。天橋立(あまのはしだて)，サロマ湖など。

③**陸繋島(りくけいとう)**：陸地からのびる**トンボロ(陸繋砂州)**によって陸に繋(つな)がれた島。函館山，潮岬，男鹿半島など。トンボロには，函館，串本などのように集落が立地。

4 サンゴ礁：温暖な浅海に生息するサンゴ(動物)の石灰質の骨格が積み重なった岩礁で，海岸を縁取るように発達する。形態から，裾礁(きょしょう)，堡礁(ほしょう)，[　9　]に分けられ，この順に発達する。石灰岩からなるため**カルスト地形**がみられる。低緯度でも，南アメリカ太平洋岸のように寒流などの影響で分布しない地域がある。**グレートバリアリーフ(大堡礁)**が世界最大で，日本でも南西諸島に裾礁が分布する。[　9　]は，モルディブやツバルなど赤道周辺に多い。

1

2

1 離水海岸

3

5 6

4

3 4

2 沈水海岸

9

5

6

7

3 沿岸流による海岸地形

7 8

8

4 サンゴ礁

10 11

9

図表でチェック

1 河岸段丘の形成

① 侵食谷

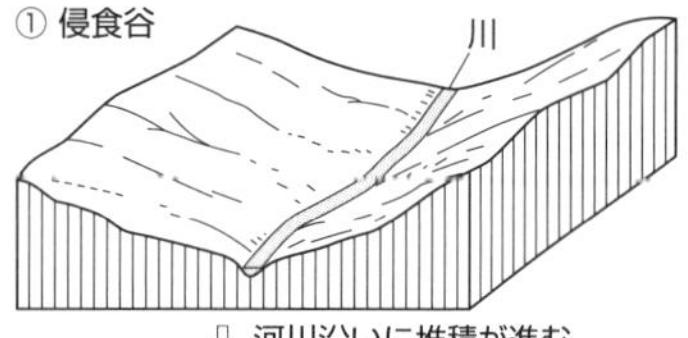

⇩ 河川沿いに堆積が進む。

② 沖積平野（谷底平野）

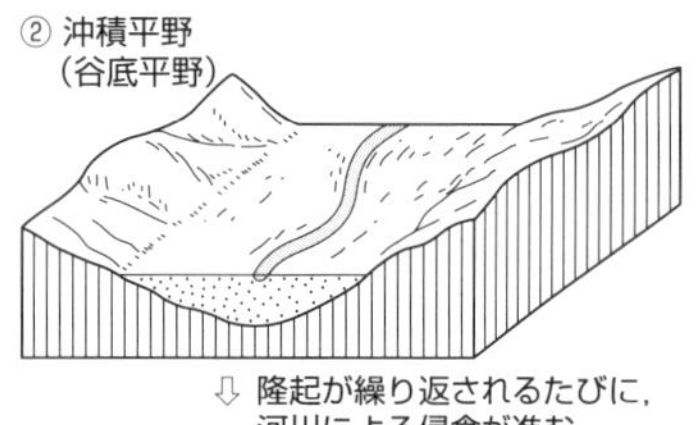

⇩ 隆起が繰り返されるたびに，河川による侵食が進む。

③ 河岸段丘

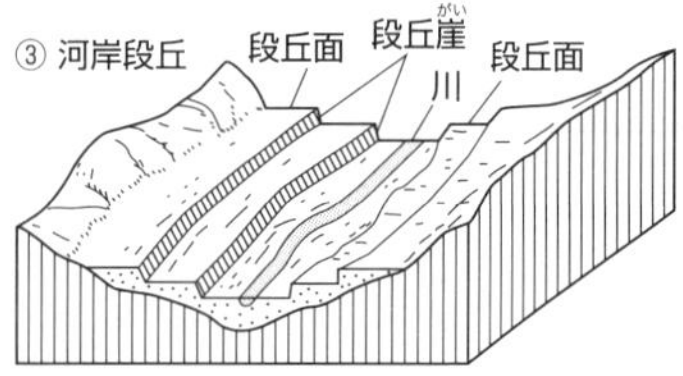

2 河岸段丘の読図

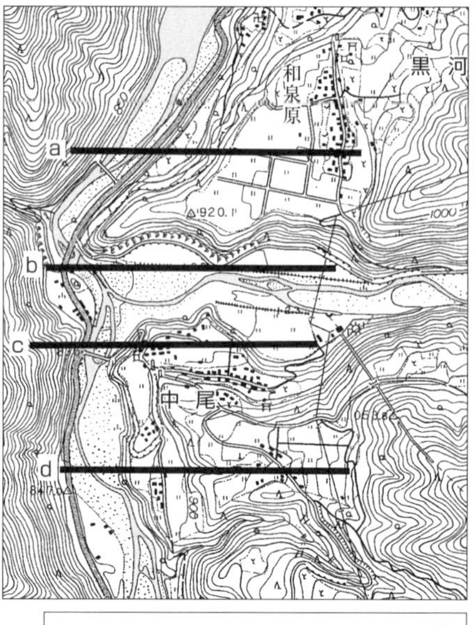

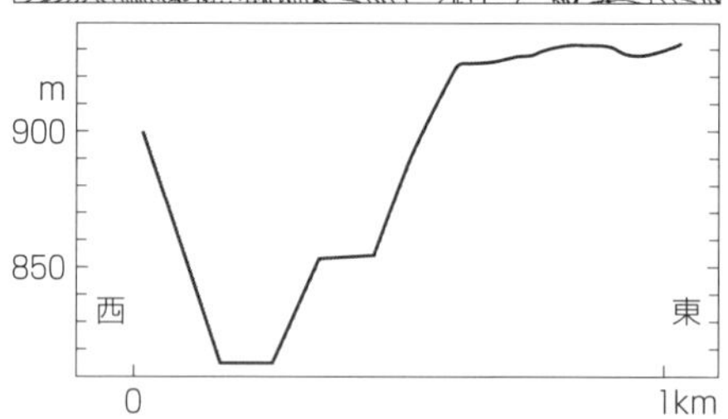

［問題1］ 上の断面図に該当するものはa～dのどれか。（　　　　　）

3 海岸段丘の形成

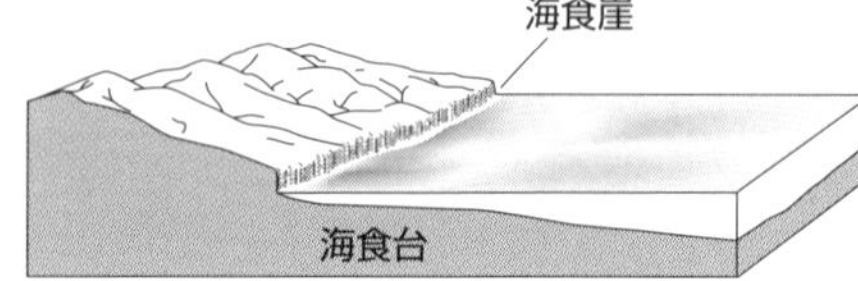

⇩ 隆起によって海食台が陸上に現れる。

⇩ 再び隆起，海岸平野が段丘面となる。

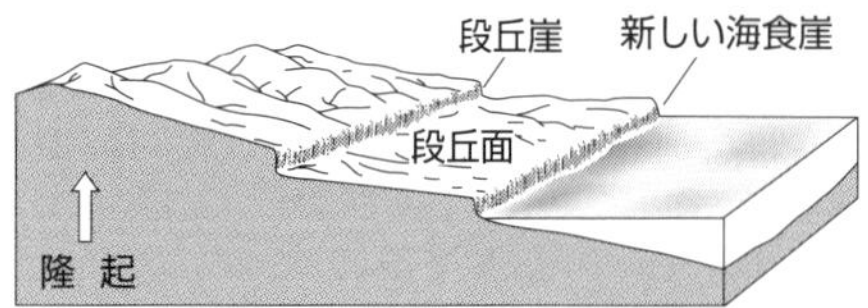

4 海岸段丘の読図（1：25,000 鷲崎）

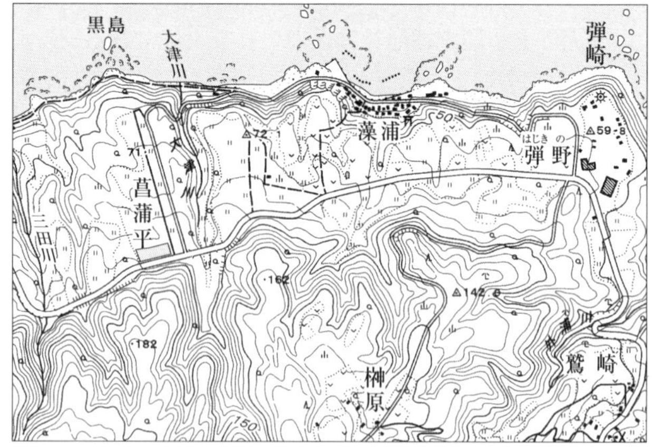

［問題2］ 次の文の（ a ）・（ b ）に適語を記入せよ。

海岸には，岩や隠顕岩，砂礫地の記号がみられ，岩石海岸と砂浜海岸が入り組んでいる。狭い海岸沿いの低地の背後には，標高差50m前後の（ a ）があり，弾野や菖蒲平は（ b ）上に立地している。その南側の（ a ）の上にも榊原が立地する（ b ）が広がっている。

a（　　　　　　）　b（　　　　　　）

5 海岸平野の形成

①海底が離水し，沖合いには沿岸州が形成される。

沿岸州――遠浅の海岸では，波が一定の深さで海底の砂を巻き上げ，前方に堆積して，沿岸州を形成する。
〔例〕アメリカ南東部の大西洋岸～メキシコ湾沿岸

②沿岸州は成長して浜堤となり，内側にラグーン(潟湖)が形成される。

ラグーン（潟湖）――沿岸州や砂州・砂嘴により囲まれた海。
〔例〕サロマ湖，中海

③陸地から運ばれる土砂でラグーンも陸化する。離水を何回か繰り返すと，数列の浜堤をもった海岸平野となる。

浜堤――波によって打ち上げられた砂礫により，海岸線に平行に形成された地形。多くは砂丘を伴う。
〔例〕九十九里浜

6 海岸平野の読図

X
Y
Z
ジュンサイ沼

[問題3]
(1) X，Y，Zの地形は何か。（　　　　　　）
(2) X，Y，Zを形成順に並べよ。（　　→　　→　　）

7 さまざまな海岸地形

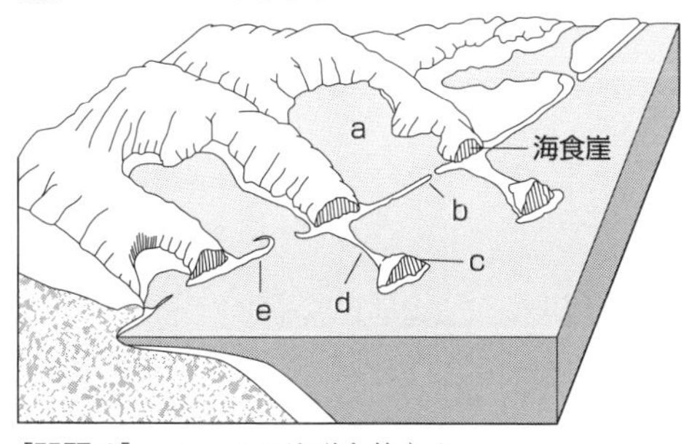

[問題4]　a～eの地形を答えよ。
a（　　　　）　b（　　　　）　c（　　　　）　d（　　　　）　e（　　　　）

8 海岸地形の読図(1：50,000 中甑)

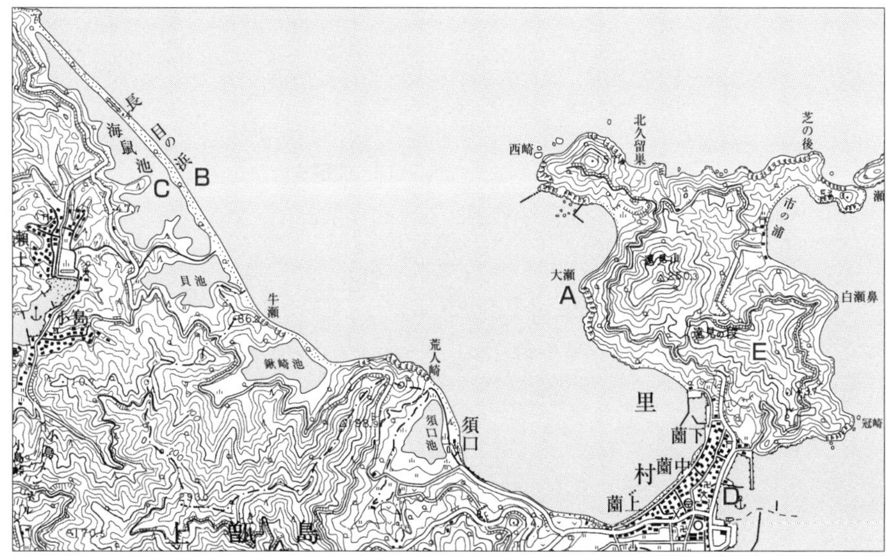

[問題5]
(1) A付近の海食崖は最高約何mか。
（　　　　　　）
(2) B～Eの地形を答えよ。
B（　　　　）
C（　　　　）
D（　　　　）
E（　　　　）

9 沈水海岸の例

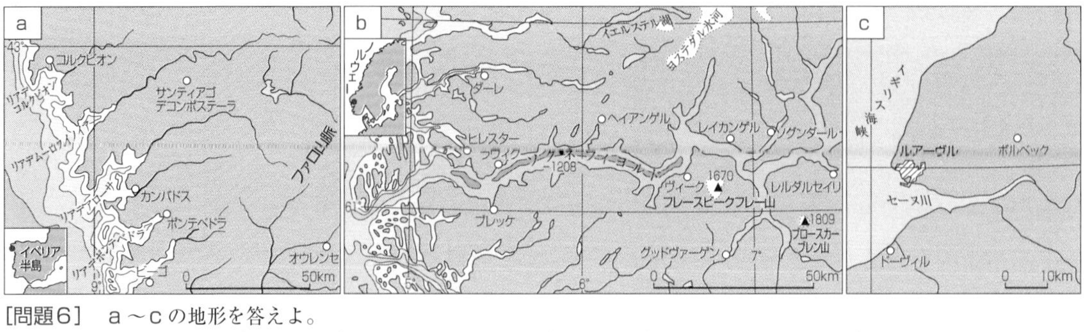

[問題6]　a～cの地形を答えよ。

a（　　　　　　　　　）　b（　　　　　　　　　）　c（　　　　　　　　　）

10 サンゴ礁の発達

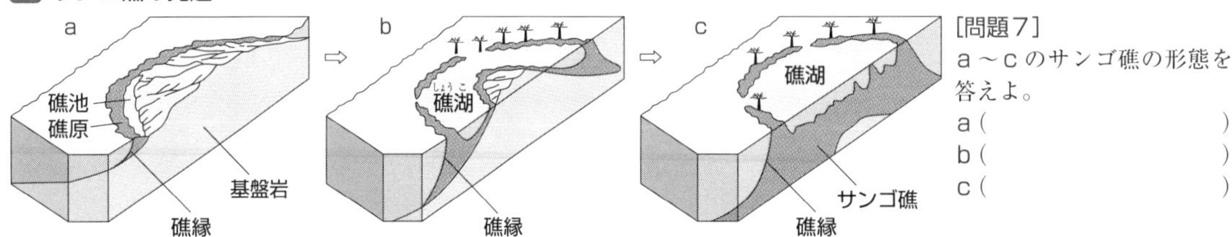

[問題7]
a～cのサンゴ礁の形態を答えよ。
a（　　　　　　　　　）
b（　　　　　　　　　）
c（　　　　　　　　　）

11 サンゴ礁の読図（1：50,000与論島）

[問題8]
(1)百合ノ浜はどのような地形か。
（　　　　　　　　　　　　　　　　　）
(2)水田がみられない理由を考えよ。
（　　　　　　　　　　　　　　　　　）

[作業1]
(1)サンゴ礁の縁を示せ。
(2)おう地，小おう地と鍾乳洞を囲め。

12 いろいろな地形

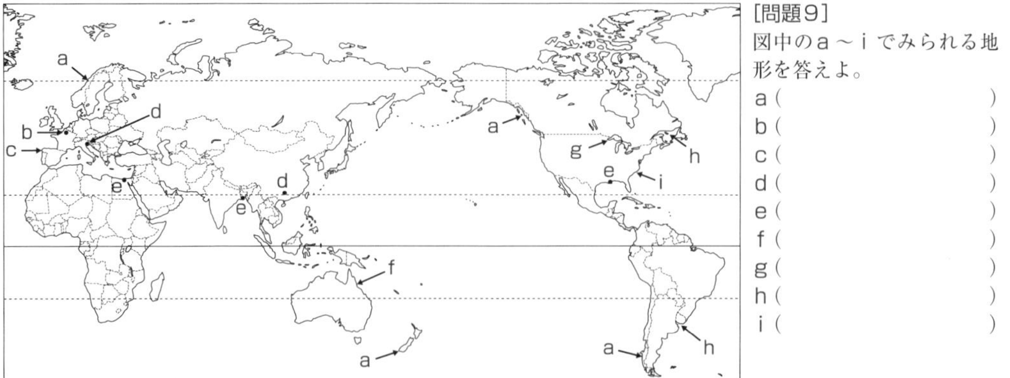

[問題9]
図中のa～iでみられる地形を答えよ。
a（　　　　　　　　）
b（　　　　　　　　）
c（　　　　　　　　）
d（　　　　　　　　）
e（　　　　　　　　）
f（　　　　　　　　）
g（　　　　　　　　）
h（　　　　　　　　）
i（　　　　　　　　）

4 その他の地形

[1] **氷河地形**：山岳氷河は，源流部にホーン(ホルン)と呼ばれる尖峰(せんぽう)や[　1　](圏谷)と呼ばれる半椀状のおう地をつくり，U字谷を形成して流れる。末端には，氷河に削られ運ばれてきた岩くずが堆積した[　2　](堆石)ができる。更新世には氷期と間氷期が交互に訪れ，最終氷期(約７万年～１万年前)には，ヨーロッパ北部や北アメリカ北部に大陸氷河(氷床)が発達し，現在は，五大湖などの氷河湖やフィヨルドがみられる。約２万年前の最終氷期最寒冷期には海面は現在より約120m低下していた。

[2] **カルスト地形**：石灰岩が炭酸ガスを含む水(雨や地下水)に溶かされてできた地形で，スロベニアのカルスト地方や秋吉台(山口県)で典型的にみられる。すり鉢状の小おう地である[　3　]が連続するとウバーレというおう地となり，さらにポリエ(溶食盆地)へと発達する。地下にしみ込んだ水は鍾乳洞を形成して流れる。温暖な地域では侵食がさらに進み，中国南部の桂林(コイリン)などのように，塔状のタワーカルストがみられる。石灰岩はセメントの原料となるため，付近にはセメント工業が立地しやすい。

[3] **乾燥地形**：砂漠の大部分は岩石砂漠や礫砂漠で，砂砂漠は砂漠全体の約20％で少ない。地形形成には風食作用が重要な役割を果たす。砂漠で降雨があったときだけ水流のある涸川(かれがわ)を[　4　]，湿潤地域から砂漠に流れ込む河川を[　5　]河川(ナイル川，インダス川など)という。

[1] 氷河地形
1
2
1 2 3

[2] カルスト地形
4 5
3

[3] 乾燥地形
4
5

5 日本の地形

[1] **プレートと火山，地震**：二つの海洋プレート(太平洋・フィリピン海プレート)が二つの大陸プレート(北アメリカ・ユーラシアプレート)の下に沈み込み，海溝に沿って弧状列島を形成。プレートが沈み込む海溝から200～300km西側の地下100km付近でマグマが生成され，火山が噴出する。これらの火山を結んだ線を火山前線といい，奥羽山脈などが対応する。一方，火山前線と海溝との間(北上高地や阿武隈高地，四国など)には火山は分布しない。本州は，[　1　](大地溝帯，西縁はプレート境界の糸魚川(いといがわ)・静岡構造線)によって東北日本と西南日本に分けられる。西南日本は[　2　]によって内帯と外帯に分けられ，外帯の山地(紀伊・四国・九州山地)は険しい。地震には，関東大震災や東日本大震災などのようなプレート境界型と，阪神・淡路大震災や熊本地震などのような活断層による直下型がある。火山や地震による災害が想定される地域などを示したハザードマップが自治体で作成されている。

[2] **山地と平野**：[　1　]の西側には3000m級の日本アルプス(飛驒・木曽・赤石山脈)が走り，北海道の日高山脈とともに山頂付近には[　3　]地形がみられる。近畿地方周辺には活断層が多く，断層山地が分布する。平野は河川沿いの小規模な沖積平野がほとんどで，関東地方などには台地も多い。

[1] プレートと火山，地震
6
1
2

[2] 山地と平野
3

図表でチェック

1 氷床(大陸氷河)と永久凍土

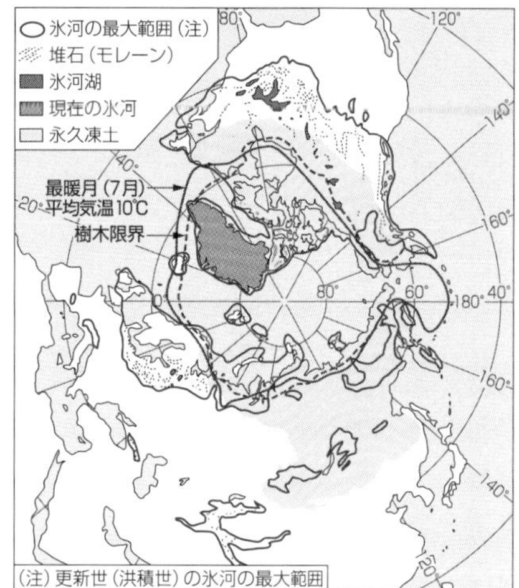

2 氷河地形の読図(1：50,000立山)

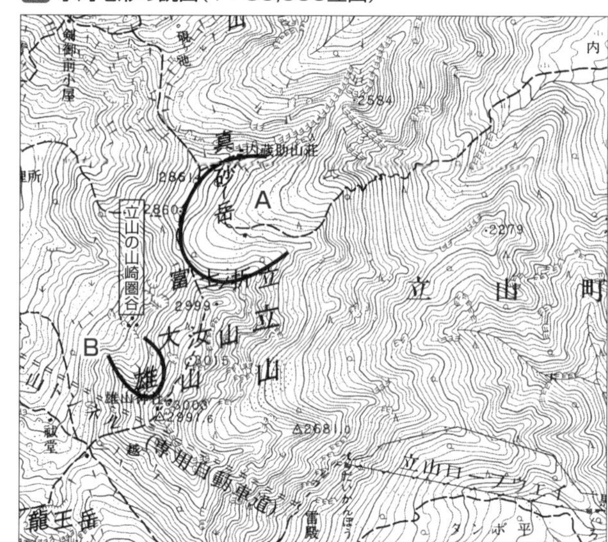

[作業1]　A，Bはカールの範囲を示している。同様に山頂付近で半円形の等高線で示されるカールを示せ。

[問題1]　立山ロープウェイの平均勾配を求めよ。
(　　　　　　　　　　)

3 氷河地形の模式図

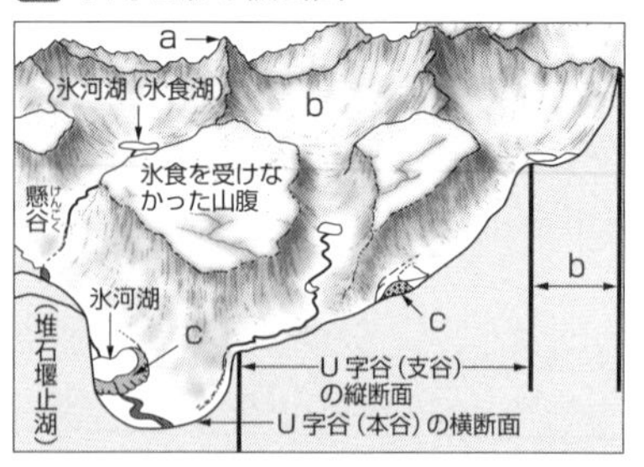

[問題2]　a～cの地形を答えよ。
a(　　　　　　)　b(　　　　　　)　c(　　　　　　)

4 カルスト地形

[問題3]　a～cの地形を答えよ。
a(　　　　　　)
b(　　　　　　)
c(　　　　　　)

5 カルスト地形の読図(1：25,000秋吉台)

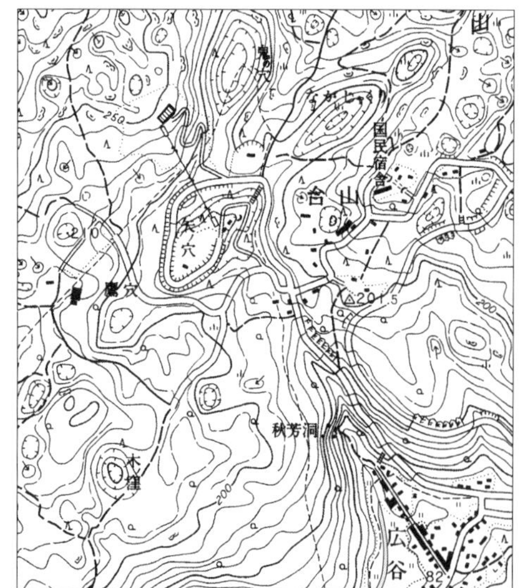

[作業2]　おう地，小おう地を示せ。
[作業3]　川を青で示せ。

6 日本の地体構造

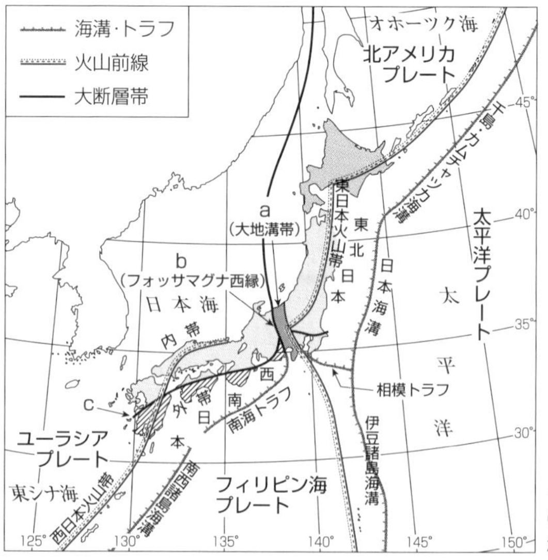

◀トラフは水深6000m未満の浅い海溝。

[問題4]　a～cの名称を答えよ。
a(　　　　　　)b(　　　　　　)
c(　　　　　　)

3章 気候・水

1 気候要素

気候は大気の平均的状態で，気温，降水量，風などの**気候要素**で表される。気候要素の分布は，緯度，標高，海流などの**気候因子**に影響される。

1 気温

①**緯度変化**：高緯度ほど太陽高度が低く，地表の単位面積当たりの受熱量が少ないため低温となる。**等温線**は緯線にほぼ並行するが，海流などの影響で湾曲。最高等温線(**熱赤道**)は，陸地が北半球に多いため，赤道より北半球側を走る。

②**高度変化**：高度1000mで約６度気温が変化し(気温の**逓減率**という)，低緯度地方では高地に都市が立地。ラパス(4058m)，ナイロビ(1624m)など。

③**大陸性気候と海洋性気候**：大陸は海洋より比熱が小さく，暖まりやすく冷えやすいので，気温の[　1　](最暖月と最寒月の平均気温の差)，[　2　](１日の最高気温と最低気温の差)は大陸内部で大きく(**大陸性気候**)，沿岸部で小さい(**海洋性気候**)。また，年較差は太陽からの受熱量の季節変化が大きい高緯度ほど大きい。よって，年較差は高緯度の大陸内部で最大となり，冬季寒冷な**シベリア北東部**では60℃に達する。

④**東岸気候と西岸気候**：北半球の中高緯度地方では，夏季は東岸，西岸の気温差は小さいが，冬季は東岸が西岸より寒い。これは，西岸では暖かな海洋上から南寄りの**偏西風**が吹くのに対し，東岸では冷え込んだ大陸内部の高気圧から北寄りの風が吹くためである。よって，東岸は西岸より年較差が大きい。

⑤**寒流の影響**：南半球の中低緯度地方では，**寒流**(ペルー・ベンゲラ海流)が北上する南アメリカ・アフリカ大陸西岸は東岸より低温となり，乾燥する。

2 大気の大循環と風

①**基本知識**：気圧は空気の重さで，高気圧では**下降気流**が生じ，北半球では**右回り**，南半球では**左回り**に風が吹き出す。低気圧では**上昇気流**が生じ，高気圧とは反対方向に風が吹き込む。気温が高いほど空気の密度は小さく，飽和水蒸気量は多い。また，雲は上昇気流のあるところで発達し，降水をもたらす。

②**大気の大循環と風系**：赤道付近では，強い日射で暖められ軽くなった空気が上昇して[　3　]帯が形成される。ここで上昇し，高緯度側に向かった空気は，地球の自転の影響を受けて**回帰線付近**で下降し，[　4　]帯が形成される。ここから，[　3　]帯に向けて[　5　]風が吹き出し，北半球では**北東風**，南半球では**南東風**となる。[　3　]帯は，[　5　]風が吹き込む(収束する)ため**熱帯収束帯**とも呼ばれる。一方，極は寒冷なため密度の高い空気が蓄積して**極高圧帯**が形成される。ここから吹き出す**極偏東風**は，[　4　]帯から高緯度に向けて吹く[　6　]風と緯度40～50度付近でぶつかり，上昇して**亜寒帯低圧帯**を形成する。亜寒帯低圧帯は，高緯度側の寒帯気団と低緯度側の熱帯気団の境界に当たる**寒帯前線帯**に対応し，温帯低気圧，前線が発生しやすい。この付近の上空には[　7　]と呼ばれる強い西風が吹いている。

1 気温
1 2 3
4
1
2
2 大気の大循環と風
6 7 9
3
4
5
6
7

③季節風(モンスーン)：海陸の比熱の違いから，夏は高温で[8]部となる大陸内部に向けて吹き込み，冬は低温で[9]部となる大陸内部から吹き出す風で，夏と冬の風向は反対になる。東～南アジア(モンスーンアジア)で特に発達し，東アジアでは，夏は南東季節風，冬は北西季節風，東南・南アジアでは，夏は南西季節風，冬は北東季節風が吹く。一般に，海から湿潤な風が吹く夏は雨季，大陸から乾いた風が吹く冬は乾季となる。

④熱帯低気圧：水温の高い熱帯の海洋上(赤道付近は除く)で発生し，東アジアの台風，インド洋の[10]，カリブ海の[11]などがある。南アメリカ西岸，中南アフリカの西岸などでは寒流の影響で海水温が低いため発生しない。

⑤局地風(地方風)：地中海周辺では，アルプス山脈の北側に吹き降ろす高温で乾燥した[12]，ディナルアルプス山脈をこえてアドリア海に吹き降ろす冷たいボラなどがある。日本では，初夏に東北地方に吹く冷涼なやませなど。

3 降水量

①緯度別降水量分布：[3]帯の位置する赤道付近と，亜寒帯低圧帯の位置する緯度40～50度付近で多雨。[4]帯の位置する回帰線付近と，寒冷で極高圧帯の位置する極周辺は少雨だが，回帰線付近は高温で，蒸発量が降水量より多いため乾燥気候が広がる。

②地形性降雨：海からの湿った風が山脈にぶつかると，風上側では上昇気流が発生して雲が発達する。[5]風がぶつかるマダガスカル東岸やハワイ諸島東岸，[6]風がぶつかるスカンディナヴィア半島西岸，アラスカ～カナダ太平洋岸，チリ南部，夏の南西季節風がぶつかるインド半島南西岸などは多雨地域。

8
9
10
11
5
12
3 降水量
8 10

図表でチェック

1 年平均気温

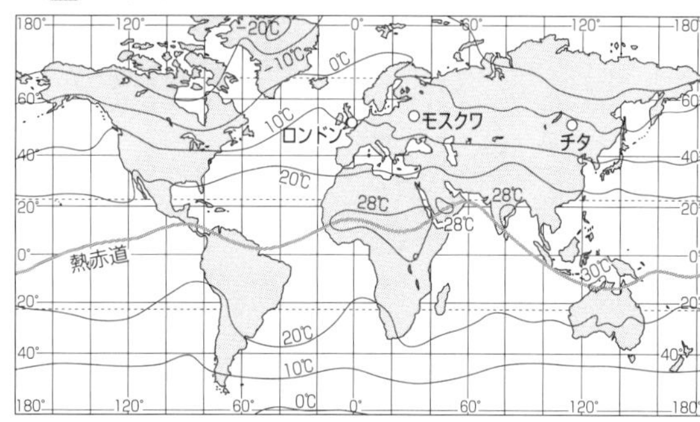

◀ユーラシア大陸・北アメリカ大陸では，等温線が1月は低緯度側に，7月は高緯度側に湾曲(大陸内部は年較差大)。
ヨーロッパでは暖流の影響で等温線が高緯度側に湾曲。
南米・アフリカ南西部では寒流の影響で等温線が低緯度側に湾曲。
熱赤道は各経線上の最も気温の高い地点を結んだ線。

[問題1] 2・3のa～hの気温(10℃ごと)を記入せよ。

a( ) b( )
c( ) d( )
e( ) f( )
g( ) h( )

2 1月の平均気温

＊ヴェルホヤンスクも同値

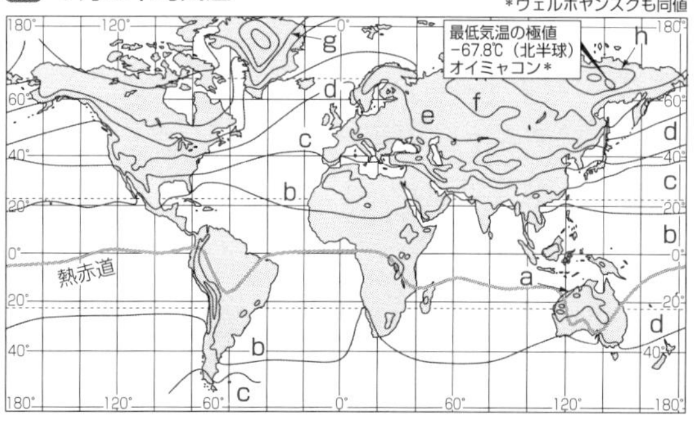

3 7月の平均気温

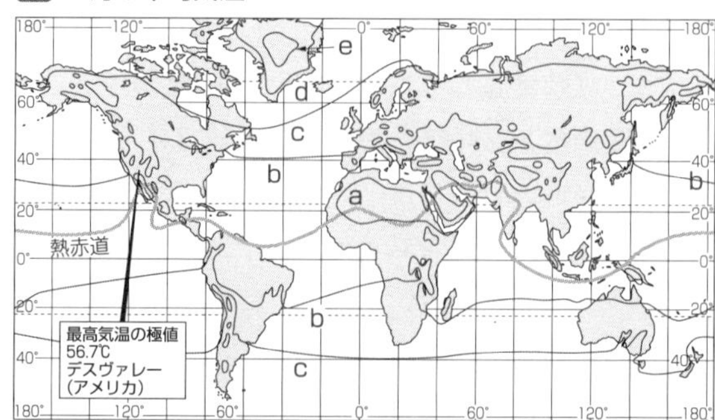

4 気温の年較差(℃)

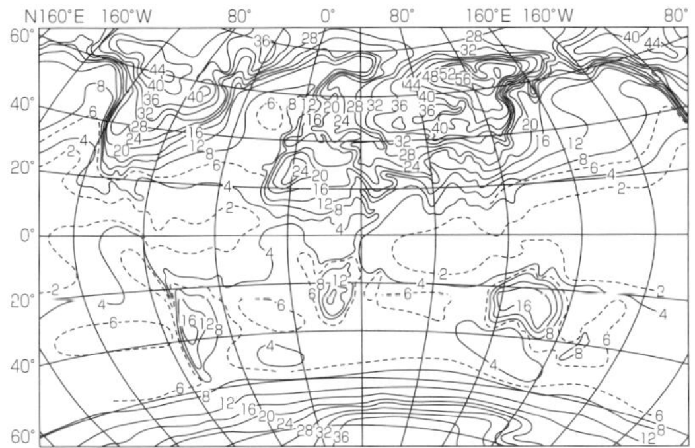

▲大陸内部ほど，高緯度ほど年較差は大きい。

5 地中海周辺の局地風

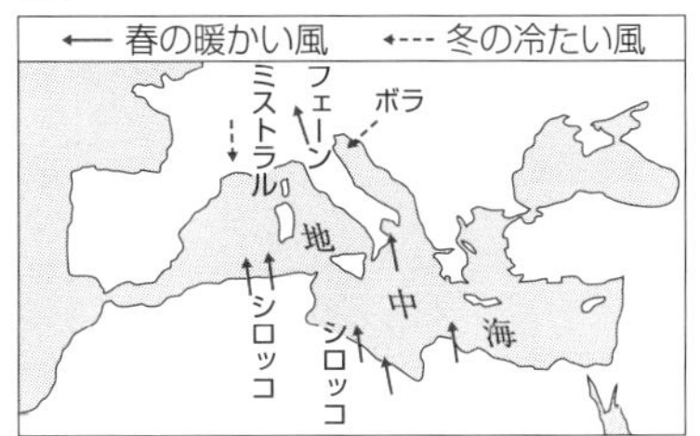

［作業1］ 左の年較差が最大の地域を示し，最小の地域を囲みなさい。

6 ひまわりからみた雲の分布(1月)

7 大気大循環の模式図

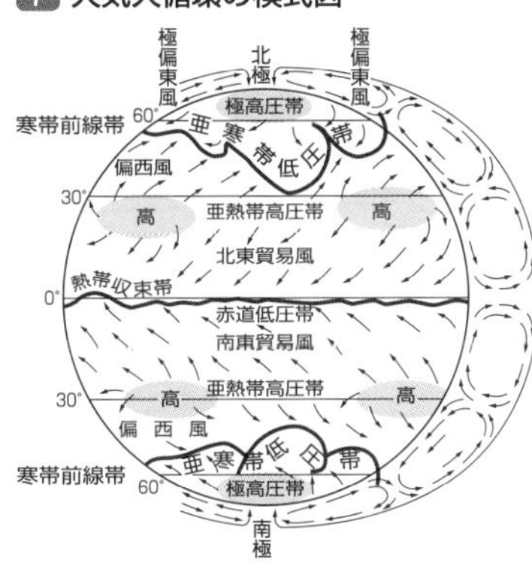

▲春分，秋分の頃の状態を示す。

8 緯度別の年降水量と蒸発量

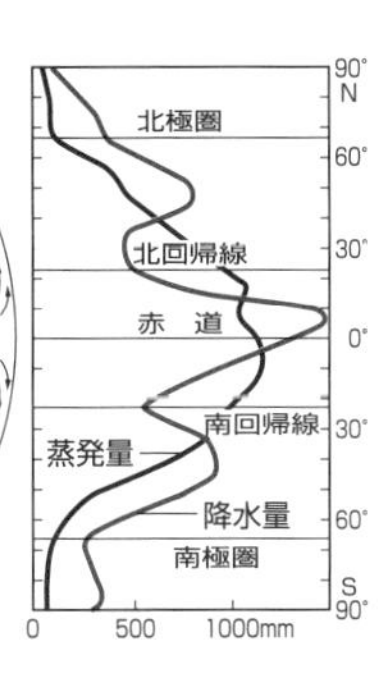

▲回帰線付近では蒸発量が降水量を上回る。

9 世界の気圧と風向

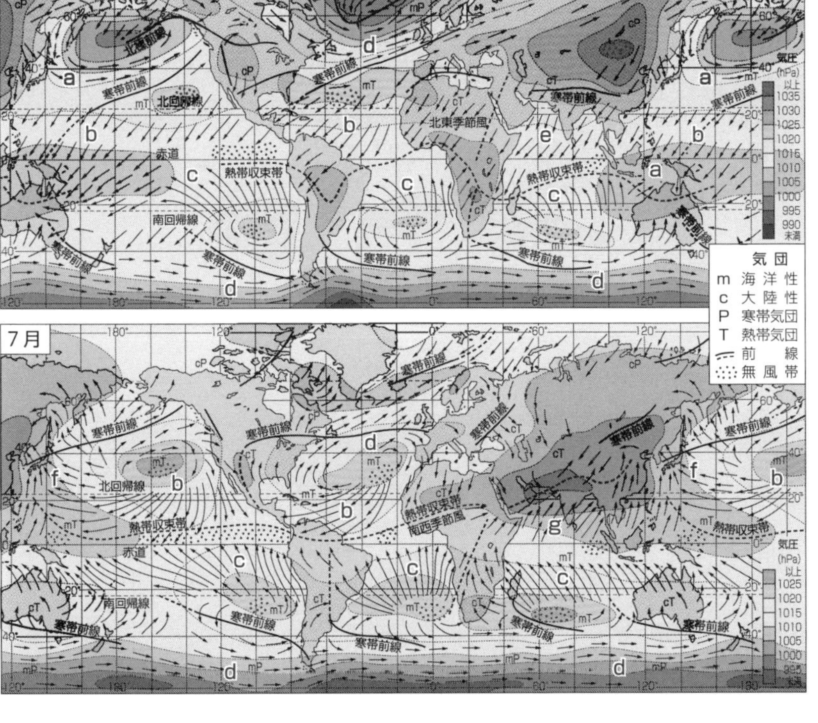

［問題2］ a～gの風を答えよ。

a（　　　　　）
b（　　　　　）
c（　　　　　）
d（　　　　　）
e（　　　　　）
f（　　　　　）
g（　　　　　）

◀回帰線付近の高気圧は亜熱帯高圧帯で，低緯度側に貿易風，高緯度側に偏西風が吹き出す。

熱帯収束帯は，2 3 に示した熱赤道にほぼ対応して1月には南半球側，7月には北半球側に位置し，10 の多雨地域にも対応する。

アジア大陸には1月に高気圧，7月に低気圧があり，季節風と関係。

7月の日本付近の寒帯前線(寒帯気団と熱帯気団の境界)は梅雨前線に対応する。

10 世界の降水量

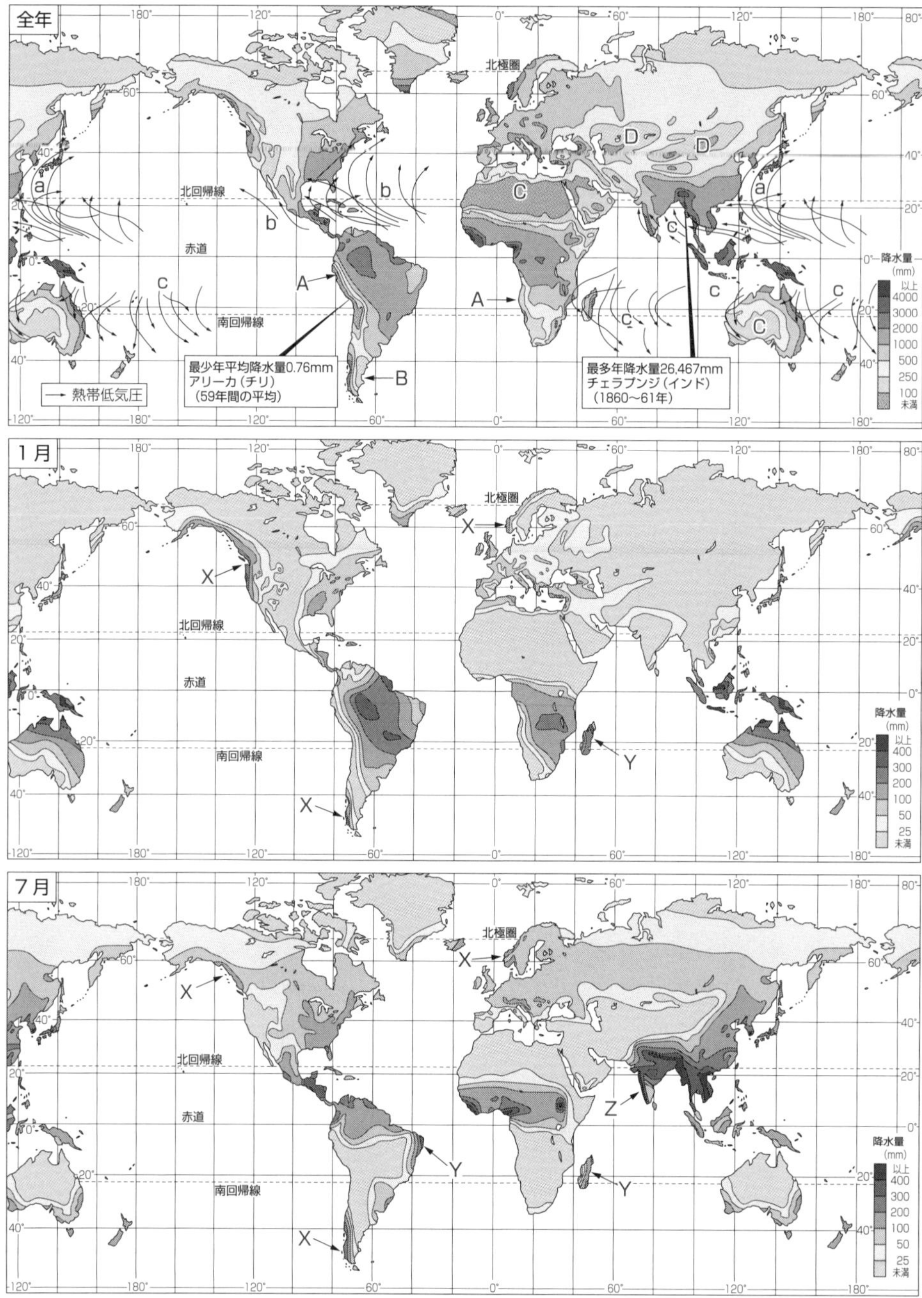

▲1月と7月の多雨地域，少雨地域の違いに注意。
赤道低圧帯(熱帯収束帯)の南北移動(→ 9)により，低緯度地方の多雨地域も移動(北半球では7月，南半球では1月が多雨)。
地中海性気候の地中海周辺やカリフォルニアは1月は多雨，7月は少雨。

[問題3]　上図の熱帯低気圧a〜c，少雨の原因A〜D，多雨をもたらす風X〜Zを答えよ。

熱帯低気圧　a(　　　　)　b(　　　　)　c(　　　　)
少雨の原因　A(　　　　)　B(　　　　)
　　　　　　C(　　　　)　D(　　　　)
多雨をもたらす風　X(　　　　)　Y(　　　　)　Z(　　　　)

2 ケッペンの気候区分

ドイツ人のケッペンが気候を反映する植生に着目して行った気候区分で，気温と降水量を組み合わせて区分を行う。高山気候はケッペンの気候区分にはない。

1 **大区分**：植生から，樹林気候と無樹林気候に大別する。

①**樹林気候**：冬季の気温が低下するにつれて，常緑広葉樹林→落葉広葉樹林→針葉樹林と変化するので，**最寒月平均気温**によって熱帯，温帯，亜寒帯(冷帯)に区分。**熱帯(A)は最寒月平均気温が**[　1　]℃以上，**温帯(C)は**[　1　]℃未満[　2　]℃以上，**亜寒帯(D)は**[　2　]℃未満。

②**無樹林気候**：蒸発量が降水量より多く，土壌水分が不足して樹林が生育できない**乾燥帯(B)**と，夏が低温(**最暖月平均気温**[　3　]℃未満)で樹林が生育できない**寒帯(E)**に区分。**A～E**の記号は，北半球大陸西岸の赤道付近から極に向けて順に配列する。

2 **小区分**：樹林気候は大文字と小文字，無樹林気候は大文字の組み合わせで表示。

①**熱帯，温帯，亜寒帯**：原則として**降水量の季節配分**によって，**s(夏乾燥で冬雨)**，**w(冬乾燥で夏雨)**，**f(乾季がなく年中湿潤)**の三つに区分。

- **熱帯**：年中高温で，気温から夏と冬を区別しにくいため，乾季のある[　4　]気候(**Aw**)と乾季のない**熱帯雨林気候(Af)**に分ける。乾季は，月降水量が[　5　]mm未満の月とする。**熱帯モンスーン気候(Am，弱い乾季のある熱帯雨林気候)**はAfとAwの中間的な気候で，乾季はあるが，植生はAfと共通するため，気候区分図では熱帯雨林気候に含められることもある。
- **温帯・亜寒帯**：最少雨月が夏(北半球なら5～10月頃)に現れ，その降水量が冬の最多雨月の**1/3**以下なら**s**，逆に最少雨月が冬で，その降水量が夏の最多雨月の**1/10**以下なら**w**と判定する。s，wいずれにも該当しないものを**f**とする。s型(冬雨)が1/3，w型(夏雨)が1/10と基準が異なるのは，冬は低温で蒸発量が少なく，夏より少ない降水量でも植物の生育に必要な土壌水分を確保できるが，夏は蒸発量が多く乾燥しやすいためである。
- **Cfa・Cfb**：温帯と亜寒帯は最寒月平均気温で区分するため，冬季温暖な大陸西岸では温帯が高緯度まで分布し，Cfは，西岸では緯度40～60度，東岸では緯度30～40度付近にみられる。しかし，夏季の気温は緯度の違いに対応し高緯度の西岸で低く，低緯度の東岸で高いため，**最暖月平均気温**[　6　]℃以上の**温暖湿潤気候(Cfa)**と，[　6　]℃未満の**西岸海洋性気候(Cfb)**に区分する。

②**寒帯**：**最暖月平均気温0℃以上10℃未満**で，地衣類や蘚苔類などが生育する[　7　]気候(**ET**)と，**0℃未満**で植生のみられない**氷雪気候(EF)**に区分する。

③**乾燥帯**：雨が少し降り短草草原が広がる**ステップ気候(BS)**と，ほとんど植生がみられない**砂漠気候(BW)**に区分する。両者の区分は，ある地点の年降水量(r：mm)を，年平均気温から算出される乾燥限界(R：mm)と比較し，BS：R／2≦r＜R，BW：r＜R／2　で定義される(→P.28 2)。ただし，乾燥限界は降水の季節配分(s・f・w)により計算式が異なる。

④**高山気候(H)**：標高3000m以上の高山。気温，降水量による区分基準はない。

1 2 3 4 5 6

1 大区分

1

2

3

2 小区分

summer乾燥

winter乾燥

4

5

6

7

図表でチェック **1** ケッペンの気候区分

- 世界の気候
  - 樹林のある気候
    - 最寒月平均気温 18℃以上 → 熱　帯(A)
      - 乾季なし → 熱帯雨林気候　Af・Am
      - 乾季あり → サバナ気候　Aw
    - 最寒月平均気温 18℃未満－3℃以上 → 温　帯(C)
      - 夏季乾燥 → 地中海性気候　Cs
      - 冬季乾燥 → 温暖冬季少雨気候　Cw
      - 年中湿潤 → 温暖湿潤気候　Cfa / 西岸海洋性気候　Cfb・Cfc
    - 最寒月平均気温－3℃未満 最暖月平均気温 10℃以上 → 亜寒帯(D)
      - 冬季乾燥 → 亜寒帯冬季少雨気候　Dw
      - 年中湿潤 → 亜寒帯湿潤気候　Df
  - 樹林のない気候
    - 低温が理由で樹林なし→寒帯(E)（最暖月平均気温 10℃未満）
      - 最暖月平均気温 0℃以上 → ツンドラ気候　ET
      - 最暖月平均気温 0℃未満 → 氷雪気候　EF
    - 乾燥が理由で樹林なし→乾燥帯(B)（乾燥限界未満の降水）
      - 乾燥限界の ½ 未満の降水 → 砂漠気候　BW
      - 乾燥限界の ½ 以上の降水 → ステップ気候　BS

2 気候区分に用いる記号の意味

気候	気候帯	気　候　区	記号の説明と分類の基準
湿潤気候	熱帯(A)	熱帯雨林気候(Af・Am)	f：年中多雨(最少雨月降水量 60mm 以上) m：f と w の中間, 弱い乾季あり (Am を熱帯モンスーン気候と呼ぶこともある)
湿潤気候	熱帯(A)	サバナ気候(Aw)	w：乾季がある(最少雨月降水量が 60mm 未満で年降水量がこれを補うほど多くない)
湿潤気候	最寒月 18℃ / 温帯(C)	温暖冬季少雨気候(Cw)	w：冬に少雨 (最少雨月降水量 ×10≦最多雨月降水量)
湿潤気候	温帯(C)	地中海性気候(Cs)	s：夏に少雨(最少雨月降水量 ×3≦最多雨月降水量，かつ最少雨月降水量 <30mm)
湿潤気候	温帯(C)	温暖湿潤気候(Cfa)	f：年中多雨 a：最暖月の平均気温 22℃以上
湿潤気候	温帯(C)	最暖月 22℃ 西岸海洋性気候(Cfb, Cfc※)	f：年中多雨 b：最暖月の平均気温 22℃未満 月平均気温が 10℃以上の月が 4 か月以上 c：最暖月の平均気温 22℃未満 月平均気温が 10℃以上の月が 1 ～ 3 か月
湿潤気候	最寒月 －3℃ / 亜寒帯(D)(冷帯)	亜寒帯湿潤気候(Df)	f：年中多雨
湿潤気候	亜寒帯(D)(冷帯)	亜寒帯冬季少雨気候(Dw)	w：冬に少雨 (最少雨月降水量 ×10≦最多雨月降水量)
湿潤気候	最暖月 10℃ / 寒帯(E)	ツンドラ気候(ET)	最暖月の平均気温 0℃以上 10℃未満
湿潤気候	寒帯(E)	最暖月 0℃ 氷雪気候(EF)	最暖月でも平均気温 0℃未満
乾燥気候	乾燥帯(B)	砂漠気候(BW)	※※を参照
乾燥気候	乾燥帯(B)	ステップ気候(BS)	※※を参照

〔山 岳 気 候〕	山岳気候(G)	2000m 以上 3000m 未満の山地
〔山 岳 気 候〕	高山気候(H)	3000m 以上の高山

※Cfb・Cfc は共通テストでは区分できなくてよい。

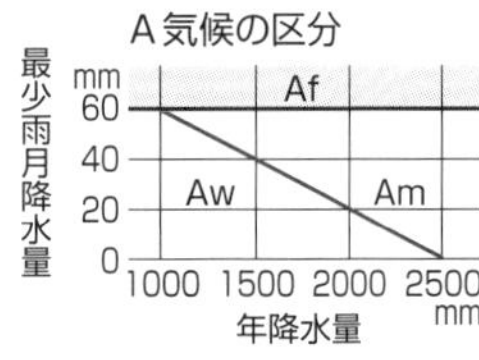

▲最少雨月降水量60mm以上ならAf。Amは乾季が弱いか，年降水量が多いため，熱帯雨林が成育する。

※※乾燥限界(BとA・C・Dとの境界)をR(mm)，年平均気温をt(℃)とすると，
s 型：R＝20t　f 型：R＝20(t＋7)　w 型：R＝20(t＋14)
BSとBWは，年降水量をr(mm)とすると，BS：R/2≦r<R　BW：r<R/2
年平均気温を15℃，25℃とした場合，乾燥限界を求めてみると，
s 型：20×15＝300mm　　20×25＝500mm
f 型：20×(15＋7)＝440mm　　20×(25＋7)＝680mm
w 型：20×(15＋14)＝580mm　　20×(25＋14)＝780mm
→樹林が生育できる年降水量を示す乾燥限界は，年平均気温が高いほど蒸発量は多いため大きくなる。また，低温で蒸発量が少ない冬に降雨のあるs型で最小，高温で蒸発量が多い夏に降雨のあるw型で最大となる。

3 気候区の判定

都　市	1月	2月	3月	4月	5月	6月	7月	8月	9月	10月	11月	12月	全　年	気候区
1(　　)	*26.6*	27.2	27.6	28.0	28.4	28.4	27.9	27.8	27.7	27.7	27.0	*26.6*	27.6℃	
	246.3	*114.1*	173.8	151.5	167.4	136.1	155.8	154.0	163.1	156.2	265.9	314.8	2,199.0mm	
2(　　)	*20.0*	23.6	28.0	30.4	30.9	30.4	29.4	29.3	29.2	28.1	25.0	21.2	27.1℃	
	12.6	19.7	35.2	58.8	137.4	303.8	409.4	336.4	318.2	165.1	36.1	*9.0*	1,841.7mm	
3(　　)	22.6	23.1	22.8	20.4	18.4	17.1	17.0	*16.5*	16.8	17.5	18.8	20.9	19.3℃	
	0.0	0.4	0.3	*0.0*	0.1	0.3	0.1	0.3	0.5	*0.0*	0.1	0.1	2.2mm	
4(　　)	*24.8*	27.9	31.6	33.4	32.2	29.8	27.7	26.6	27.5	29.2	28.0	25.4	28.7℃	
	0.0	0.1	2.0	23.6	52.8	86.5	174.5	195.3	133.0	30.5	0.6	0.1	699.0mm	
5(　　)	21.0	21.1	19.8	17.3	15.0	12.8	*12.2*	12.7	14.4	16.3	18.3	20.1	16.8℃	
	10.1	15.0	13.5	47.4	80.7	93.4	91.5	78.2	44.6	35.3	23.1	13.0	545.8mm	
6(　　)	*16.1*	*16.1*	18.6	22.0	25.5	27.8	28.8	28.7	27.7	25.3	21.4	17.4	23.0℃	
	21.3	68.3	97.9	190.4	361.4	328.6	362.2	333.9	300.8	103.8	45.6	31.9	2,246.1mm	
7(　　)	24.8	23.4	21.8	17.8	14.6	11.8	*11.0*	12.9	14.6	17.7	20.5	23.2	17.8℃	
	144.7	120.5	144.2	136.0	93.8	60.8	*59.9*	76.2	71.6	127.1	127.4	110.6	1,272.8mm	
8(　　)	5.8	6.2	8.0	10.5	13.9	17.0	18.7	18.5	16.2	12.4	8.5	*5.7*	11.8℃	
	55.0	46.8	*41.9*	46.4	49.1	46.8	46.8	57.8	50.8	70.6	72.4	55.9	640.3mm	
9(　　)	-6.5	*-6.7*	-1.0	6.7	13.2	17.0	19.2	17.0	11.3	5.6	-1.2	-5.2	5.8℃	
	51.6	43.1	*35.2*	36.3	50.3	80.4	84.3	82.0	66.8	71.3	54.9	50.3	706.5mm	
10(　　)	*-17.7*	-14.4	-6.4	2.4	10.1	15.4	18.3	15.9	9.1	1.8	-7.9	-15.3	0.9℃	
	14.1	*8.1*	11.3	18.6	35.8	78.5	109.2	93.1	52.0	21.2	20.6	16.0	478.5mm	
11(　　)	-25.3	*-25.8*	-24.8	-16.6	-6.0	2.1	5.0	4.0	0.1	8.2	17.0	22.1	-11.2℃	
	3.4	*3.2*	3.4	3.9	5.0	8.0	24.0	26.6	18.8	10.9	4.9	3.8	115.9mm	
12(　　)	*14.0*	15.3	17.6	19.0	19.3	18.3	17.0	17.2	16.9	16.2	15.1	14.3	16.7℃	
(2,309m)	7.6	7.2	13.0	67.1	118.9	268.3	276.9	201.1	141.8	71.2	*5.1*	11.8	1,190.0mm	

上段：気温(℃)，下段：降水量(mm)。　太字は最暖月・最多雨月，斜体字は最寒月・最少雨月を示す。

(『理科年表』による。)

[問題1]　上の1～12の都市の気候区を判定し，ケッペンの記号で答えよ。また，1～12の都市を次の(a)～(l)から一つずつ選べ。

(a)　イルクーツク(ロシア)　(b)　ケープタウン　(c)　コルカタ　(d)　シンガポール
(e)　バロー(アラスカ)　(f)　ブエノスアイレス　(g)　ホンコン　(h)　メキシコシティ
(i)　モスクワ　(j)　リマ　(k)　ロンドン　(l)　ワガドゥグー(ブルキナファソ)

[判定のヒント]

①まず，各地点の最暖月，最寒月，最多雨月，最少雨月の数値を丸で囲もう。
②最も判定が簡単なのは，**最暖月平均気温10℃未満**の寒帯。→11
③残りの地点は，最寒月平均気温から，A(18℃以上)・C(－3～18℃)・D(－3℃未満)に区分する。
④Aは，**最少雨月降水量60mm以上**ならAf，60mm未満ならAwかAm(ただし，共通テストでは，Aw・Amの判定は出題されにくい)。→1，2
⑤C，Dは，最多雨月降水量と最少雨月降水量の月が夏か冬かを確認し(**南北半球の違いに注意**)，その比率から，s(夏が冬の1/3以下)・w(冬が夏の1/10以下)・f(s・wに区分されなかったもの)に区分する。→3～10，12。3，4は実際はBだが(後述)，とりあえず区分しておく。
⑥Cfは，**最暖月平均気温22℃**以上のCfaと，22℃未満のCfbに細分する。→7，8
⑦12のように年較差が小さく，年平均気温が低い地点は，**低緯度の高山都市**。
⑧Bの年降水量の目安は，中～低緯度ではBWは250mm未満(→3)，BSは250～500mm程度であるが，高緯度では寒冷で蒸発量が少ないためBは現れない(→10)。逆に年平均気温が高いと，年降水量が500mm以上でもBの可能性があるので(→4)，乾燥限界を計算して確認する(ただし，共通テストでは，乾燥帯かどうか微妙なものは出題されにくい)。
→4，5についてBかどうかを判定する。乾燥限界を，R(mm)とすると，
4(w型)：t＝28.7℃，r＝699.0mm，R＝20×(28.7＋14)＝854＞r　∴乾燥帯(BS)
5(s型)：t＝16.8℃，r＝545.8mm，R＝20×16.8＝336＜r　∴Bではない(Cs)
Csは，蒸発量の少ない冬に降雨があるため，比較的少雨の地域が多い。

4 仮想大陸上の気候区分

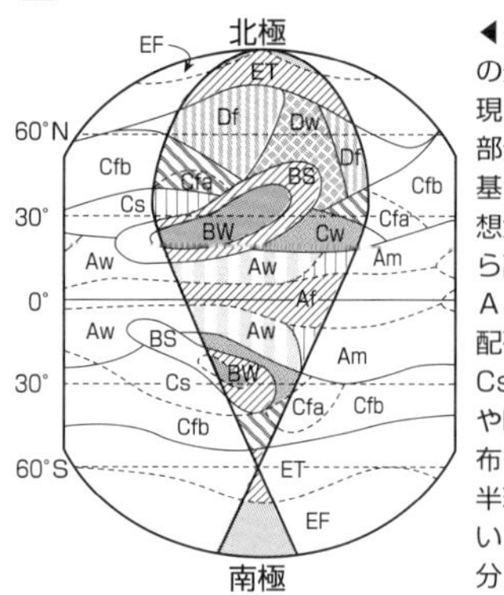

◀ケッペンの気候区分の規則性を模式的に表現したもので，中央の部分が現実の水陸比に基づいて考えられた仮想大陸である。赤道から離れるにしたがってA，B，C，D，Eと配列しているが，BやCsは大陸西岸に，CwやDwは大陸東部に分布することに注意。南半球にはDが存在しないことを実際の気候区分図で確認しよう。

5 気候区の大陸別面積の割合(%)

大陸＼気候区	Af	Aw	BS	BW	Cw	Cs	Cf	Df	Dw	ET	EF
(a)	3.5	3.9	15.9	10.2	9.6	2.2	5.7	**25.8**	**13.4**	9.8	—
(b)	**19.8**	**18.8**	**21.5**	**25.2**	13.1	1.3	0.3	—	—	—	—
(c)	2.8	2.4	10.7	3.7	2.0	0.8	10.7	**43.4**	—	17.3	6.2
(d)	**26.9**	**36.5**	6.7	7.3	6.7	0.3	14.0	—	—	1.6	—
(e)	7.9	9.0	**25.8**	**31.4**	6.8	7.9	11.2	—	—	—	—

[問題2]　a～eの大陸名を答えよ(太数字の気候区に注意)。

a (　　　　　　)　b (　　　　　　)
c (　　　　　　)　d (　　　　　　)
e (　　　　　　)

6 降水の季節配分とケッペンの気候区分

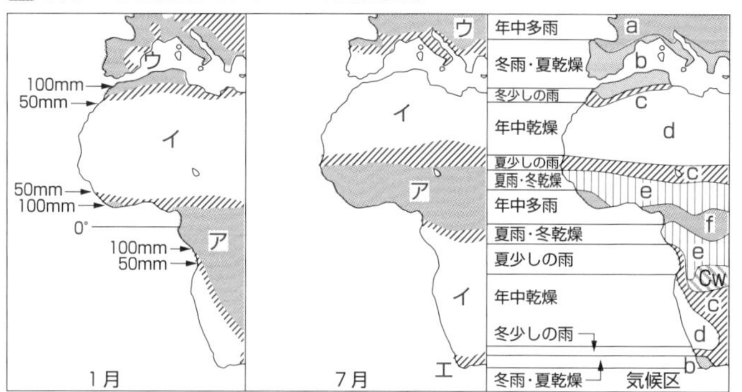

[問題3]　上のアフリカ～ヨーロッパの気候区分図をみて，下のa～fに気候区の記号を記入せよ。

[北半球の冬]	[北半球の夏]	[降水の季節配分]	[気候区]
亜寒帯低圧帯	亜寒帯低圧帯	年中多雨	a (Df)
	亜熱帯高圧帯	冬雨・夏乾燥	b (　　　)
			c (　　　) (冬少しの雨)
北回帰線		年中乾燥	d (　　　)
亜熱帯高圧帯			c (　　　) (夏少しの雨)
	熱帯収束帯	夏雨・冬乾燥	e (　　　)
赤　道		年中多雨	f (　　　)
熱帯収束帯		夏雨・冬乾燥	e (　　　)
	亜熱帯高圧帯		c (　　　) (夏少しの雨)
南回帰線		年中乾燥	d (　　　)
亜熱帯高圧帯			c (　　　) (冬少しの雨)
	亜寒帯低圧帯	冬雨・夏乾燥	b (　　　)
亜寒帯低圧帯		年中多雨	a (　　　)
[南半球の夏]	[南半球の冬]		

[解説]　ケッペンの気候区分と大気の大循環

大陸西岸では，一般に赤道から高緯度に向かって，Af→Aw→BS→BW→BS→Cs→Cfbと気候区が変化する。

この規則性を，低圧帯と高圧帯の南北移動から考えてみよう。

- 1月：太陽が南半球側を照らすため，上昇気流の活発な**熱帯収束帯**による多雨地域(ア)は赤道付近より南側にある。その北側の少雨地域(イ)は**亜熱帯高圧帯**によるもので，地中海周辺(ウ)は南下してきた**亜寒帯低圧帯**によって雨が降っている。
- 7月：**熱帯収束帯**が北半球側に移るとともに，赤道付近の多雨地域(ア)も北上する。その北側の**亜熱帯高圧帯**は地中海周辺まで覆い，乾季をもたらすが(イ)，アルプス付近より北では**亜寒帯低圧帯**の影響で湿潤である(ウ)。南半球では**亜熱帯高圧帯**の北上によってアフリカ南端(エ)を除いて乾季を迎えている(イ)。
- **年中同じ気圧帯に覆われる気候区**：Af，Cfbはそれぞれ**熱帯収束帯**，**亜寒帯低圧帯**に年中覆われ多雨(fは年中多雨という意味)。一方，BWは年中**亜熱帯高圧帯**の圏内で乾燥。
- 雨季と乾季のある気候区：AwとCsは，**亜熱帯高圧帯**に覆われる冬と夏にそれぞれ乾季を迎える。

3 植生・土壌

1 植生：ケッペンの気候区に対応して分布。

①**熱帯雨林**：多種類の常緑広葉樹からなり，高木から低木までの階層構造が発達。東南アジアのジャングルやアマゾン盆地の[1]が代表的。河口付近の満潮時に水につかるような沿岸部には，塩水に強い**マングローブ**が分布。

②**温帯林**：低緯度側は**常緑広葉樹林**(シイ，カシなど)，高緯度側は**落葉広葉樹林**(ブナ，ナラなど)と混合林。地中海性気候地域には，夏の乾燥に耐えるため葉が小さく硬いオリーブ，コルクガシなどの**硬葉樹**が分布。

③**亜寒帯林(冷帯林)**：低緯度側は落葉広葉樹と針葉樹の混合林，高緯度側は[2]と呼ばれる**針葉樹**(エゾマツ，カラマツなど)の純林が分布。

④**熱帯草原**：疎林と長草草原。東アフリカの**サバナ**，オリノコ川流域の**リャノ**，ブラジル高原の[3]など。

⑤**温帯草原**：**プレーリー**，**パンパ**など温暖湿潤気候地域にみられる長草草原。

⑥**ステップ**：砂漠の周辺に分布する**短草草原**。乾燥帯のため，長草でなく短草。

2 土壌：成帯土壌と間帯土壌に分けられる。

①**成帯土壌**：気候・植生の影響を受けて帯状に分布する土壌。

- [4]：熱帯の赤色土壌。高温多雨で有機物が分解され流出し，養分に乏しい。水溶性物質は洗い流され，表層に残留した鉄・アルミニウムの酸化物で赤色となる。アルミニウムの原料である**ボーキサイト**は赤色土分布地域に多い。
- **褐色森林土**：温帯の土壌。広葉樹の落葉が堆積し腐植層となって肥沃。
- [5]：亜寒帯の土壌。寒冷で分解の進まない落葉から生成される有機酸に鉄・アルミニウムが溶けて下層に運ばれ(溶脱という)，溶けにくい石英が地表付近に残った灰白色のやせた酸性土壌。
- **黒色土**：半乾燥気候の草原に分布する土壌で，枯草が黒色の厚い腐植層となり最も肥沃。ステップの[6](ウクライナ～カザフステップが有名)，温帯草原の**プレーリー土**，**パンパ土**。小麦栽培が盛ん。ステップの少雨地域には，腐植の少ない**栗色土**が分布。
- **砂漠土**：砂質で腐植が少なく，塩分を含んだアルカリ性の土壌。
- **ツンドラ土**：低温で植物の分解が進まず泥炭が蓄積し，強酸性。

②**間帯土壌**：母岩の影響などを受けて成帯土壌の間に局地的に分布する土壌。

- **テラロッサ**：[7]が風化した赤色の土壌。地中海沿岸に広く分布。
- **テラローシャ**：玄武岩(げんぶがん)・輝緑岩(きりょくがん)が風化した赤紫色の土壌。[8]高原南部に分布し，コーヒー栽培に利用。
- **レグール**：玄武岩が風化した黒色土壌。溶岩台地である[9]高原に分布し，綿花栽培に利用。
- **レス(黄土)**：砂漠や大陸氷河末端に堆積した細かな土や砂が風で運ばれて堆積した風積土で肥沃。ゴビ砂漠などから運ばれた**黄土高原**や，氷期に大陸氷河周辺から運ばれたヨーロッパ中部などに分布。日本にも飛来する**黄砂**は，さらに細かな物質が運ばれたもの。

1 植生
1 2
1
2
3
2 土壌
4
5
6
7
8
9

図表でチェック

1 気候・植生・土壌の対応関係

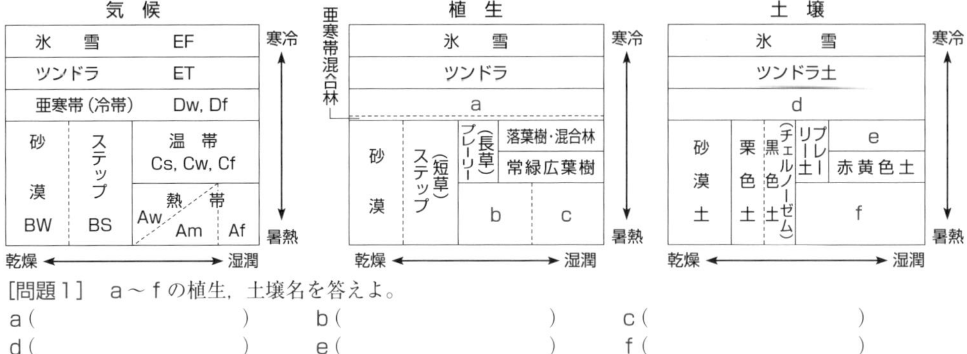

[問題1]　a～fの植生，土壌名を答えよ。

a (　　　　　　　　)　b (　　　　　　　　)　c (　　　　　　　　)

d (　　　　　　　　)　e (　　　　　　　　)　f (　　　　　　　　)

2 植生と土壌

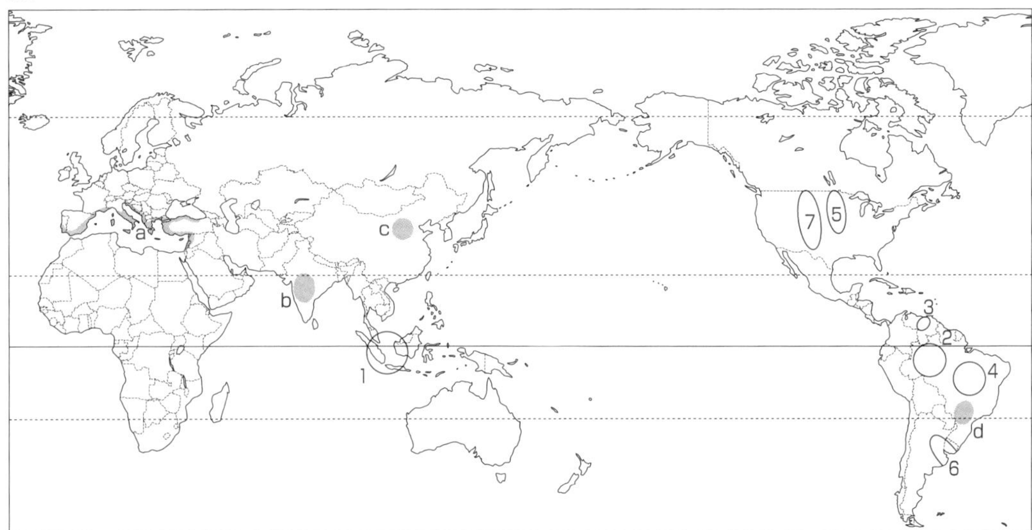

[問題2]　図中の1～7の植生名，a～dの土壌名を答えよ。

熱帯雨林

1 (　　　　　　　　)　2 (　　　　　　　　)

熱帯草原(サバナ)

3 (　　　　　　　　)　4 (　　　　　　　　)

温帯草原

5 (　　　　　　　　)　6 (　　　　　　　　)

ステップ

7 (　　　　　　　　)

間帯土壌

a (　　　　　　　　)　b (　　　　　　　　)　c (　　　　　　　　)　d (　　　　　　　　)

4 気候区の特色

1 熱帯

①**熱帯雨林気候(Af・Am)**：年中[1]帯に覆われる赤道付近に分布。年較差より日較差が大きい。雨はスコールとして毎日午後を中心として短時間に降る。夏季のモンスーンで特に多雨となるインド半島西岸や東南アジアの一部などには，乾季はあるが熱帯雨林・雨緑林の生育する熱帯モンスーン気候(Am)が分布。湿気や洪水，動物の侵入を避けるため高床式住居がみられる。

②**サバナ気候(Aw)**：夏季(高日季)は[1]帯の圏内で雨季，冬季(低日季)は[2]帯の圏内で乾季。熱帯雨林気候の周囲に分布。疎林と長草草原。

2 乾燥帯

①**砂漠気候(BW)**：砂漠は成因から下の四つに分けられる。住居は，土や泥，日干しレンガを材料とし，寒暖の差が大きいため壁は厚く，強い日射や熱風を避けるため窓は小さく，雨が降らないため平屋根である。衣服は，日射を避け，発汗，蒸発を促すため，ゆったりと全身を覆うものが多い。

- **年中[2]帯の圏内**：回帰線付近のサハラ砂漠やオーストラリアの砂漠。
- **大陸内部**：海からの水蒸気が届きにくい内陸。タクラマカン・ゴビ砂漠や中央アジア。
- **山脈の風下側**：偏西風など卓越風に対して山脈の風下側に位置。パタゴニア。
- **低緯度の大陸西岸**：寒流の影響で下層の空気が冷やされて上昇気流が生じず，降雨がない。[3]砂漠(←ペルー海流)，**ナミブ砂漠**(←ベンゲラ海流)。

②**ステップ気候(BS)**：砂漠気候の周辺。短い雨季。黒色土と栗色土。短草草原。

3 温帯

①**温暖冬季少雨気候(Cw)**：[4]の影響で夏に雨が集中する中国からインド北部。アフリカと南アメリカの低緯度の高原にも分布(低地のAwの気温が下がりCwとなったもの)。厚く光沢のある葉の照葉樹(シイ・カシなど)。

②**温暖湿潤気候(Cfa)**：緯度30〜40度付近の東岸に分布。夏高温で四季が明瞭。

③**地中海性気候(Cs)**：緯度30〜40度付近の西岸に分布。夏は[2]帯の圏内で乾季，冬は亜寒帯低圧帯の圏内で雨季。ほぼ同緯度の東岸にはCfa。硬葉樹。

④**西岸海洋性気候(Cfb・Cfc)**：Csの高緯度側，緯度40〜60度付近の西岸に分布。南半球では，ニュージーランドやオーストラリア南東部など西岸以外にも分布。年中[5]風の影響を受けて平均した降水。気温の年較差は小さい。

4 亜寒帯(冷帯)

南半球には緯度50〜60度付近に広い陸地がないため，北半球にしか分布しない。亜寒帯湿潤気候(Df)と亜寒帯冬季少雨気候(Dw)に分けられるが，Dwは冬季シベリア高気圧に覆われて降水の少ないユーラシア大陸北東部にのみ分布。

5 寒帯

①**ツンドラ気候(ET)**：北極海周辺。チベット高原などの高山。トナカイやヤク(チベット高原)の遊牧。イヌイットの冬の氷の家はイグルーと呼ばれる。

②**氷雪気候(EF)**：南極とグリーンランド内陸に分布。

1 熱帯
1
1
2
2 乾燥帯
2 3
3
3 温帯
4
4
5
4 亜寒帯(冷帯)
5
5 寒帯
6

図表でチェック

1 熱帯

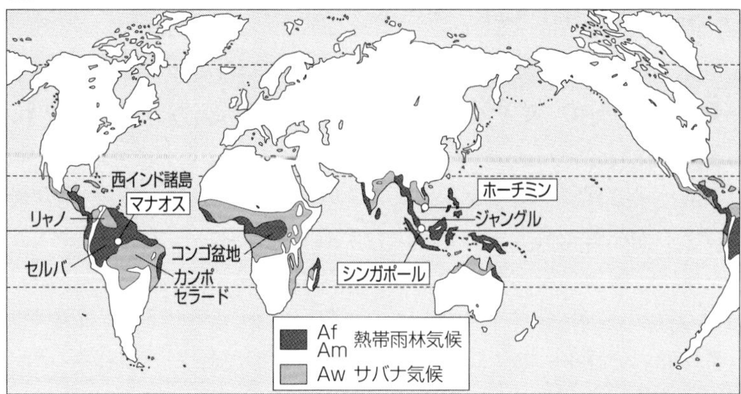

▶Afは赤道付近に分布し，AwはAfの周囲に分布。

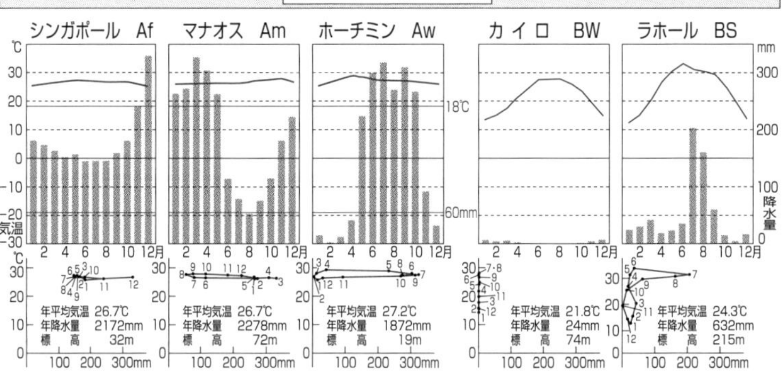

2 乾燥帯

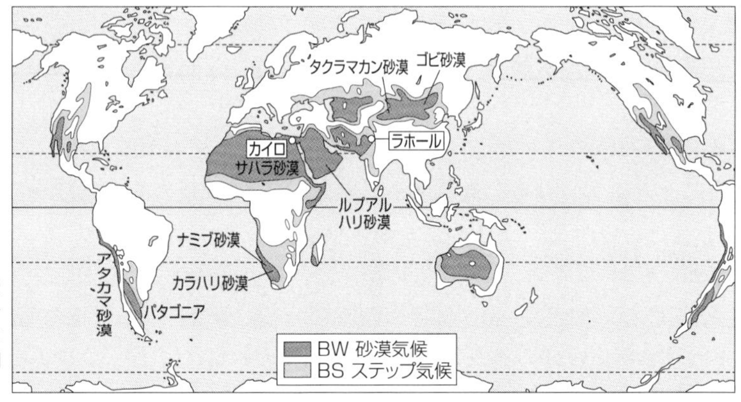

▶BWは回帰線付近を中心に分布するが，それ以外の砂漠の成因に注意。BSはBWの周囲に分布。

3 中低緯度の大陸西岸の砂漠の成因

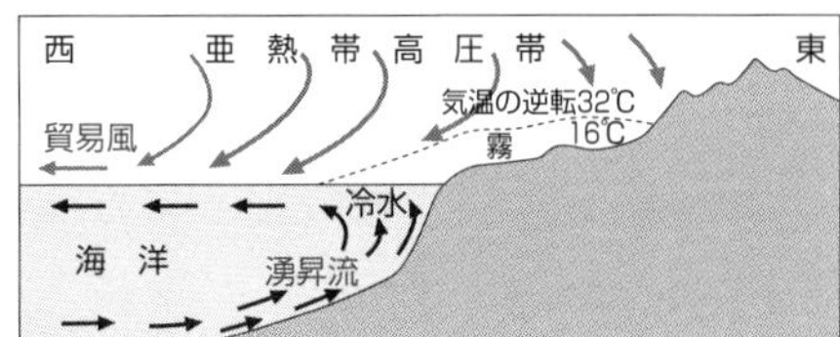

［解説］　ナミブ砂漠やペルー海岸砂漠など中低緯度の大陸西岸の砂漠の成因としては，**亜熱帯高圧帯**と沖合を流れる**寒流**が重要である。

①**寒流と湧昇流（ゆうしょう）により下層の空気が冷やされる**：**貿易風**により表層の海水が沖合に運ばれ，それを補うように深層から冷たい**湧昇流**が生じるため海水温は低く，冷やされた下層の空気が上層より低温となり**気温の逆転**が生じる。冷やされ凝結した水分は霧となる。また，湧昇流は深層のリン酸塩，硝酸塩などの栄養塩類を表層に運び，プランクトンを発生させ，付近を好漁場としている。

②**大気が安定し，上昇気流が生じないため雨が降らない**：低温の下層の空気は高温の上層の空気より重いため，上昇気流が生じない(この状態を，大気が安定しているという)。よって雲は形成されず雨が降らない。

③**エルニーニョ現象(ペルー沖)**：貿易風が弱まると湧昇流が弱まり，海水温が上昇するので沿岸地域に雨が降り，魚類も減少する。

4 温帯

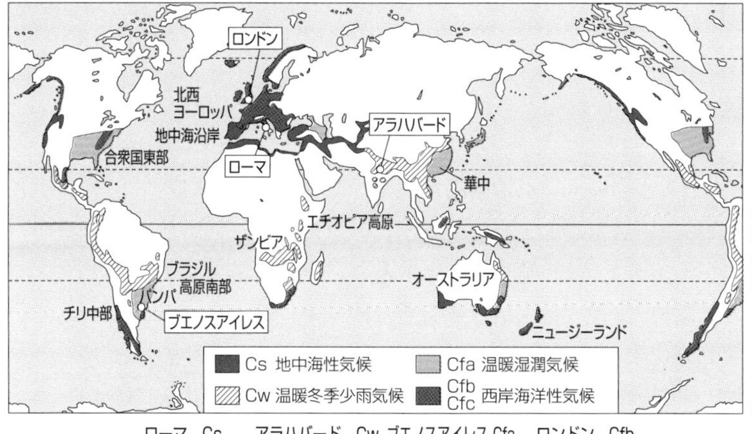

◀大陸西岸の30〜40度付近にCs，その高緯度側にCfbが分布。Csとほぼ同緯度の大陸東岸にCfaが分布。アジアのCwはモンスーン気候地域，他のCwは低緯度の高原に分布。南半球のCfbは西岸以外にも分布。

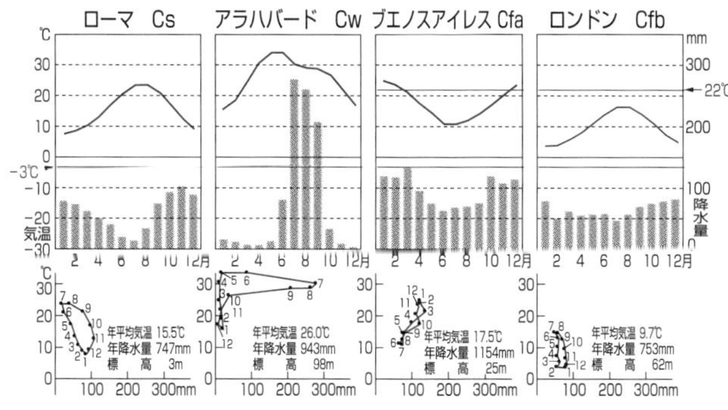

5 亜寒帯

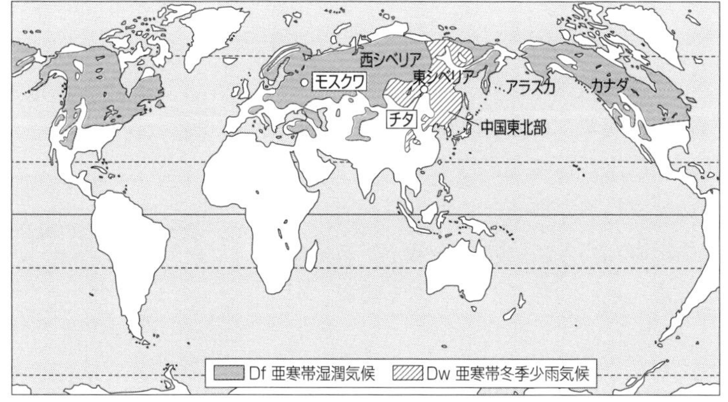

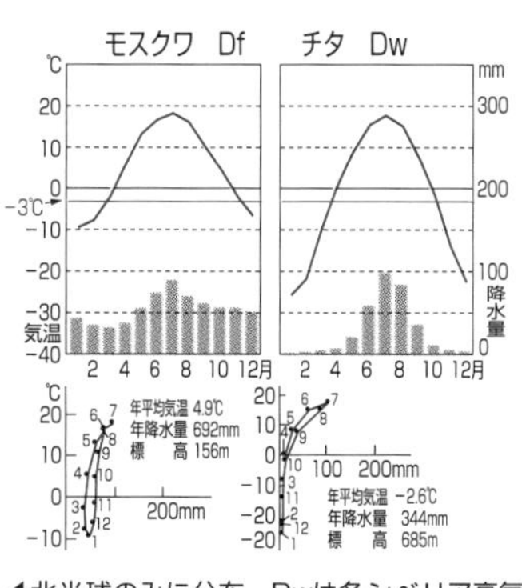

◀北半球のみに分布。Dwは冬シベリア高気圧圏内のユーラシア北東部のみに分布。

6 寒帯

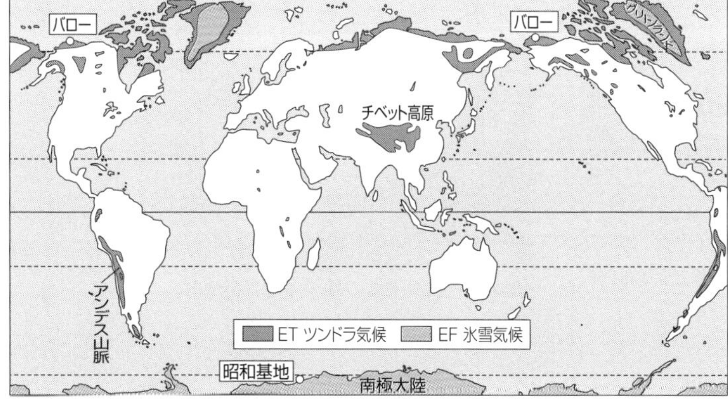

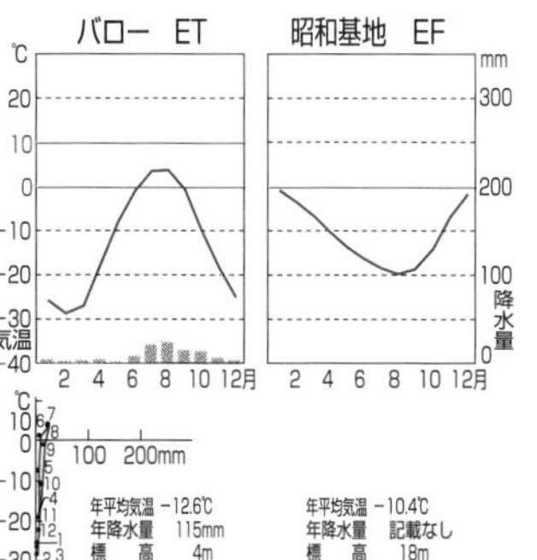

◀EFは南極とグリーンランド内陸に分布。

5 陸水・海洋

1 陸水

①地球上の水の97.4%は海水，残りの陸水のうち76%は氷河(氷河の90%は南極，9%はグリーンランドに存在)，23%は[　1　]。

②**地下水**：地表面に一番近い不透水層の上にある**自由地下水**，二つの不透水層に挟まれた**被圧地下水**，局地的な不透水層の上にある**宙水**に分けられる。被圧地下水まで達する掘り抜き井戸(鑽井)では自噴することもあり，オーストラリアのグレートアーテジアン(大鑽井)盆地では，塩分を含むため家畜の給水に利用している。宙水は，武蔵野台地など台地の開発に利用されてきた。また，地盤の軟弱な沖積平野で地下水を過剰揚水すると粘土層が収縮して[　2　]が生じる。

③**河川**：河川流量の季節変化は，流域の気候や地形と関係が深い。日本の河川は急流で，流量の季節変化が大きいため水運に適さないが，ヨーロッパなど流量が安定し，勾配も緩やかな大陸の河川では水運が盛んである。

④**湖沼**：成因から**断層湖**(バイカル湖，タンガニーカ湖，琵琶湖，諏訪湖など)，**氷河湖**(五大湖など)，**カルデラ湖**(十和田湖など)，**潟湖**(サロマ湖など)，海跡湖(霞ヶ浦など)などに分けられ，栄養分から富栄養湖(霞ヶ浦，諏訪湖など水深が小さく，周囲に人口が多い湖)，貧栄養湖(十和田湖など)に分けられる。乾燥地域では蒸発が盛んなため[　3　]湖が多い。

2 海洋

①**海流**：表層流は亜熱帯高圧帯から吹き出す風と同じ向きに流れ(吹送流)，北半球では[　4　]回り，南半球では[　5　]回りに流れる。一般に，暖流は低緯度から高緯度に，寒流は高緯度から低緯度に向かう。寒流と暖流がぶつかる潮目(潮境)は好漁場となる。深層流は1000年以上かけて全海洋を循環。

②[　6　]現象：赤道付近の東太平洋海域で貿易風が弱まり，海水温が異常に上昇する現象で，ペルーの海岸砂漠に多雨をもたらし，海水温が低下する東南アジアでは少雨，日本では暖冬・冷夏となる。逆の現象をラニーニャ現象という。

1 陸水
1
1
2
2
3 4 5
3
2 海洋
4
5
6
6

図表でチェック

1 水の循環

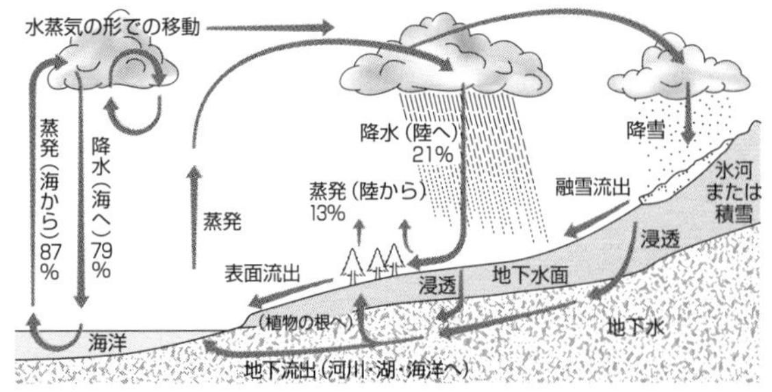

▲陸地では降水が蒸発より多く，余剰分が海洋へ流出。海洋では蒸発が降水より多い。

2 地下水の模式断面図

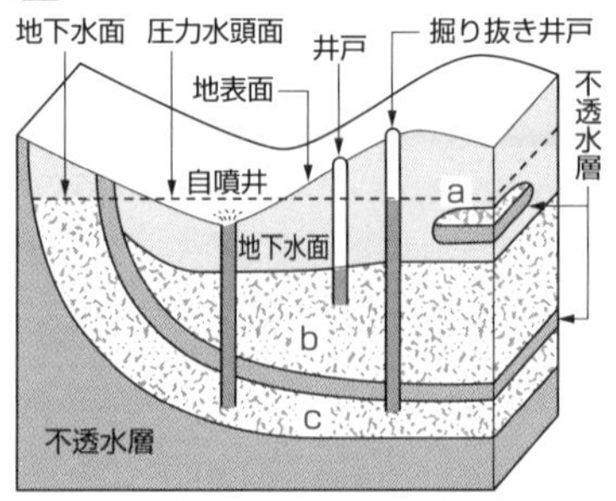

[問題1]　a～cの地下水名を答えよ。
a(　　　　　　　　)
b(　　　　　　　　)
c(　　　　　　　　)

3 世界のおもな河川の流量変化

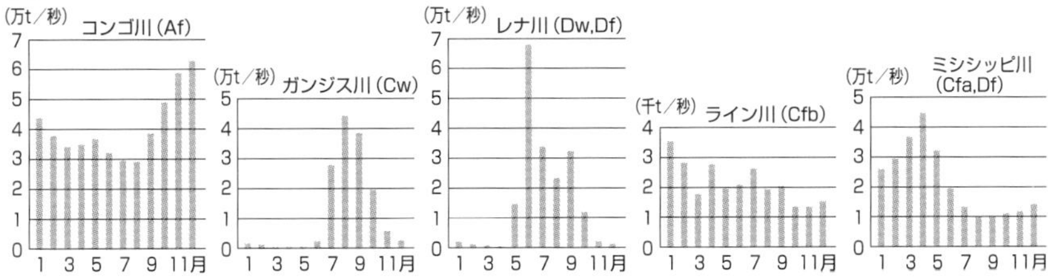

▲ガンジス川は夏の季節風がもたらす多雨，レナ川は春の融雪により流量がピークとなる。

4 日本のおもな河川の流量変化

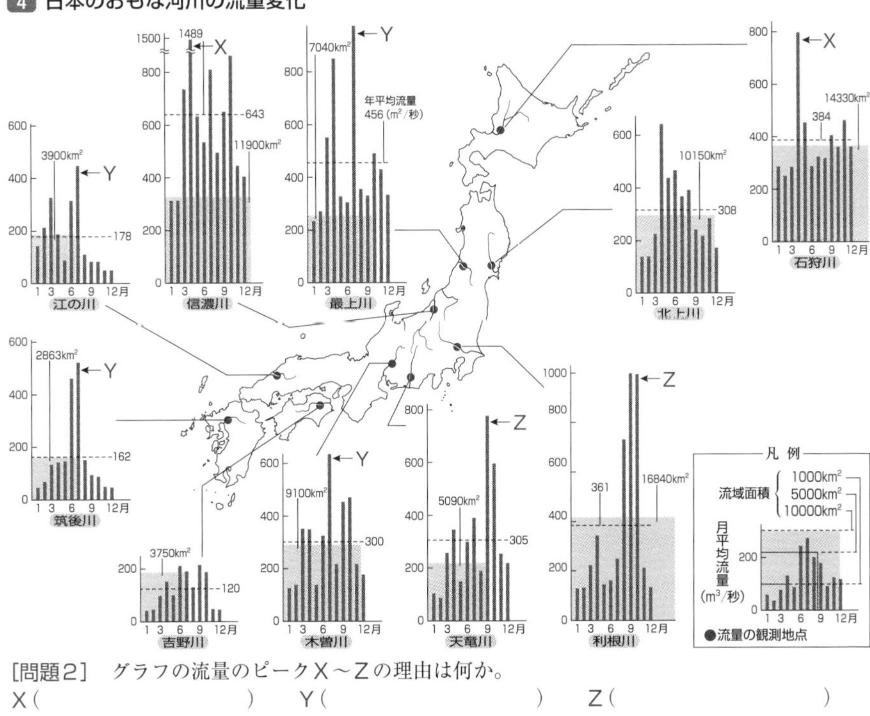

［問題2］　グラフの流量のピークX～Zの理由は何か。

X（　　　　　　　　　　）　Y（　　　　　　　　　　）　Z（　　　　　　　　　　）

5 おもな河川の縦断曲線

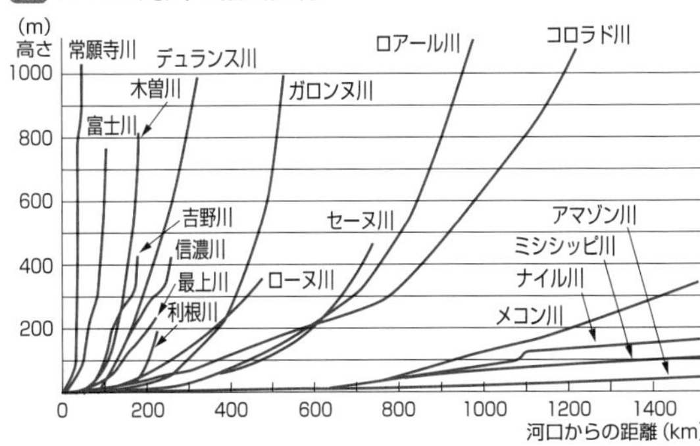

6 海流の模式図（Hは亜熱帯高圧帯）

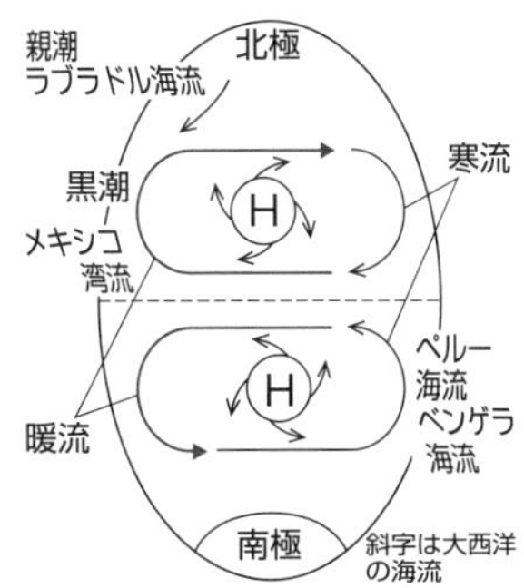

6 日本の気候

[1] 季節の変化：大陸東岸に位置し，四季が明瞭で季節風の影響を強く受ける。年降水量は平均1718mmで，世界平均880mmの約２倍の多雨地域である。

①**冬**：シベリア高気圧(寒帯気団)から吹き出す寒冷で乾燥した[　1　]季節風が，暖流の北上する日本海で水蒸気を供給されて雪雲をつくり，本州中央部などの脊梁(せきりょう)山脈にぶつかり，風上側の日本海側に大雪をもたらす。一方，太平洋側は乾いた風が吹き降りて晴天が続く。

②**春から初夏**：春は移動性高気圧と低気圧が交互に通過し，天気が周期的に変化(秋も同様)。初夏には**小笠原高気圧**(熱帯気団)と**オホーツク海高気圧**(寒帯気団)の間に**梅雨前線**(寒帯前線に相当)が形成され，本州以南は**梅雨**を迎える(北海道には梅雨がない)。オホーツク海高気圧から吹き出す冷たい北東風は[　2　]と呼ばれ，東北地方太平洋側に冷害をもたらす。

③**夏から秋雨**：梅雨前線が北上して梅雨が明けると，本州以南は**小笠原高気圧**(亜熱帯高圧帯に相当)に覆われて，熱帯並みの暑さとなる。北海道付近には寒帯前線が位置するが，盛夏を過ぎて小笠原高気圧の勢力が衰えると，寒帯前線が**秋雨(あきさめ)前線**として南下し，**秋霖(しゅうりん)**(秋の長雨，秋雨)を迎える。また，この頃は**台風**の襲来による風水害も発生しやすい。

[2] 気候区分：ケッペンの区分では，北海道は[　3　]，本州以南はCfa。また，冬の天気の違いから日本海側気候と太平洋側気候に区分され，瀬戸内や中央高地は季節風がさえぎられて少雨である。南西諸島は亜熱帯気候。

[3] 気象災害：梅雨前線や秋雨前線，台風などによる**集中豪雨**や強風，高潮の被害。都市では，地表がコンクリートで覆われ雨水が浸透せず，中小河川や下水道の氾濫が起こりやすいので(都市型水害)，地下に貯水施設を建設。

[4] 都市気候：人工熱の放出や地表面がコンクリートやアスファルトなどの熱容量の大きい人工物で覆われ，蒸散で気化熱により温度を下げる緑地が少ないことなどから都市部が周囲より高温となる[　4　]現象がみられる。

[1] 季節の変化
[1]
1
2
[2] 気候区分
3
[2] [3]
[3] 気象災害
[4] 都市気候 [4]
4

図表でチェック

[1] 冬と夏の季節風と降水量

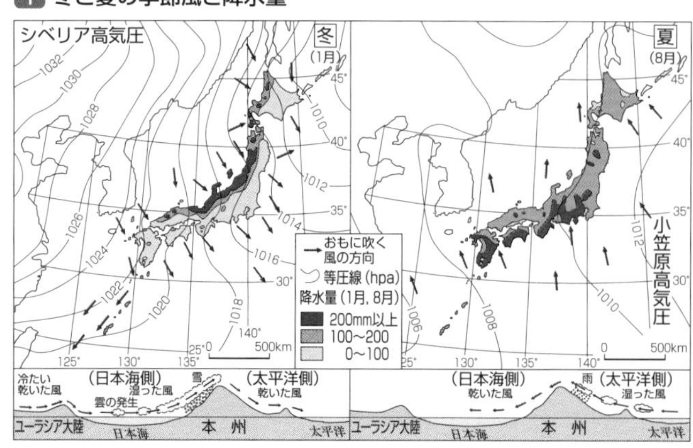

◀冬の季節風による雲は高さが2000〜3000m程度で脊梁山脈にさえぎられるため，日本海側と太平洋側の天気のコントラストは明瞭となる。しかし，夏の雲は高さが数千m以上に達し，脊梁山脈より高いため，太平洋側の方が多雨となるが，日本海側との天気のコントラストはみられない。よって，気候は冬の天気から日本海側と太平洋側に分けられる。

2 日本の気候区分

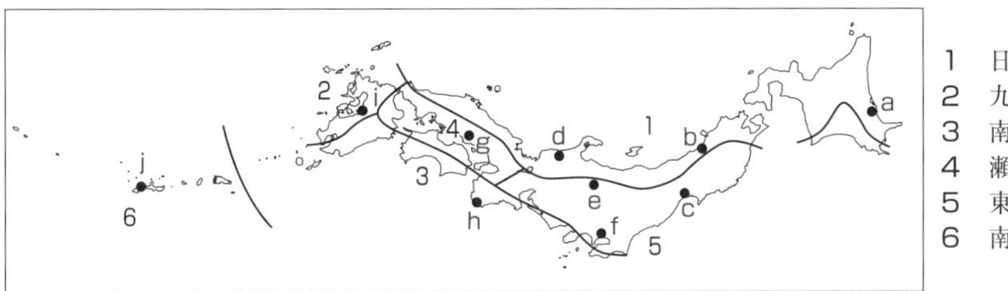

1　日本海型
2　九州型
3　南海型
4　瀬戸内型
5　東日本型
6　南日本型

［問題1］　次の雨温図1～10は，上の図中のa～jのいずれかのものである。該当する地点を答えよ。

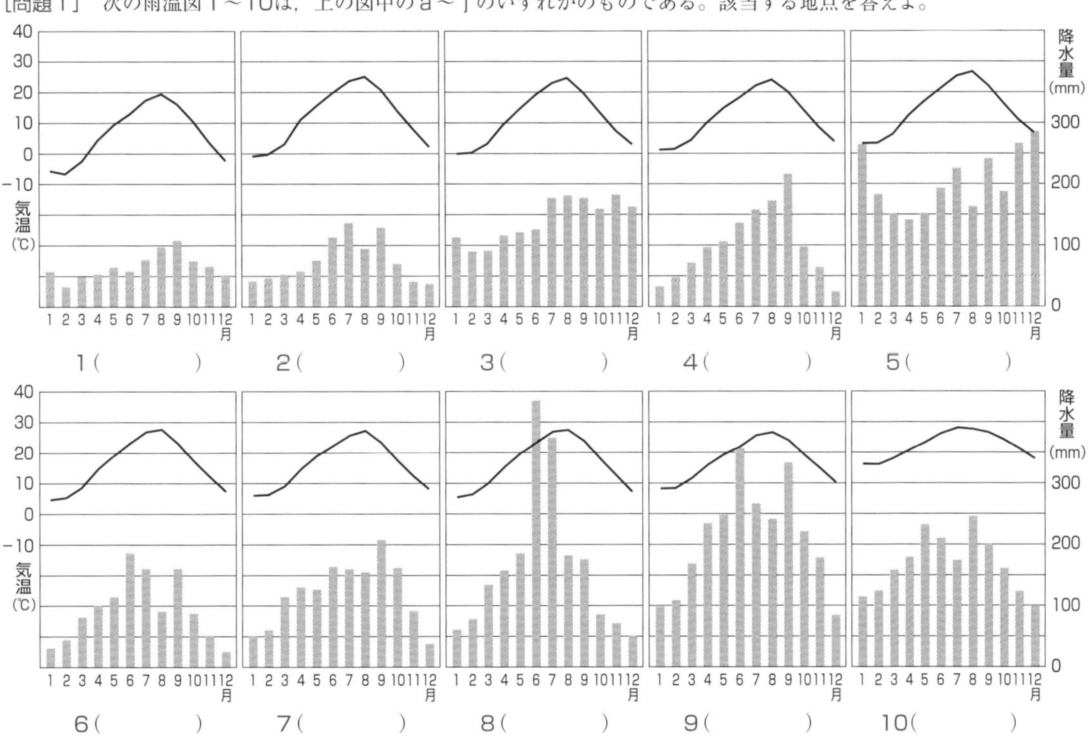

3 冬型気圧配置時の雲分布

▲北西季節風が日本海で水蒸気を供給されて雲が発生し，日本海側に雪をもたらす。大陸には雲がないことに注意。高峻な山脈に囲まれた関東平野は晴天域。

4 ヒートアイランド

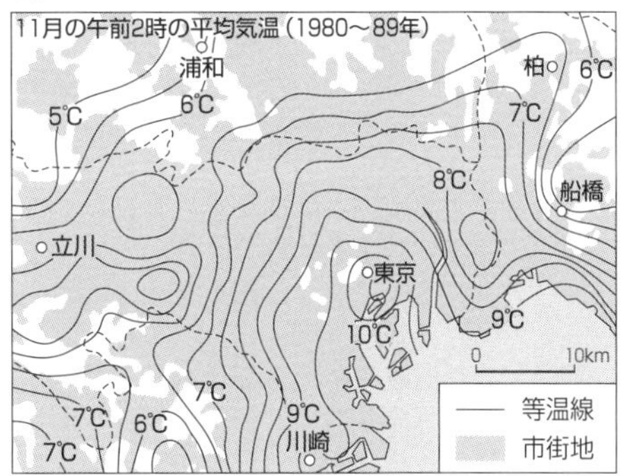

▲大都市では夜間の気温が下がりにくい。

4章 環境問題

1 公害と地球環境問題

1 環境問題の変遷：産業革命以降，先進国では大気汚染や水質汚濁などの公害が発生し，現在では発展途上国に拡大している。公害は汚染地域が限られ，汚染源が特定しやすいが，近年は，地球温暖化やオゾン層破壊などのように地球規模の環境問題が発生している。これに対する国際的な取組みとして，1972年には［　1　］で国連人間環境会議が開催され，UNEP(国連環境計画，本部ナイロビ)が設立された。1992年には［　2　］で環境と開発に関する国連会議(地球サミット)が開催され，「持続可能な開発」を理念に生物多様性条約や気候変動枠組条約などが採択された。2010年の生物多様性条約締約国会議で，遺伝子資源の宝庫である熱帯林などの自然資源を医薬品開発などに利用してきた先進国側と，資源利用を制限し，利益を得ようとする発展途上国側が対立したように，近年はさまざまな問題で両者の対立がみられる。

2 日本の公害：1889年の足尾銅山鉱毒事件以降，各地で公害が発生し，高度経済成長期に頻発。有機水銀による水俣湾沿岸と阿賀野川下流域の［　3　］，カドミウムによる神通川下流域の［　4　］，亜硫酸ガスによる四日市ぜんそくは四大公害と呼ばれた。1967年に公害対策基本法を制定(1993年に環境基本法に改正)，1971年に環境庁(現在の環境省)を設立。

1 環境問題の変遷
1
1
2
United Nations Environment Programme
2 日本の公害
3
4
P.44 1

図表でチェック

1 環境に関するおもな国際会議，条約決議

1972年・国連人間環境会議(ストックホルム)
・世界遺産条約採択
1975　・野生動植物の保護に関する(　a　)条約発効
・水鳥の保護のための湿地に関する(　b　)条約発効
・海洋投棄による汚染防止に関するロンドン条約発効
1979　・(　c　)条約採択(酸性雨対策)
1985　・オゾン層保護のためのウィーン条約採択
1987　・オゾン層破壊物質に関するモントリオール議定書採択
1992　・環境と開発に関する国連会議(地球サミット，リオデジャネイロ)開催
・有害廃棄物の国境移動の規制に関するバーゼル条約発効
1994　・砂漠化防止条約採択(パリ)
・気候変動に関する国連枠組み条約発効
1995　・国際熱帯木材協定(ITTA)発効
1997　・地球温暖化防止京都会議で京都議定書採択
2002　・持続可能な開発に関する世界首脳会議(環境開発サミット，ヨハネスバーク)
2010　・生物多様性条約名古屋議定書採択
2012　・国連持続可能な開発のための世界会議(リオデジャネイロ)
2016　・気候変動枠組条約パリ協定発効

［問題1］　a～cの条約名を答えよ。
a(　　　　)　b(　　　　)　c(　　　　)

2 さまざまな環境問題

1 大気汚染

①**スモッグ**：産業革命期に始まり各地に拡大，工場の排煙などから発生する。

②**光化学スモッグ**：自動車の排ガスなどから光化学反応によって有害なオキシダント(オゾンなど)が発生し，目やのどの痛みを起こす。日本でも高度成長期に頻発，近年，中国からの汚染物質の流入で再び発生。

③**PM2.5(微小粒子状物質)**：中国・インドでは，呼吸器系疾患などが発生。

2 水質汚濁

①**工場・生活排水汚染**：大都市周辺の河川や湖，海で水質汚濁により**富栄養化**が進む。プランクトンの大量発生による**赤潮**などが発生すると魚類が死滅する。

②**海洋汚染**：タンカーの座礁や海底油田事故による原油流出事故が発生。プラスチックゴミによるマイクロプラスチック問題で海洋生物に被害。

3 産業廃棄物：産業廃棄物の違法投棄により，**土壌汚染**などが生じる。放射性廃棄物やダイオキシンなどの有害物質を含む廃棄物は，先進国から発展途上国へ運ばれることが多かったが，**バーゼル条約**によって国際移動は規制。

4 酸性雨：工場の排煙や自動車の排ガスに含まれる[　1　]酸化物，**窒素酸化物**が溶け込んだpH5.6以下の雨(雨は自然状態でCO_2を含むため弱酸性)。ヨーロッパや五大湖周辺，中国などで，**森林の枯死**や**土壌・湖沼の酸性化**による生態系破壊，**石造建築物の溶解**などの被害が生じた。風によって中部ヨーロッパからスカンディナヴィア半島へ，中国から日本へのように汚染物質が運ばれ，越境汚染となるため，欧米諸国では，**長距離越境大気汚染条約**が結ばれた。

5 オゾン層破壊：冷蔵庫やクーラーの冷媒(れいばい)，スプレーの噴射剤などに利用された[　2　]が，**成層圏**で**紫外線**を吸収する**オゾン層**を破壊し，[　3　]上空にはオゾン層の薄い**オゾンホール**を形成。皮膚ガンの増加や農産物の減収などが予想され，オーストラリアでは帽子やサングラスの着用などが勧められている。[　2　]は，**モントリオール議定書**によって製造と輸出が禁止された。

6 地球温暖化

①**背景と影響**：太陽光線は通すが，地表面から放射される赤外線は通さない二酸化炭素(化石燃料の燃焼により発生)，[　2　]，**メタン**(水田や牛など反芻動物のゲップ，永久凍土の融解などで発生)などの[　4　]ガスの増加によって**気温上昇**が予想されている。極地方などの**氷河の融解**や**海水の膨張**によって**海面が上昇**すると，**バングラデシュ**や**オランダ**，サンゴ礁からなる**モルディブ**などの低平な国では水没の恐れがある。サンゴは海水温上昇による白化現象で死滅。北極海では海氷の減少が進み，シベリア沖を通る北極海航路を利用。

②**京都議定書とパリ協定**：1997年の気候変動枠組条約の地球温暖化防止京都会議で採択された**京都議定書**では，先進国の[　4　]ガスの**削減目標値**が定められたが，**アメリカ**は2001年離脱。2015年に採択された**パリ協定**では，すべての国に削減目標を義務づけたが，アメリカは2017年離脱，2021年復帰。ヨーロッパでは，化石燃料に課税する[　5　]税などで排出量削減を進めている国が多い。

1 大気汚染

2 水質汚濁

3 産業廃棄物

4 酸性雨

1

1

5 オゾン層破壊

2

3

2

6 地球温暖化

3 4 7

4

5

[7] **放射能汚染**：1986年にウクライナの[　6　]原子力発電所，2011年に福島第一原子力発電所で原子炉破壊事故が起こり，風で運ばれた放射性物質で，周囲の土壌や動植物が汚染された。また，アメリカ，中国，旧ソ連は国内の砂漠で，フランスは南太平洋のムルロア環礁などで核実験を行ってきた。

[8] **植生の破壊**：発展途上国では人口急増が背景にある。

①**熱帯林破壊**：人口急増に伴う薪炭材の伐採，焼畑など農牧地の拡大，輸出用木材の伐採などによって，熱帯林が急速に減少。伐採で裸地化すると，保水力が低下して河川に流れ込む雨水が増加し，土壌侵食で土砂が流入して河床が上昇するので，洪水が起こりやすくなる。また，貴重な生物種が失われたり，先住民の生活が奪われたりする。熱帯林保全のため，森林伐採後，植林をして木が育つまで，樹間で作物を栽培する**アグロフォレストリー**も行われている。

②**砂漠化**：砂漠周辺の半乾燥地域における土地の不毛化。サハラ砂漠南縁の[　7　]地方では，気候変動による降水量の減少という自然的要因に加えて，人口急増に伴う過耕作や過放牧，過伐採などによる植生破壊という人為的要因で深刻化し，飢餓が発生。アメリカやオーストラリアなどの先進国でも，過耕作や過放牧，不適切な灌漑による**土壌の塩性化（塩害）**などで砂漠化が進行。

[7] 放射能汚染
6
5
[8] 植生の破壊
→P.159
7
6

図表でチェック

1 ヨーロッパの酸性雨

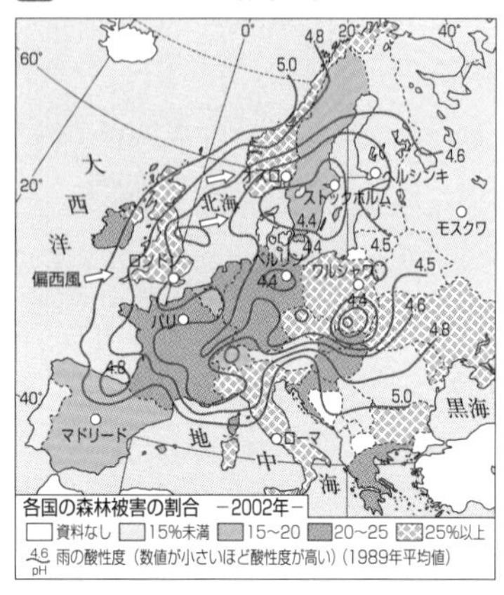

◀ストックホルム周辺は，ヨーロッパ中部から汚染物質が運ばれた。ポーランドなどの東欧諸国では硫黄分の多い石炭がエネルギー消費の中心。

2 南極上空で観測されたオゾンホールの変化

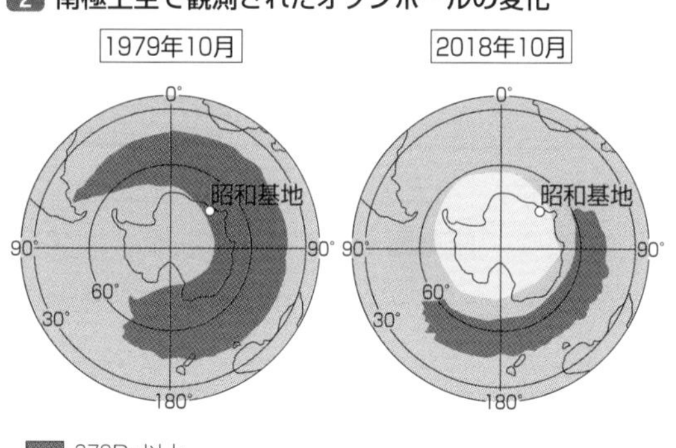

3 温暖化のメカニズム

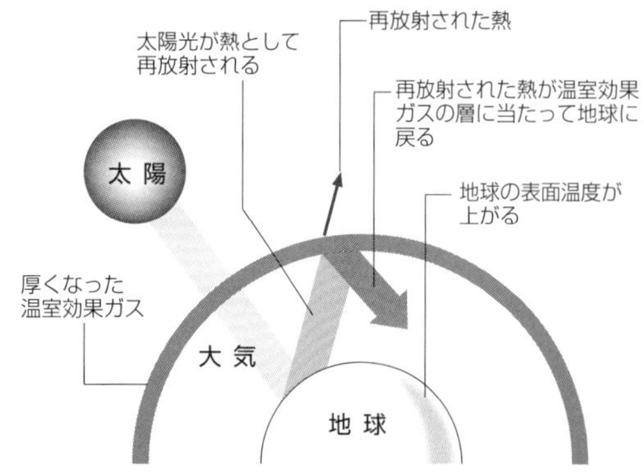

4 世界の二酸化炭素排出量

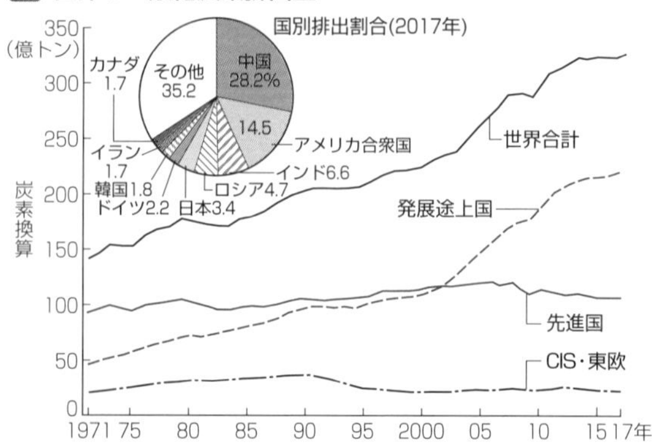

5 世界の砂漠化・環境破壊

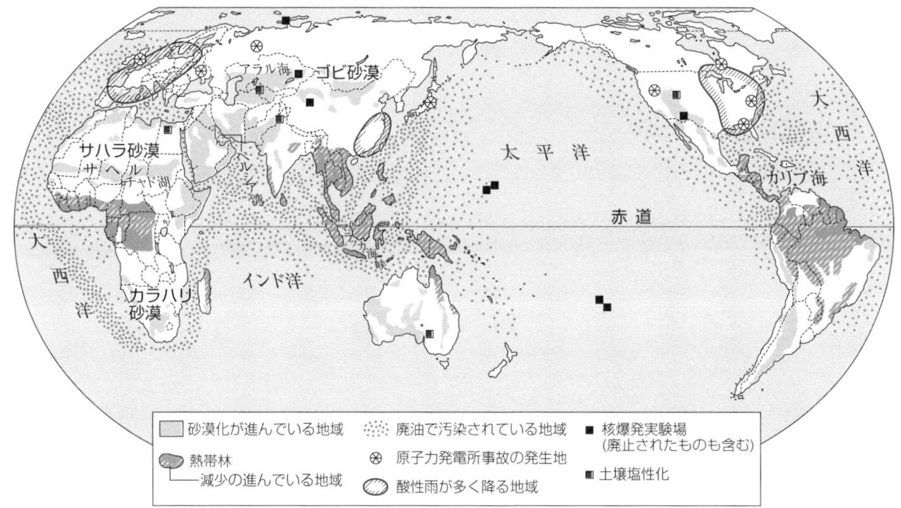

6 土壌塩化のしくみ

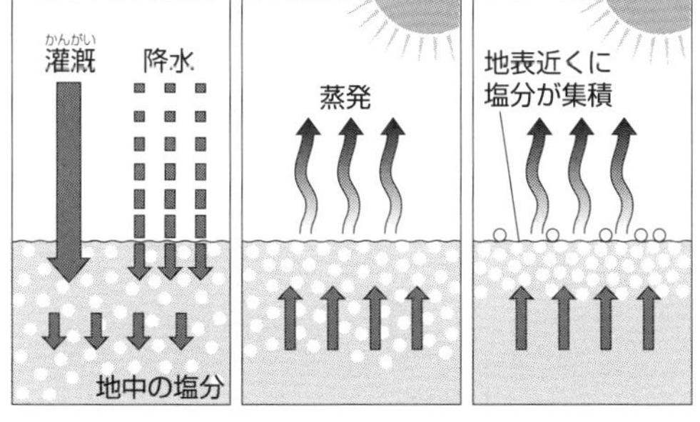

◀乾燥・半乾燥地域で灌漑用水を流すと，地下へ浸透し，地中の塩分を溶かす。激しい蒸発により塩分は地表に集積し，土壌がアルカリ性となり，耕作の放棄につながっている。

7 地球の平均気温の推移

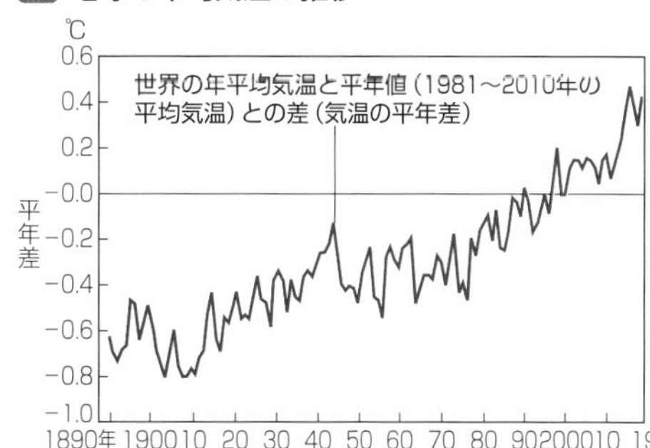

3 環境保全

[1] **ナショナルトラスト(国民環境基金)**：貴重な自然環境や歴史的環境を守るため，住民が買い取って保存。イギリスから始まり，日本でも各地で広まっている。

[2] [1]**条約**:1972年にUNESCO総会で採択。自然，文化遺産を保護。日本では，自然遺産として知床，白神山地(ブナ)，[2](スギ)，小笠原諸島，文化遺産としては法隆寺，原爆ドームなど23か所が登録されている(2020年現在)。

[3] **ラムサール条約**：水鳥の生息地として国際的に重要な**湿地**を保全。日本では，釧路湿原，琵琶湖など52か所が登録されている(2020年現在)。一方，諫早湾干拓など，各地で**干潟**が失われつつある。

[4] **ワシントン条約**：絶滅の恐れのある野生動植物の種の国際取引に関する条約で，生物のほか，剥製，毛皮，牙などの商業取引も規制されている。

[5] **循環型社会**：ゴミの分別回収，古紙の利用，廃棄物の再利用などの**リサイクル**を進め，資源循環型社会の形成が進められている。日本でも2000年に，家電リサイクル法，容器包装リサイクル法などを含む循環型社会形成推進基本法が制定された。

[1] ナショナルトラスト

[2] [1]条約

1

2

2

[3] ラムサール条約

[4] ワシントン条約

[5] 循環型社会

4 世界の地域開発

1 アメリカ合衆国

①**テネシー川流域開発**：1929年の世界恐慌後のニューディール政策の一環として，テネシー河谷開発公社([1])を設立。ミシシッピ川支流のテネシー川に多目的ダムを建設し，発電，灌漑などを行い，原子力産業も立地。

②**コロンビア川流域開発**：グランドクーリーダム(アメリカ最大の水力発電所)などを建設し，コロンビア盆地の小麦地域を灌漑。水力発電を背景に[2]工業が立地し，シアトル周辺の航空機産業の基盤となる。

③**コロラド川流域開発**：ロッキー山脈の融雪水をフーヴァーダムやパーカーダムに貯水し，ステップ気候の[3]への給水などを行う。

2 オーストラリア

オーストラリア：キャンベラ南方のオーストラリアアルプス山脈東側のスノーウィー川にダムを建設し，水をトンネルで西側のマリー川流域に導いて，[4]栽培地域の灌漑を行うスノーウィーマウンテンズ計画を実施。

1 アメリカ合衆国
1
1 ……
2 ……
3 ……
2 オーストラリア
4 ……

③**オランダ**：ゾイデル海を堤防で締め切って淡水化したアイセル湖沿岸に[　5　]と呼ばれる干拓地を造成。

④**旧ソ連**

①**中央アジア**：アムダリア川，シルダリア川からの灌漑による綿花栽培や，アムダリア川とカスピ海を結ぶカラクーム運河の建設(未完成)で流入水量が減少した[　6　]海は面積が縮小。灌漑農地では塩害が発生。

②**ヴォルガ・ドン運河**：両河川や他の運河を利用して黒海，カスピ海，バルト海，白海を結ぶ。ヴォルガ川には多数のダムが建設され，水運，発電に利用。

⑤**中国**

①**黄河**：洪水防止，灌漑などを目的に平野への出口にサンメンシヤダムを建設したが，土砂の大量流入による堆砂問題で貯水量が減少。また，近年は過取水により河口まで水流が達しない断流現象も発生した。

②**長江**：中流部に世界一の水力発電所となる[　7　]ダムを建設。

⑥**インド**：[　8　]川総合開発を外資導入と技術援助で実施してダムを建設し，付近では石炭と鉄鉱石を利用して鉄鋼業が発達。

⑦**エジプト**：ナイル川に[　9　]ダムを建設し(1971年)，洪水防止，灌漑，発電などを行ったが，洪水による肥沃な土壌がもたらされなくなって化学肥料が必要になったり，灌漑耕地での塩害，流出土砂の減少による海岸侵食，遺跡の水没などの問題が生じた。

⑧**ガーナ**：ヴォルタ川にダムを建設して灌漑や発電を行い，アルミニウム工業も立地。

③オランダ
5
④旧ソ連
6
⑤中国
7
⑥インド
8
⑦エジプト
9
⑧ガーナ

図表でチェック

1 世界のおもな地域開発

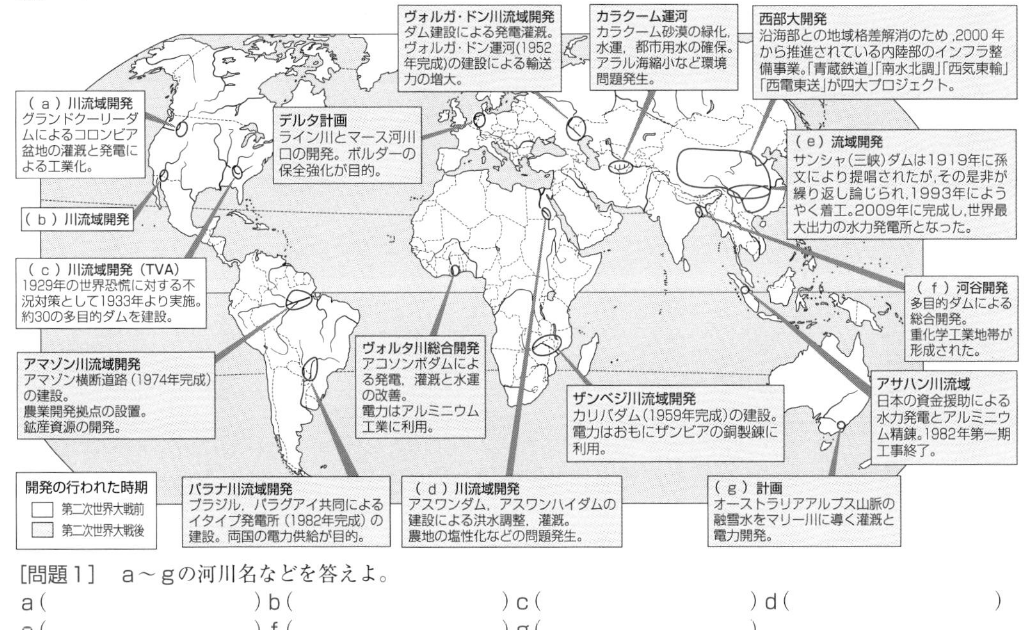

[問題1]　a～gの河川名などを答えよ。

a(　　　　　　　)b(　　　　　　　)c(　　　　　　　)d(　　　　　　　)

e(　　　　　　　)f(　　　　　　　)g(　　　　　　　)

5章 農林水産業

1 農業の発達と成立条件

1 農耕文化：西アジアの地中海農耕文化(冬雨，小麦・大麦など)，西アフリカのサバナ農耕文化(夏雨，アワ・ヒエなどの雑穀)，東南アジアの根栽農耕文化(タロイモ・ヤムイモ・バナナなど)，中南アメリカの新大陸農耕文化(トウモロコシ・ジャガイモなど)から各地に伝播。

2 自然条件

①**気温**：栽培限界は作物により異なるが，耕地の限界は，ほぼ最暖月平均気温10℃の森林限界付近で，より寒冷な地域では遊牧が行われる。

②**降水量**：一般に牧畜は年降水量250mm以上，畑作は[　1　]mm以上，稲作は[　2　]mm以上の地域で行われる。

③**地形**：傾斜地では，階段耕作(段々畑や棚田)が行われ，アメリカ合衆国などの畑作地域では，[　3　]を防ぐために等高線に沿って畝(うね)を造り，違う種類の作物を帯状に作付けする**等高線耕作**も行われてきた。

④**土地利用**：耕地率が50%を超えるのは，アジアの[　4　]，インド，ヨーロッパの[　5　]，ウクライナなどの国。牧場・牧草地率が高いのは，モンゴルやオーストラリアなど乾燥気候が広がる国。森林率が高いのは，ブラジル，インドネシアなど熱帯林の広がる国のほか，日本，韓国など山がちな国や，スウェーデン，フィンランドなど亜寒帯林が広がる国。

3 社会条件

①**集約度**：土地に対して多くの労働力や資本を投下する農業を[　6　]的農業，反対にあまり投下しない農業を[　7　]的農業という。

②**生産性**：単位面積当たりの生産量を[　8　]生産性，農民1人当たりの生産量を[　9　]生産性という。労働[　6　]的なアジアでは前者が，資本[　6　]的な新大陸では後者が高く，ヨーロッパでは両者ともに高い。

4 農業地域の分類

①**自給的農業**：農民が農産物を自家消費するために行う農業。農業人口率の高い発展途上国が中心。

②**商業的農業**：農産物の販売を目的とした農業。ヨーロッパやアメリカなど先進国が中心。

③**企業的農業**：商業的農業が大規模化したもので，大量の資本や最新技術が投入され，輸出指向が強い。新大陸中心。

④**集団制農業**：社会主義国で行われ，土地を国有化し，生産を国の管理下においたが，農民の生産意欲が低下し，生産が停滞したため，ほとんど崩壊している。

1 農耕文化
1
2 自然条件
2
1
2
3
4
5
3 社会条件
6
7
8
9
→P.50 4
4 農業地域の分類
3

図表でチェック

1 農作物の原産地と伝播ルート

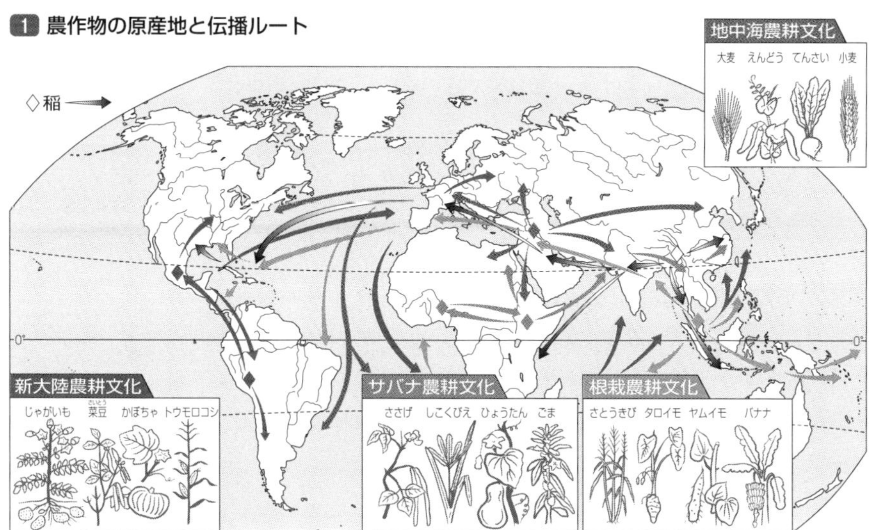

2 世界の作物の栽培限界

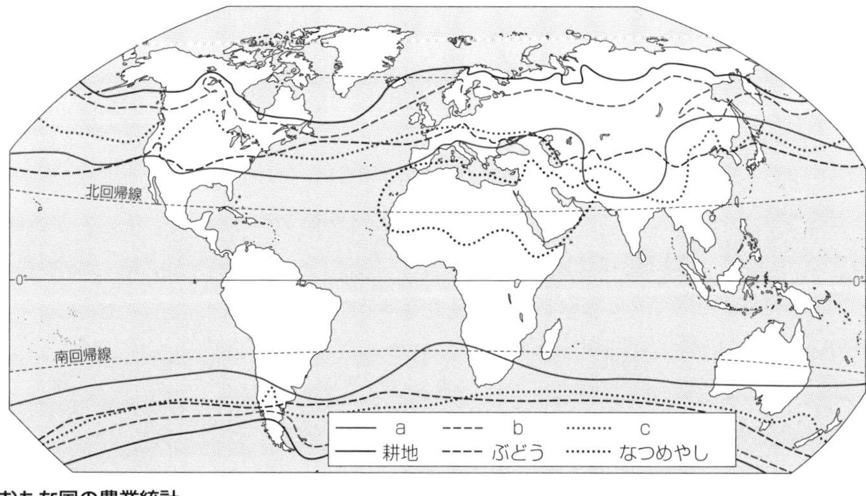

[問題1]
次の作物をａ～ｃから選べ。
稲
(　　　)
小麦
(　　　)
トウモロコシ
(　　　)

3 おもな国の農業統計

国名	農林水産業人口率[1]	土地利用[2]（国土面積に占める割合）			農民1人当たり耕地面積[2]	穀物生産量[1]
		耕地	牧場・牧草地	森林		
(a　　　)	44.0%	56.7%	3.5%	24.3%	0.90ha	35,635万t
(b　　　)	24.4	14.4	41.8	23.4	0.71	63,207
(c　　　)	9.7	7.6	20.7	59.4	8.00	11,222
(d　　　)	5.8	7.5	5.6	49.8	29.55	11,757
(e　　　)	3.2	10.4	1.6	68.4	1.74	1,190
(f　　　)	2.5	34.6	17.5	31.5	29.10	6,688
(g　　　)	2.4	4.0	42.2	17.4	89.51	5,108
(h　　　)	1.7	17.5	26.8	33.9	60.74	45,263
(i　　　)	1.3	4.3	2.2	38.7	133.91	4,674
(j　　　)	1.0	24.9	46.4	13.2	17.27	2,237

1)2021年，2)2020年。

[問題2]　ａ～ｊの国名を次から選べ。
日本，中国，インド，イギリス，フランス，ロシア，カナダ，アメリカ，ブラジル，オーストラリア

2 主要農産物の生産と輸出入(生産と輸出入は2021年)

1 三大穀物：生産量は約7～11億トン。輸出量は，小麦＞トウモロコシ＞米。

①米：中国華南原産。年降水量1000mm以上の沖積平野に適する。世界の生産・消費の約9割を[　1　]が占め，自給作物的性格が強い。

生産：中国・インド・バングラデシュ・インドネシア・ベトナム・タイ・ミャンマー・フィリピン(モンスーンアジアの人口上位国が多い)。

輸出：インド・タイ・ベトナム・パキスタン・アメリカ。

②小麦：西アジア原産。年降水量[　2　]mm前後で半乾燥の黒色土分布地域が生産の中心。輸出量は約2億トンで，重要な商品作物。温暖地域では冬小麦(秋播き，初夏収穫)，冷涼地域では春小麦(春播き，秋収穫)が栽培される。

生産：中国・インド・ロシア・アメリカ・[　3　]・ウクライナ・オーストラリア。

輸出：ロシア・オーストラリア・アメリカ・カナダ・ウクライナ・[　3　]。

③トウモロコシ：熱帯アメリカ原産で，アメリカ大陸での生産が多い。食用のほか，飼料用，油脂用として重要。バイオエタノールの原料にも利用される。

生産：[　4　](32%)・中国・ブラジル・アルゼンチン・ウクライナ。

輸出：[　4　](36%)・アルゼンチン・ウクライナ。輸入：中国・メキシコ・日本。

2 その他の穀物と豆・イモ類

①大麦：栽培範囲が最も広い麦で，最も高緯度まで栽培される。飼料，ビールなどに利用。生産：ロシア・オーストラリア・フランス・ドイツ・ウクライナ。

②ライ麦：冷涼地域で栽培され，黒パンの原料となる。

③エン麦(オート麦)：冷涼地域で栽培され，飼料のほか，オートミールに利用。

④大豆：東アジア原産。油脂，飼料にも利用。生産：ブラジル・[　4　]・アルゼンチン。輸出：ブラジル・[　4　]・パラグアイ。輸入：中国(59%)。

⑤ジャガイモ：[　5　]地方原産で，冷涼気候に適し，持ち帰られたヨーロッパでは重要な食料となる。生産：中国・インド・ウクライナ・アメリカ・ロシア。

⑥キャッサバ・タロイモ・ヤムイモ：焼畑農業で栽培。ナイジェリアが生産1位。

3 プランテーションで栽培される作物

多くは輸出向けで，生産国と輸出国はほぼ対応するが，砂糖やバナナなど現地でも消費されるものは，生産国と輸出国が対応しない。

①年中高温多雨の地域(Afなど)に適した作物

- 天然ゴム：[　6　]原産だが，主産地は東南アジア。かつて生産世界一だったマレーシアでは油ヤシへの転換が進んでいる。
  生産：タイ・インドネシア・ベトナム・中国・インド。
- カカオ：熱帯アメリカ原産だが，主産地はアフリカのギニア湾岸。
  生産：コートジボワール・ガーナ・インドネシア・ブラジル・エクアドル。

②収穫期に乾燥する地域(Aw，Cwなど)に適した作物

- コーヒー：[　7　]高原原産だが，主産地は南アメリカ。熱帯の高原で多く栽培。
  生産：ブラジル(←テラローシャ分布地域)・ベトナム・インドネシア・コロン

1 三大穀物
1 2 4
1
2
3
3
4
2 その他の穀物と豆・イモ類
5
3 プランテーションで栽培される作物
5 6
6
7

ビア・エチオピア・ホンジュラス。**輸入**：アメリカ・ドイツ・イタリア・日本。

- **サトウキビ**：砂糖原料として冷涼気候に向く**テンサイ**(生産：ロシア・フランス・アメリカ・ドイツ・トルコ)とともに重要。
  生産：ブラジル・インド・中国・パキスタン・タイ。
  砂糖の輸出：ブラジル・インド・タイ・オーストラリア・フランス。
- **綿花**：年降水量500mm以上，無霜期間200日以上の地域に適するが，灌漑によって乾燥地域での栽培が増加している。
  生産(2020年)：インド・中国・アメリカ・ブラジル・パキスタン・トルコ。
  輸出：アメリカ・ブラジル・インド。**輸入**：中国・ベトナム・バングラデシュ。

③**その他の作物**

- **茶**：温暖多雨で排水のよい傾斜地に適する。伝統的にイギリスの輸入が多く(2020年は３位)，生産上位国は中国を除くと旧イギリス領が多い。
  生産：中国・インド・ケニア・トルコ・[　8　]・ベトナム。
- **バナナ**：熱帯では重要な食料。輸出は中南米が中心。
  生産：インド・中国・インドネシア・ブラジル・[　9　]・フィリピン。
  輸出：[　9　]・グアテマラ・フィリピン・コスタリカ・コロンビア。
- **ココヤシ**：採取されるコプラ油は，フィリピンが生産世界一。
- **油ヤシ**：採取されるパーム油は，インドネシア・マレーシアが生産世界１・２位。
- **ナツメヤシ**：北アフリカ〜西アジアの[　10　]農業地域で栽培，重要な食料。
  生産：エジプト・サウジアラビア・イラン・アルジェリア・イラク。

4 地中海性気候地域に適した作物

①**オリーブ**：油脂用，食用。生産は地中海周辺地域に限られる。
生産：スペイン・[　11　]・トルコ・モロッコ・ポルトガル・エジプト。

②**ブドウ**：多くはワイン用で，ヨーロッパではパリ盆地付近が栽培の北限。
生産：中国・[　11　]・スペイン・アメリカ・フランス・トルコ・インド。
ワインの生産(2014年)：[　11　]・フランス・スペイン・中国・アメリカ。

③**オレンジ類**：スペインのバレンシア地方が有名だが，各地で栽培される。
生産：中国・ブラジル・インド・スペイン・アメリカ。**輸出**：スペイン。

5 家畜

①**牛**：インドでは宗教上の理由で食用ではないが，牛乳は利用。
頭数：[　12　]・インド・アメリカ。**牛肉**：アメリカ・[　12　]・中国。
バター(2020年)：インド・パキスタン・アメリカ・ドイツ・ニュージーランド。
チーズ(2020年)：アメリカ・ドイツ・フランス・イタリア・オランダ。

②**羊**：毛用種(メリノ種など)，肉用種などがあり，大食の牛より多数を飼育。
頭数：中国・インド・[　13　]・ナイジェリア・イラン・トルコ・チャド。
羊肉：中国・[　13　]・ニュージーランド・トルコ・アルジェリア・インド。
羊毛：中国・[　13　]・ニュージーランド・トルコ・イギリス・モロッコ。

③**豚**：雑食性で狭い土地でも飼育可能。中国の頭数が世界の約１/２を占める。
頭数：中国・アメリカ・ブラジル・スペイン。**豚肉**：中国・アメリカ・スペイン。

8
9
10
4 地中海性気候地域に適した作物
11
5 家畜
7
12
13

図表でチェック

1 米・小麦の生産

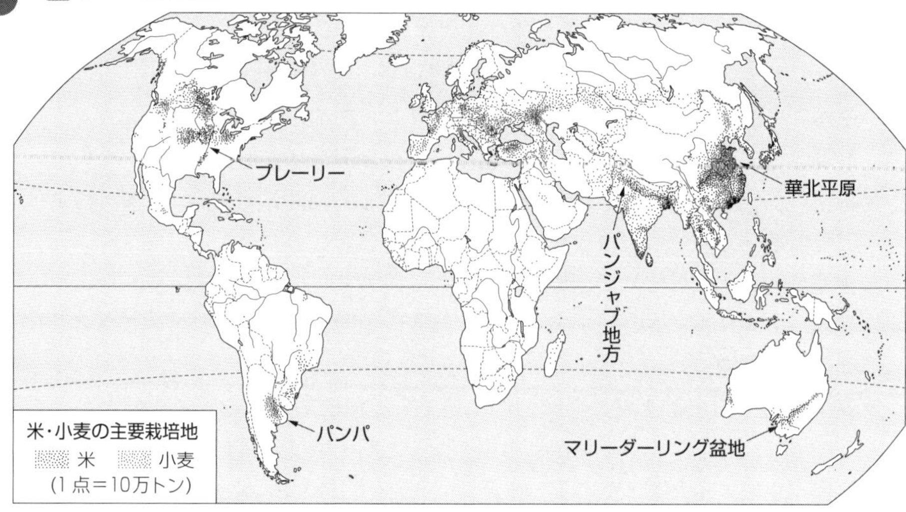

2 主要作物の地域別生産(2017年)

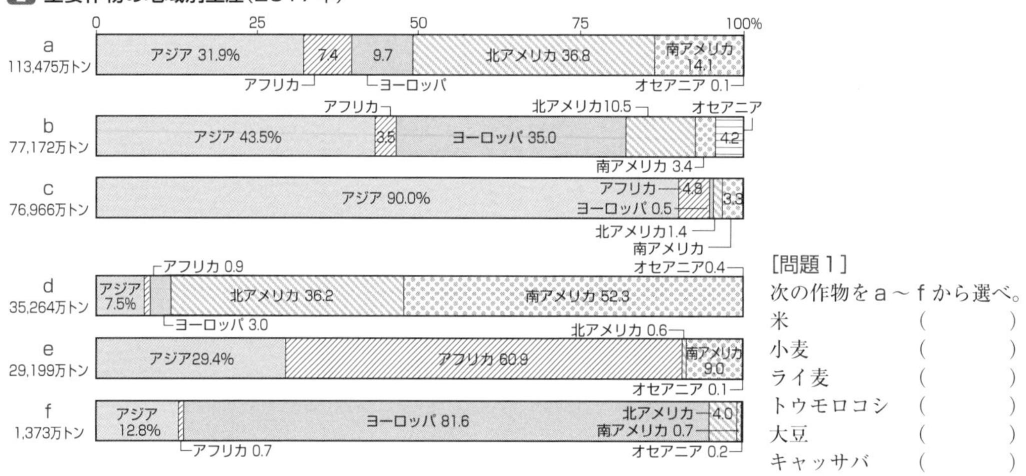

[問題1]
次の作物をａ～ｆから選べ。

米　(　　　)
小麦　(　　　)
ライ麦　(　　　)
トウモロコシ　(　　　)
大豆　(　　　)
キャッサバ　(　　　)

3 小麦カレンダー(小麦の収穫期)

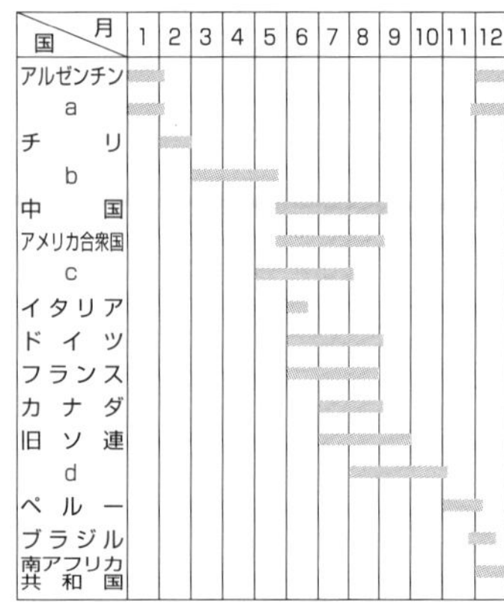

▲同じ半球では，温暖な国ほど収穫が早い。

4 農業生産性の国際比較(2008～2012年平均)

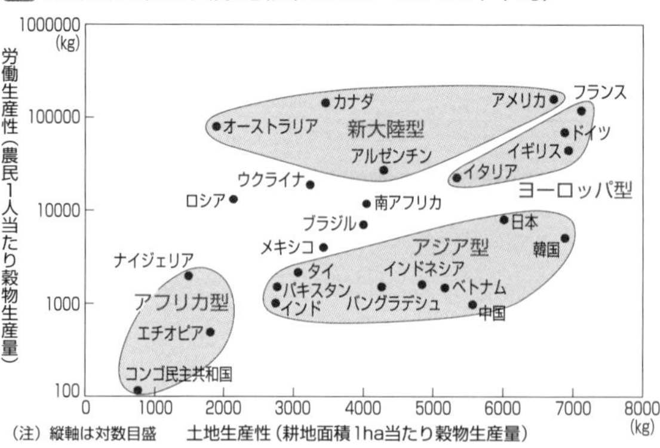

▲ヨーロッパでは土地生産性・労働生産性とも高く，新大陸では労働生産性は高いが土地生産性は低い。アジアでは土地生産性はほぼ両者の中間，労働生産性は低い。アフリカでは土地生産性，労働生産性とも低い。

[問題2]　次の国をａ～ｄから選べ。
イギリス(　　　)　インド(　　　)　オーストラリア(　　　)　日本(　　　)

5 熱帯・亜熱帯の輸出用商品作物の分布

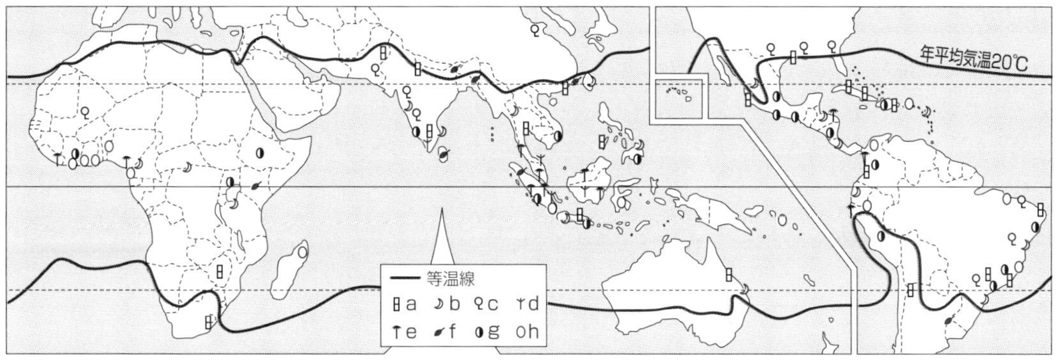

[問題3] 次の作物をa～hから選べ。

サトウキビ (　　) 綿花 (　　) バナナ (　　) カカオ(　　)
茶 (　　) コーヒー (　　) 天然ゴム (　　) 油ヤシ(　　)

6 さまざまな作物

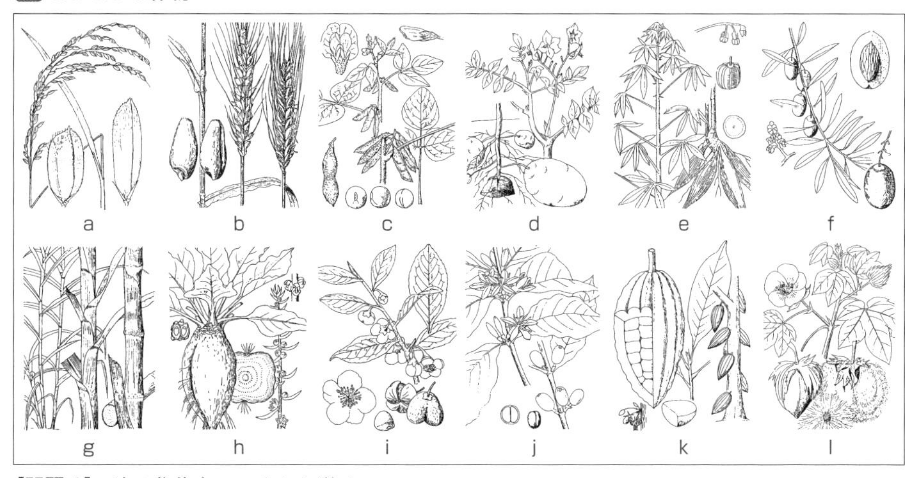

[問題4] 次の作物をa～lから選べ。

米 (　　) 小麦 (　　) バレイショ (　　) キャッサバ (　　)
大豆 (　　) サトウキビ (　　) テンサイ (　　) 茶 (　　)
コーヒー (　　) カカオ (　　) 綿花 (　　) オリーブ (　　)

7 牛・豚・羊の分布

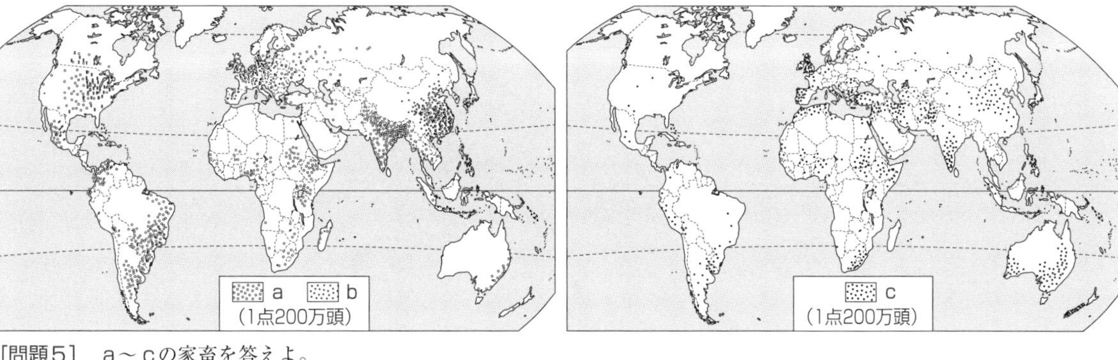

[問題5] a～cの家畜を答えよ。

a(　　　　) b(　　　　) c(　　　　)

3 自給的農業

一般に，熱帯では焼畑，乾燥帯・寒帯では遊牧が行われ，どちらも粗放的農業であるが，アジアでは人口密度が高く大量の労働力を投下する集約的農業が行われるため別に扱われ，**集約的稲作農業（アジア式稲作）**と**集約的畑作農業（アジア式畑作）**に分けられる。

1 **焼畑農業**：山林原野に火入れして，草木灰を肥料とする。作付けによって地力が数年で衰え，移動して新たに火入れを行うため，移動式農業とも呼ばれる。熱帯雨林気候地域では，［　1　］や**タロイモ**，**ヤムイモ**などのイモ類が栽培され，サバナ気候地域では，雑穀や陸稲などの穀物が栽培される。焼畑農業地域で，人口増加や商品作物の栽培により定住して畑作を行うのが粗放的定住農業。

2 **遊牧**：農耕ができない乾燥地域（BS）や寒冷地域（ET）で行われる。自然の牧草や水を求めて一定地域内を移動しながら家畜を放牧し，肉や乳を利用。［　2　］の**ゲル**など移動式住居を利用する。乾燥地域では羊，ヤギ，ラクダが中心で，［　2　］では馬も飼育される。寒冷地域では，北極海周辺で**トナカイ**，チベットで［　3　］，アンデス（遊牧ではない）で**リャマ**，アルパカが飼育される。

3 **オアシス農業**：北アフリカ～西・中央アジアにかけての乾燥地域では，湧水地や［　4　］沿いなど水の得られるオアシスで，灌漑によって自給用の**ナツメヤシ**，小麦などと換金用の綿花などが栽培されている。イランの［　5　］や北アフリカのフォガラ，アフガニスタンのカレーズなどの**地下水路**も利用される。

4 **集約的稲作農業（アジア式稲作）**：夏の高温と［　6　］による多雨（1000mm以上）を利用し，水利のよい沖積平野を中心に行われる。傾斜地では**棚田**がみられる。土地生産性は，灌漑施設が整い，技術の高い東アジアでは高いが，灌漑率・技術が低い東南・南アジアでは低い。中国南部以南では二期作。

5 **集約的畑作農業（アジア式畑作）**：稲作ができない年降水量500～1000mm前後の地域に分布し，小麦，トウモロコシ，雑穀などの自給用穀物が栽培される。華北，パンジャブ地方，デカン高原など。

1

1 焼畑農業

2

1

2 遊牧

4

2

3

3 オアシス農業

4

5

3

4 集約的稲作農業

6

5 集約的畑作農業

図表でチェック

1 自給的農業の分布

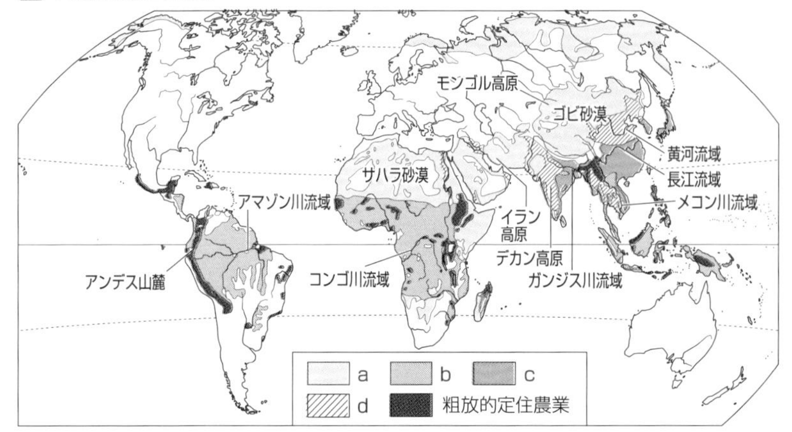

［問題1］　a～dの農業地域名を答えよ。

a（　　　　　　　　）
b（　　　　　　　　）
c（　　　　　　　　）
d（　　　　　　　　）

2 焼畑農業の模式図

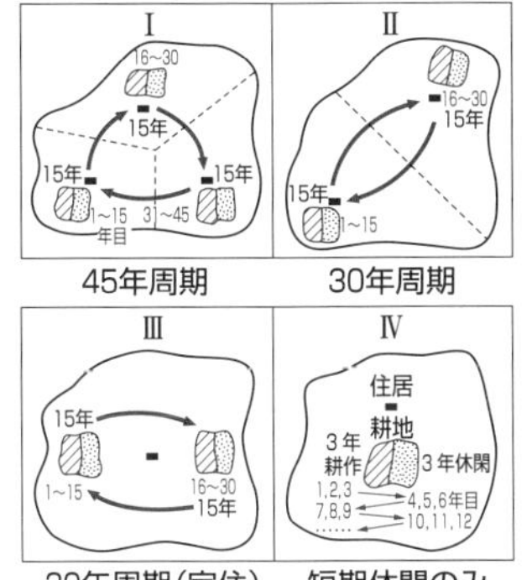

3 カナートの模式図

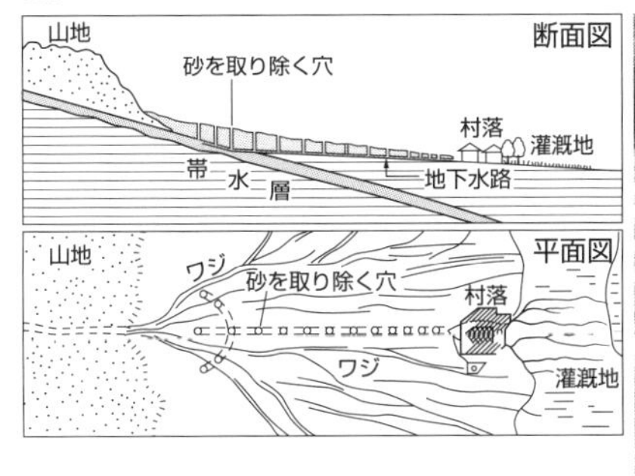

4 家畜の分布

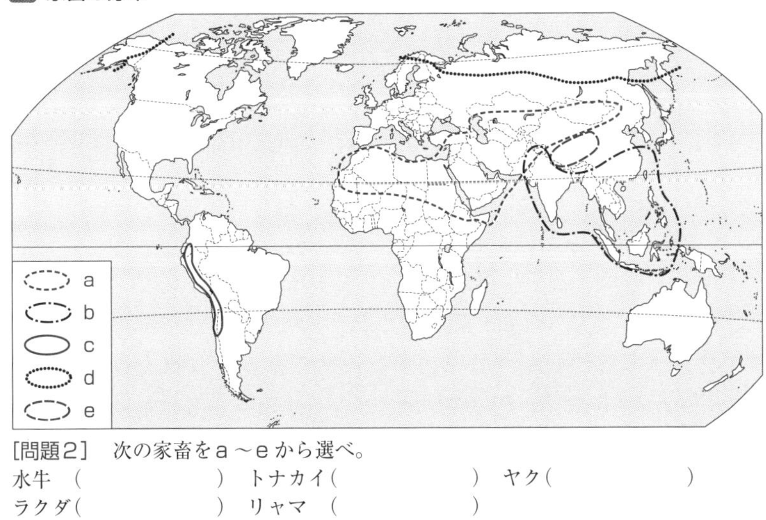

［問題2］ 次の家畜をa～eから選べ。

水牛（　　　　） トナカイ（　　　　） ヤク（　　　　）

ラクダ（　　　　） リャマ（　　　　）

4 商業的農業

1 ヨーロッパ農業の発展の歴史

①**古代**：畑を二つに分け，1年ごとに耕作と休閑(地力保持のため)を繰り返す二圃式農業が行われ，北部(Cfb)では夏作物，南部(Cs)では冬作物(冬雨を利用)が栽培された。

②**中世**：北部では，冬作物も栽培されるようになり，［　1　］農業(冬作，夏作，休閑を繰り返す)に発展した。休閑地では家畜が放牧され，厩堆肥(きゅうたいひ)が肥料として地力回復に役立った。一方，南部(地中海周辺)では，夏は乾燥して作物栽培ができないため，［　1　］農業へは移行しなかった。

③**近世以降**：産業革命に伴う人口増加に対応するため，北部では，休閑地に飼料作物として牧草(クローバー)と根菜(カブ・テンサイなど)を導入し，輪作を行う［　2　］農業に発展した。飼料作物生産の増加で，舎飼いされるようになった家畜や厩堆肥も増え，農畜産物生産は増加した。

1 ヨーロッパ農業の発展の歴史

1 2

1

2

しかし，19世紀後半には，ヨーロッパ人入植者によって企業的農業が行われるようになった**新大陸から安価な小麦が流入**したため，小麦販売から転換し，おもに畜産物を販売する**商業的混合農業**と，乳製品を販売する［ 3 ］，野菜・花卉を販売する［ 4 ］に分化した。また，南部では，二圃式農業から，夏に灌漑で樹木作物を栽培する**地中海式農業**へと発展した。

②**混合農業**(**商業的混合農業**)：穀物，飼料作物を輪作し，牛・豚・鶏などの家畜飼育を組み合わせた農業。ヨーロッパでは根菜類や麦類が飼料とされるが，アメリカなどでは［ 5 ］や大豆が飼料とされる。**ヨーロッパ中部**のほか，アメリカの**コーンベルト**，南米の**湿潤パンパ**などに分布。

③**酪農**：牧草や飼料作物を栽培して乳牛を飼育し，市場の近くでは**生乳**を，遠方では保存のきく**バター・チーズ**を生産。穀物栽培に適さない**冷涼地域**・**大都市周辺**で行われ，かつて［ 6 ］に覆われ土地がやせている**ヨーロッパ北部**や**五大湖周辺**のほか，オーストラリア南東部，ニュージーランドなどに分布。アルプス地方では，夏は高地で放牧し，冬は麓で舎飼いする［ 7 ］が行われる。

④**園芸農業**：都市向けの新鮮な野菜，花卉，果物を小規模な土地で集約的に生産。大都市周辺の［ 8 ］農業と，温暖・冷涼な気候を利用して**促成・抑制栽培**を行い，近郊農業の端境期に出荷する**輸送園芸**に分けられる。アメリカの**メガロポリス地域**，**フロリダ半島**，**オランダ**などに分布。

⑤**地中海式農業**：Cs気候地域。乾燥する夏は**灌漑**によってオリーブ，コルクガシ，ブドウ，柑橘類などを栽培し，湿潤な冬は自給用の小麦を栽培。夏は低地の牧草が枯れるため，上昇気流で雲がかかり牧草のある山地で家畜を放牧する［ 7 ］も行われる。**カリフォルニア**，**チリ中部**，南アフリカ南部にも分布。

3
4
②混合農業
5
③酪農
6
7
④園芸農業
8
⑤地中海式農業

5 企業的農業

①**企業的穀物農業**：広大な農場で大型機械を使用し，おもに［ 1 ］を栽培。粗放的で土地生産性は低いが，労働生産性は高く，国際競争力が強い。アメリカからカナダにかけての［ 2 ］西部〜グレートプレーンズ，**湿潤パンパ**，オーストラリア南東部の**マリーダーリング盆地**，**ウクライナ**など年降水量**500mm**前後の**黒色土**(**チェルノーゼム**，**プレーリー土**)分布地域が中心。

②**企業的牧畜**：**肉牛**，**羊**を広大な放牧地で飼育し，肉類，羊毛などを販売。南半球では19世紀後半の［ 3 ］の就航で生肉の輸送が可能になり，急速に発展。それ以前は，腐らない羊毛の輸出が中心。アメリカの［ 4 ］，南アメリカのリャノ，**カンポ**，**乾燥パンパ**，**パタゴニア**，オーストラリアの**グレートアーテジアン**(**大鑽井**)**盆地**など草原の広がる**ステップ**，**サバナ気候地域**を中心に分布。

③**プランテーション農業**：熱帯・亜熱帯気候地域で，輸出用の嗜好品や工芸作物の単一耕作(**モノカルチャー**)を大規模に行う。植民地時代に欧米資本によって始まったが，第二次世界大戦後の植民地の独立によって，多くは国営や現地資本による経営に変化したが，アグリビジネスの進出も増加している。国際価格の変動の影響を受けやすいため，作物の多角化が進んでいるところも多い。

①企業的穀物農業
1
2
3
②企業的牧畜
3
4
③プランテーション農業

発展途上国の農産物が不当に低い価格で取引されるのを避けるため，フェア(公正)な価格で購入し，生産者の生活を支えようとするフェアトレードも進められている。

図表でチェック

1 商業的農業

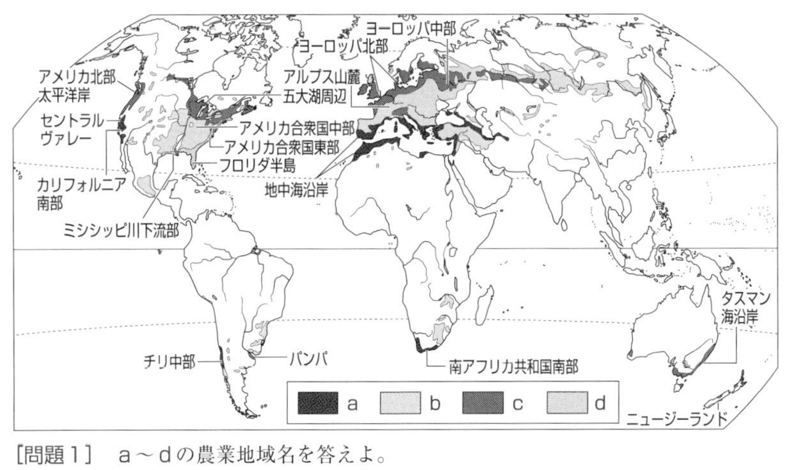

［問題1］ a～dの農業地域名を答えよ。

a（　　　　　　　　　） b（　　　　　　　　　）

c（　　　　　　　　　） d（　　　　　　　　　）

2 ヨーロッパの農業の発展

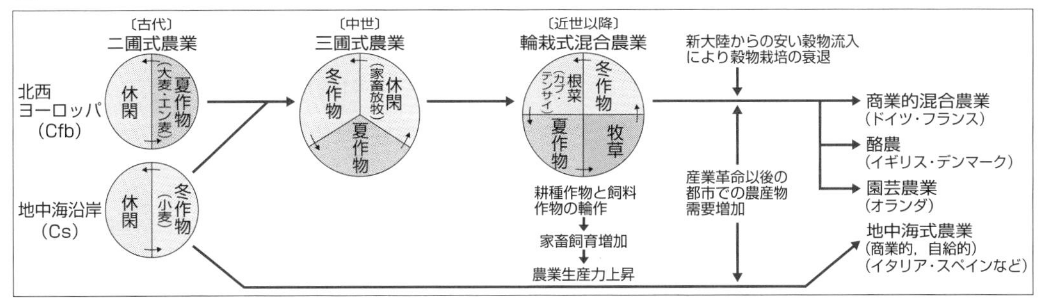

3 企業的農業

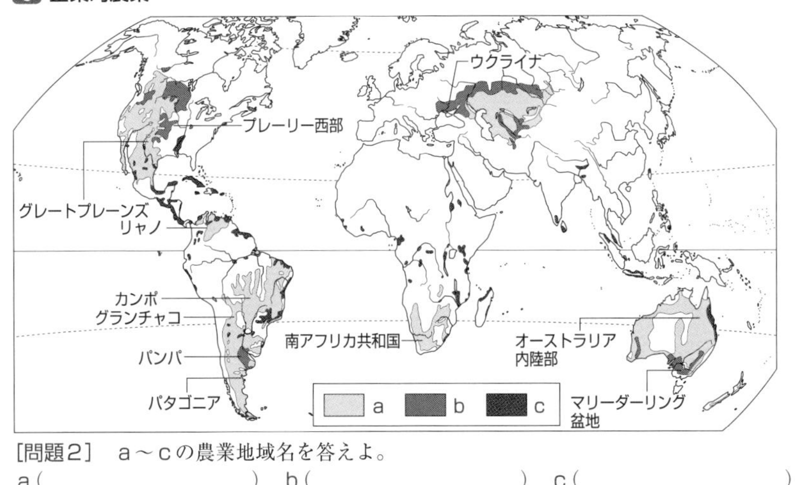

［問題2］ a～cの農業地域名を答えよ。

a（　　　　　　　　　） b（　　　　　　　　　） c（　　　　　　　　　）

6 集団制農業

[1] **中国**：人民公社の設立などを通して集団化を進めたが，生産意欲の低下でこれを解体し，農家に生産を請け負わせる[　1　]制を導入して増産に成功した。

[2] **旧ソ連**：集団農場(コルホーズ)，国営農場(ソフホーズ)が形成されていたが，国家の解体とともに崩壊した。

[1] 中国

1

[2] 旧ソ連

7 世界の食料問題

[1] **栄養供給の地域差**：経済発展とともに肉類や牛乳・乳製品などの動物性たんぱくの供給量が増え，先進国では供給熱量が1日1人当たり3500kcal程度に達している。発展途上国で，焼畑農業が行われる熱帯アフリカ諸国では[　1　]類，アジアなど他地域では穀物の供給が多い。日本は魚介類の供給が多いが，肉類，牛乳・乳製品の供給が少なく，供給熱量は先進国では最低。

[2] **食料生産の地域差**：食料生産は，先進地域ではほぼ停滞し，発展途上地域では増加している。特にアジアでは緑の革命や，中国の生産責任制の導入によって増産が進んだ。一方，[　2　]では人口増加率が高く1人当たり食料生産が停滞し，輸出用商品作物生産の増加による自給用作物生産の低迷，内戦や砂漠化などの環境破壊の影響もあって，慢性的な食料不足に悩んでいる地域が多い。

[3] **緑の革命**：発展途上地域の食料不足を解消するため，東南・南アジアを中心に米・小麦・トウモロコシの[　3　]品種を導入し，増産を図った。インドなど多くの国で食料自給ができるようになったが，[　3　]品種の導入には灌漑施設の整備や化学肥料・農薬の使用が必要なため，導入できた地域・農家とできなかった地域・農家の格差拡大が生じた。

[4] **遺伝子組換作物**：除草剤への耐性や害虫への抵抗力を強めたトウモロコシ・大豆・綿花などの栽培面積は，開発を進めたアメリカが1位で，ブラジル・アルゼンチン・カナダ・インドが続く。日本では，豆腐・納豆・味噌など使用食品に表示義務がある。

[1] 栄養供給の地域差

1 2

1

[2] 食料生産の地域差

3

2

[3] 緑の革命

3

[4] 遺伝子組換作物

図表でチェック

1　1日1人当たり供給熱量と食料供給量(2020年)

国名	熱量(kcal)	穀物(g)	イモ類(g)	野菜(g)	肉類(g)	牛乳・乳製品(g)	水産物(g)
(a　)	2,587	377	742	187	21	3	18
(b　)	2,599	513	80	248	13	183	22
(c　)	2,679	359	65	258	152	128	129
(d　)	2,960	315	185	175	416	423	2
(e　)	3,343	339	145	131	283	413	22
(f　)	3,344	559	196	1,039	178	68	148
(g　)	3,407	422	238	272	221	416	59
(h　)	3,628	254	183	250	218	570	34
(i　)	3,926	311	143	376	353	627	62

[国名群]
日本
中国
インド
モンゴル
ナイジェリア
ドイツ
ロシア
アメリカ
ブラジル

[問題1]　a～iの国名を国名群から選んで答えよ。

2 おもな国の農産物自給率(2020年)(%)

(%)

国　名	穀類	小麦	米	トウモロコシ	イモ類	豆類	肉類
(a　)	31	14	95	0	84	40	60
(b　)	81	1	90	96	100	100	100
(c　)	95	91	100	98	85	68	85
(d　)	110	104	116	108	101	93	115
(e　)	115	154	164	110	101	119	114
(f　)	126	51	105	147	96	100	139
(g　)	169	166	10	151	139	125	104
(h　)	209	226	10	92	84	244	155

[国名群]
日本
中国
インド
ナイジェリア
フランス
アメリカ
ブラジル
オーストラリア

[問題2]　a～hの国名を国名群から選んで答えよ。

3 食料生産と人口の地域別推移(2004～2006年＝100)

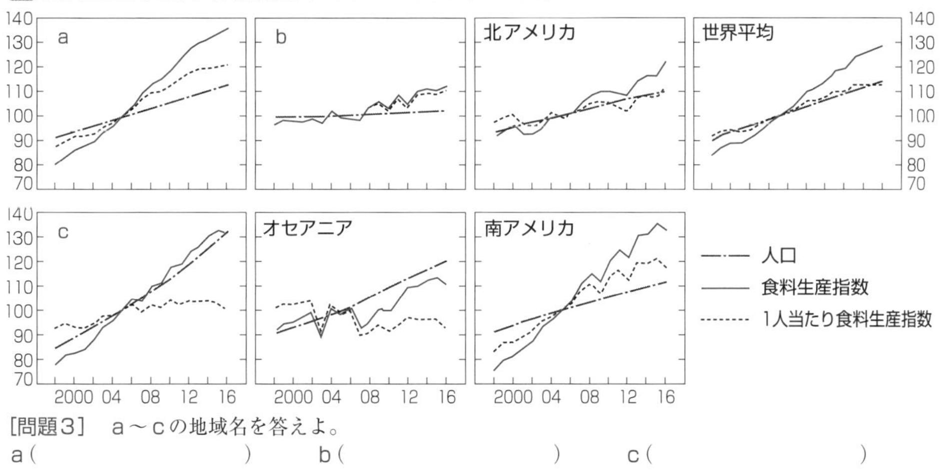

[問題3]　a～cの地域名を答えよ。

a (　　　　　　　)　b (　　　　　　　)　c (　　　　　　　)

8 林業(統計は2021年)

1 世界の森林面積と木材生産：森林面積は陸地の30%。森林面積の広い国は，ロシア・ブラジル・[　1　]・アメリカ・中国・オーストラリア・コンゴ民主共和国の順。木材生産は，先進国では用材，発展途上国では薪炭材が多く，冷涼な国ほど針葉樹の割合が高い。

木材伐採高：アメリカ・インド・[　2　]・ブラジル・ロシア・[　1　]。

木材輸出：ロシア・[　1　]・ニュージーランド・ドイツ・チェコ・アメリカ。

木材輸入：[　2　]・アメリカ・オーストリア・ベルギー・ドイツ・イタリア。

2 熱帯林：常緑広葉樹中心で，樹種は多く，有用材を選択して伐採。近年は，人口増加に伴う[　3　]の面積拡大や薪炭材の伐採，商業用伐採で熱帯林の減少が進んでいる。ラワン(東南アジアの島々)，チーク(タイ・ミャンマー)など。

3 温帯林：常緑広葉樹(シイ・カシ)，落葉広葉樹(ブナ・ナラ)，針葉樹(マツ・スギ)が生育。日本やヨーロッパなどでは人工林も多い。

4 亜寒帯林：樹種が少なく，**針葉樹の純林(タイガ)**が多いため大量伐採が可能。針葉樹は軟木で，パルプ用材に適するため，製材，パルプ，製紙工業が発達。

1 世界の森林面積と木材生産
1
1 2
2
2 熱帯林
3
3 温帯林
4 亜寒帯林

図表でチェック

1 木材の伐採高(2021年)

国名	伐採高(百万m³)	用材の割合	薪炭材の割合	針葉樹の割合	広葉樹の割合
(a　　)	454	84.3%	15.7%	74.9%	25.1%
インド	350	14.2	85.8	4.3	95.7
(b　　)	336	53.6	46.4	27.0	73.0
(c　　)	266	53.7	46.3	16.9	83.1
ロシア	217	93.0	7.0	79.2	20.8
(d　　)	142	99.0	1.0	81.5	18.5
(e　　)	125	70.6	29.4	0.0	100.0
(f　　)	119	2.5	97.5	6.8	93.2
日本	33	71.7	28.3	65.0	35.0
世界	3,967	50.9	49.1	35.7	64.3

[問題1]　a～f の国を次から選べ。

中国
インドネシア
エチオピア
アメリカ
カナダ
ブラジル

2 木材の輸出入(原木・製材，2021年)

輸出	万m³	%	輸入	万m³	%
(a　　)	4,800	15.2	(c　　)	9,582	31.8
カナダ	3,458	10.9	(b　　)	2,870	9.5
ニュージーランド	2,478	7.8	オーストリア	1,331	4.4
ドイツ	2,300	7.3	ベルギー	1,263	4.2
チェコ	2,200	7.0	ドイツ	1,227	4.1
(b　　)	1,567	5.0	(d　　)	745	2.5

[問題2]　a～d の国を次から選べ。

日本
中国
ロシア
アメリカ

9 水産業(生産は2021年，輸出入は2020年)

1 好漁場の条件：大陸棚上の[　1　](浅堆(せんたい))や，寒流と暖流がぶつかる潮目(潮境)，湧昇流のある海域などでは，上昇流が生じて深層の栄養塩類が日光の届く海面近くまで運ばれ，プランクトンが大量に発生するため魚が集まる。

2 世界のおもな漁場

漁獲量(9234万t)：[　2　]・インドネシア・ペルー・ロシア・インド・アメリカ・ベトナム・日本・ノルウェー・チリ。2013年以降養殖業生産量が上回る。

養殖業生産量(12604万t)：[　2　]・インドネシア・インド・ベトナム。

水産物の輸出：[　2　]・ノルウェー・ベトナム・チリ・インド・タイ。

輸入：アメリカ・[　2　]・[　3　]・スペイン・フランス・イタリア・ドイツ。

①**北西太平洋海域**：日本海流(黒潮)と千島海流(親潮)。漁獲量は世界一。

②**北東太平洋海域**：アラスカからカナダ付近。サケ・マス漁が中心。

③**南東太平洋海域**：ペルー海流。ペルーは1962～71年に漁獲量が世界一で，[　4　]の漁獲が多く，飼料・肥料用の魚粉(フィッシュミール)に加工して輸出。エルニーニョ現象の影響を受けやすい。チリではサケを養殖。

④**北西大西洋海域**：メキシコ湾流と[　5　]海流。ニューファンドランド島近海にバンクが発達。タラ・ニシン漁が中心。

⑤**北東大西洋海域**：北大西洋海流と東グリーンランド海流。バンクの発達する北海が中心。ノルウェー(サケの養殖)，アイスランド，ロシアの漁獲量が多い。

1 好漁場の条件
1

2 世界のおもな漁場
1 2
2

3

4
3
5

4

図表でチェック

1 おもな国の漁獲量の推移

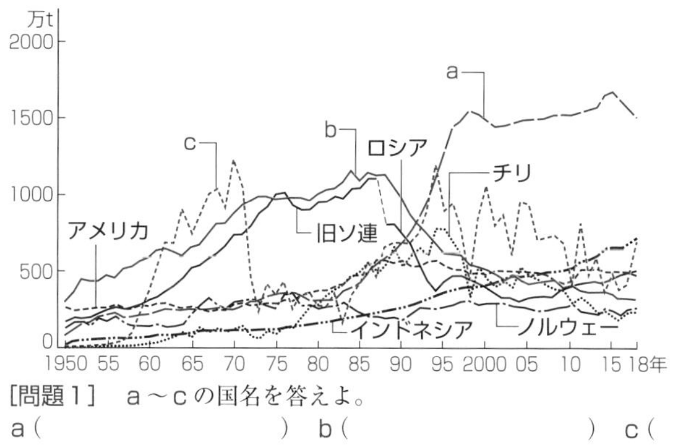

［問題1］　a～cの国名を答えよ。

a（　　　　　　　　）　b（　　　　　　　　）　c（　　　　　　　　）

2 世界の水域別漁獲量

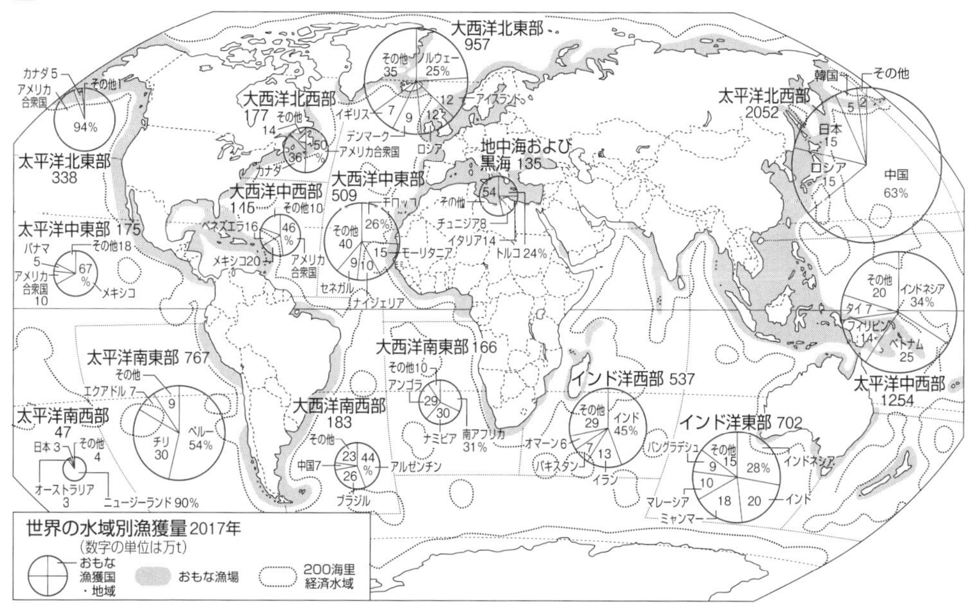

3 北西大西洋漁場

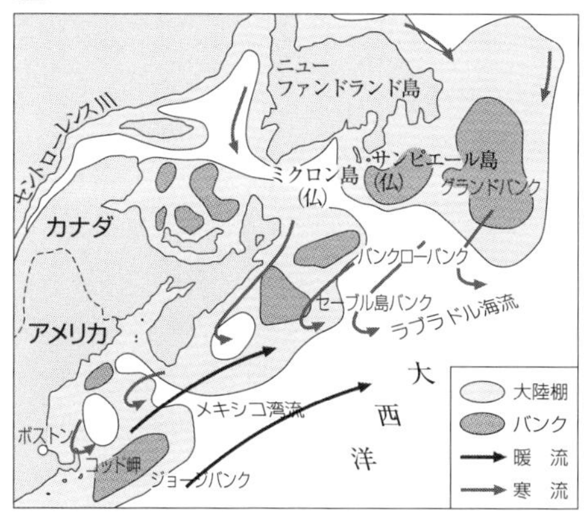

4 北東大西洋漁場

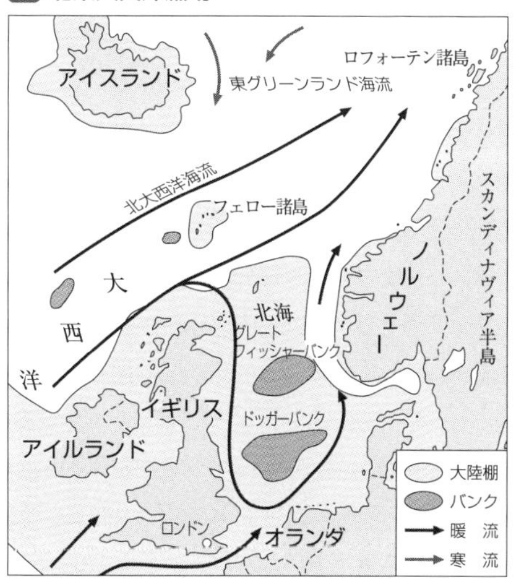

6章 エネルギー・鉱産資源

1 エネルギー

1 エネルギー消費

①**エネルギー源の変遷**：産業革命で薪炭から石炭にエネルギーの中心が変化。20世紀に入って内燃機関が普及すると石油の消費が増え，1960年代には，石炭の消費を上回った(エネルギー革命)。1973年と1979年の[　1　]後は，代替エネルギーとして天然ガスや[　2　]の利用が進んだ。また，近年は，再生可能なエネルギーとして風力や太陽光などの自然エネルギーを利用した発電が増加。

②**一次エネルギー消費の特徴**：1人当たりエネルギー消費量は，発展途上国で少なく，先進国で多い。先進国の中でも新大陸のアメリカ，カナダ，オーストラリアでは特に多い。電気，ガソリン，都市ガスなどは二次エネルギー。

- **石炭中心の国**：[　3　]，インド，南アフリカ，ポーランド，オーストラリアなど石炭生産の多い国(先進国には少ない)。
- **石油中心の国**：日本，韓国などエネルギー自給率の低い国や産油国。
- **天然ガス中心の国**：[　4　]，オランダ，イギリスなど天然ガス生産の多い国。
- **電力の割合の高い国**：原子力中心のフランスや，水力中心のカナダ，ブラジルなど(一次エネルギーには石炭や石油から得る火力発電は含まれない)。

2 石炭：燃料，発電，鉄鋼業用など。

①**生産**(2022年)**と輸出入**(2020年)

生産：[　3　](52%)・インド・インドネシア・アメリカ・[　5　]・ロシア。

輸出：インドネシア・[　5　]・ロシア・コロンビア・南アフリカ・アメリカ。

輸入：[　3　]・インド・日本(おもに[　5　]から)・韓国・ベトナム・トルコ。

②**おもな生産国と炭田**：[　6　]に埋蔵が多く，南アメリカでは生産が少ない。

- **アジア**：フーシュン・タートン炭田(中国)，ダモダル炭田(インド)。
- **アフリカ**：トランスヴァール炭田(南アフリカ・ドラケンスバーグ山脈)。
- **ヨーロッパ**：ルール炭田(ドイツ)，シロンスク炭田(ポーランド)。
- **旧ソ連**：ドネツ炭田(ウクライナ)，クズネツク炭田(ロシア)。
- **北アメリカ**：アパラチア炭田(アメリカ)。
- **オセアニア**：モウラ炭田(オーストラリア，グレートディヴァイディング山脈)。

3 石油：西アジアに約50%が埋蔵。燃料，発電，石油化学用。

①**生産**(2022年)**と輸出入**(2020年)

生産：[　7　]・サウジアラビア・ロシア・カナダ・イラク・中国。

輸出：サウジアラビア・ロシア・イラク・アメリカ・カナダ・アラブ首長国連邦。

輸入：中国・[　7　]・インド・韓国・日本(サウジアラビア・アラブ首長国連邦から)・ドイツ・スペイン・イタリア・オランダ。

②**おもな生産国と油田**：新期造山帯付近の褶曲構造の背斜部などに埋蔵が多い。

- **東・東南アジア**：ターチン・ションリー油田(中国)，インドネシア・マレーシア・ブルネイ(スマトラ島，カリマンタン島に集中)。

1 エネルギー消費
1
1
2
3
3
4
2 石炭
5
5
6
3 石油
6
7

●**西アジア**：サウジアラビア，イラク，アラブ首長国連邦，イラン，クウェートなど，ペルシャ湾岸に集中。パイプラインで地中海岸へも運ばれる。
●**アフリカ**：アルジェリア，ナイジェリア，アンゴラ，リビア。
●**ヨーロッパ**：北海油田([　8　]・イギリス)。
●**旧ソ連**：バクー(アゼルバイジャン)，ヴォルガ・ウラル，チュメニ油田(ロシア)。
●**アメリカ合衆国**：メキシコ湾岸，カリフォルニア，プルドーベイ(アラスカ)油田。
●**中南アメリカ**：マラカイボ油田(ベネズエラ)，ブラジル，メキシコ。

③**OPECと石油価格の変動**：資源ナショナリズムを背景に，欧米の[　9　](メジャー)による石油支配から脱するため，発展途上地域の産油国は1960年にOPEC([　10　])，1968年にOAPECを結成。1970年代の二度の**石油危機**を経て原油価格は高騰し，油田の**国有化**も進んだ。しかし，先進国は**省エネ**，**代替エネルギーの開発**を進めたため石油需要は低迷し，さらに価格高騰に伴って非OPEC諸国の増産(北海油田など)が進み，OPECのシェアは縮小し価格支配能力が低下したため，1980年代半ばには原油価格は低下。2000年代には中国，インドなど新興国での需要増加で価格が上昇。

4 天然ガス：石油，石炭に比べ硫黄などの大気汚染物質や二酸化炭素の排出が少ない**クリーンエネルギー**。発電・都市ガスなどに利用。大陸ではパイプラインで輸送されるが，日本では**液化天然ガス**(LNG)として海上輸送され，原発停止後の火力発電用燃料として輸入急増。アメリカではシェールガス開発が進む。
生産(2022年)：アメリカ・[　4　]・イラン・中国・カナダ・カタール。
輸出(2020年)：[　4　]・アメリカ・カタール・[　8　]・[　5　]・カナダ。
輸入(2020年)：中国・**日本**([　5　]・マレーシアから)・ドイツ・アメリカ。

5 電力(統計は2020年)
●**発電量**：中国・アメリカ・インド・ロシア・日本・カナダ・ブラジル・韓国。
●**構成比**：水力17%，火力61%，原子力10%，風力6%，太陽光3%，地熱0.4%。
●**水力中心**：[　8　](92%)，[　11　](64%)，**カナダ**(59%)。
●**原子力中心**：[　12　](67%)，ウクライナ(51%)。
●**ウランの生産**(2021年)：カザフスタン・ナミビア・カナダ・オーストラリア。

6 再生可能エネルギー
●**地熱**：高温のマグマによってできた水蒸気でタービンを回して発電。火山の多い新期造山帯の国で盛ん。**発電量**：アメリカ・インドネシア・フィリピン・トルコ・ニュージーランド・イタリア・アイスランド・メキシコ・日本。
●**風力**：風で風車を回して発電。風量により発電量が不安定。
発電量：中国・アメリカ・[　13　]・イギリス。**デンマーク**は総発電量の57%。
●**太陽光**：太陽電池を利用。発電量：中国・アメリカ・インド・[　13　]。
●**潮汐**：潮の干満を利用してタービンを回す。フランスのサンマロで実用化。
●**バイオマス(生物資源)**：バイオエタノール生産は，アメリカ(トウモロコシ)，ブラジル(サトウキビ)が世界1，2位。他に，木くず，しぼりかす，糞尿などの廃棄物。燃焼で排出されるCO_2中の炭素は植物が光合成で取り込んだもので，大気中のCO_2の増減には影響を与えない(**カーボンニュートラル**)。

8
9
10
2
4 天然ガス
5 電力
4
11
12
6 再生可能エネルギー
→P.175 3
13

図表でチェック

1 世界のエネルギー消費量の推移

2 原油生産と価格の推移

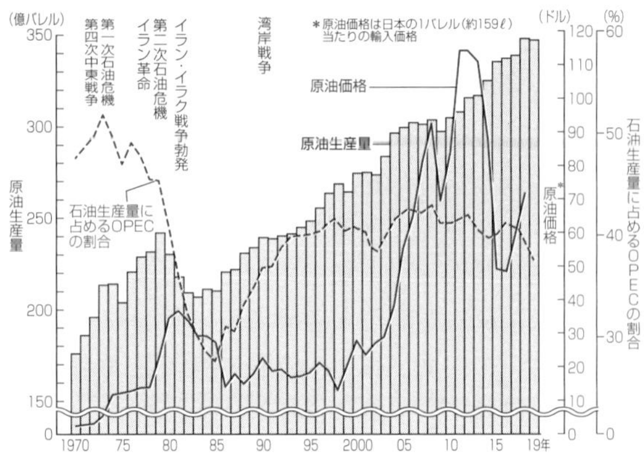

3 おもな国のエネルギー国内供給と内訳(2022年)，自給率(2020年)

	計(PJ)	1人当たり(GJ)	石炭	石油	天然ガス	原子力	水力	再生可能エネルギー	自給率
(a)	159,393	111.8	55.5%	17.7%	8.5%	2.4%	7.7%	8.3%	79.7%
(b)	95,910	283.5	10.3	37.7	33.1	7.6	2.5	8.8	105.9
インド	36,444	25.7	55.1	27.6	5.7	1.1	4.5	5.9	61.8
(c)	28,893	199.7	11.1	24.4	50.8	7.0	6.4	0.3	190.9
(d)	17,842	143.9	27.6	37.0	20.3	2.6	3.9	8.6	11.2
カナダ	14,143	367.8	2.7	30.2	31.0	5.5	26.4	4.2	182.0
(e)	13,410	62.3	4.4	37.3	8.6	1.0	29.9	18.8	112.3
韓国	12,708	245.3	22.6	43.0	17.5	12.5	0.3	4.1	18.8
ドイツ	12,229	147.5	19.1	34.8	22.7	2.6	1.3	20.0	34.6
(f)	8,388	129.8	2.6	34.7	16.5	31.6	5.0	9.6	54.6
(g)	7,315	108.4	2.9	36.5	35.4	5.9	0.7	18.7	76.0
イタリア	6,144	104.1	5.0	40.2	38.2	—	4.3	12.3	25.6
(h)	5,980	228.5	25.9	34.6	25.1	—	2.7	11.8	343.7
世界	604,036	75.7	26.7	31.6	23.5	4.0	6.7	7.5	

1PJ＝2,390億kcal。1GJ＝23.9万kcal。

［問題1］ a～hにあてはまる国名を，次の国名群から選んで答えよ。
［国名群］ 日本，中国，イギリス，フランス，ロシア，アメリカ，ブラジル，オーストラリア

4 おもな国の発電量と構成比(2020年)

	発電量(億kWh)	水力(%)	火力(%)	原子力(%)	風力(%)	太陽光(%)	地熱(%)	バイオ燃料(%)
(a)	77,654	17.5	66.6	4.7	6.0	3.4	0.0	1.8
アメリカ	42,600	7.2	60.4	19.3	8.0	2.8	0.4	1.7
インド	15,333	10.5	76.0	2.8	4.4	4.0	—	2.3
ロシア	10,897	19.7	59.9	19.8	0.1	0.2	0.0	0.3
(b)	10,178	8.6	72.5	3.8	0.9	7.8	0.3	4.5
(c)	6,519	59.3	17.8	15.1	5.5	0.7	—	1.6
ブラジル	6,212	63.8	13.2	2.3	9.2	1.7	—	9.8
ドイツ	5,727	4.3	42.5	11.2	23.1	8.5	0.0	10.0
(d)	5,318	12.5	8.6	66.5	7.5	2.5	0.0	2.1
イタリア	2,805	17.6	56.6	—	6.7	8.9	2.1	7.8
(e)	2,652	5.7	77.4	—	7.7	7.9	—	1.3
スペイン	2,634	12.9	32.9	22.1	21.4	7.9	—	2.7
(f)	1,543	91.8	1.3	—	6.4	0.0	—	0.3
(g)	445	54.5	19.5	—	5.2	0.4	18.7	1.8
(h)	287	0.1	15.7	—	56.8	4.2	—	23.3
(i)	191	68.8	0.0	—	0.0	—	31.4	—
世界	268,326	16.6	61.3	10.0	6.0	3.1	0.4	2.6

［問題2］ a～iにあてはまる国名を，次の国名群から選んで答えよ。
［国名群］ 日本，中国，アイスランド，デンマーク，ノルウェー，フランス，カナダ，オーストラリア，ニュージーランド

5 世界のおもな石炭の産地

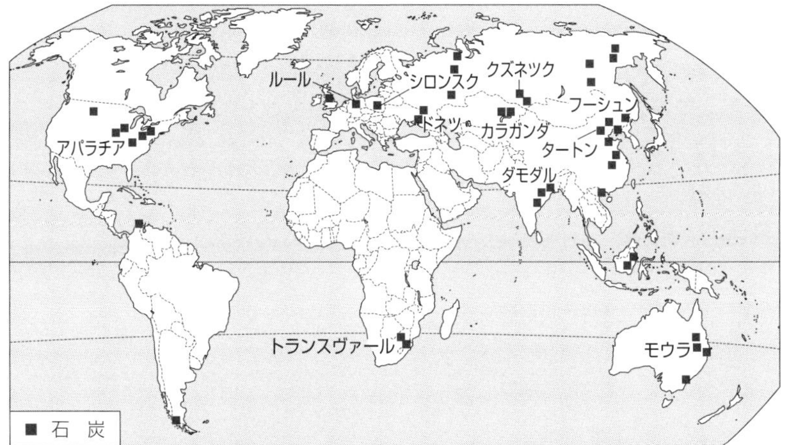

6 世界のおもな石油と天然ガスの産地

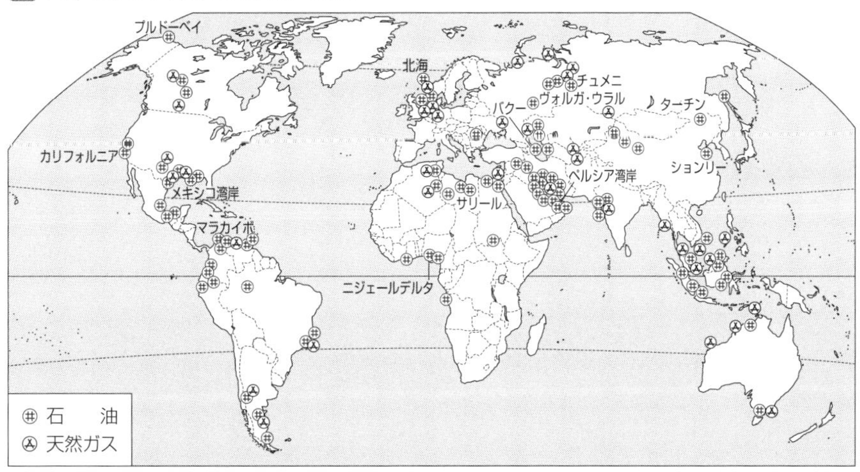

2 鉱産資源（統計は2020年）

1 鉄鉱石

①生産と輸出入

生産：[　1　]・ブラジル・中国・インド・ロシア・ウクライナ・カナダ。

輸出：[　1　]・ブラジル・南アフリカ・カナダ・ウクライナ・インド。

輸入：中国・日本（[　1　]，ブラジルから）・韓国・ドイツ・オランダ。

②生産国と鉄山：[　2　]に埋蔵が多いため，面積の広い国で生産が多い。

- アジア：アンシャン（中国），シングブーム（インド）。
- アフリカ：南アフリカ。
- ヨーロッパ：キルナ（[　3　]），ロレーヌ（フランス，閉山）。
- 旧ソ連：クリヴィーリフ（ウクライナ），マグニトゴルスク（ロシア）。
- 北アメリカ：メサビ（アメリカ）。
- 中南アメリカ：イタビラ，カラジャス（ブラジル），チリ。
- オセアニア：マウントホエールバック（オーストラリア，ピルバラ地区）。

1 鉄鉱石

1

1

2

3

2 **銅鉱**：電気産業の発達とともに需要増加。新期造山帯（アンデス・ロッキー山脈）やアフリカのカッパーベルト（コンゴ・ザンビア国境付近）で産出。

生産(2019)：［　4　］・ペルー・中国・コンゴ民主・アメリカ・オーストラリア。

3 **ボーキサイト**：アルミニウムの原料。赤色土の分布する熱帯に多く埋蔵。

生産：オーストラリア・中国・［　5　］・ブラジル・インドネシア・インド。

4 **その他の鉱産資源の生産**

①**スズ鉱**：ハンダやブリキ，メッキに利用。分布図ではマレー半島周辺に注目。

生産：中国・インドネシア・ミャンマー・ペルー・コンゴ民主。

②**金鉱**(2021)：中国・ロシア・オーストラリア・カナダ・アメリカ・［　6　］。

③**銀鉱**：［　6　］・中国・ペルー・チリ・ロシア・オーストラリア。

④**ニッケル鉱**(2019)：インドネシア・フィリピン・ロシア・**ニューカレドニア**（フランス領）・カナダ・オーストラリア。

⑤**ダイヤモンド**：ロシア・カナダ・コンゴ民主・ボツワナ（アフリカ南部に多い）。

⑥**レアメタル**（希少金属）：先端技術産業の発展で需要増加。クロム（南アフリカ），コバルト（コンゴ民主），タングステン・レアアース（中国）など。日本など先進国では備蓄。家電製品からのリサイクルは**都市鉱山**（地上資源）。

2 銅鉱

4

3 ボーキサイト

2

5

4 その他の鉱産資源の生産

6

図表でチェック

1 世界のおもな鉄鉱石と銅の産地

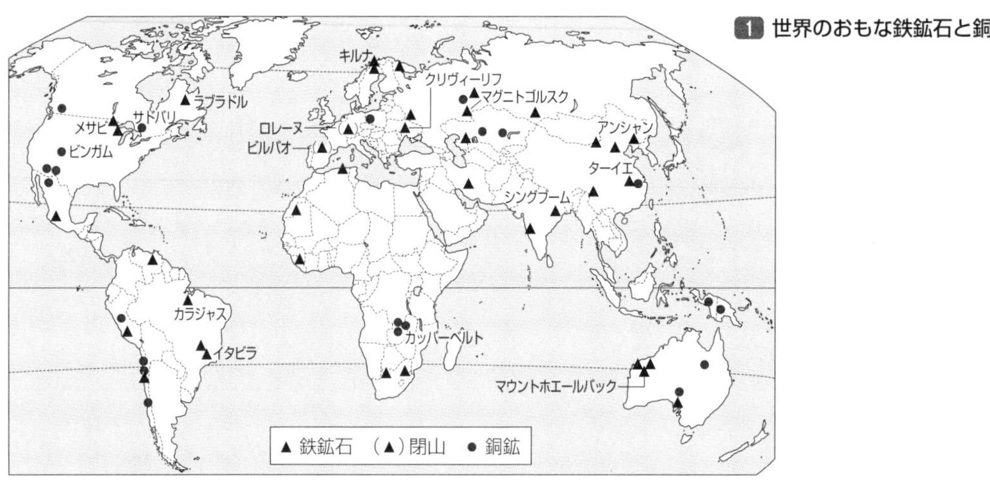

2 世界のおもな非鉄金属鉱山

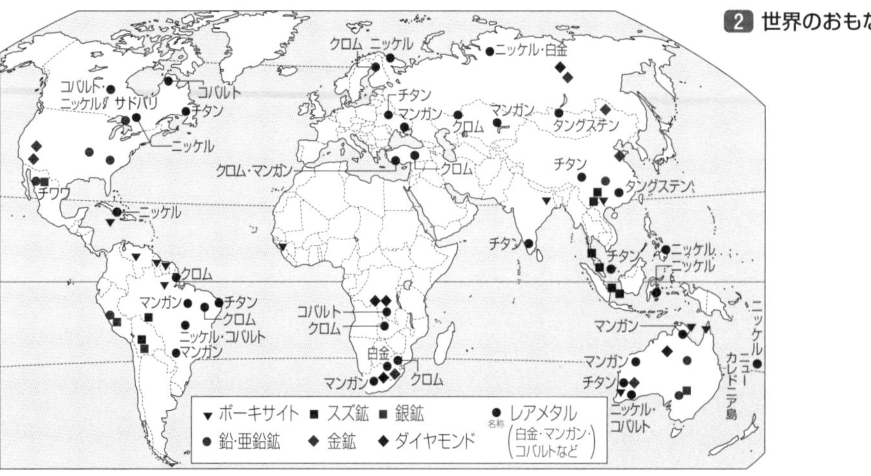

7章 工業

1 工業の発達と立地

1 **産業革命**:18世紀後半に[1]で始まり，ヨーロッパ諸国，アメリカ，ロシア，日本に波及。蒸気機関などの発明による技術革新によって工場制手工業(マニュファクチュア)から工場制機械工業に変化し，大量生産が可能になった。

2 **発展途上国の工業化**：発展途上国では，農産物や鉱産資源などの一次産品を輸出し，先進国から工業製品を輸入しているが，初めは，比較的生産が容易な雑貨・繊維などの消費財を輸入する代わりに，国内生産して外貨を節約する[2]代替型工業化を進める。その後，製品を輸出することで外貨を獲得し経済成長を達成するため，国内の安価な労働力を背景に，原材料や部品の輸入関税を免除する[3](中国の経済特区なども同様)を設置し，先進国から資本と技術を導入して工業化を図る[4]指向型工業化に転換し，繊維や電気機械などの労働集約型の工業を発展させる。これに早く成功した国・地域がNIEs(新興工業経済地域)で，[5]，台湾，香港，シンガポールはアジアNIEs。近年は，BRICS(ブラジル・ロシア・インド・中国・南アフリカ)が発展。

3 **工業立地**：企業は原料供給と市場の両面を考慮し，生産費を最も節約できる場所に工場を建設しようとする。生産費の中で立地決定に直接作用する立地因子として，[6]費と労働費が特に重要である。

①**原料指向型工業**：原料が，産地が限定される局地原料で，かつ生産工程で重量が大幅に減少する重量減損原料である場合は，原料産地で生産し，軽量化して市場に運ぶと輸送費は最低となる。鉄鉱石・石炭を主原料とする鉄鋼業や石灰石を主原料とする[7]工業など。

②**市場指向型工業**：原料がどこでも入手できる普遍原料で，かつ生産工程で重量があまり減らない純粋原料である場合は，市場(大都市)で生産すれば輸送費は最低となる。水を主原料とするビールや清涼飲料水が典型例。また，市場の情報や流行が重視される[8]や高級服飾品も大都市に立地する。

③**労働指向型工業**：原料が局地原料かつ純粋原料の場合，原料産地と市場の間のどこに工場を建てても輸送費は変わらないので，安価で豊富な労働力が得られるところに立地する。繊維工業や電気機械のような組立工業が代表的で，発展途上国に立地しやすい。

④**臨海指向型工業**：原料を輸入に依存する工業の場合は，大都市周辺の港湾付近の臨海部に立地し，製品化すれば輸送費が節約できる。日本の[9]や石油化学工業は太平洋ベルトの臨海部に集中している。

⑤**臨空港指向型工業**：ICなどの電子部品は小型軽量で付加価値が高く，生産費に占める輸送費の割合が小さいため，航空機による輸送が可能になる。日本では，地価が安く労働力の豊富な九州などの地方の空港周辺に立地している。

⑥**集積指向型工業**：自動車や電気機械などの加工組立型工業は，関連する多数の工場が一定の場所に集積し，工業地域を形成しやすい。

1 産業革命
1
1
2 発展途上国の工業化
2
3
4
Newly Industrializing Economies
5
3 工業立地
2
6
7
8
→P.70 6
9

図表でチェック

1 主要国の産業革命期と工業化のあゆみ

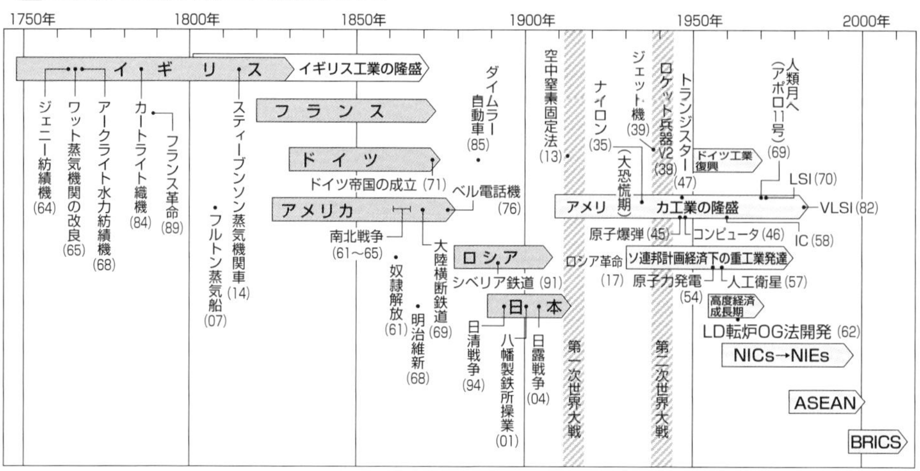

2 日本の工場の業種別分布

▲製鉄所は，すべて臨海部に立地しているが，生産設備過剰のため，新鋭の工場に統合されつつある。

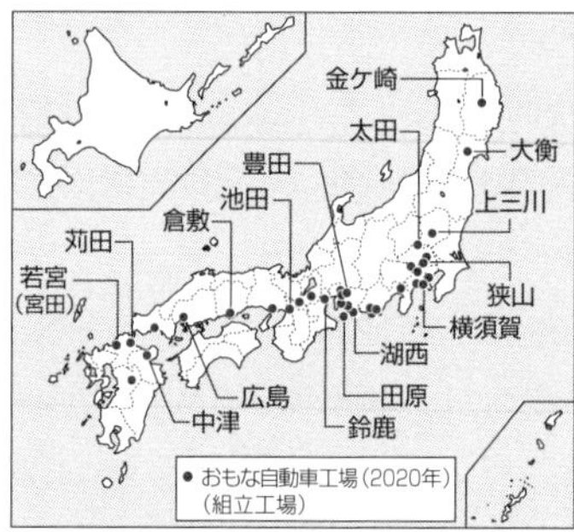

▲自動車工場は，関連工業が発達し，労働力も得やすいところに立地しやすい。東海や関東の他，最近は九州北部に立地が進んでいる。

▲ビールの生産には，どこでも入手可能な水が大量に使われるため，製品の輸送費を安くできる大消費地の近くに立地するものが多い。

▲石油化学コンビナートは，広大な敷地と大量の工業用水が得られ，石油の輸入に便利な太平洋臨海部に立地している。

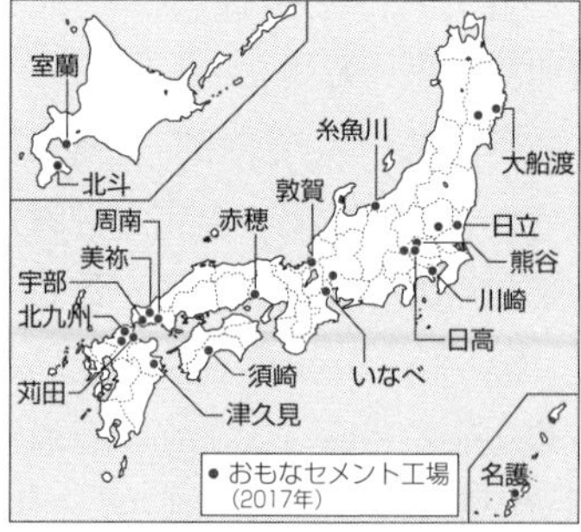

▲セメントの主原料の石灰石は産地が特定の場所に限られ，製品よりも原料の重量が大きいため，工場は原料産地に立地するものが多い。

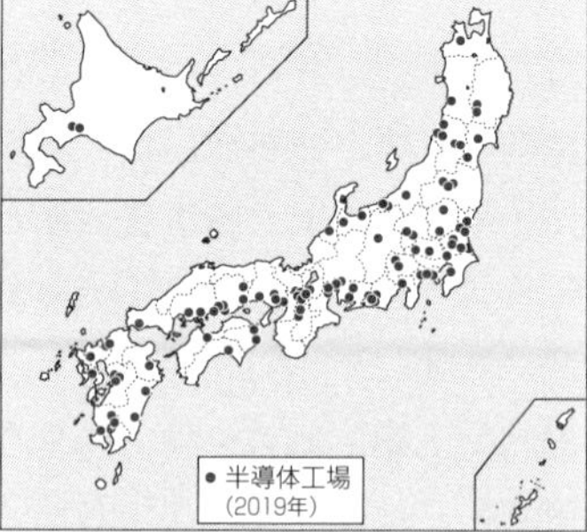

▲半導体工場は研究開発の中心である関東地方の他，安価な労働力が得られ，輸送に便利な地方の空港付近や高速道路沿いに立地している。

3 鉄鋼業の立地

原料単位（t）（製品１t当たり使用量）		1901	1930	1960	1970	1998	理　由
	石　炭	4.0	1.5	1.0	0.8	0.4	熱効率の向上
	鉄鉱石	2.0	1.6	1.6	1.6	1.6	高品位鉱石の使用
立地の変化	石炭産地に立地 → 鉄鉱石産地にも立地 → 先進国──輸入原料への依存による臨海・消費地立地　発展途上国──資源立地						

エカテリンブルク
ノヴォクズネツク
a
マグニトゴルスク
b
（釜石）
千葉
川崎
北九州
ウーハン
c
タラント
アサンソル
ジャムシェドプル
イパチンガ
ビトリア
▲鉄鉱石産地に立地　●鉄鉱石･石炭の産地に立地
■石炭産地に立地　◆消費地･港湾に立地

ダルース
ハミルトン
バッファロー
ゲーリ
クリーヴランド
ヤングスタウン
d
ボルティモア
バーミングハム

ミドルズブラ
e
カーディフ
エッセン
アイゼンヒュッテンシュタット
ダンケルク
ドルトムント
カトヴィツェ
オストラバ
メス・ナンシー（閉山）
f
トリノ
ビルバオ（閉山）
ジェノヴァ

［問題１］　a～fの都市名を答えよ。
a（　　　　　　　　　）　b（　　　　　　　　　）　c（　　　　　　　　　）
d（　　　　　　　　　）　e（　　　　　　　　　）　f（　　　　　　　　　）

4 おもな国の粗鋼生産の推移

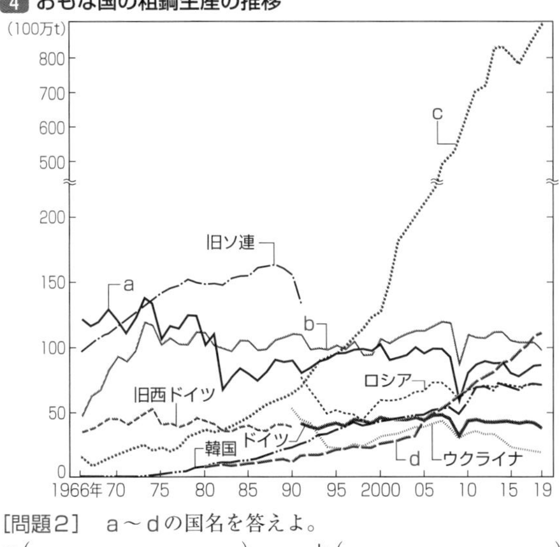

［問題２］　a～dの国名を答えよ。
a（　　　　　　　　　）　b（　　　　　　　　　）
c（　　　　　　　　　）　d（　　　　　　　　　）

5 世界のアルミニウム生産の推移

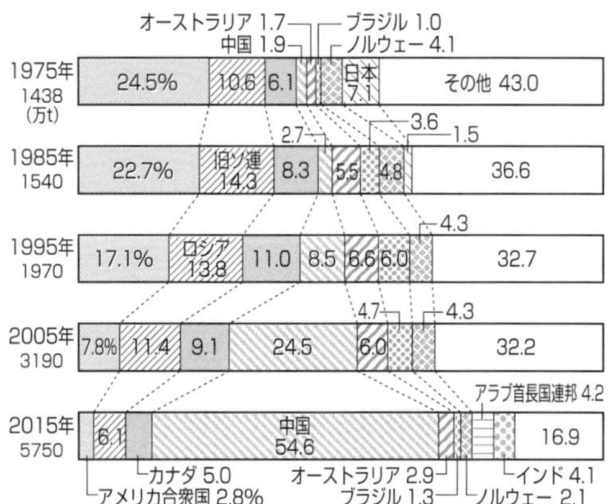

2 各種工業

1 繊維工業

①**綿工業**：先進国から綿花生産の多い発展途上国へ生産の中心が移る。
綿織物の生産(2014年)：中国・[1]・パキスタン・インドネシア・ブラジル。

②**羊毛工業**：原料は南半球，製品は北半球での生産が多い。
毛織物の生産(2016年)：トルコ・中国・日本・チェコ・アメリカ。

③**化学繊維工業**：石油を原料とするナイロン，ポリエステルや，パルプを原料とするレーヨンなど。発展途上国が生産の中心。
生産(2016年)：中国・インド・アメリカ・インドネシア・台湾・韓国・タイ。

2 金属工業

①**鉄鋼業**：鉄鉱石，石炭を主原料とし，製銑→製鋼→圧延を連続して行う鉄鋼一貫工場が中心。以下の四つの立地型に分けられる。

- **炭田立地型**：ピッツバーグ([2]炭田)，エッセン(ルール炭田)。
- **鉄山立地型**：クリヴィーリフ(←ドネツ炭田)，[3](←フーシュン炭田)。
- **炭田・鉄山立地型**：バーミンガム。
- **臨海立地型**：タラント，パオシャン，ポハン。
- **立地移動**：原料産地から臨海地域へ。

イギリス：バーミンガム→ミドルズブラ，カーディフ。
フランス：メス，ナンシー(ロレーヌ鉄山)→ダンケルク，フォス。
アメリカ：ピッツバーグ→五大湖周辺→大西洋岸(ボルティモアなど)。
粗鋼生産(2022年)：中国・インド・日本・アメリカ・ロシア・韓国・ドイツ。
鋼材の輸出(2021年)：中国・日本・ロシア。**輸入**：アメリカ・中国・ドイツ。

②**アルミニウム工業**：アルミニウム精錬には大量の電力を使用するため，電力の安価な国での生産が多い。日本は石油危機後の電力費高騰で競争力を失って精錬から撤退し，世界有数のアルミニウム輸入国となっている。
生産(2020年)：中国・ロシア・インド・カナダ・アラブ首長国連邦・オーストラリア・バーレーン・ノルウェー・アメリカ・アイスランド・マレーシア・サウジアラビア・南アフリカ・ブラジル(カナダ，ブラジル，ノルウェーは[4]発電中心)。

3 機械工業

①**自動車工業**：多数の部品を使用する総合組立工業で，周辺に関連工場が集積。産業用ロボットなどを使用し合理化が進む。低燃費の日本車は石油危機後に販売が増加し，1980～93年まで生産は世界一であったが，貿易摩擦による海外生産の増加で国内生産が減少した。2009年には中国が日本を抜き1位となった。
生産(2022年)：[5]・アメリカ・日本・インド・韓国・ドイツ・メキシコ。
輸出台数(2017年)：フランス・日本・ドイツ・アメリカ・韓国・カナダ。
輸入台数(2017年)：アメリカ・ドイツ・イギリス・イタリア・カナダ・中国。
二輪自動車の生産(2020年)：インド・中国・タイ・パキスタン・台湾。

②**造船業**：石油危機後，タンカー需要の低下で生産が停滞。近年の好況で再び増加。

1 繊維工業

1

2 金属工業

→P.67 3 4

2

3

→P.67 5

4

3 機械工業

2 3 4

5

造船竣工量(2022年)：中国(47%)・[　6　](29%)・日本(17%)。

③**航空機工業**：アメリカのボーイング([　7　]が拠点)，ヨーロッパのエアバス(フランス，ドイツ，イギリスなどで共同生産，フランスの[　8　]が拠点)が中心。中型航空機はブラジル(エンブラエル)やカナダ(ボンバルディア)。

④**電気機械工業**：先進国から発展途上国へ生産の中心が移る。テレビなど家電の多くは，国内需要も大きい[　5　]が世界一の生産国。

⑤**エレクトロニクス工業**：ICなどの半導体，コンピュータとも，1990年代前半までアメリカ，日本の生産が多かったが，半導体は近年，日本に代わって韓国が増加。コンピュータ生産も，付加価値の低いパソコン組立は，中国が世界生産の98%を占める(2016年)。ソフトウェアはアメリカの独占状態。

生産地域：[　9　](サンノゼ周辺)，**シリコンプレーン**(ダラス周辺)，**エレクトロニクスハイウェー**(ボストン周辺)，**シリコンアイランド**(九州)。

携帯電話の生産(2016年)：中国(81%)・ベトナム・韓国・インド。

デジタルカメラの生産(2016年)：中国(51%)・タイ・日本・台湾。

4 その他の工業

①**石油化学工業**：石油精製によって得られたエチレンからさまざまな製品を生産。石油精製，石油化学工場がパイプでつながれた石油化学コンビナートは，日本では臨海地域に立地するが，欧米などでは原料産地やパイプラインと結ばれた都市にも立地する。

エチレンの生産(2021年)：中国・アメリカ・サウジアラビア・韓国・日本。

②**窯業**：セメント工業は[　10　]産地，陶磁器工業は陶土産地に立地。ガラスやセラミックス工業も含まれる。

③**紙・パルプ工業**：木材のチップから生産されるパルプを原料として紙を生産。パルプ生産には大量の水を必要とするため，パルプ工場は，林業地域や用水の得やすい地域に立地。古紙を利用できる大都市周辺にも立地。

パルプの生産(2021年)：アメリカ・ブラジル・中国・[　11　]・スウェーデン・フィンランド・インドネシア・ロシア・日本・インド(パルプ材には軟材の針葉樹が適するため亜寒帯林の豊富な国が多い)。

紙の生産(2021年)：中国・アメリカ・日本・ドイツ・インド・インドネシア。

6 ……
7 ……
8 ……
1 ……
5 ……
9 ……
4 その他の工業
10 ……
11 ……

図表でチェック

1 アジア諸国の世界生産におけるシェア

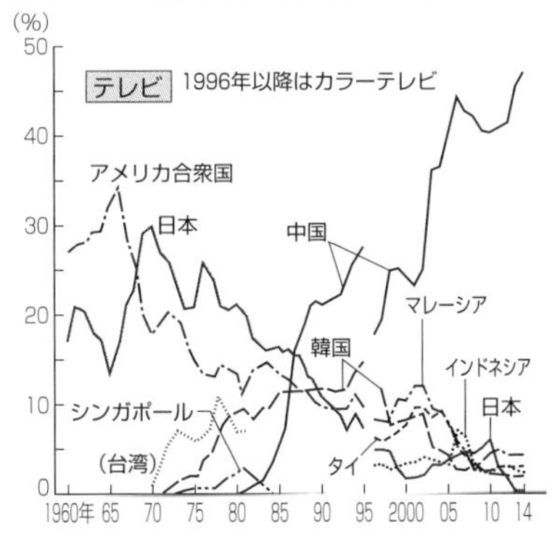

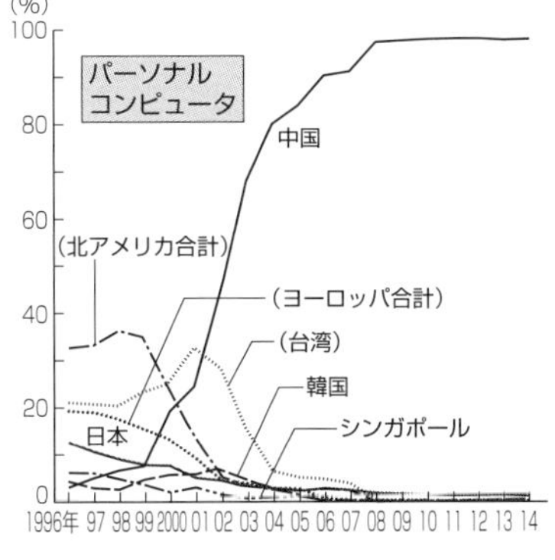

2 主要国の自動車生産高の推移

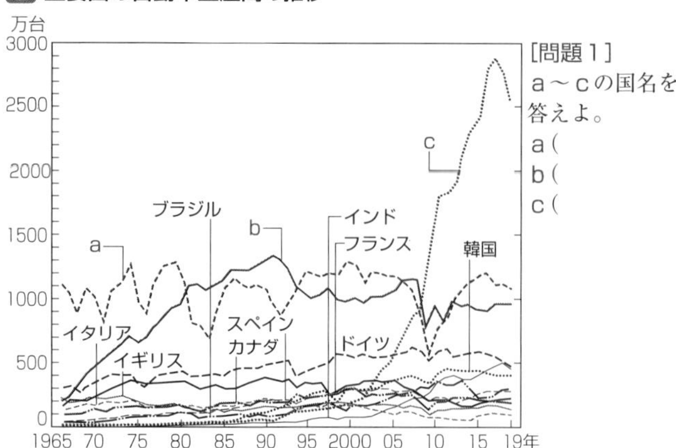

[問題1]
a～cの国名を答えよ。
a（　　　　　）
b（　　　　　）
c（　　　　　）

3 日本の自動車企業の国内生産・輸出・海外生産の推移

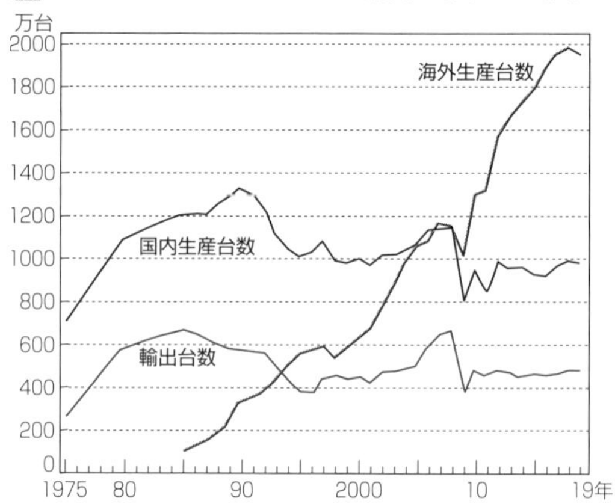

4 日本の自動車企業の海外での乗用車組立工場

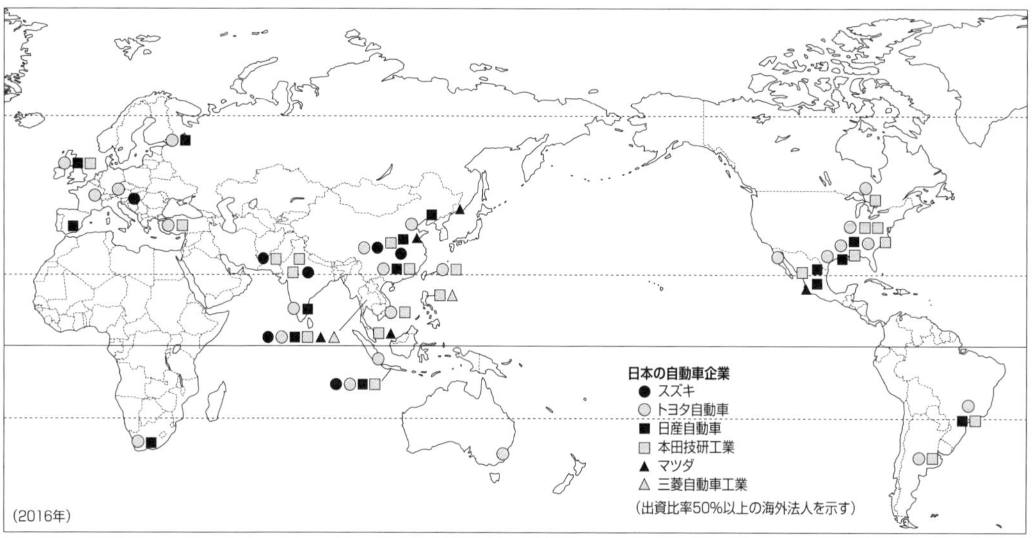

5 エレクトロニクス産業の分布とサンベルトに集まる産業

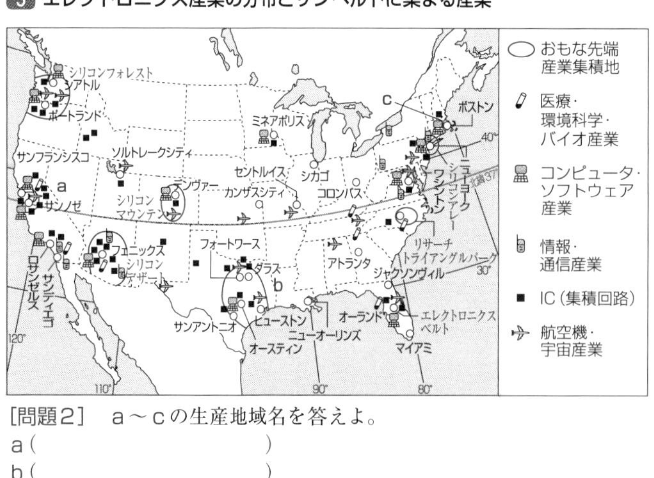

[問題2]　a～cの生産地域名を答えよ。
a（　　　　　　　　　　）
b（　　　　　　　　　　）
c（　　　　　　　　　　）

6 主要国の賃金（2016年）（製造業，1時間当たり米ドル）

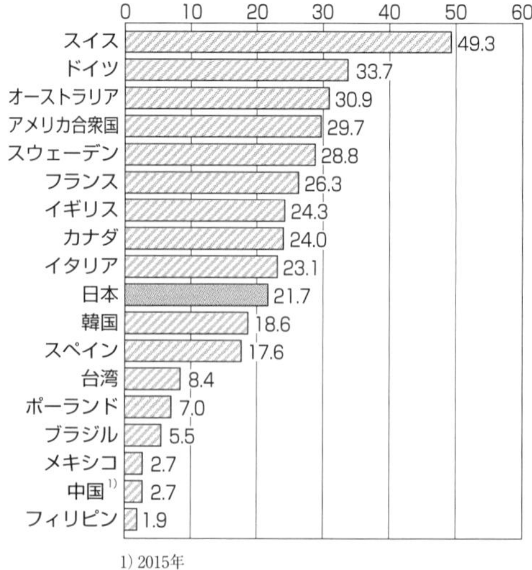

8章 商業・観光業

1 商業

1 **小売業と卸売業**：日本の商品販売額の4/5を占める［ 1 ］業は，流通業の拠点となる東京，大阪，名古屋，福岡など各地域の中心都市で発達する。一方，［ 2 ］業販売額は人口にほぼ対応する。

- 卸売業販売額(2015年)：東京・大阪・愛知・［ 3 ］・［ 4 ］・北海道・埼玉。
- 小売業販売額(2015年)：東京・大阪・［ 4 ］・愛知・埼玉・北海道・千葉。

2 **商圏**：食料品など日常的に購入する安価な最寄(もよ)り品を扱う近隣商店やコンビニエンスストア，スーパーマーケットなどの商圏(買い物客の居住する範囲)は狭いが，家具や高級衣料品などの高価な買い回り品を扱うデパートや専門店の商圏は広く，都市規模が大きいほど遠方から買い物客が訪れ，商圏も広い。

3 **商業の変化**：郊外化や自動車の普及によって大規模な駐車場をもつショッピングセンターが郊外に立地し，一方で徒歩や公共交通機関を前提としていた都心の商店街や中小都市の駅前などの商店街は地位が低下している。また，生活時間の多様化や女性の社会進出に伴ってコンビニエンスストアや，インターネットやテレビなどによる通信販売が増加している。

1 小売業と卸売業
1
2
3
4
2 商圏
⇨P.93 3
3 商業の変化
1

2 観光業

1 **余暇時間の増加**：欧米先進国では，第二次世界大戦後の高度経済成長期以降，週休2日制や長期休暇制が導入されて労働時間が減少し，余暇時間が増加したが，日本では有給休暇の取得が少なく，労働時間は欧米諸国に比べ長めである。

- 国際観光客数(2018年)：フランス・スペイン・アメリカ・中国・イタリア。

2 **ヨーロッパの観光**：夏期に3～4週間の長期休暇(バカンス)をとり，陽光あふれる地中海沿岸地方のリゾート地に滞在する人が多く，国別ではフランス，［ 1 ］，イタリアへの旅行者が多い。フランスでは，19世紀半ばから地中海沿岸のニース，カンヌなどコートダジュールが貴族の高級避寒地として発展した。1960年代から，ローヌ川河口より西側のラングドック・ルシヨン地方の開発が政府主導で進み，大規模リゾート基地となった。また，近年は農山漁村に滞在する［ 2 ］や，自然とふれあうエコツーリズムも盛んになっている。

3 **日本の観光**：長期休暇がとりにくいため短期滞在，周遊型の旅行が多く，観光客は年末年始や盆，ゴールデンウィークなどに集中。海外旅行者数は円高の進んだ1980年代後半から急増したが，1990年代後半から横ばいで，2019年は2008万人。訪日外国人は少なかったが，2003年にはビジット・ジャパン・キャンペーンが開始され，その後，円安やビザ発給の規制緩和などで，アジア諸国を中心に急増して2015年以降は日本人海外旅行者を上回り，2019年は3188万人。

- 海外旅行先(2019年)：［ 3 ］・［ 4 ］・中国・台湾・タイ・ベトナム。
- 訪日外国人(2019年)：中国・［ 4 ］・台湾・香港・［ 3 ］・タイ。

1 余暇時間の増加
2 3
2 ヨーロッパの観光
5
1
2
3 日本の観光
4
3
4

図表でチェック

1 百貨店，大型スーパー，コンビニエンスストアの販売額の推移

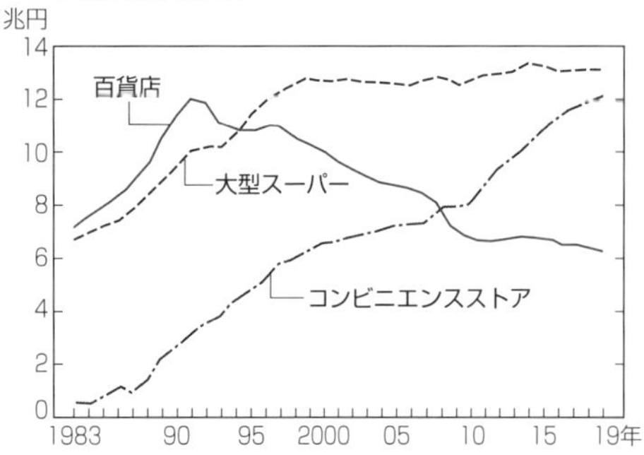

2 1人当たり国民総所得と週当たり労働時間(2016年)

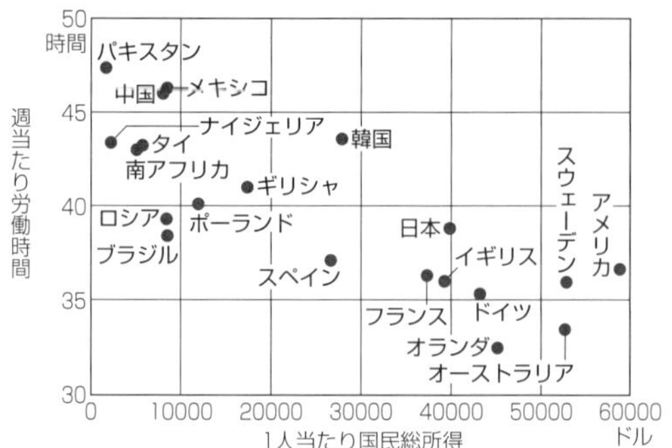

3 おもな国の年間休日数(2014年)

4 日本人海外旅行者数と訪日外国人数の推移

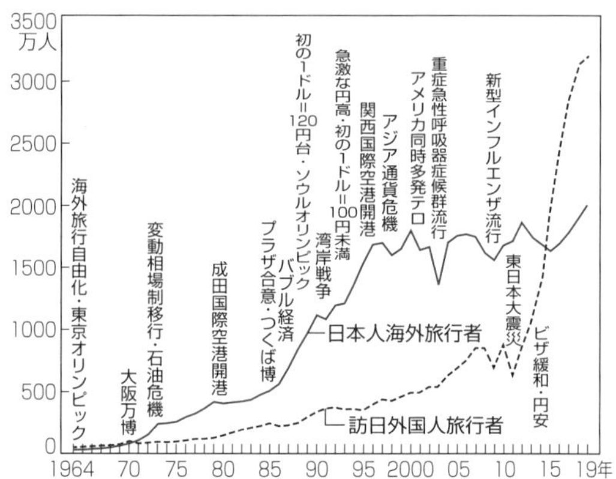

5 国際観光の到着数と出国数,国際観光収支(2018年)

	到着数(万人)	出国数(万人)	国際観光収入(億ドル)	国際観光支出(億ドル)
a	8,932	2,691	731	579
b	8,277	1,900	813	267
アメリカ	7,975	9,256	2,561	1,865
c	6,290	14,972	404	2,773
イタリア	6,157	3,335	516	376
トルコ	4,577	840	371	50
メキシコ	4,143	1,970	238	141
d	3,888	10,854	603	1,042
e	3,818	1,000	652	147
イギリス	3,632	7,039	485	689
日本	3,119	1,895	453	281

[問題1]　a～eの国名を次から選んで答えよ。
[中国,タイ,スペイン,ドイツ,フランス]
a（　　　　　　）b（　　　　　　）c（　　　　　　）
d（　　　　　　）e（　　　　　　）

9章 交通・通信と貿易

1 交通

[1] **鉄道交通**：先進国では自動車の普及により衰退。自動車の普及が遅れている中国やインドなどの発展途上国では旅客，貨物輸送ともに重要。

①**新大陸の先進国**：アメリカやカナダなどでは**大陸横断鉄道**が走るが，［　1　］輸送中心で，［　2　］輸送は非常に少ない。

②**ヨーロッパ**：旅客・貨物輸送ともに低調であるが，フランスの**TGV**やドイツのICEなど各地で高速鉄道が走る。ドーヴァー海峡を結ぶ**ユーロトンネル**は鉄道専用海底トンネルで，高速鉄道のユーロスターがパリとロンドンを結ぶ。

③**ロシア**：1904年に**シベリア鉄道**（［　3　］，チェリャビンスク間），1984年にバイカル・アムール（バム）鉄道（第2シベリア鉄道）が開通。

④**日本**：大都市圏の通勤輸送や，新幹線による大都市間の中距離輸送で利用され，先進国の中では異例に［　2　］輸送が多いが，［　1　］輸送は衰退。

[2] **自動車交通**：20世紀後半に先進国では**モータリゼーション**（自動車社会化）が進み，高速道路の整備や自動車の高性能化によって陸上交通の中心となる。近年は，地球温暖化対策のためCO_2排出の少ない電気自動車やハイブリッドカー，燃料電池車の普及が進められている。また，都市内の渋滞を防ぐため，郊外の駅の駐車場から鉄道やバスに乗り換えて都心に向かう**パークアンドライド方式**や自動車に課金するロードプライシング制度，路面電車の導入が進められている。

[3] **水上交通**：大量の貨物を安価に運べるため貿易に利用される。

①**海上交通**：**スエズ運河**，**パナマ運河**は距離を短縮。**マラッカ・ジブラルタル・ボスポラス海峡**などは国際海峡として重要。商船保有量は，［　4　］，リベリアなど船籍にかかる税金の安い便宜置籍船国が上位を占める。タンカー，コンテナ船，ばら積み貨物船（鉱石，穀物）など専用船化が進む。

②**内陸水路交通**：産業革命後，ヨーロッパや北アメリカでは，運河が建設され，内陸の原料産地立地型工業地域の発展に貢献した。

- **ヨーロッパ**：河川勾配が緩やかで，流量も安定しているため（←気候がCfb），内陸水路交通が発達し，［　5　］川，**ドナウ川**などの国際河川や運河によって北海，バルト海，地中海，黒海が結ばれるが，利用は減少している。
- **北アメリカ**：五大湖周辺で発達し，セントローレンス川やミシシッピ川，ニューヨークを流れるハドソン川が運河で結ばれている。

[4] **航空交通**：1970年代にジェット機が就航し，高速大量輸送時代が始まった。航空路は先進国で密だが，発展途上国でも陸上交通が未発達の砂漠や熱帯地域では重要。大規模空港間に長距離便を集中させて，そこから周辺の空港を結ぶ路線を運行するハブ・アンド・スポーク方式が主流で，拠点空港を［　6　］空港という。貨物では，IC，コンピュータなど高付加価値製品を輸送。

[5] **日本の交通**：貨物，旅客輸送とも自動車が輸送量第1位だが，貨物では，臨海工業地域が多いため**内航海運**が重要で，旅客では鉄道も重要。

[1] 鉄道交通
1 3
1
2
3

[2] 自動車交通
2

[3] 水上交通
5 6
4
5

[4] 航空交通
7 8
6

[5] 日本の交通
4

図表でチェック

1 おもな国の鉄道営業キロ数と輸送量(2019年)

	営業キロ数(千km)	旅客輸送量(億人キロ)	貨物輸送量(億トンキロ)
a	150.5*	325	23,571
ロシア	85.5	1,334	26,019
インド	68.2	11,572	7,385
b	68.1	14,386	30,182
c	33.4	1,020	1,292
フランス	28.2*	1,124*	339
d	27.8	4,351	200

＊2018年。

[問題1]　a～dの国名を次から選んで答えよ。
[日本，中国，ドイツ，アメリカ]

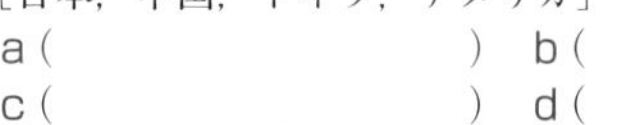

a (　　　　　) b (　　　　　)
c (　　　　　) d (　　　　　)

2 1人当たりGNIと自動車保有率(2019年)

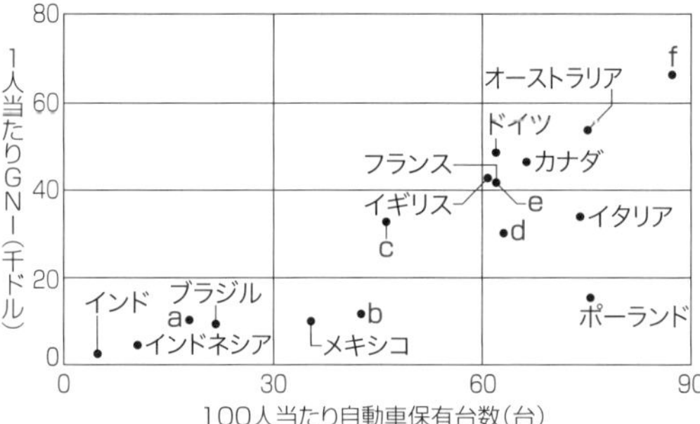

[問題2]　図中のa～fの国名を次から選んで答えよ。
[日本，韓国，中国，スペイン，アメリカ，ロシア]
a (　　　　　) b (　　　　　)
c (　　　　　) d (　　　　　)
e (　　　　　) f (　　　　　)

3 おもな国の国内輸送に占める交通機関の割合

貨物輸送 (単位:億トンキロ)

アメリカ合衆国 58,793 (2003年): 鉄道 38.5%　自動車 31.4　船 15.0　パイプライン 14.7　航空 0.4
ドイツ 4,136 (2009年): 鉄道 23.1　自動車 59.4　航空0.1　船13.5　パイプライン 3.9
イギリス 1,638 (2009年): 鉄道 12.9　自動車 80.3　船 0.1　パイプライン 6.2　航空 0.5
日本 812 (1955年): 鉄道 52.6　自動車 11.7　船 35.7
3,503 (1970年): 18.0　38.8　43.2
4,090 (2015年): 5.3　50.4　44.1　航空 0.3

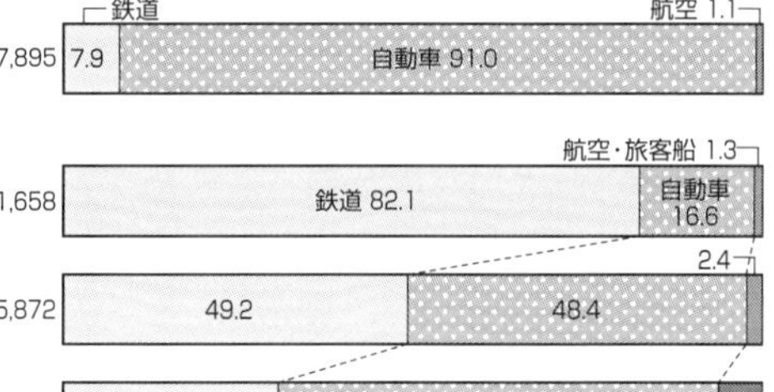

4 日本における輸送量の変化

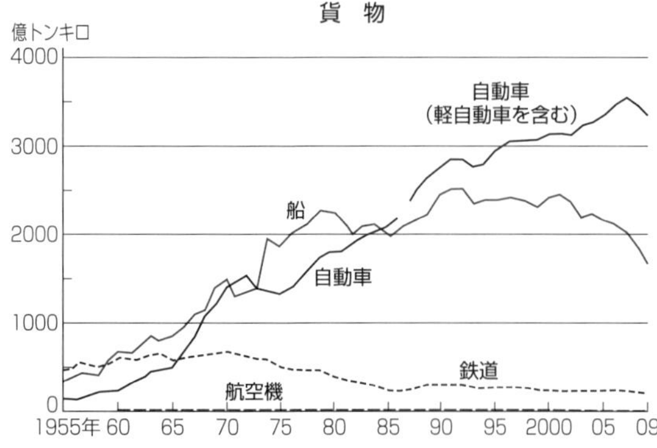

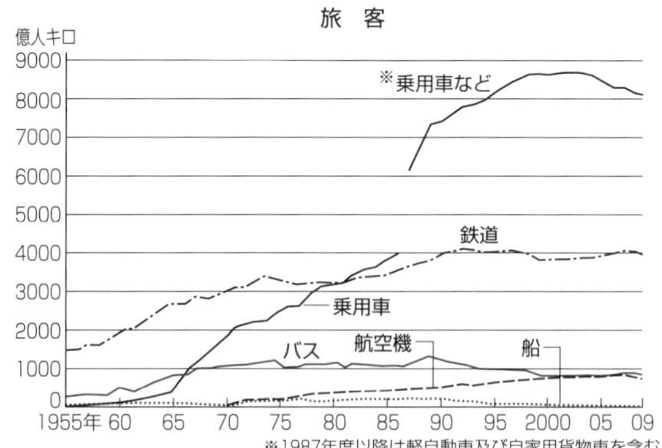

※1987年度以降は軽自動車及び自家用貨物車を含む。

5 世界の水上交通

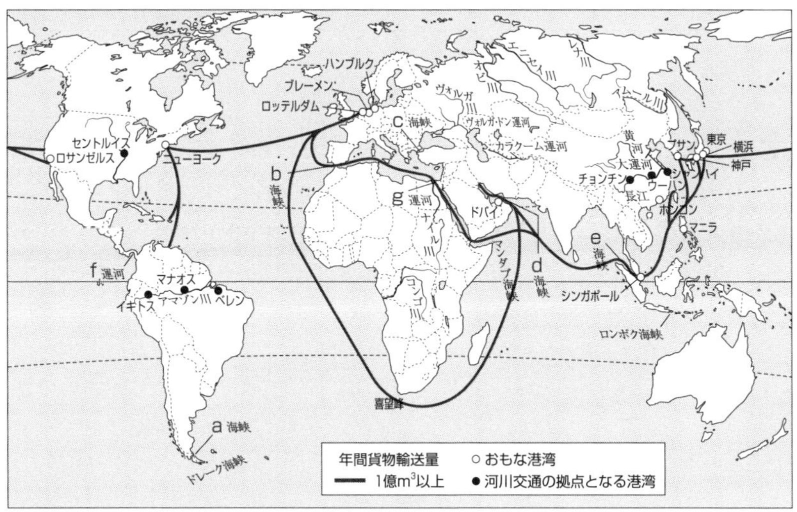

[問題3]　a～gの海峡, 運河名を答えよ。

a (　　　　　　　　) b (　　　　　　　　) c (　　　　　　　　)

d (　　　　　　　　) e (　　　　　　　　) f (　　　　　　　　)

g (　　　　　　　　)

6 ヨーロッパの内陸水路

7 ハブ空港

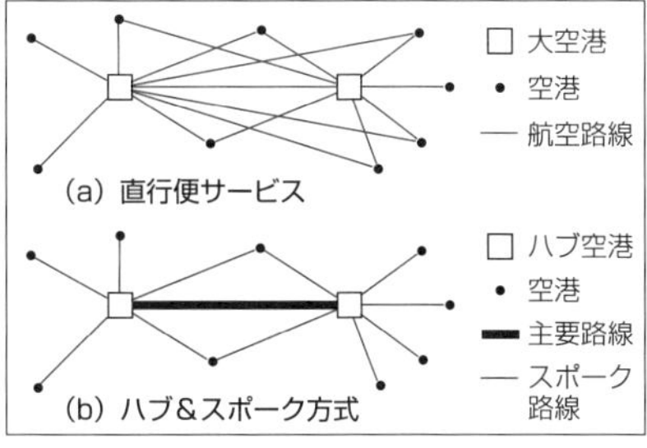

8 おもな空港の利用実績(2017年)

空港名	発着回数(千回)	乗降客数(10万人) 合計	乗降客数(10万人) 国際便	取扱貨物(千t) 合計	取扱貨物(千t) 国際便
成田国際	253	406	331	2,336	2,263
ホンコン国際	432	727	725	5,050	4,937
ソウル, インチョン	363	622	615	2,922	2,826
シンガポール, チャンギ	378	622	616	2,165	2,125
ドバイ国際	408	882	877	2,654	2,654
アムステルダム, スキポール	515	685	684	1,778	1,753
パリ, シャルル・ド・ゴール	483	695	637	2,195	1,968
フランクフルト国際	476	645	571	2,194	2,066
ロンドン, ヒースロー	476	780	732	1,794	1,697
ロサンゼルス国際	700	846	242	2,158	1,301
ニューヨーク, J・F・ケネディ	446	594	324	1,351	1,047

▲アメリカの空港は国内便の割合が高い

2 通信

[1]**国際通信**：通信衛星や海底ケーブル(銅線から光ファイバーへ)を利用した電話，ファクシミリ，電子メールなどが中心。

[2]**情報化の進展**：携帯電話は回線工事が不要で設備投資費が安価なため発展途上国でも普及しやすい。一方，固定電話は携帯電話の普及で回線数が減少している。インターネットなどの普及によるICT(情報通信技術)革命が進んでいるが，個人間，国家間などでICT利用能力の差による情報格差(デジタルデバイド)が問題化している。

[1]国際通信

[2]情報化の進展

1

Information and Communication Technology

図表でチェック

1 通信に関する各種統計(人口100人当たり)

	固定電話契約数		移動電話契約数		インターネット利用者数	
	2000年	2021年	2000年	2021年	2010年	2021年
エチオピア	0.3	0.7	0.0	53.6	0.8	16.7
(a　)	3.1	1.7	0.3	82.0	7.5	46.3
(b　)	11.5	12.7	6.7	121.5	34.3	73.1
ロシア	21.9	16.4	2.2	169.0	49.0	88.2
日本	48.9	49.3*	52.7	163.2	78.2	82.9
(c　)	55.3	44.8	57.3	140.6	83.7	97.6
イギリス	59.9	48.4	73.8	118.6	85.0	96.7
(d　)	68.2	29.0	38.8	107.3	71.7	91.8

＊2022年。

[問題1]　a～dの国名を，次から選んで答えよ。
[中国，韓国，インド，アメリカ]

3 世界の貿易

[1]**貿易の類型**

①[　1　]**貿易**：先進国間の貿易で，工業製品を相互に輸出入するが(水平分業)，貿易摩擦が生じることもある。

②[　2　]**貿易(南北貿易)**：先進国と発展途上国間の貿易で，発展途上国は農産物や鉱産資源などの**一次産品**，先進国は工業製品を輸出(垂直分業)。

③**政策による分類**：保護貿易と自由貿易。

[2]**貿易機構**

①[　3　](**世界貿易機関**)：GATT(関税及び貿易に関する一般協定)を引き継いで1995年に結成され，関税や輸入制限など貿易上の障壁をなくし貿易自由化を推進している。近年は，2か国以上の国や地域で[　4　](自由貿易協定)を結ぶ動きが活発化し，日本は投資や知的財産権，人的交流などの分野を含むEPA(経済連携協定)を結んでいる。

②[　5　](**国際通貨基金**)：為替相場の安定と国際貿易の促進を図るための国連専門機関。

[1]貿易の類型

1

2

[2]貿易機構

3

World Trade Organization

General Agreement on Tariffs and Trade

4

Free Trade Agreement

Economic Partnership Agreement

5

International Monetary Fund

3 地域別貿易

①貿易額(2022年)

輸出入合計：中国・アメリカ・ドイツ・オランダ・日本・フランス・韓国。

輸出：中国・アメリカ・ドイツ・オランダ・日本・韓国・イタリア・ベルギー。

輸入：アメリカ・中国・ドイツ・オランダ・日本・イギリス・フランス・韓国。

中国・ドイツ・オランダは出超，アメリカ・日本・フランス・韓国は入超。

②**EU(ヨーロッパ連合)**：域内貿易が盛んで，世界の総輸出額の29%(2022年)を占める。貿易依存度(輸出額・輸入額／GDP)の高い国が多く，ベルギー・オランダは中継貿易が盛ん。

③**USMCA(アメリカ・メキシコ・カナダ協定)**：アメリカは世界一の貿易赤字国で中国との赤字が大きい。北米自由貿易協定(NAFTA)から2020年に移行。

④**アジア**：中国は急速な工業化でアメリカを抜き，輸出入額合計で世界一となる。工業化が進み，輸出上位には一次産品に代わり工業製品が並ぶ国が多い。日本は震災後の2011～15年，火力発電用エネルギー輸入増加で貿易赤字となる。

⑤**アフリカ**：一次産品の輸出が中心で，旧宗主国を重要な相手先とする国が多い。

3 地域別貿易

1 2 3 4 5 6 7 8

図表でチェック

1 世界の国別・地域別輸出貿易の割合(2019年)

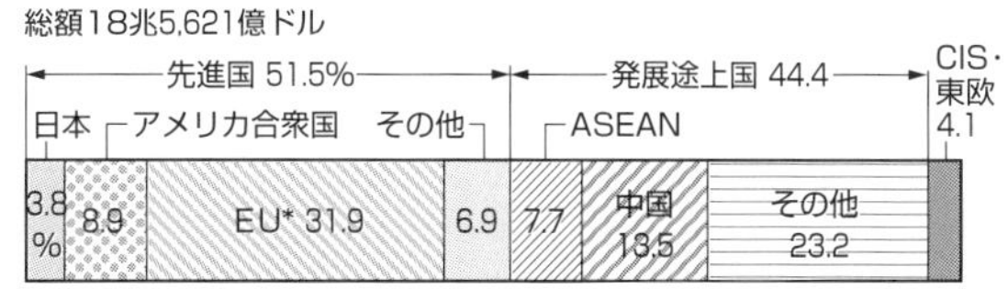

*EUのうちDAC諸国の合計（20か国）

2 日本，中国，EU，NAFTAの相互の貿易

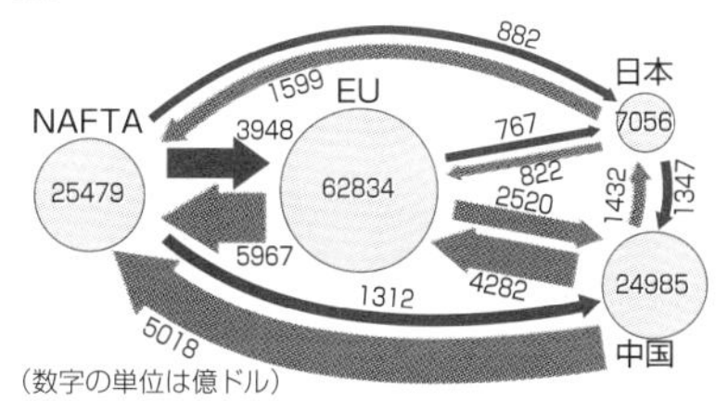

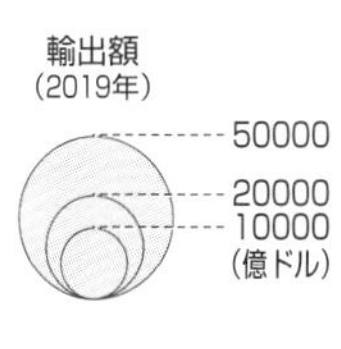

（数字の単位は億ドル）

3 世界の輸出貿易に占める主要国の割合の推移

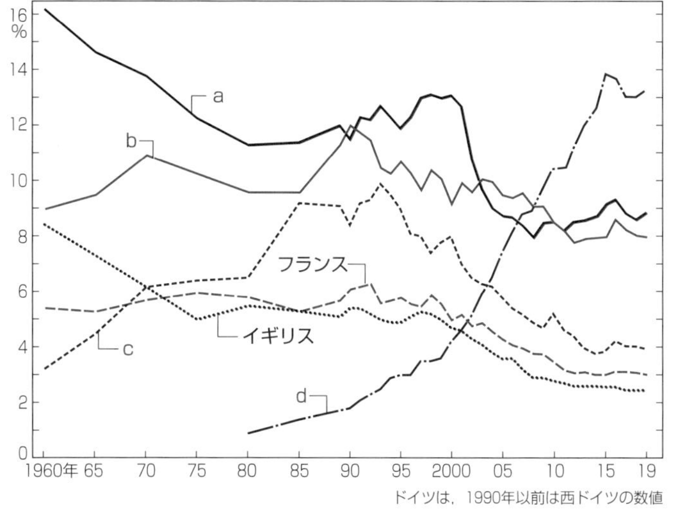

ドイツは，1990年以前は西ドイツの数値

4 主要国・地域のFTAカバー率(2020年)

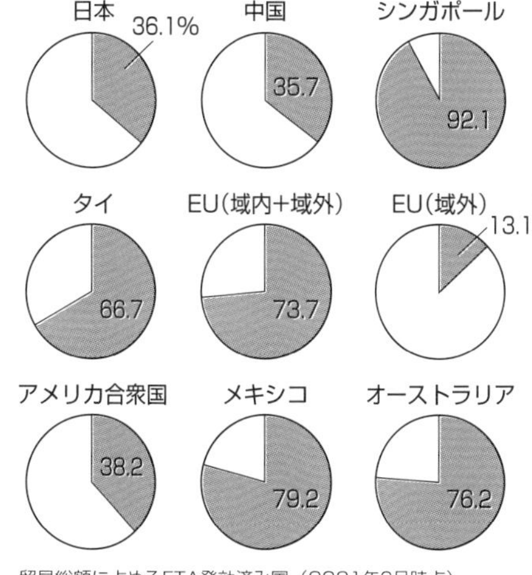

貿易総額に占めるFTA発効済み国（2021年6月時点）との貿易の割合

[問題1]

a～dの国名を答えよ。

a(　　　　　　　) b(　　　　　　　) c(　　　　　　　) d(　　　　　　　)

5 主要国の貿易相手先(2018年)

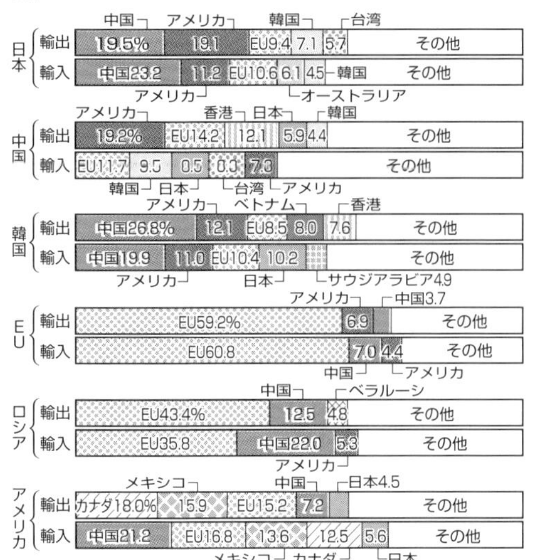

6 貿易依存度※(2018年)

※輸出額，輸入額のGDPに対する割合。

◀中継貿易の盛んなシンガポールや域内貿易の盛んなEU諸国では高い。

7 おもな国の貿易入出超過額の推移

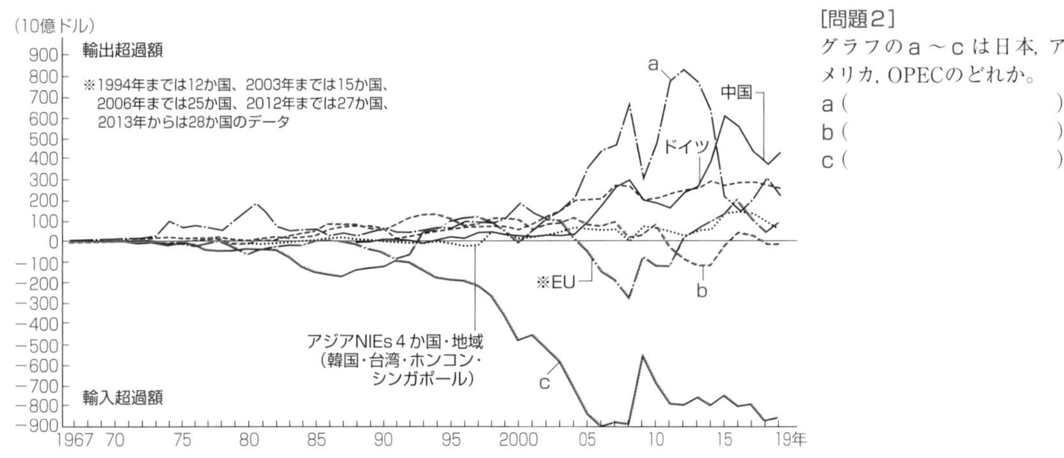

[問題2]
グラフのa～cは日本，アメリカ，OPECのどれか。

a (　　　　　　　　)
b (　　　　　　　　)
c (　　　　　　　　)

8 おもな国の輸出入上位品目(2021年)

国	輸出	輸入
(a　　　　)	機械類・自動車・医薬品・航空機	機械類・自動車・医薬品・衣類
アメリカ合衆国	機械類・自動車・石油製品・医薬品	機械類・自動車・医薬品・原油
(b　　　　)	機械類・自動車・医薬品・精密機器	機械類・自動車・医薬品・衣類
(c　　　　)	機械類・自動車・精密機器・鉄鋼	機械類・原油・液化天然ガス・医薬品
(d　　　　)	機械類・衣類・繊維品・金属製品	機械類・原油・鉄鉱石・精密機器
(e　　　　)	石油製品・機械類・ダイヤモンド・鉄鋼	原油・機械類・金・石炭
(f　　　　)	原油・機械類・自動車・金	機械類・自動車・医薬品・金属製品
(g　　　　)	原油・石油製品・鉄鋼・石炭	機械類・自動車・医薬品・自動車部品
(h　　　　)	天然ガス・原油・魚介類・機械類	機械類・自動車・金属製品・石油製品
(i　　　　)	鉄鉱石・石炭・液化天然ガス・金	機械類・自動車・石油製品・医薬品
(j　　　　)	鉄鉱石・大豆・原油・機械類	機械類・化学肥料・自動車・石油製品
(k　　　　)	銅鉱・銅・野菜・果実・魚介類	機械類・自動車・石油製品・原油

[問題3]　a～kに該当する国を次から選んで答えよ。
[日本，中国，インド，ドイツ，フランス，ノルウェー，ロシア，カナダ，ブラジル，チリ，オーストラリア]

4 対外援助

[1] **世界の対外援助**：OECDの下部機関であるDAC(開発援助委員会)に加盟する先進国は，[　1　](政府開発援助)を通して発展途上国への援助を行っている。日本は，2000年まで[　1　]供与額世界一であったが，その後，後退。しかし，GNI比は北欧諸国などが高く，アメリカや日本は低い。歴史的，地理的に関係の深い地域への供与が多く，アジアは[　2　]から，[　3　]はヨーロッパ諸国から，ラテンアメリカはアメリカからの供与が多い。

[2] **日本の対外援助**：[　1　]のほか，JICA(国際協力機構)による[　4　]の派遣や，民間の非政府組織([　5　])や非営利組織(NPO)などを通じた海外ボランティア活動が行われている。また，世界平和の維持のため自衛隊が国連のPKO(平和維持活動)に参加している。

[1] 世界の対外援助
1 2 3
1
Official Development Assistance
Development Assistance Committee
2
3
[2] 日本の対外援助
4
5
Non Governmental Organization
Non-Profit Organization
Peace Keeping Operations

図表でチェック

1 主要援助国のODA実績の推移

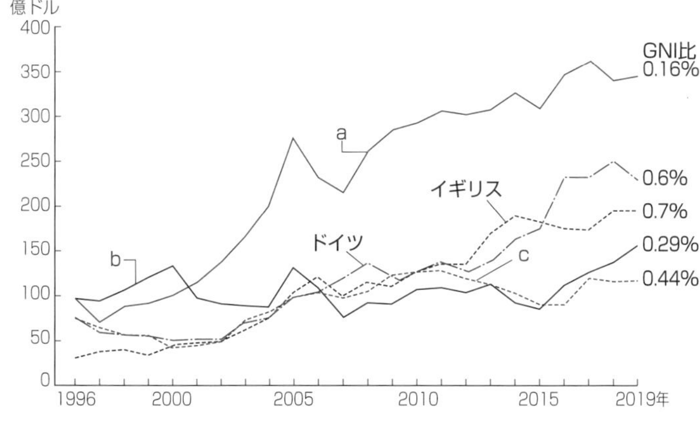

2 おもな国のODA供与先上位5か国(2010年)

	a	b	c
1位	ヨルダン	インド	コロンビア
2位	アフガニスタン	バングラデシュ	インドネシア
3位	ナイジェリア	ベトナム	コートジボワール
4位	ケニア	インドネシア	モロッコ
5位	エチオピア	フィリピン	カメルーン

[問題1]　1 2 のa～cは同じ国である。それぞれの国名を答えよ。
a(　　　　　　)
b(　　　　　　)
c(　　　　　　)

3 地域別援助国(2017年)

0　25　50　75　100%

アジア：日本 41.5%　ドイツ 16.4　アメリカ 13.0　7.1(イギリス)　その他 22.0　(億ドル) 217
中東・北アフリカ：ドイツ 25.0　アメリカ 23.4　12.8(フランス)　日本 9.1　その他 29.7　191
中南アフリカ：アメリカ 38.6　イギリス 12.9　ドイツ 10.8　8.1(フランス)　日本 5.8　その他 23.8　293
中南米：アメリカ 29.8　ドイツ 27.0　11.8(フランス)　イギリス 6.3　その他 31.4　71
オセアニア：オーストラリア 48.5　日本 19.1　13.4(ニュージーランド)　9.4(アメリカ)　その他 9.5　17
ヨーロッパ：ドイツ 31.9　アメリカ23.6　スイス 7.1　6.4(スウェーデン)　その他 31.0　24

10章 人口

1 人口分布と人口密度

[1]**居住地域**：人類が常住している居住地域(エクメーネ)に対して，常住していない砂漠，寒冷地域，高山地域などの非居住地域(アネクメーネ)は陸地の１割を占めるが，80° N付近のグリーンランドの漁村や石炭を産出するスヴァールヴァル諸島(ノルウェー領)のような例外もある。

[2]**地域別人口**(2022年)：世界人口は79.8億人。[　1　]の人口が最も多く，世界の６割を占め，[　2　]，ヨーロッパ，中南アメリカ，北アメリカ，オセアニアの順。

[3]**国別人口**(2022年)：１億人以上の国は，中国(14.3億)，インド(14.2億)，アメリカ(3.4億)，[　3　](2.8億)，パキスタン(2.4億)，ナイジェリア(2.2億)，ブラジル(2.2億)，バングラデシュ，[　4　]，メキシコ，日本，エチオピア，フィリピン，エジプトの14か国で，そのうち７か国をアジアが占める。

[4]**人口密度**(2022年)：大陸別では，アジアが最高(152人/k㎡)で，オセアニアが最低(5人/k㎡)。国別(ミニ国家を除く)では，[　5　]が最高で(1153人/k㎡)，韓国，インド，オランダ，ベルギー，日本などが300人/k㎡以上である。

[5]**人口増加の計算**(‰〈パーミル〉は千分率で，10‰＝１％)

①人口増加(率)＝自然増加(率)＋社会増加(率)

②自然増加(率)＝出生数(出生率)－死亡数(死亡率)

③社会増加＝移入人口－移出人口(人口移動)

④人口増加率の計算：ａ年の人口をＡ，ｂ年の人口をＢとすると，この間の人口増加率(％)＝(Ｂ－Ａ)／Ａ×100

[1]居住地域

[2]地域別人口

1

1

2

[3]国別人口

3

4

[4]人口密度

5

[5]人口増加の計算

図表でチェック

1 地域別国家人口(2022年，万人)

	アジア 59.2%		アフリカ 17.9%		ヨーロッパ 9.3%		北アメリカ 4.7% 中南アメリカ 8.3% オセアニア 0.6%	
一億人以上	(　1　)	142,589						
	(　2　)	141,717					(　3　)	33,829
	(　4　)	27,550					(　5　)	21,531
	(　6　)	23,583	(　7　)	21,854				
	(　8　)	17,119			(　9　)	14,471	(　10　)	12,750
	(　11　)	12,495	(　12　)	12,338				
	(　13　)	11,556	エジプト	11,099				
五千万人以上	ベトナム	9,819						
	イラン	8,855	コンゴ民主	9,901	ドイツ	8,337		
	トルコ	8,534						
	タイ	7,170	タンザニア	6,550	イギリス	6,751		
	ミャンマー	5,418	南アフリカ	5,989	フランス	6,463		
	韓国	5,182	ケニア	5,403				
					イタリア	5,904	カナダ	3,845
					スペイン	4,756	オーストラリア	2,618

％は世界人口に占める割合，数字は人口順位を示す。

[問題１]
１～13の国名を答えよ。

1(　　　　)
2(　　　　)
3(　　　　)
4(　　　　)
5(　　　　)
6(　　　　)
7(　　　　)
8(　　　　)
9(　　　　)
10(　　　　)
11(　　　　)
12(　　　　)
13(　　　　)

2 人口の推移

1 **大陸別人口の推移**：19世紀，産業革命後の［　1　］では，人口が倍増し(第一次人口爆発)，移住先の新大陸の人口も急増した。一方，［　2　］では，植民地支配や奴隷貿易の影響で人口が停滞していた。第二次世界大戦後，発展途上国では，医薬学の発達や環境衛生の改善などによって死亡率，特に乳児死亡率が低下したが，出生率は高いままだったので，人口が急増した(第二次人口爆発)。

2 **大陸別の人口増加率**：世界の人口増加率(2021〜22年)は，0.83%で，近年低下傾向にある。［　2　］が最も高く2.37%で，以下，オセアニア1.23%，中南アメリカ0.64%，アジア0.60%，北アメリカ0.42%と続き，最低の［　1　］は−0.22%である。

1 大陸別人口の推移
1
2
1 2

2 大陸別の人口増加率

図表でチェック

1 世界の大陸別年央推計人口

地域名	面積(万km²) 2021年	人口(百万人) 1800年	1900年	1950年	2000年	2020年	2050年	2100年	年平均人口増加率(%) 2000〜2020年	人口密度(人/km²) 2022年
アジア	3,103	602	937	1,379	3,736	4,664	5,293	4,674	1.12	152
アフリカ	2,965	90	120	228	819	1,361	2,485	3,924	2.57	48
ヨーロッパ	2,214	187	401	550	727	746	703	587	0.13	34
北中アメリカ	2,133	16	106	217	486	594	679	670	1.01	28
南アメリカ	1,746	9	38	114	350	432	491	426	1.06	25
オセアニア	849	2	6	13	31	44	58	69	1.72	5
世界	13,009	906	1,608	2,499	6,149	7,841	9,709	10,349	1.22	61

［問題1］　2000〜2020年の間のアフリカの人口増加率を求めよ。　(　　　　　　)%

2 おもな国の人口統計

	出生率(‰)	死亡率(‰)	自然増減率(‰)	社会増減率(‰)	合計特殊出生率	乳児死亡率(‰)	年齢別人口(%) 0〜14歳	15〜64歳	65歳以上	産業別人口構成(%) 1次	2次	3次※
ナイジェリア	37.1	13.1	(x)	−0.4	5.2	70.6	43.3	53.7	3.0	35.8	12.4	51.8
サウジアラビア	17.5	2.9	14.6	−4.3	2.4	5.8	26.2	71.2	2.6	3.2	22.9	73.9
(a)	16.4	9.4	7.0	−0.2	2.0	25.5	25.7	67.5	6.8	44.3	23.9	31.8
ブラジル	12.9	8.3	4.6	0.1	1.6	12.9	20.5	69.9	9.6	9.5	20.2	70.3
オーストラリア	11.5	6.4	5.1	4.6	1.7	3.2	18.4	65.1	16.6	2.8	19.2	78.0
(b)	11.1	9.7	1.3	1.7	1.7	5.4	18.2	65.1	16.7	1.7	19.4	78.8
(c)	10.5	9.9	0.6	0.3	1.8	3.5	17.4	61.3	21.3	2.4	20.0	77.7
ルーマニア	10.1	16.3	−6.1	−0.7	1.8	5.3	16.0	65.0	18.9	20.5	29.7	49.8
(d)	9.6	17.0	−7.3	2.2	1.5	4.1	17.7	66.7	15.6	6.0	26.5	67.5
ドイツ	9.2	12.5	−3.3	3.8	1.6	3.0	13.9	64.0	22.2	1.3	27.5	71.2
(e)	7.6	7.4	0.2	−0.1	1.2	5.1	17.7	69.2	13.1	24.9	27.7	47.4
イタリア	6.9	11.5	−4.6	0.5	1.3	2.2	12.7	63.7	23.7	4.0	26.4	69.6
(f)	6.6	11.7	−5.1	−0.0	1.3	1.7	11.8	58.4	29.8	3.2	24.0	72.8
(g)	5.6	6.5	−0.9	0.8	0.8	2.5	11.9	71.5	16.7	5.4	24.6	70.0

統計年次は，産業別人口構成が2020年，他は2021年。※分類不能を含む。

［問題2］　a〜gの国名を下の国名群から選んで答えよ。また，xの数値を答えよ。

a (　　　　) b (　　　　) c (　　　　) d (　　　　)
e (　　　　) f (　　　　) g (　　　　) x (　　　　)

［国名群］
日本，韓国，中国，インド，フランス，ロシア，アメリカ

3 人口転換と人口構成

1 **人口転換**：多産多死型→多産少死型→少産少死型への変化。

①**多産多死型**：出生率，死亡率ともに高い。コンゴ民主共和国など中南アフリカの一部の国がこの型に近い。

②**多産少死型**：医薬学の発達や環境衛生の改善などで死亡率，特に[1]死亡率が低下するが，出生率は高いままなので自然増加率は高くなり，人口爆発が生じる。多くの発展途上国が該当する。出生率が高いのは，子どもが労働力として重要で，社会保障制度が未整備なため老後の生活の安定のために必要だから。近年，工業化の進んだ発展途上国では出生率の低下が進んでいる。

③**少産少死型**：女性の社会進出などとともに家族計画が普及し，出生率が低下して自然増加率が低下。[2]化が進むと死亡率は上昇するので，この段階に達した先進国では，死亡率が多産少死型の発展途上国より高いことが多い。出生率と死亡率がほぼ釣り合うと，人口が増えも減りもしない**静止人口**に至る。日本やドイツ，イタリアのように少子高齢化が進行した国では，出生率が死亡率を下回り自然減少となっている。また，**旧ソ連・東欧諸国**でも，社会主義政権崩壊後の社会不安，経済停滞で出生率低下と死亡率上昇が進んだため，自然減少している国がある。一方，アメリカなど**新大陸の先進国**では，移民の流入によって若年人口割合が高いため，ヨーロッパ諸国より出生率は高め，死亡率は低めで，自然増加率が高い。

2 **性別年齢別人口構成（人口ピラミッド）**：年齢階層は，年少（幼年）人口（15歳未満），生産年齢人口（15～64歳），老年人口（65歳以上）に区分される。

①**人口転換による変化**：出生率の高い多産多死型，多産少死型の場合は，底辺の広い**富士山型（ピラミッド型）**で，出生率が高いほど底辺は広い。出生率の低下とともに底辺は狭まり，少産少死型では**釣鐘型**に，さらに少子化が進んで出生率が低下すると**つぼ型**になり，将来の人口減少が予想される。

②**人口移動による変化**：農村から都市への人口移動によって，農村では生産年齢人口割合の低い**ひょうたん型**，都市ではその割合が高い**星型**になる。

3 **産業別人口構成**：経済発展とともに，**第1次産業人口**（農林水産業）の割合が低下し，**第2次産業人口**（鉱業，製造業，建設業），**第3次産業人口**（商業，サービス業，運輸・通信業，金融業，公務など）の割合が高まる。工業化が進むと，脱工業化，サービス経済化の段階に移行するため，第2次は30％台で頭打ちとなって低下し始め，第3次の割合が高まる。三角グラフで示され，発展途上国では第1次が50％以上の国もみられるが，先進国では第1次が5％以下，第2次が20～30％，第3次が70～80％程度である。

4 **都市人口率**：第1次産業人口率の高い発展途上国では農村人口が多いため都市人口率は低いが，先進国では都市で第2，第3次産業が発達するため都市人口率が高く，70～90％程度に達する。発展途上国でも，先住民が少なく，ヨーロッパ人が都市を開発拠点として入植を進め，大規模農業が行われる[3]では，都市人口率が例外的に高い。

1 人口転換

1 2

1

2

2 性別年齢別人口構成（人口ピラミッド）

3 4 5 6

3 産業別人口構成

7

4 都市人口率

→P.95 1 P.96 4

3

図表でチェック

1 人口転換のモデル

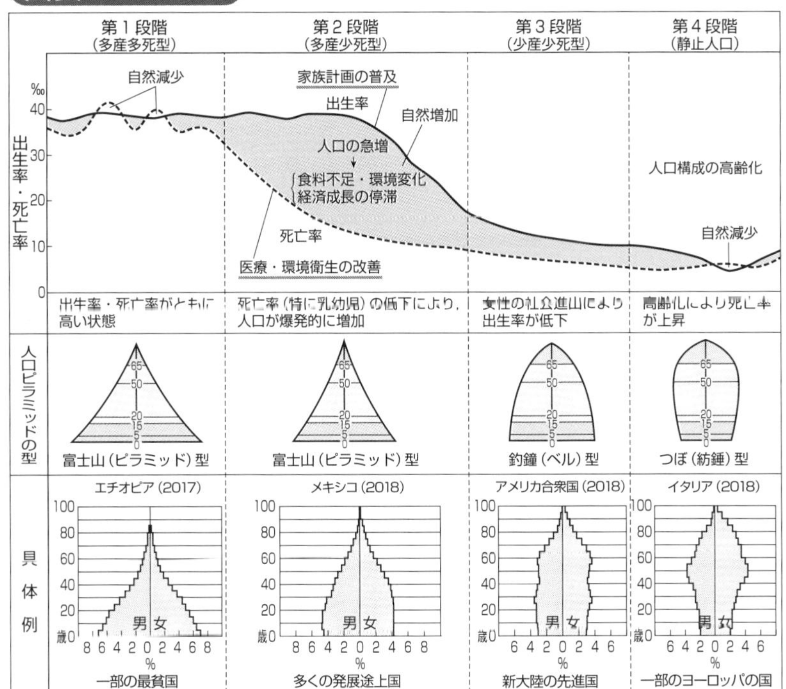

2 主要国の出生率・死亡率

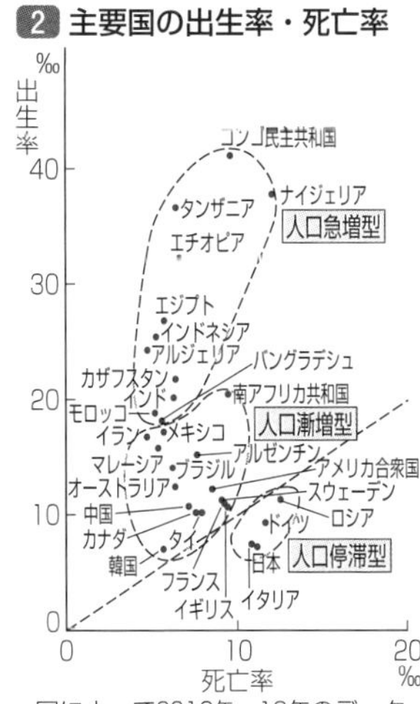

国によって2010年～18年のデータ

▲出生率は低下し続けるが，死亡率はいったん低下したのち高齢化の進行とともに上昇し始める。

3 人口ピラミッド（年齢階級別人口構成，2021年）

4 人口ピラミッド型の変化

5 都市型と農村型の人口構成

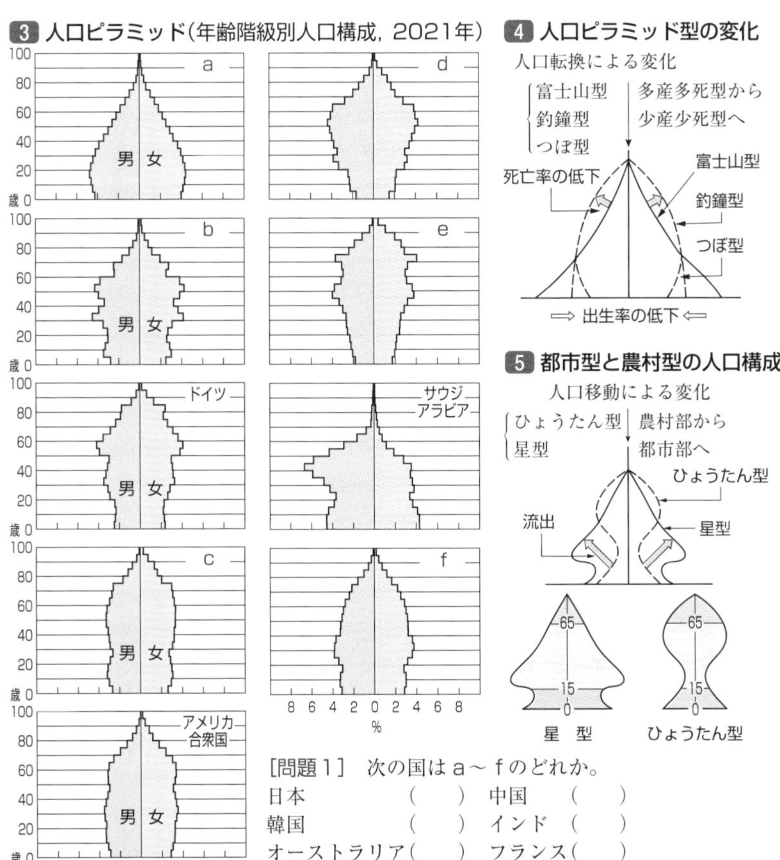

［問題1］　次の国はａ～ｆのどれか。

日本	（　　）	中国	（　　）
韓国	（　　）	インド	（　　）
オーストラリア	（　　）	フランス	（　　）

6 国内の人口ピラミッド（2019年）

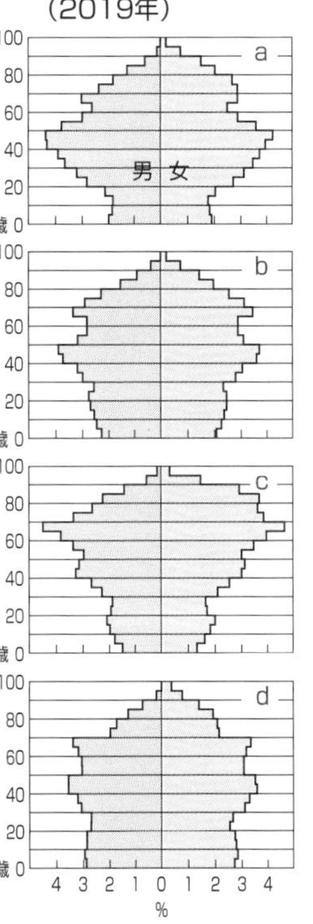

［問題2］　次の都県はａ～ｄのどれか。

秋田県	（　　）	東京都	（　　）
滋賀県	（　　）	沖縄県	（　　）

7 世界主要国の産業別人口割合

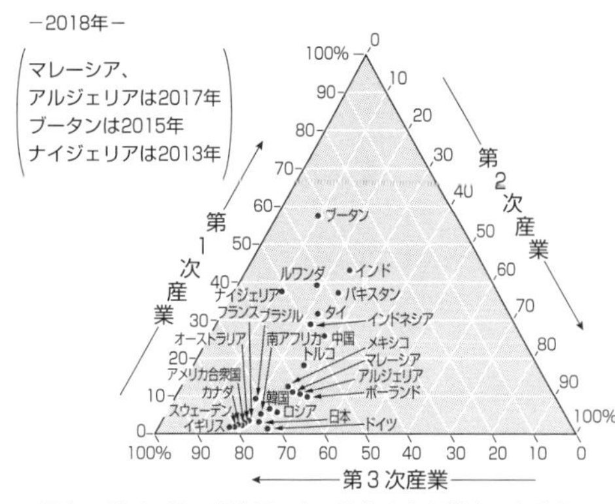

〈読み方〉 100% 0 10% 第1次 58% ブータン 第2次 0 100% 32% 0 100% 第3次

▲日本，ドイツは，先進国の中では第2次産業人口率が高い。

8 女性の年齢別労働力人口率(2018年)

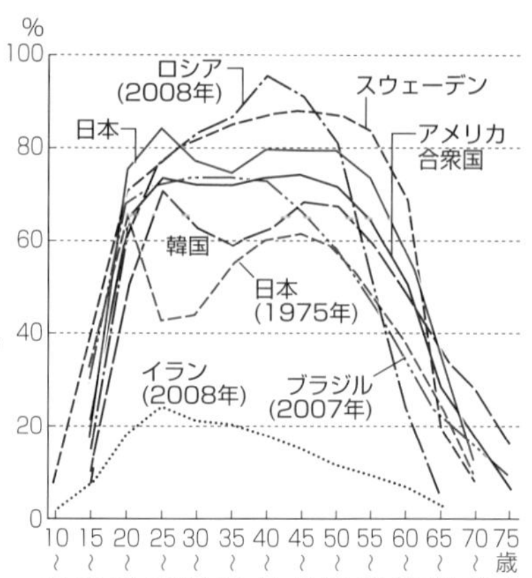

▶日本，韓国では，結婚・出産による労働力率の低下がみられる。イスラム教国では一般に低い。

4 人口問題

[1] **発展途上国の人口問題**：人口急増が経済発展の妨げになることが問題で，インドでは1960年代から家族計画を奨励し，中国では1979年から[1]政策を実施するなど，人口抑制策をとる国が多い。中南アフリカでは女性の教育水準や社会的地位が低いため，出生率が依然として高い国が多い。

[2] **先進国の人口問題**：少子高齢化が進み，労働力の減少や社会保障のための税負担増加などが問題。晩婚化，女性の高学歴化や社会進出などによって出生率が低下し，[2](女性が生涯に産む子どもの平均数)は，将来の人口減少が予想される2.1以下となっている。特に，日本，韓国など婚外子が認められにくい国では，非婚率の上昇によって低下が著しい。少子・高齢化が早くから進んだヨーロッパ諸国では，高齢者福祉の水準が高く，育児休業制度，子どもへの補助金，保育施設の充実など少子化対策も行われており，スウェーデン，フランスなどでは出生率が上昇している。

[1] 発展途上国の人口問題
1

[2] 先進国の人口問題
1 2
2

図表でチェック

1 各国の高齢化

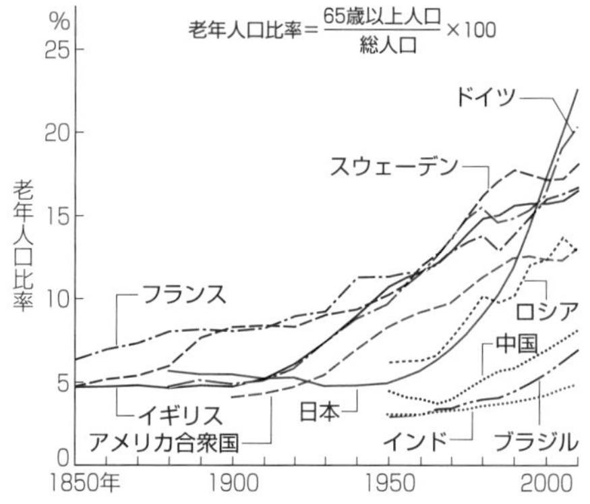

2 合計特殊出生率の推移

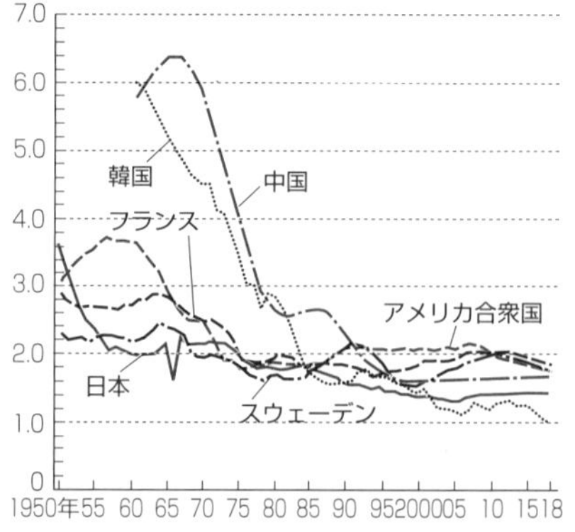

5 人口移動

1 人口移動の背景

①経済的理由：高所得や就業機会を求めて農村から都市へ，発展途上国から先進国へ移動。出稼ぎなど一時的移動も多い。

②宗教的理由：イギリスの清教徒のアメリカへの移住や，イスラエル建国による［　1　］人の移住。

③流刑地：オーストラリアやシベリアは流刑地として開拓が進められた。

④難民：国際紛争や内戦などによる国外への移住。砂漠化などによる環境難民もみられる。近隣諸国への移住が多いが，アメリカ，オーストラリアなど先進国への移住もみられる。日本は難民の認定基準が厳しく，受け入れは非常に少ない。国連難民高等弁務官事務所(UNHCR)などにより援助が進められている。

2 第二次世界大戦以前の人口移動

①ヨーロッパ人の新大陸への移動：16世紀頃から［　2　］人，ポルトガル人がラテンアメリカに，［　3　］人などがアングロアメリカに入植。オーストラリアは，19世紀以降［　3　］人を中心に入植が進んだ。

②黒人奴隷の強制的移動：16～19世紀にわたり，ヨーロッパ人の奴隷貿易によってアフリカから南北アメリカ大陸へ，おもにプランテーション農業の労働力として送られた。

③華僑：奴隷制が廃止された19世紀半ば以降，東南アジアを中心に世界各地へ移住し，商業などで活躍。現地生まれの中国人は華人と呼ばれる。大都市ではチャイナタウンを形成。フーチエン(福建)省，コワントン(広東)省出身者が多い。

④印僑：インドがイギリス植民地であった時代に，マレーシア，フィジー，ガイアナなどのイギリス領に移住。

⑤日本の移民：明治から昭和初期にかけて［　4　］，メキシコ，ハワイなどへおもに農業開拓を目的として移住。国内では，各地から北海道への入植が進んだ。

3 第二次世界大戦後の人口移動

①ヨーロッパへの移動：高度経済成長期の1960年代以降，アジア，アフリカ諸国などから労働者が流入。フランスはアルジェリアなど北アフリカの旧植民地，イギリスはインドなどアジアの旧植民地，スペインはエクアドルなど南アメリカの旧植民地からの移民が多い。植民地のないドイツでは，［　5　］から受け入れたが，石油危機後の景気低迷や失業率上昇によって，受け入れ中止や帰国奨励も進められた。EU域内での低所得国から高所得国への移動も多い。

②アメリカへの移動：メキシコなどスペイン語系の［　6　］が移民の中心で，［　7　］や中国，インド，ベトナムなどアジア系の移民も多い。

③産油国への移動：サウジアラビアなど西アジアの産油国へインド，パキスタン，インドネシアや周辺諸国から労働者が移動。

④日本への移動：中国，フィリピンなどからの流入が多かったが，1990年の出入国管理法改正によって日系人の単純労働が認められたため，［　4　］，ペルーなどからの流入が急増し，近年は技能実習生としてベトナムなどから流入。

1 人口移動の背景
1

2 第二次世界大戦以前の人口移動
1
2
3
4

3 第二次世界大戦後の人口移動
2
3
5
6
7
→P.167 5

図表でチェック

1 16世紀以降の人口移動

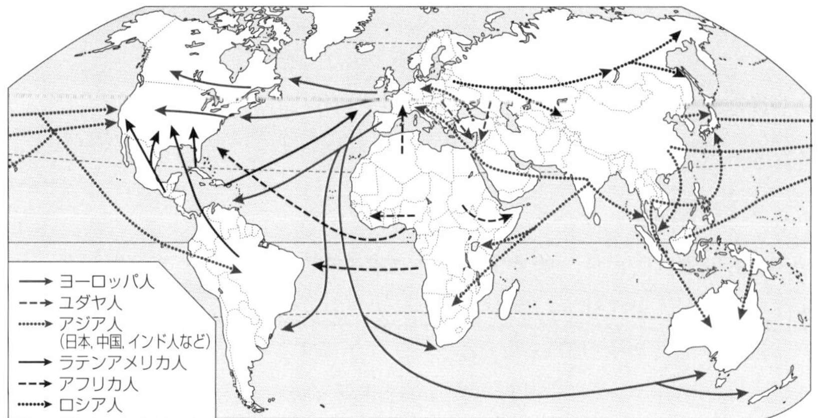

2 おもな国際労働力移動

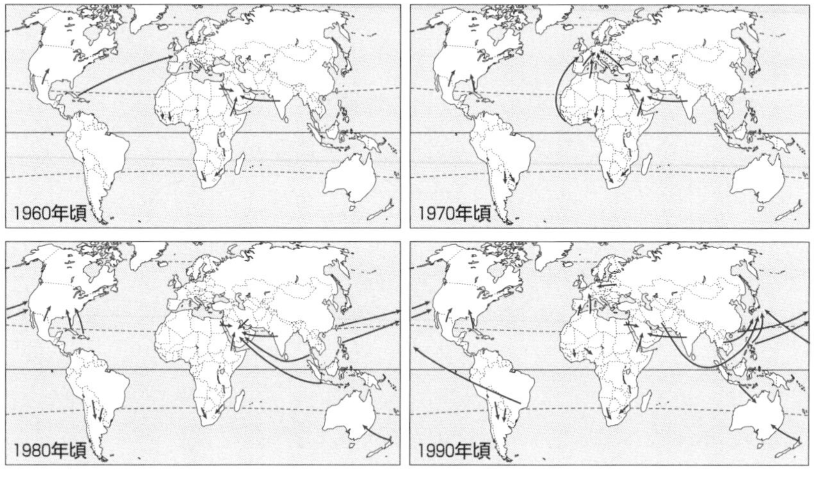

◀1960年頃はヨーロッパへの出稼ぎが始まり，70年頃にかけて顕著になっている。

石油危機後は不況になったヨーロッパへの移動は減り，80年頃には西アジアの産油国への移動が増えた。

石油が値下りした90年頃には，産油国に代わりバブル経済期の日本への移動が目立つようになった。

3 国際移住者数上位6か国における国際移住者の出身国(2020年)

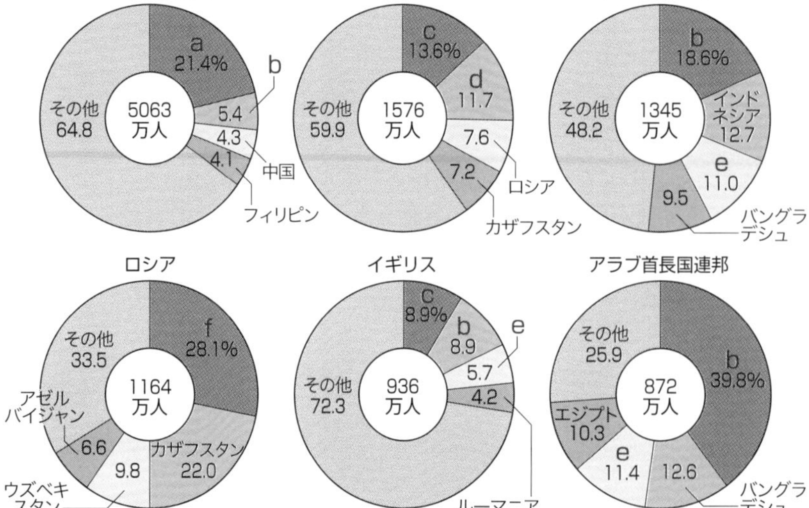

［問題1］ a～fに当てはまる国名を，下の国名群から選んで答えよ。

a（　　　　　）
b（　　　　　）
c（　　　　　）
d（　　　　　）
e（　　　　　）
f（　　　　　）

［国名群］
インド，パキスタン，トルコ，ポーランド，ウクライナ，メキシコ

11章 村落・都市

1 村落

1 村落の立地

①水との関係：扇端や台地の崖下，乾燥地域のオアシスなど水の得やすいところに立地。一方，氾濫原では[　1　]のように水害を避けやすいところに立地。

②地形：イタリアやフランスの地中海周辺では，外敵やマラリアなどの疫病に対する防御のための丘上集落がみられる。

2 村落の形態

①散村：家屋が1戸ずつ散在している村落で，水を得やすいことが条件。家屋のまわりに耕地を集めることができるため大規模農業経営に便利で，北アメリカ，オーストラリア，北海道など開拓地に多い。砺波(となみ)平野(富山)や出雲平野などにもみられる。

②集村：防衛，共同作業，宗教行事などに有利。

- [　2　]村：自然発生的に家屋が塊状に集まった村落。日本で最も一般的。
- [　3　]村：道路に沿って家屋が列状に並んだ村落。短冊状の地割。武蔵野台地の三富新田，ドイツの林地村など開拓地の計画的村落にも多い。
- 街村：宿場町のように家屋が道路沿いに密集し、商業機能などをもつ村落。
- 列村：道路以外の要因で家屋が列状に並んだ村落。自然堤防や洪積台地の崖下など。
- 円村：広場や教会を中心に家屋が環状に並んだ村落。ドイツなどヨーロッパ。

3 日本の村落の発達

①古代(奈良時代)

[　4　]制：大化改新に伴う班田制による土地区画制度で，塊村が多い。正方形の地割をもち，「条」「里」などのつく地名が多い。奈良盆地，近江盆地，讃岐平野など近畿以西に多く分布。

②中世：戦乱が続いたため防御的性格をもつ村落が多い。

環濠集落：防御や灌漑のために濠をめぐらした村落。奈良盆地など西日本にみられる。

③近世(江戸時代)

[　5　]集落：近世に田畑が開拓され成立した村落。人口増加を背景に，それまで土地条件が悪く耕地化されなかった台地，火山山麓，干潟などに土木技術や灌漑の発達によって立地し，「新田」のつく地名が多い。

④近代(明治時代)

屯田兵村：[　6　]の防衛，開拓のために成立した村落。アメリカのタウンシップ制(入植者への公有地分割制度)を模した正方形状の土地区画が行われ，道路が直交。

1 村落の立地
1

2 村落の形態
1
2
3

3 日本の村落の発達
2
4
3
5
4
5
6

図表でチェック

1 散村―砺波平野(富山県砺波市)

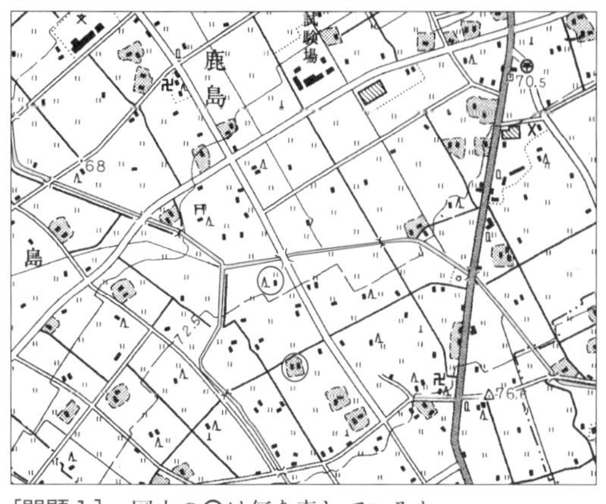

［問題１］ 図中の○は何を表しているか。

（　　　　　　　　　　）

2 条里制(奈良県天理市)

◀古代に土地区画が行われたため正方形の地割は不明瞭となっている。

［作業１］ 「条」のつく地名を丸で囲め。

［問題２］ 多くの集落の形態は何か。

（　　　　　　）

3 環濠集落(奈良県大和郡山市)

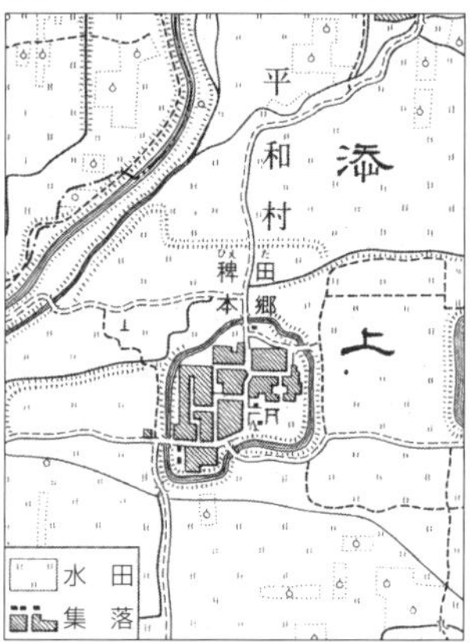

4 新田集落(埼玉県所沢市)

◀武蔵野台地の開拓によって成立した新田集落で，乏水地のため畑に利用されている。家屋が道路に沿った路村で，短冊状の地割となっている。畑として開拓されても新田集落という。

5 屯田兵村(北海道旭川市)

▶上兵村などの地名，直交路，南部などにみられる散村に注意。

2 都市の発達と立地

1 世界の都市の発達

①**古代**：政治，宗教の中心としてギリシャ(ポリス)，ローマ帝国，中国などで発達。防御のため城壁で囲まれた囲郭(いかく)都市(城塞都市，城郭都市)が多い。

②**中世**：交通の発達で商業都市が発達。北海・バルト海沿岸の商業都市で結成されたハンザ同盟や堺など，領主から自治権を獲得した自由(自治)都市が代表的。

③**近世・近代**：統一国家の誕生による首都(ロンドン，パリなど)や，産業革命による工業都市などが発達。

2 日本の都市の発達

①**古代**：平城京，平安京(唐の長安〈現在のシーアン〉をモデルとする)。

②**中世**：寺社の参詣者相手の商業，宿泊施設が集まった[　1　](鳥居前)町(長野，伊勢など)や，交通の要地などで定期市が開かれた市場町，内航海運の発達により成立した港町。

③**近世**：領主の居城を中心に建設された[　2　]町は，武家町，町人町，寺町など身分・職種による町割をもち，街路には防御のため見通しを悪くした鉤(かぎ)型の屈曲路や丁字路などがみられる。また，五街道の整備に伴って[　3　]町も発達。

3 都市の立地：人と物資が集まる交通の要地に立地しやすい。

①**平野の中心**：パリ，ベルリン，モスクワ。

②**湾頭**：サンクトペテルブルク，東京，大阪。

③**海峡**：ジブラルタル(ジブラルタル海峡)，[　4　](ボスポラス海峡)。

④**河口**：ニューヨーク(ハドソン川)，[　5　](ミシシッピ川)。

⑤**河川の終航点**：バーゼル(スイス，ライン川)。

⑥**河川の合流点**：セントルイス(ミシシッピ川沿い)，ベオグラード(ドナウ川沿い)。

⑦**潮汐(ちょうせき)限界点**(エスチュアリーの奥)：[　6　](テムズ川)，ハンブルク(エルベ川)。

⑧**渡津(としん)(渡河点)**：ケンブリッジ，島田・金谷(大井川の両岸)。

⑨**峠の麓**：トリノ，ミラノ(アルプス山脈南麓)，三島(箱根峠)。

⑩**谷口(山地と平野の境界)**：八王子，青梅(谷口集落)など関東平野周辺に多い。

4 都市の平面形態

①**直交路型(碁盤目状)道路網**：中国(長安)，日本(平城京・平安京)の古代都市，開拓地に成立した都市(シカゴ，札幌)など各地にみられる。

②**放射環状路型道路網**：放射状道路と同心円状の環状道路を組み合わせたもの。パリやモスクワなどヨーロッパの都市に多い。計画都市のキャンベラ。

③**放射直交路型道路網**：ワシントン。

④**迷路型道路網**：イスラム教の西アジア，北アフリカに多く，敵の侵入を防ぎ，強い日射しをさえぎる。テヘラン，ダマスカスなど。

1 世界の都市の発達

2 日本の都市の発達

1

1

2

2 3

3

3 都市の立地

4

4

5

6

4 都市の平面形態

5

6

図表でチェック

1 日本のおもな都市の起源

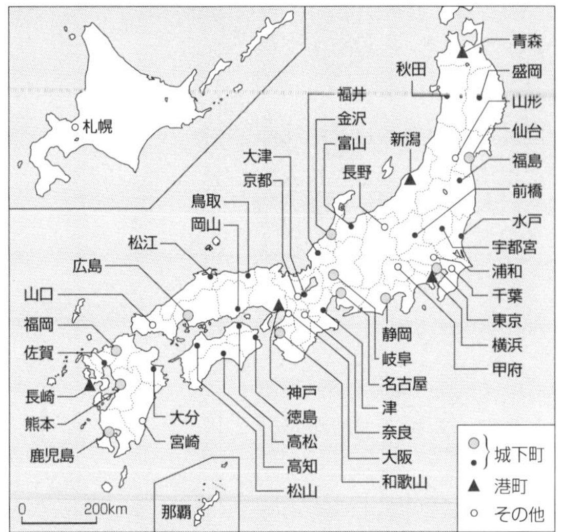

2 城下町（上越市高田）

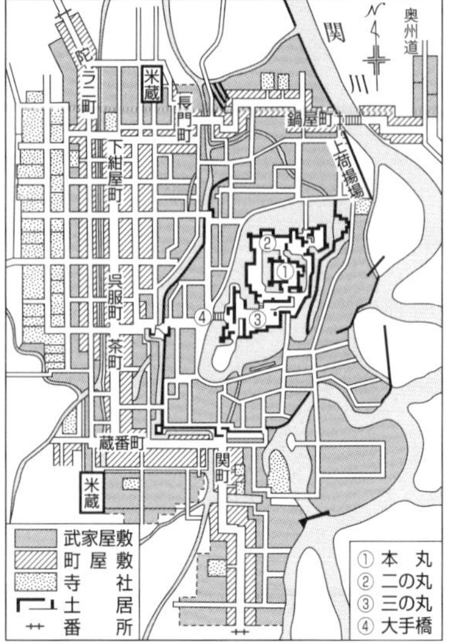

▲丁字路や鉤型路に注意。鍋屋町，呉服町などは職種を示す。武家屋敷は城の周囲。

3 宿場町（三重県亀山市）

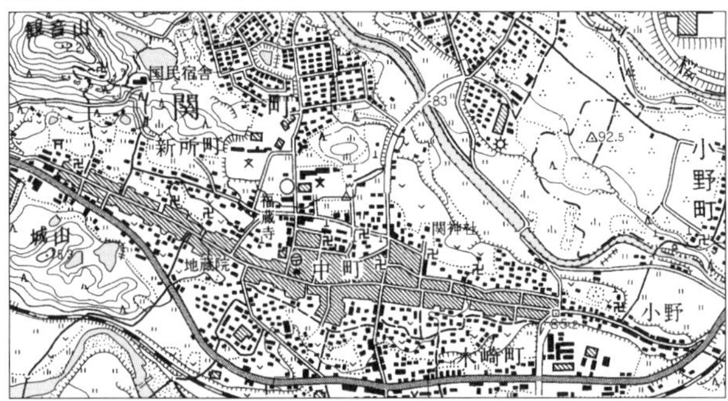

▲街道に沿って発達した街村。

4 ヨーロッパの都市の立地

5 都市の平面形態

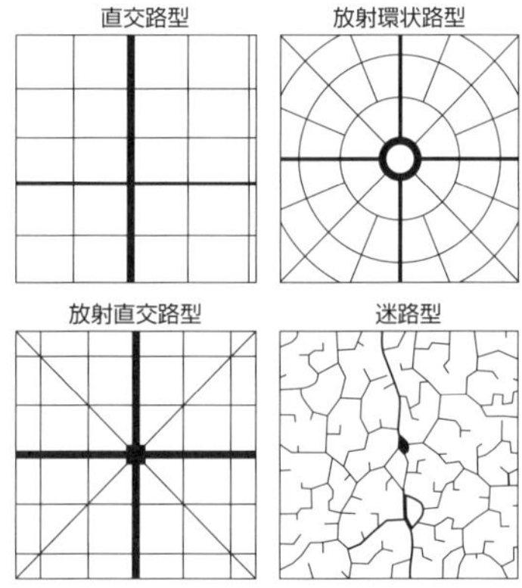

6 迷路型の市街（テヘラン）

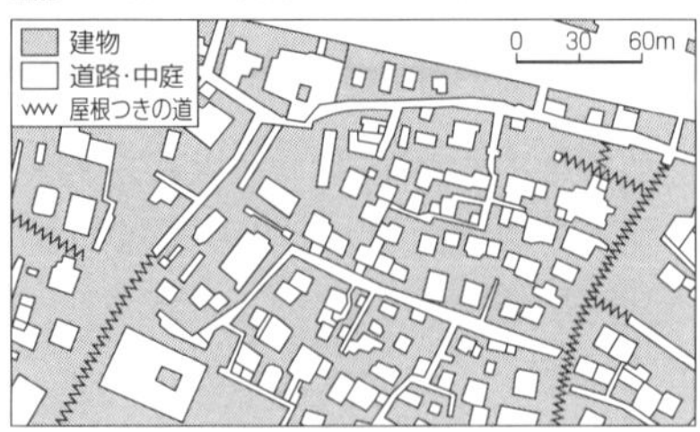

▲防御のためT字路や袋小路が多い。

3 都市の機能と都市圏

1 都市の機能

①一般的機能(中心地機能)　→階層的分類
　(すべての都市が保有)　(中心地機能の多少で分類)
②特殊機能　→機能的分類
　(それぞれの都市に固有)　(特殊機能の特徴で分類)

大都市になるほど特殊機能が多角化→総合都市→分類困難。

2 都市の機能分類：特定の機能が集積した都市の分類。

①**生産都市**：工業都市(豊田，デトロイト)，鉱業都市(キルナ，バクー)。
②**交易都市**：商業都市(大阪，ニューヨーク)，交通都市(パナマ，千歳，米原)。
③**消費都市**

- **政治都市**：キャンベラ，ブラジリア，ワシントン。
- **宗教都市**：メッカ(イスラム教)，[　1　](ヒンドゥー教)，[　2　](ユダヤ・イスラム・キリスト教)，ラサ(チベット仏教)。
- **観光保養都市**：ニース，モナコ，マイアミ，ラスヴェガス，熱海，軽井沢。

3 中心地機能：都市が地域の中心地としてもつ一般的な機能で，都市内や周辺地域に対する物資や行政，教育，文化，医療などのサービスの供給機能をいう。

	小都市	中都市	大都市
中心地機能	・スーパーマーケット，小商店 ・卸売業，金融業の小支店 ・高校 ・保健所，病院	・大型小売店 ・都市銀行の支店，地元企業の本社 ・短期大学 ・総合病院 ・役所の出先機関	・デパート，高級専門店 ・全国企業の本社 ・大学，博物館 ・専門病院 ・広域の行政機関

4 都市圏：都市の影響，勢力がおよぶ範囲で，商圏(買い物圏)，通勤圏などで表される。都市規模が大きいほど，高次の中心地機能をもつため，通勤者，買い物客の居住する範囲は広く，都市圏は広い。東京大都市圏の大都市であるさいたま，千葉，川崎，[　3　]は昼間人口より夜間人口が多く，東京の衛星都市的性格が強い。

5 都市の階層性(都市システム)：中心地機能の高低によって都市は階層構造をもち，企業の本支社や官公庁の出先機関の立地などに関係する。

①**三大都市(国家的中心都市)**：東京・大阪・名古屋。
②**広域中心都市(地方中枢都市)**：札幌(北海道)，[　4　](東北)，広島(中国・四国)，[　5　](九州)のように，各地方の経済，行政，文化の中心となる都市。この下位には準広域中心都市(新潟・金沢・高松・那覇)がある。
③**地域中心都市**：県庁所在都市など。

6 都市システムの類型：中央集権的なフランス，日本などでは中枢管理機能が首都に集中する**一極集中型**となるが，連邦国家のドイツやアメリカでは多くの都市に分散する**多極分散型**となる。経済のグローバル化が進むと，世界規模の都市システムが形成され，頂点となるニューヨーク，ロンドン，東京などは世界都市と呼ばれる。

1 都市の機能

2 都市の機能分類

1

2

3 中心地機能

4 都市圏
⇨P.71 1.2
3

3

5 都市の階層性(都市システム)
4

4

5

6 都市システムの類型

図表でチェック

1 主要国の三大都市の人口(万人)

主要国	1位		2位		3位	
中国*(2020)	チョンチン	3,209	シャンハイ	2,488	ペキン	2,189
インド*(2011)	ムンバイ	1,244	デリー	1,104	ベンガロール	850
韓国(2020)	ソウル	960	プサン	334	インチョン	295
トルコ*(2020)	イスタンブール	1,546	アンカラ	566	イズミル	440
イギリス(2011)	ロンドン	814	グラスゴー	121	バーミンガム	109
フランス*(2015)	パリ	1,071	リヨン	164	マルセイユ	159
ドイツ(2019)	ベルリン	365	ハンブルク	184	ミュンヘン	147
ロシア(2012)	モスクワ	1,192	サンクトペテルブルク	449	ノボシビルスク	151
アメリカ(2021)	ニューヨーク	847	ロサンゼルス	385	シカゴ	270
カナダ*(2021)	トロント	657	モントリオール	434	バンクーバー	277
メキシコ*(2021)	メキシコシティ	2,181	モンテレイ	534	グアダラハラ	527
ブラジル(2021)	サンパウロ	1,240	リオデジャネイロ	678	ブラジリア	309
オーストラリア*(2021)	シドニー	537	メルボルン	516	ブリスベン	256

*郊外を含む人口。他の国は市域人口。

2 人口上位14都市の諸統計

	人口[1)](万人)	人口増加率[2)](%)	昼夜間人口比率[3)]	老年人口率[1)](%)	製造品出荷額等[4)](億円)	卸売業販売額[5)](億円)	小売業販売額[5)](億円)
東京	952	−0.52	132.2	21.6	31,468	1,631,396	150,767
(a　)	376	−0.11	91.1	24.8	39,741	66,877	40,119
(b　)	273	−0.28	132.5	25.1	36,982	369,855	45,782
(c　)	229	−0.33	111.9	25.0	33,669	238,838	34,756
(d　)	196	−0.05	99.7	28.0	6,104	76,661	22,899
(e　)	157	0.35	109.8	22.2	5,907	116,033	21,399
神戸	152	−0.60	102.5	28.6	34,483	37,796	18,687
川崎	152	0.05	83.6	20.1	41,041	17,945	12,287
京都	139	−0.85	109.0	28.5	25,062	35,337	18,296
さいたま	133	0.58	90.9	23.2	9,027	38,397	13,785
(f　)	119	−0.47	101.0	25.8	31,127	63,808	14,633
仙台	107	−0.05	105.3	24.6	10,003	76,326	14,914
千葉	98	0.16	97.1	26.2	12,817	25,704	11,119
(g　)	94	−0.86	102.1	31.2	23,325	16,472	10,495

1)2022年, 2)2021年, 3)2020年, 4)2019年, 5)2015年。

[問題1]　a～gの都市名を答えよ。

3 最寄り品（食料品）と買い回り品（高級家具）の小売商圏（1981年）

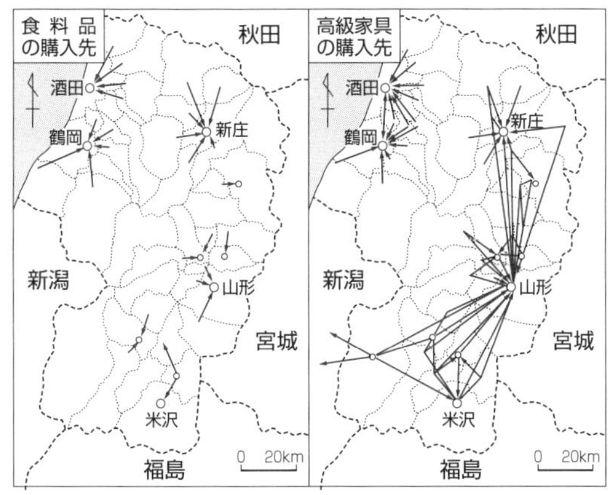

4 日本の都市システム

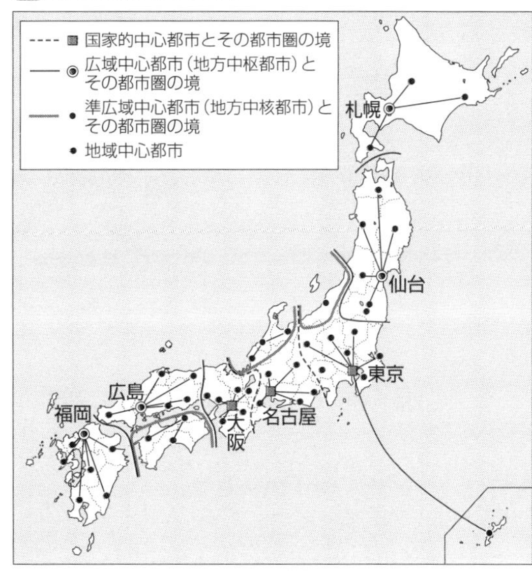

4 大都市の発達

1 都市の拡大

①[　1　]（巨大都市）：政治，経済，文化などの中心となる大都市（百万都市）。メトロポリタンエリア（大都市圏）を形成。

②コナーベーション（連接都市）：隣接する都市の市街地が拡大して連続した都市域。ドイツのルール地方や，東京・大阪周辺など。

③メガロポリス（巨帯都市）：複数の巨大都市が帯状に並び，交通・通信網によって密接に結ばれた地域。[　2　]～ワシントン間，東京～京阪神間。

2 都市の内部構造

都市の内部構造：巨大都市内部では，地価や交通網などの影響で地域により機能が分化し，同心円状，扇形などに配置する。

①都心：官公庁，大企業の本支社などの中枢管理機能が集まる中心業務地区（[　3　]）に，デパートなどの小売業地区と卸売業地区からなる中心商店街が隣接する。地価が高いため，高層ビルや地下街がみられる。昼間人口は非常に多いが，夜間人口は少ない。

②漸移地帯：都心周辺の旧市街地（インナーシティ）には，住宅，商店，中小工場などが混在。建物が密集し，人口密度が高い。都心と郊外を結ぶ鉄道のターミナルには[　4　]（東京の新宿，渋谷，池袋，大阪の天王寺など）が発達する。

③工場地区：地価が比較的安く，広い敷地が得られ，主要交通路が通る河川沿い，海岸沿いの低地など。

④住宅地区：交通の便がよく高燥で閑静な居住環境のよい地域。都市の発達に伴って鉄道や主要道路沿いに拡大することが多い。

⑤郊外：都市の拡大とともに，都心周辺の人口が減少し，郊外の人口が増加する[　5　]現象が生じ，ベッドタウンとしての機能をもつ衛星都市が形成されたり，ニュータウンが建設されたりする。都市化が無計画に進むと，農地の中に住宅や工場などが無秩序に虫食い状に広がる[　6　]現象が生じる。

1 都市の拡大
1
1
2 3 4
2
2 都市の内部構造
Central Business District
3
4
5
6

図表でチェック

1 アメリカ北東岸のメガロポリス

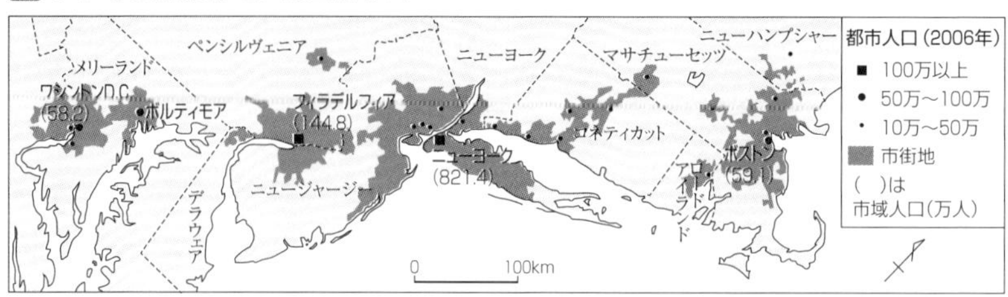

2 いろいろな都市構造(アメリカ合衆国の大都市を事例とした分類)

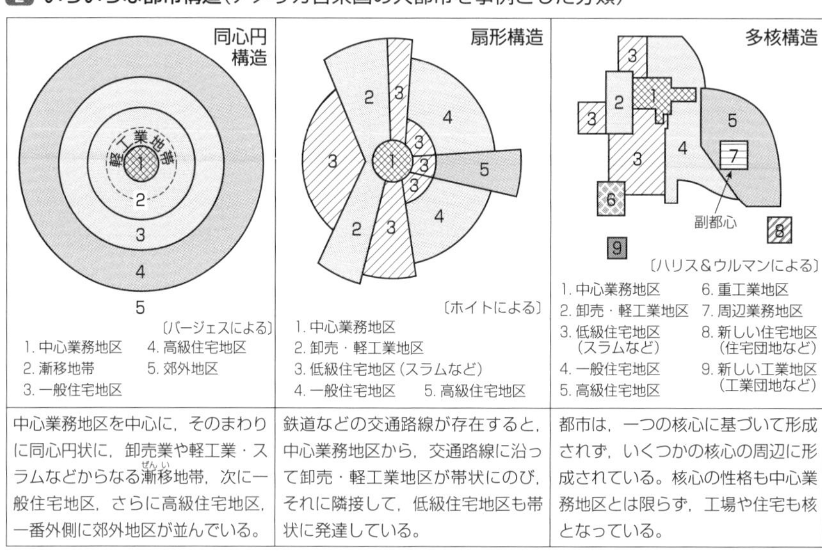

同心円構造	扇形構造	多核構造
中心業務地区を中心に，そのまわりに同心円状に，卸売業や軽工業・スラムなどからなる漸移(ぜんい)地帯，次に一般住宅地区，さらに高級住宅地区，一番外側に郊外地区が並んでいる。	鉄道などの交通路線が存在すると，中心業務地区から，交通路線に沿って卸売・軽工業地区が帯状にのび，それに隣接して，低級住宅地区も帯状に発達している。	都市は，一つの核心に基づいて形成されず，いくつかの核心の周辺に形成されている。核心の性格も中心業務地区とは限らず，工場や住宅も核となっている。

3 日本の都市地域の内部分化

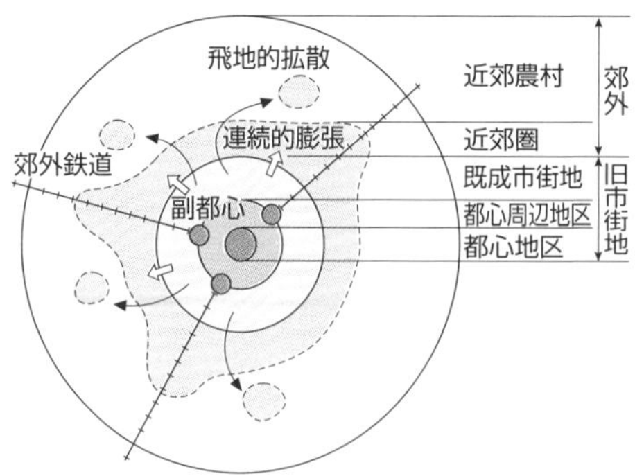

4 首都圏の昼夜間人口の差

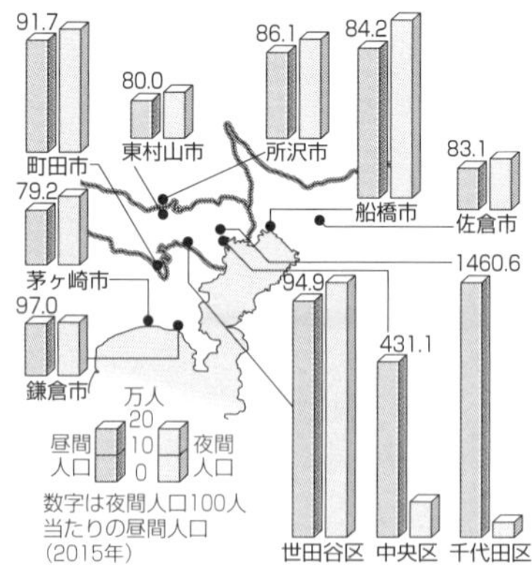

5 都市化と都市問題

1 先進国の都市化と都市問題

①**工業化と都市化**：産業革命後，工業化により都市が発達し，周辺の農村地域から人口を吸引して都市人口が増加(pull型の都市化)。

②[1]**問題**：都心周辺の[1](旧市街地)では，居住環境悪化による富裕層や工場の移転で空洞化が進み，建物の老朽化による[2]化，貧困層，外国人労働者の流入，治安の悪化，税収の減少などの問題が発生。アメリカの大都市では，モータリゼーションの進行とともに白人富裕層が[1]から郊外に移住し，都心周辺には黒人やヒスパニックなど低所得者層や中国系などが居住する民族，所得階層などによる**住み分け(セグリゲーション)**がみられる。

③**都市計画**：都心の過密化対策として，ロンドンでは田園都市構想(1898年)に基づく**大ロンドン計画**(1944年)を実施。市街地周辺に**グリーンベルト**(緑地帯)を設け，スプロール現象を防ぎ，その外側に[3]型のニュータウンを建設。

④**都市再開発**：郊外化によって衰退した都心周辺の活性化を図るため，老朽化した建物を一掃して高層ビルなどに建て替える**再開発**が行われている。東京湾岸，ロンドンの**ドックランズ**などの港湾地区では工場，倉庫などの跡地の再開発(**ウォーターフロント開発**)が盛ん。再開発によって都心周辺が高級住宅地にかわることを**ジェントリフィケーション**という。また，パリ，ローマ，京都の都心部など伝統的建造物が残るところでは，[4]のため建物を修復しながら再開発が進められており，パリでは郊外の**ラ・デファンス**に高層ビルの建ち並ぶ副都心が建設された。

2 発展途上国の都市化と都市問題

①**人口爆発と都市化**：第二次世界大戦後の人口の急増によって農村地域の余剰人口が押し出されて都市に流入(push型の都市化)。経済・政治・文化などの諸機能が集中し，社会資本が整備された首都など人口最大都市は，就業機会が多いため人口の流入が著しく，第2位以下の都市との人口差が大きくなると，[5](**首位都市**)と呼ばれる(バンコクやメキシコシティなど)。

②**都市環境の悪化**：発展途上国では貧富の差が大きく，都心付近には高層ビルが建ち並び，高級住宅街もあるが，産業の発達が十分でないため職が得にくく，貧困層の多くは路上での物売りなどの**インフォーマルセクター**(非正規職)に属し，住宅不足から**市街地周辺の空地を不法占拠**して[2]を形成している。また，人口増加に公共交通機関や道路，上下水道，電気などの社会資本の整備が追いつかず，交通渋滞，大気汚染，騒音などの環境悪化が進んでいる。

1 先進国の都市化と都市問題

1 2 4

1

2

6

3

3

7

4

2 発展途上国の都市化と都市問題

5

5

8

図表でチェック

1 世界の地域別都市人口率の推移(%)

地域・国名	1950年	1970	1990	2018	2030(予測)
世界	29.6	36.6	43.0	55.3	60.4
先進地域	54.8	66.8	72.4	78.7	81.4
発展途上地域	17.7	25.3	34.9	50.6	56.7
アジア	17.5	23.7	32.3	49.9	56.7
アフリカ	14.3	22.6	31.5	42.5	48.4
ヨーロッパ	51.7	63.1	69.9	74.5	77.5
アングロアメリカ	63.9	73.8	75.4	82.2	84.7
ラテンアメリカ	41.3	57.3	70.7	80.1	83.6
オセアニア	62.5	70.2	70.3	68.2	68.9

2 世界の10大都市圏の推移(百万人)

順位	1970年		2018年		2030年(予測)	
1	東京	23.3	東京	37.5	デリー	38.9
2	ニューヨーク	16.2	デリー	28.5	東京	36.6
3	大阪	9.4	シャンハイ	25.6	シャンハイ	32.9
4	メキシコシティ	8.8	サンパウロ	21.7	ダッカ	28.1
5	ロサンゼルス	8.4	メキシコシティ	21.6	カイロ	25.5
6	ブエノスアイレス	8.1	カイロ	20.1	ムンバイ	24.6
7	サンパウロ	7.6	ムンバイ	20.0	ペキン	24.3
8	ロンドン	7.5	ペキン	19.6	メキシコシティ	24.1
9	シャンハイ	7.1	ダッカ	19.6	サンパウロ	23.8
10	コルカタ	6.9	大阪	19.3	キンシャサ	21.9

▲発展途上国の都市人口が急増

3 ロンドンの広域計画

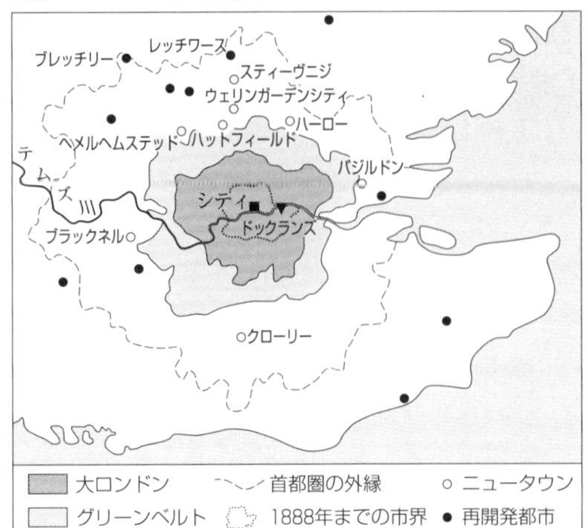

4 おもな国の都市人口率の推移

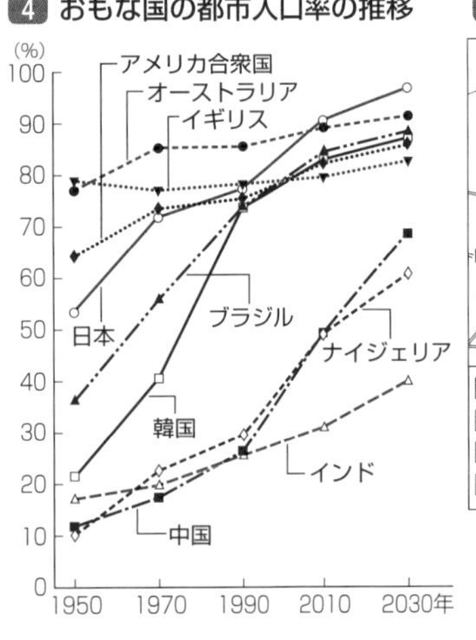

5 パリのニュータウン

6 ロサンゼルスの居住区

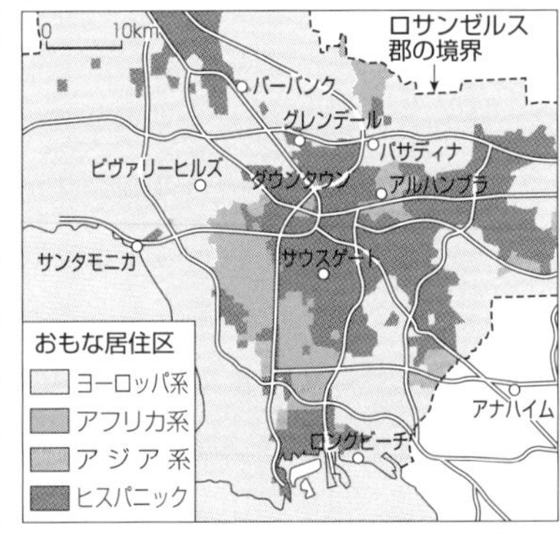

▲都心周辺にはヒスパニック，アフリカ系が多い。

7 おもな再開発計画(上：世界，下：日本)

一掃型(クリアランス型)	修復・保全型
シドニー：港湾貨物ヤード ピッツバーグ：工業地・倉庫地区 ムンバイ：都心部のスラム地区 パリ：メーヌ・モンパルナス地区 地下鉄・国鉄駅跡地	パリ：マレ地区 シンガポール：チャイナタウン
ウォーターフロント開発	
ロンドン：ドックランズ トロント：インナーハーバー地区	

一掃型(クリアランス型)	修復・保全型
恵比寿ガーデンプレイス(8.3ha)： ビール工場跡地他 大阪ビジネスパーク(OBP)(26ha)： 工業地・倉庫地区 神戸ハーバーランド(25ha)： 工業地・倉庫地区	京都：三条通り周辺 横浜：馬車道通り周辺
ウォーターフロント開発	
みなとみらい21(186ha)：ランドマークタワーなど 幕張新都心(438ha)：幕張メッセなど 臨海副都心(448ha)：東京テレポートタウンなど	

8 メキシコシティの市街

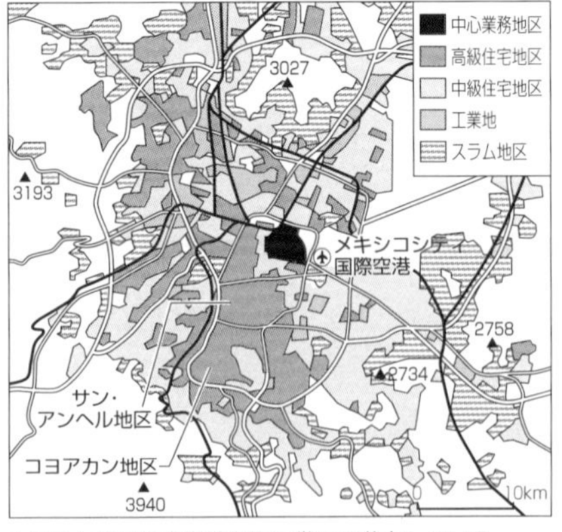

▲スラム地区は市街地を取り巻いて分布している

12章 民族・領土問題

1 人種と民族

①人種：身体的特徴から区分した集団で，コーカソイド(白人，ヨーロッパ系)，［ 1 ］(黄色人種，アジア系)，［ 2 ］(黒人，アフリカ系)に大別され，オーストラロイド(オーストラリア先住民など)を加える場合もある。

②民族：［ 3 ］，宗教など伝統的な文化や生活様式を共有し，強い帰属意識によって結びついている集団。

①人種 1 2
1
2
②民族 3
3

図表でチェック

1 世界の人種分布

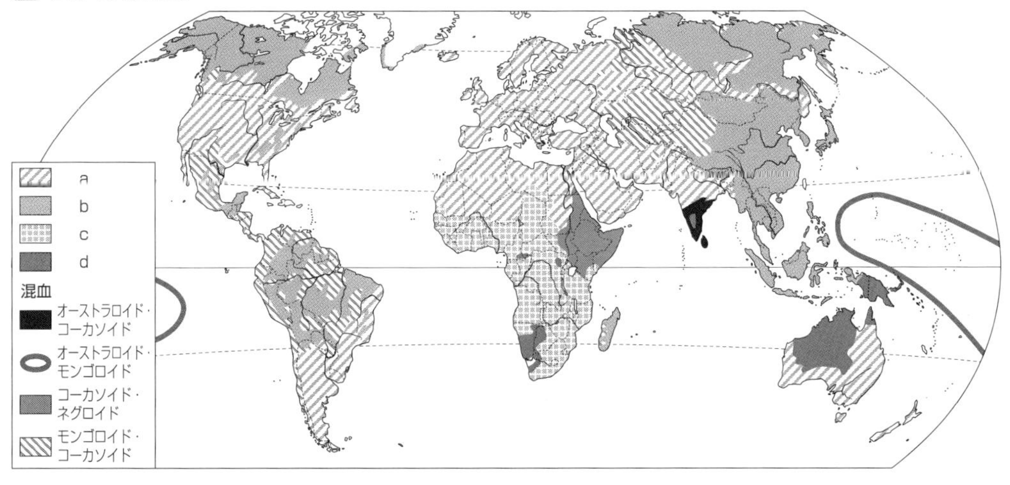

［問題1］ a～dの人種名を答えよ。
a（　　　　） b（　　　　） c（　　　　） d（　　　　）

2 世界の人種

人種	コーカソイド（ヨーロッパ人種）	モンゴロイド（アジア人種）	ネグロイド（アフリカ人種）	オーストラロイド
皮膚	白・褐色	黄・銅色の皮膚	黒・褐色の皮膚	濃色の皮膚
毛髪	金・赤・褐・黒色 波状毛～直毛	黒く太い直毛	黒色の巻毛・縮状毛	黒色の波状毛・巻毛
顔	凹凸のある顔	凹凸の少ない顔	広く低い鼻，厚い唇	低い鼻
身長	中～高の身長	中～低の身長	—	—
分布	ヨーロッパ人(ゲルマン・ラテン・スラブ人)，アラブ人，インド人など	中国人，日本人，インドネシア人，イヌイット，アメリカインディアン，ミクロネシア，ポリネシア人など	スーダンニグロ，バンツーニグロ，ムブティ(ピグミー)など	オーストラリア先住民(アボリジニー)など

3 世界のおもな文字

●日本語
こんにちは
●朝鮮・韓国語
アンニョンハセヨ 안녕하세요
●中国語
ニイハオ 你好
●タイ語（男性）
サワッディー สวัสดี
●ヒンディー語（インド）
ナマステー नमस्ते
●アラビア語
アッサラームアライクム السلام عليكم
●英語
ハロー Hello
●ロシア語
ズドラーストヴィチェ Здравствуйте
●フランス語
ボンジュール Bonjour
●ドイツ語
グーテン ターク Guten Tag
●スペイン語
ブエノス タルデス Buenos tardes

2 世界の言語

一つの言語を起源とする言語集団を語族，類似性がみられる言語集団を諸語といい，さらにいくつかの語派に分かれる。

1 **シナ・チベット諸語**：中国からインドシナ半島の言語。

2 **アルタイ諸語**：トルコ～中央アジア，モンゴルなど。

3 **ウラル語族**：西シベリアやヨーロッパのフィンランド，エストニア，［ 1 ］。

4 **オーストロネシア(マレー・ポリネシア)語族**：マレー半島からインドネシア，フィリピン，ポリネシアにかけての地域とアフリカの［ 2 ］に分布。

5 **インド・ヨーロッパ語族**：ヨーロッパからイラン(ペルシャ語)，インドにかけて分布。ヨーロッパでは，ラテン語派，ゲルマン語派，スラブ語派などに分かれる。

6 **アフリカ・アジア(アフロ・アジア)語族**：イラク以西の西アジアから北アフリカにかけて分布。［ 3 ］語が代表的で，イスラエルのヘブライ語も含まれる。

7 **ニジェール・コルドファン諸語**：中南アフリカの言語。スワヒリ語(ケニア，タンザニア，ウガンダの公用語)など。

8 **インディアン・インディオ諸語**：アメリカ大陸先住民の言語。

1

1 シナ・チベット諸語

2 アルタイ諸語

3 ウラル語族

1

4 オーストロネシア(マレー・ポリネシア)語族

2

5 インド・ヨーロッパ語族

6 アフリカ・アジア(アフロ・アジア)語族

3

7 ニジェール・コルドファン諸語

8 インディアン・インディオ諸語

図表でチェック

1 世界の言語分布

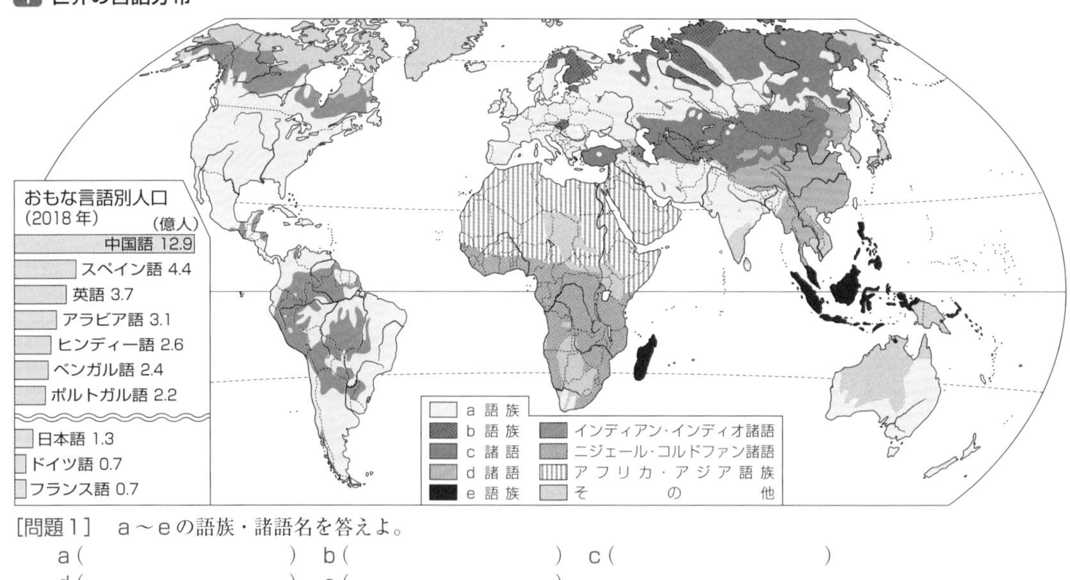

［問題1］ a～eの語族・諸語名を答えよ。

a( ) b( ) c( )

d( ) e( )

3 世界の宗教

1 世界宗教(三大宗教)

①**キリスト教**：パレスチナでイエス・キリストが創始。ヨーロッパに広まり，東西ローマ帝国の分裂とともに**カトリック**([1]が拠点)と**正教会(東方正教)**に分かれ，宗教改革によってカトリックから**プロテスタント**が分離。[2]とポルトガルは海外進出とともに布教活動を行ったため，**ラテンアメリカ**や**フィリピン**など旧植民地ではカトリックが信仰されている。

②**イスラム教(イスラーム)**：7世紀にムハンマドが創始。アッラーを唯一神とし，**クルアーン(コーラン)**を聖典とする。信仰告白，礼拝(聖地[3]に向かって1日5回)，断食(ラマダーンと呼ばれる断食月に日の出から日没まで断食)，喜捨(恵まれない人への施し)，巡礼([3]のカーバ神殿へ)を五行とし，飲酒，[4]肉を食べること，食事に不浄な左手を使うこと，女性が人前で肌をみせることなどは禁じられている。寺院は**モスク**と呼ばれ，丸い屋根と尖塔が特色。北アフリカ～西アジア，中央アジアの乾燥地域のほか，パキスタン，バングラデシュ，インドネシア(イスラム教徒数世界一)，マレーシアなどにも分布。**スンナ派**が多数派で，少数派の**シーア派**はイラン，イラクなどに分布。

③**仏教**：シャカがインドのブッダガヤで創始。日本や中国などに伝わった**大乗仏教**と，東南アジアやスリランカに伝わった**上座仏教**に分けられる。

2 民族宗教：特定の民族と結びついた宗教。

①**ヒンドゥー教**：インド最大の宗教。多神教で輪廻思想を重視。**カースト制**により，身分や職業が細分されるが，憲法によってカーストによる差別は禁じられている。ガンジス川に面する[5]が聖地で，沐浴などを行う。[6]は神の化身で食用とせず(乳は利用)，菜食主義者も多い。**バリ島**に離れて分布。

②**ユダヤ教**：ユダヤ人の宗教。聖地は[7](キリスト教，イスラム教の聖地でもある)。

③**チベット仏教(ラマ教)**：仏教とチベットの民間信仰が結びついて成立。チベット族，モンゴル族が信仰。[8]が聖地。

④**儒教・道教**：中国の孔子，老子の思想を受け継いで成立。

1 世界宗教(三大宗教)
1 2 3 4
1
→P.130
2
3
4
2 民族宗教
5
6
7
8

図表でチェック 1 世界の宗教分布

2 世界のおもな宗教

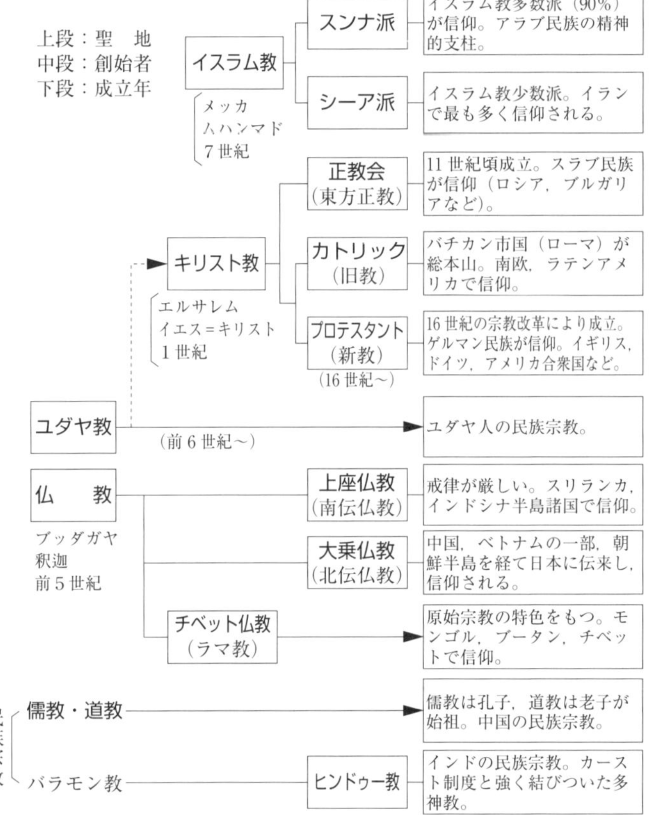

3 宗教と建築

バチカンのカトリック聖堂(サンピエトロ大寺院)

トルコのイスラム・モスク(聖ソフィア寺院)

インドのヒンドゥー寺院(カパーレーシュワラ寺院)

タイの仏教寺院(エメラルド寺院)

4 世界の宗教別人口(2015年，千人)

宗教	世界計	(%)	アジア	アフリカ	ヨーロッパ	北アメリカ	中南アメリカ	オセアニア
キリスト教	2,412,635	32.9	378,934	565,079	580,488	277,667	581,674	28,793
(カトリック)	(1,238,305)	(16.9)	(148,545)	(204,994)	(276,864)	(89,275)	(509,190)	(9,437)
(プロテスタント)	(541,100)	(7.4)	(95,138)	(213,790)	(94,055)	(60,906)	(64,200)	(13,011)
(正教会)	(283,072)	(3.9)	(18,716)	(51,714)	(202,554)	(7,900)	(1,120)	(1,068)
イスラム教	1,701,295	23.2	1,162,911	484,829	45,774	5,471	1,689	621
(スンナ派)	(1,486,329)	(20.3)	(959,717)	(477,481)	(43,598)	(3,783)	(1,238)	(512)
(シーア派)	(200,224)	(2.7)	(193,612)	(2,836)	(2,143)	(1,089)	(438)	(106)
ヒンドゥー教	984,673	13.4	977,037	3,211	1,146	1,923	800	556
仏教	520,362	7.1	511,984	277	1,905	4,766	802	628

4 民族問題と領土問題

1 アジア・アフリカ

①フィリピン：多数派のカトリックに対し，南部の[　1　]教徒が分離独立運動。

②[　2　]：南シナ海の無人のサンゴ礁島だが，海底油田埋蔵の可能性から，中国，ベトナム，フィリピン，マレーシア，ブルネイが領有を主張。

1 アジア・アフリカ
1 ……
2 ……
1 ……

③[　3　]問題：藩主がヒンドゥー教徒で，住民の多くがイスラム教徒であったため，インド，パキスタンが領有をめぐって対立。

④**スリランカ**：多数派で仏教徒のシンハラ人を優遇する政策に対し，少数派であるヒンドゥー教徒の[　4　]人が分離独立運動。

⑤[　5　]人：イラン，イラク，トルコ国境付近に居住し，分離独立をめざしているが，各国で少数民族となり，湾岸戦争などの紛争時には難民化した。

⑥**パレスチナ問題**：1948年の[　6　]建国によって難民化したパレスチナ人(アラブ人)の祖国復帰運動。2023年にはガザ地区で紛争。

⑦**キプロス**：ギリシャ系住民とトルコ系住民の対立から二つの国家に事実上分裂。

⑧**南アフリカ**：白人政権による[　7　](人種隔離政策)。1991年に廃止。

⑨**ルワンダ**：フツ族とツチ族の対立によって，大量虐殺が発生。

2 ヨーロッパ・北アメリカ

①**スペイン**：フランス，スペイン国境付近の[　8　]人，バルセロナを中心とするカタルーニャ地方の分離独立運動。

②**ベルギー**：[　9　]語系住民とフランス語系住民の対立が続き，連邦制に移行。

③**北アイルランド問題**：アイルランド統一をめざす[　10　]とイギリス系プロテスタントの対立。

④**旧ユーゴスラビア**：ボスニア･ヘルツェゴビナ独立時におけるクロアチア人(カトリック)，セルビア人(正教会)，ムスリム人(イスラム教)間の内戦や，セルビアからのコソボ(アルバニア系イスラム教徒が多数)の分離独立など。

⑤**カナダ**：フランス系住民が多数を占める[　11　]州の分離独立運動。

3 ……
4 ……
5 ……
6 ……
7 ……
2 ヨーロッパ・北アメリカ
8 ……
9 ……
10 ……
11 ……

図表でチェック　1 世界のおもな民族・領土紛争

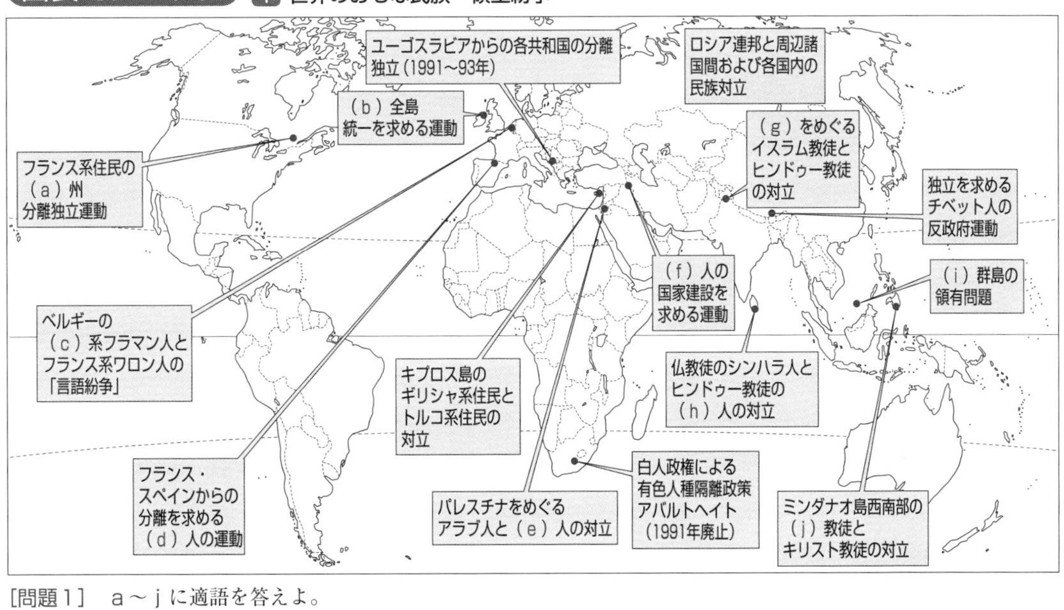

[問題1]　a～jに適語を答えよ。

a(　　　)　b(　　　)　c(　　　)
d(　　　)　e(　　　)　f(　　　)
g(　　　)　h(　　　)　i(　　　)
j(　　　)

13章 国家間の結びつき

1 国家

1 国家の三要素：国家は領域，国民，主権から成り立つ。主権はないが自治権が認められている自治領(アメリカ領プエルトリコやデンマーク領グリーンランドなど)や，主権のない植民地(フランス領ニューカレドニアやイギリス領ジブラルタルなど)も存在する。

2 国家の領域：領土，領海，領空に分けられ，領海は低潮線から[　1　]海里，その外側の接続水域では出入国管理などの権利が認められている。水産，鉱産資源などに沿岸国の主権がおよぶ排他的経済水域は[　2　]海里が一般的(1海里は1852m)で，船舶の航行は自由。領土・領海上空の領空は大気圏内。

3 国家の形態：日本やフランスなどのように中央政府が全国民と全領域を直接支配する[　3　]国家(単一国家)と，アメリカやドイツ，スイスなどのように複数の州や共和国政府が立法，司法，教育などの権限をもち，中央政府は外交，防衛などの権限を委任されて行使する[　4　]国家がある。

4 政体：アメリカやフランスのように国民から選ばれた大統領などの元首が統治する[　5　]国と，サウジアラビアやアラブ首長国連邦のように世襲的な君主が統治する君主国があり，君主国にはイギリスや日本のように君主が象徴として形式的に統治する立憲君主国が多い。

5 国境

①**自然的国境**：海洋，山脈，河川，湖沼などを利用した国境で，隔離性がある。
例：フランス・スペイン国境の[　6　]山脈，アメリカ・メキシコ国境の[　7　]川，中国・ロシア国境の[　8　]川など。

②**人為的国境**：経緯線(数理的国境)や人工的な障壁(かつてのベルリンの壁など)を利用した国境で，アフリカや北アメリカに多い。
例：アメリカ・カナダ国境の[　9　]°N・141°W，[　10　]・パプアニューギニア国境の141°E，エジプト・[　11　]国境の22°N，エジプト・[　12　]国境の25°Eなど。

- 1 国家の三要素
- 2 国家の領域 1
- 1
- 2
- 3 国家の形態
- 3
- 4
- 4 政体
- 5
- 5 国境 3
- 6
- 7
- 8
- 9
- 10
- 11
- 12

図表でチェック

1 領土の概念

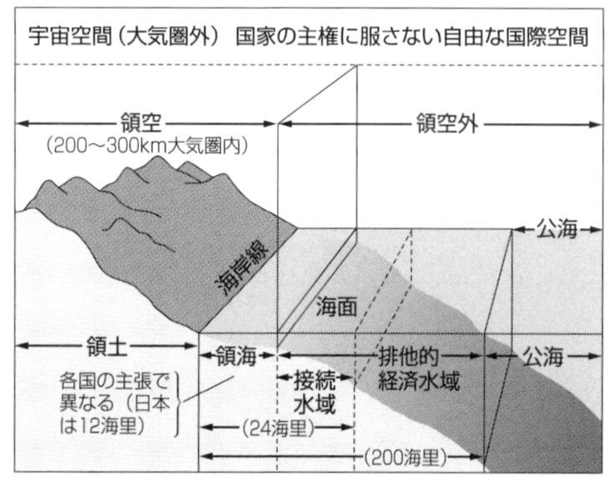

2 国連加盟国数の変化と独立年表

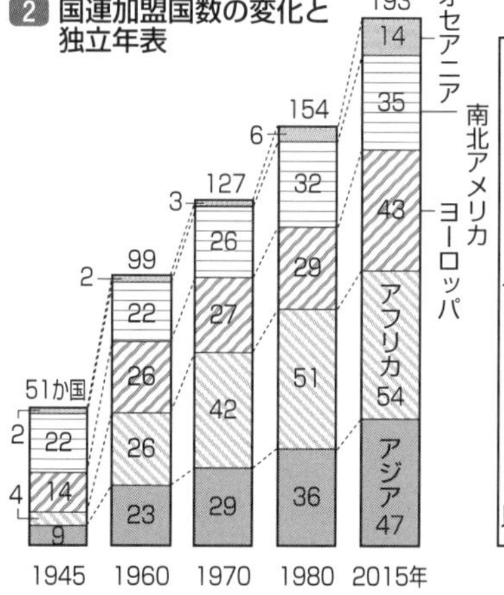

1945年	第二次世界大戦の終結により,東南アジア・南アジアの国々が独立
1960年	アフリカ諸国で17か国が独立（アフリカの年）
1960～70年代	太平洋の島々が次々に独立
1991年	ソ連崩壊に伴い,中央アジアや東欧諸国・バルト3国が独立
1991年以降	ユーゴスラビアに属していた共和国が分裂・独立

3 国境の例

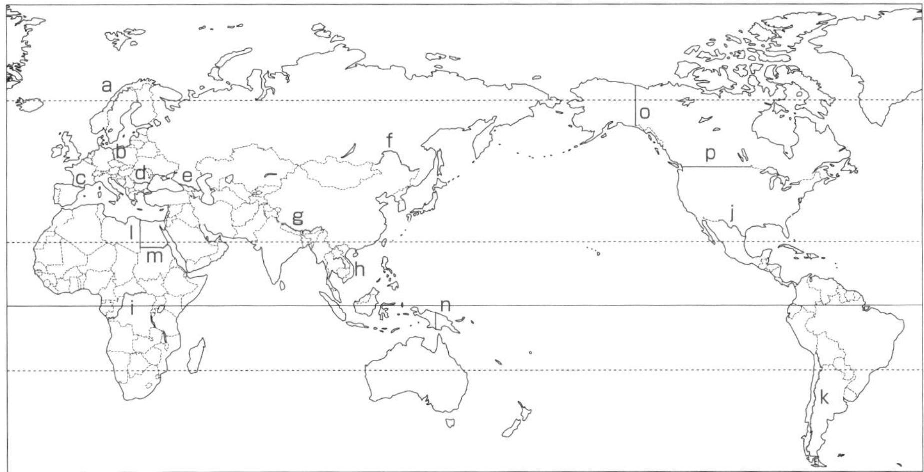

［問題１］　a～pの自然的国境の名称と，人為的国境の経緯度を答えよ。

自然的国境　a（　　　　　　　　）b（　　　　　　　　）c（　　　　　　　　）
d（　　　　　　　　）e（　　　　　　　　）f（　　　　　　　　）
g（　　　　　　　　）h（　　　　　　　　）i（　　　　　　　　）
j（　　　　　　　　）k（　　　　　　　　）

人為的国境　l（　　　　　　　　）m（　　　　　　　　）n（　　　　　　　　）
o（　　　　　　　　）p（　　　　　　　　）

4 １人当たりGNI（2019年）

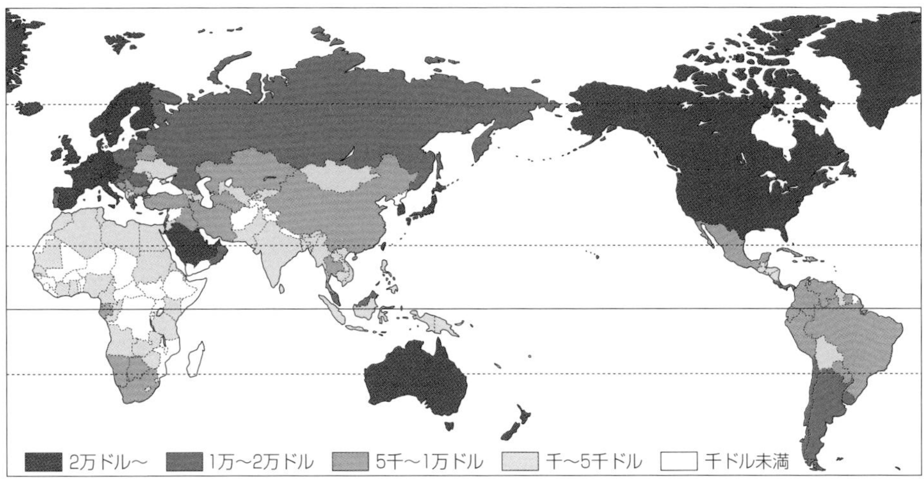

5 おもな経済地域（2021年）

	面積（千km^2）	人口（百万人）	GDP（名目）（億ドル）	貿易額（億ドル）	
				輸出	輸入
ASEAN（10か国）	4,487	674	33,403	17,241	16,212
EU（27か国）	4,132	445	171,778	66,471	65,083
USMCA（３か国）	21,783	502	265,763	27,567	39,618
MERCOSUR（６か国）	13,915	310	23,482	3,934	3,390
（参考）					
アメリカ合衆国	9,834	337	233,151	17,543	29,353
中国	9,600	1,426	177,341	33,582	26,867
日本	378	125	49,409	7,560	7,690
イギリス	244	67	31,314	4,705	6,946

2 国家群

1 国際連合(UN)：1945年に第二次世界大戦に勝利した連合国によって設立され，日本は1956年に加盟。2022年現在，[　1　]，コソボ，クック諸島，ニウエを除く193か国が加盟。本部はニューヨーク。**安全保障理事会**の常任理事国であるアメリカ，イギリス，フランス，ロシア，中国は拒否権をもつ。公用語は，英語，フランス語，ロシア語，中国語，スペイン語，アラビア語。[　2　](国連教育科学文化機関)，WHO(世界保健機関)，IBRD(国際開発復興銀行，世界銀行)などの専門機関や，WTO(世界貿易機関)などの関連機関がある。

2 東西の対立(冷戦)と国家群：アメリカを中心とする西側諸国と，ソ連を中心とする東側諸国の対立(冷戦)は，1989年に終結し，1991年にソ連解体。

①**政治・軍事的結びつき**：アメリカ，カナダ，西欧諸国による[　3　](北大西洋条約機構)に対して，ソ連・東欧諸国は[　4　](ワルシャワ条約機構)を結成(1991年解体)。現在，[　3　]には，ポーランド，ハンガリー，エストニアなど東欧諸国の多くも加盟。日本は，1951年に日米安全保障条約を締結。

②**経済的結びつき**：アメリカによる戦後の西欧諸国復興のためのマーシャルプラン受け入れ機関であるOEEC(ヨーロッパ経済協力機構)の結成に対して，ソ連は東欧諸国，モンゴル，ベトナム，キューバとCOMECON(経済相互援助会議)を結成(1991年解体)。OEECは，1961年に改組されて[　5　](経済協力開発機構)となり，アメリカ，日本など先進国が加盟し，経済の安定成長や途上国援助，貿易拡大を目的とする。近年はトルコ，メキシコなどの新興国も加盟。

3 地域的結びつき

①ヨーロッパ連合([　6　])：1967年にヨーロッパ経済共同体(EEC)，ヨーロッパ石炭鉄鋼共同体(ECSC)，ヨーロッパ原子力共同体(EURATOM)を統合して結成されたヨーロッパ共同体(EC)が，統合の強化をめざして1993年に改組。2020年27か国が加盟。イギリスは2016年国民投票で離脱を決定，2020年離脱。

②[　7　](ASEAN)：1967年に当時の資本主義国5か国で結成。2018年現在東ティモールを除く10か国が加盟。域内でAFTA(ASEAN自由貿易地域)を結成。

③アメリカ・メキシコ・カナダ協定(USMCA)：2020年に北米自由貿易協定(NAFTA)から移行。

④アジア太平洋経済協力会議(APEC)：1989年にオーストラリアの提唱によって環太平洋地域の19か国と2地域で結成されたが，加盟国間の経済格差が大きい。

⑤アフリカ連合[　8　]：アフリカ統一機構(OAU)が2002年に発展改組。

⑥アラブ連盟(LAS)：アラブ諸国21か国とパレスチナ解放機構(PLO)が加盟。

⑦南米南部共同市場(MERCOSUR)：アルゼンチン，ブラジルなど6か国が加盟。

⑧独立国家共同体(CIS)：バルト三国，ウクライナなどを除く旧ソ連構成国。

4 資源カルテル：自国の天然資源に対する主権の確立をめざす資源ナショナリズムを背景に結成され，価格維持による利益確保を図る。

①　石油輸出国機構([　9　])：1960年に結成。12か国。中東以外はナイジェリア，ガボン，赤道ギニア，コンゴ民主共和国，ベネズエラ。

---

1 国際連合(UN)
1
United Nations
→P.102 2
2
U.N. Educational, Scientific and Cultural Organization

2 東西の対立(冷戦)と国家群
→P.131 5
3
4
North Atlantic Treaty Organization
Warsaw Treaty Organization

Communist Economic Conference (Council for Mutual Economic Assistance)
5
Organization for Economic Cooperation and Development
3 地域的結びつき
6
→P.132 1 2
European Union

7
Association of South-East Asian Nations
North American Free Trade Agreement
Asia-Pacific Economic Cooperation Conference
8
African Union
League of Arab States
Mercado Común del Sur
Commonwealth of Independent States
4 資源カルテル
9
Organization of the Petroleum Exporting Countries
Organization of Arab Petroleum Exporting Countries

② **アラブ石油輸出国機構(OAPEC)**：1968年にアラブの産油国で結成。

図表でチェック

1 国家群(1)

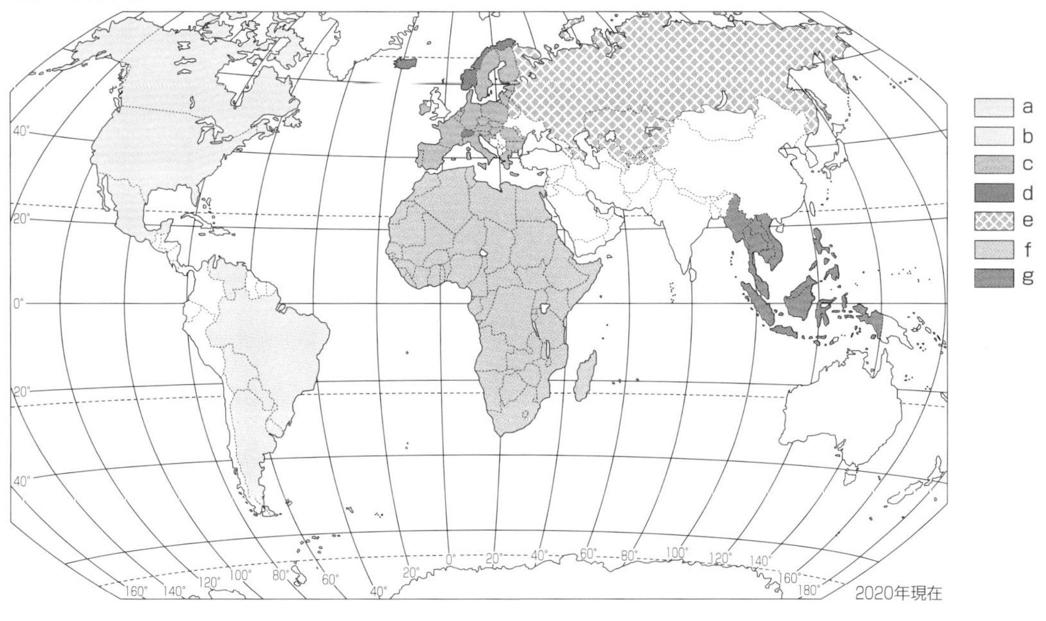

[問題1]　a～gの国家群の略称を答えよ。

a（　　　　　　　　）b（　　　　　　　　）c（　　　　　　　　）d（　　　　　　　　）
e（　　　　　　　　）f（　　　　　　　　）g（　　　　　　　　）

2 国家群(2)

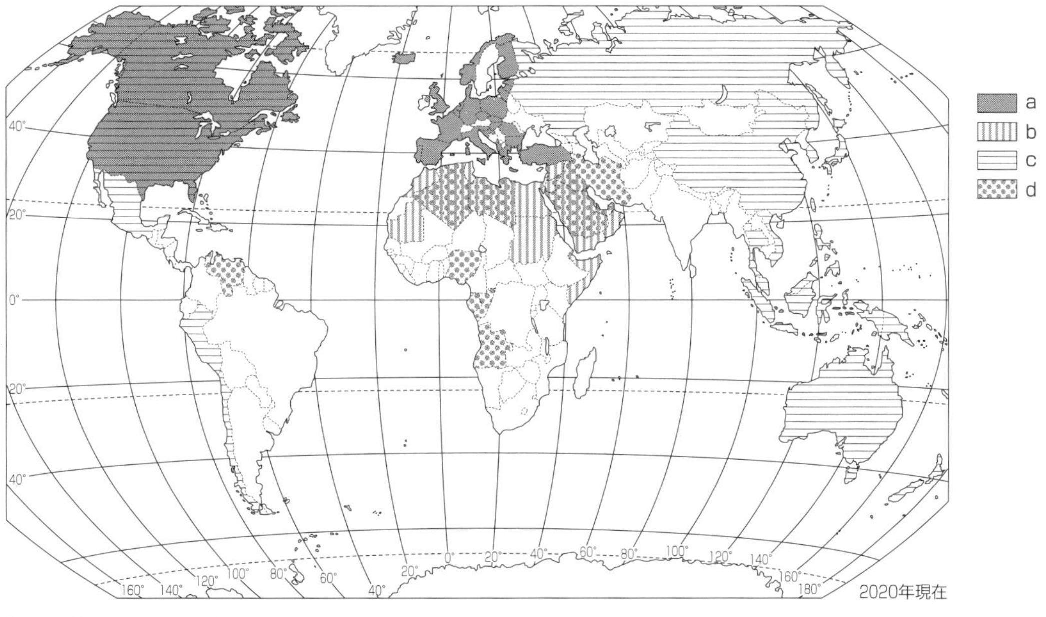

[問題2]　a～dの国家群の略称を答えよ。

a（　　　　　　　　）b（　　　　　　　　）c（　　　　　　　　）d（　　　　　　　　）

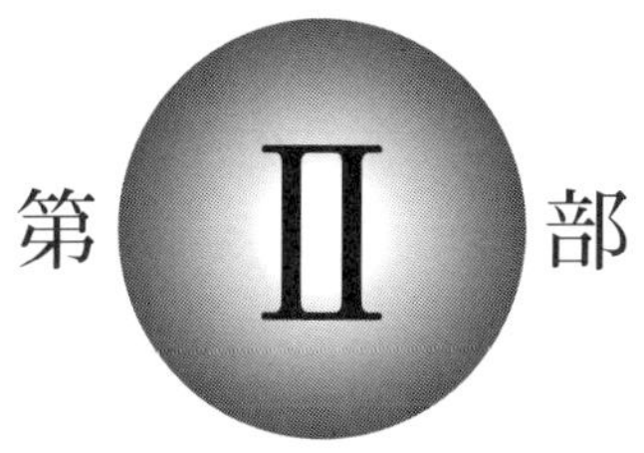

第Ⅱ部 現代世界の地誌的考察

棚田（広西壮族自治区）

1章 東アジア

1 アジアの自然環境

1 地形

①安定陸塊：中国陸塊（中国東部～朝鮮半島），ゴンドワナランド（インド半島，アラビア半島）。

②古期造山帯：[　1　]山脈，クンルン山脈は，ヒマラヤ・チベット山塊を形成した造山運動によって再隆起したため標高7000m前後に達する。

③新期造山帯

- 環太平洋造山帯：太平洋プレート，フィリピン海プレートの沈み込みにより形成。海溝に並行して日本列島，フィリピン諸島などの[　2　]が分布。
- アルプス・ヒマラヤ造山帯：ユーラシアプレートとインド・オーストラリアプレートなどの衝突により形成。イラン高原，カラコルム山脈，ヒマラヤ山脈，チベット高原など。東南アジアのスンダ列島東側で環太平洋造山帯と会合。

2 気候

①モンスーンアジア：東・東南・南アジア。季節風（モンスーン）の影響を受け，海洋から湿潤な風の吹く夏季は雨季，大陸から乾燥した風が吹く冬季は乾季。ケッペンの記号では，冬乾燥を示すw型のAw, Cw, Dwが低緯度から高緯度に向けて分布（ただし，華中から日本にかけてはCfa）。赤道付近は年中多雨のAf。

②乾燥アジア：西・中央アジア。アラビア半島からイラン高原，タリム盆地，モンゴルに至る地域。

1 地形

2

1

2

2 気候

1

図表でチェック

1 アジアの気候

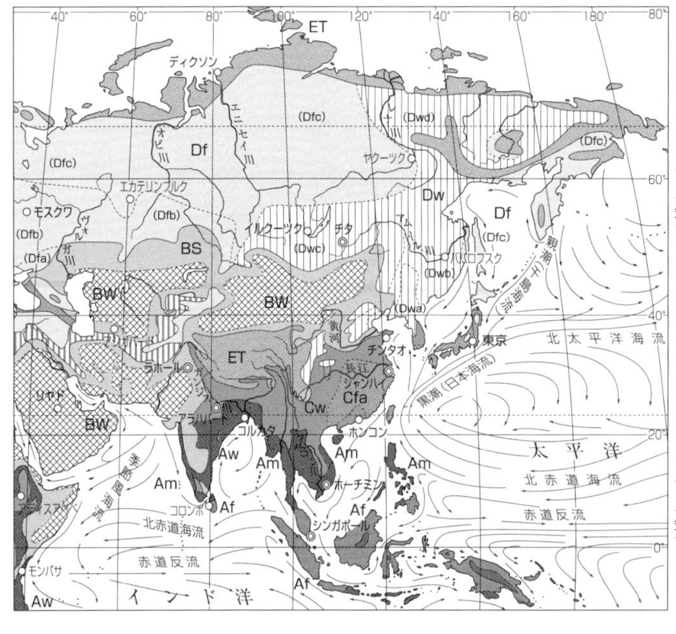

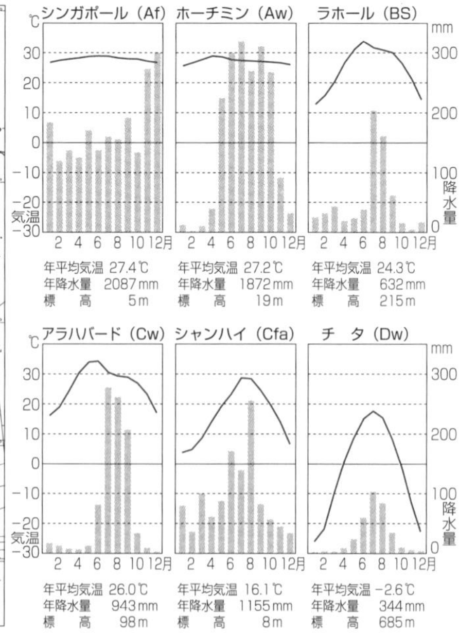

2 アジアの地形

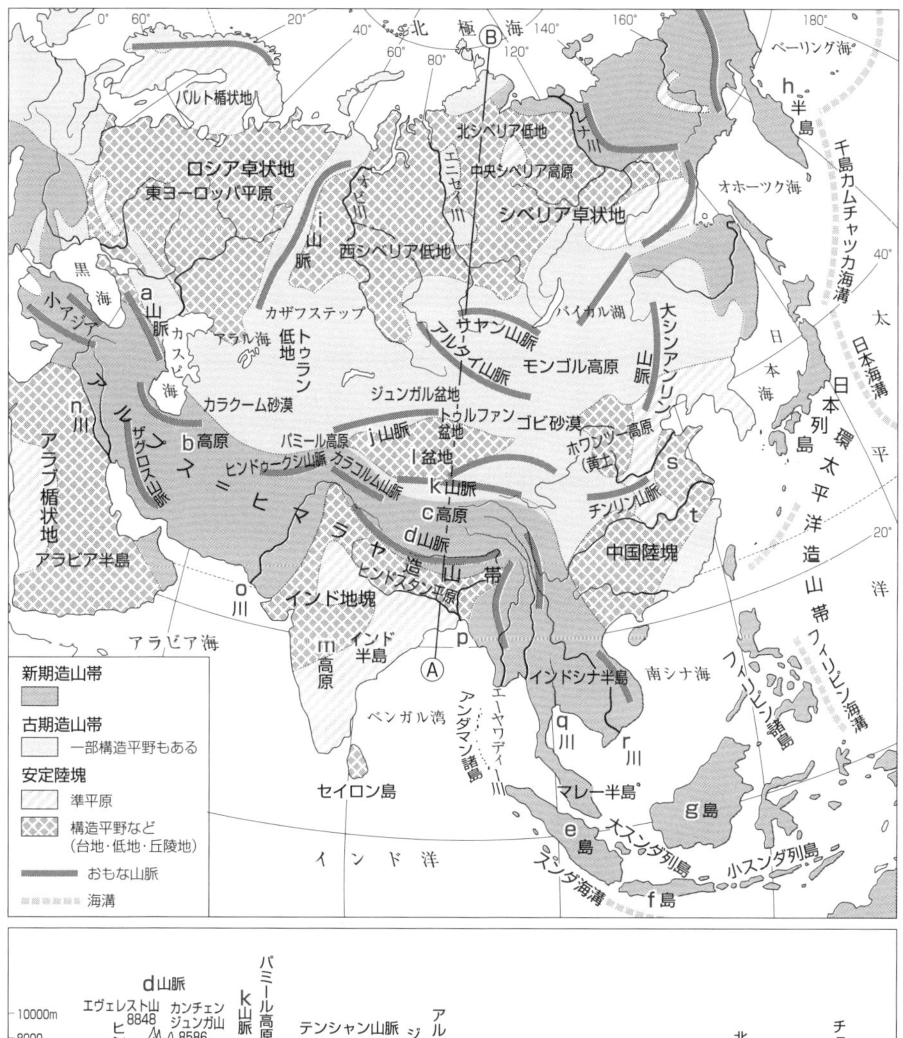

［問題１］　図中の新期造山帯ａ～ｈ，古期造山帯ｉ～ｋ，安定陸塊ｌ・ｍ，河川ｎ～ｔの名称を答えよ。

新期造山帯　a（　　）　b（　　）　c（　　）
d（　　）　e（　　）　f（　　）
g（　　）　h（　　）

古期造山帯　i（　　）　j（　　）　k（　　）

安定陸塊　l（　　）　m（　　）

河川　n（　　）　o（　　）　p（　　）
q（　　）　r（　　）　s（　　）
t（　　）

2 中国

1 自然環境：西高東低の地形で，北西部は乾燥，チベット高原は寒冷。東部は湿潤で平野が広がり，華北以北がDw，以南の華中沿岸部がCfa，その他はCw。

①**東北**：[　1　]川とその支流がロシアとの国境。**トンペイ(東北)平原**が広がり，シベリア高気圧の影響を受ける冬季に寒冷，少雨となるDw気候が分布。

②**華北**：黄河沿いに**華北平原**が広がり，黄河は平野部では**天井川**となっている。黄河中流域の**ホワンツー(黄土)高原**には肥沃な**黄土(レス)**が分布し，横穴式住居もみられる。黄土高原は耕地化されて[　2　]が激しく，サンメンシヤダムなどで堆砂問題が発生。砂漠化の進行に対して**植林**などの対策が行われている。

③**華中**：長江上流域には[　3　]盆地，中流の峡谷には**サンシヤダム**を建設(世界一の水力発電所)。下流部の平野には多くの湖沼が分布し，**遊水池**として機能。

④**華南**：平野は少なく，コイリンには**タワーカルスト**，西部にはユンコイ高原。

⑤**西部**：モンゴル国境付近には**ゴビ砂漠**，西部のタリム盆地には[　4　]砂漠が分布。**チベット高原**は標高4000～5000mに達し，**ET気候**で，塩湖もみられる。

⑥**台湾**：新期造山帯の高峻な山脈(最高峰は3950m)。中央部を**北回帰線**が通る。

2 社会：人口の92%は**漢民族**で仏教，道教を信仰。少数民族のうち五つの民族は自治区を構成し，[　5　]族(アルタイ系)，ホイ族は**イスラム教**を，[　6　]族(アルタイ系)，チベット族は**チベット仏教(ラマ教)**を信仰している。[　5　]族とチベット族は，漢民族との対立もみられる。

3 歴史：1949年中華人民共和国成立。1978年の農業，工業，国防，科学技術の「**四つの近代化**」政策以降，対外開放を進め，1993年に**社会主義市場経済**を導入。

4 人口と都市：人口世界一だったが，2023年にはインドが世界一。人口抑制のため1979年から[　7　]政策を進め，２子以上の出産には罰則(少数民族には適用されない)。しかし，無戸籍児の増加，男女比のアンバランス(相続に際し男子を優先するため)，将来の急速な高齢化などの問題が生じ，2016年に二人っ子政策，2021年に三人っ子政策に転換。22省，５自治区，４**直轄市(ペキン，テンチン，シャンハイ，チョンチン)**，２**特別行政区(ホンコン，マカオ)**で構成。

5 農業：1958年の[　8　]の設立などによって**集団化**が進められたが，生産性が低かったため，1980年には**生産責任制(請負制)**を導入して個別農家に生産を請け負わせ，農業生産が増加。世界一の人口を支えるため農産物生産は多く，米，小麦，ジャガイモ，豚肉，羊肉，羊毛などは世界一の生産国。大豆，米，羊毛などは世界一の輸入国。農業地域は，チンリン山脈とホワイ川を結ぶ年降水量[　9　]mm線を境界として，北側の畑作地域，南側の稲作地域に大別される。

①**東北**：夏の高温と降水を利用して春小麦，**大豆**，**トウモロコシ**などを栽培。近年は耐寒性品種による稲作も行われ，最北の黒竜江省は生産量世界１位。

②**華北**：華北平原で冬小麦，トウモロコシ，綿花などを栽培。

③**華中**：長江下流域と**スーチョワン盆地**で稲作。丘陵地では茶を栽培。

④**華南**：１月平均気温10℃以上のチュー川流域で米の二期作，サトウキビも栽培。

⑤**西部**：乾燥し，遊牧と**オアシス農業**(カンアルチンと呼ばれる地下水路も利用)。

1 自然環境
1
1
2
3
4

2 社会
5
6
3 4

3 歴史
2

4 人口と都市
7
5 6

5 農業
7 8 9 10
8
9

⑥**チベット高原**：[　10　]を利用した遊牧と大麦栽培。

6 鉱産資源：石炭の生産は世界全体の約5割を占め第1位で，エネルギー供給の56％が石炭(2022年)。鉄鉱石は生産世界3位(2020年)だが，鉄鋼生産の増加とともに世界一の輸入国となる。原油生産も世界6位(2022年)だが，需要増加で世界一(2020年)の輸入国となっている。

7 工業：第二次世界大戦前は，当時満州となっていた**東北地方**で日本資本による重工業が立地していたほかは，沿海部で**繊維工業**がみられる程度であった。

中国成立後は，5か年計画を実施して内陸を中心に工業化を進め，**アンシャン，パオトウ，ウーハン**の三大鉄鋼基地(いずれも原料産地立地)などが整備された。1978年に**改革開放政策**に転換した後，臨海部を中心に**経済特区**や**経済技術開発区**を設置して外国の資本・技術を導入し，安価な労働力を背景に輸出指向型工業化を進めた。工業化の進んだ沿海部の農村地域を中心に，[　11　](町・村営や私営の中小企業)が余剰労働力を吸収して発展。鉄鋼，自動車，衣類，テレビ，パソコンなどの世界一の生産国となった。2001年にWTO加盟。輸出額は2009年にドイツを抜いて世界一，GDPは2010年に日本を抜いて世界2位となった。工業化の進む沿海部と遅れた内陸部の**経済格差が拡大**し，大量の労働者が沿海部に流入した。しかし，戸籍制度で農村戸籍と都市戸籍に分けられ，農村戸籍の住民は都市で教育・医療などの公共サービスを受けられないが，近年，改革が進められている。また格差是正のため，2001年からは**西部大開発**によって，交通基盤などの整備による産業の誘致，資源開発，環境保全などが進められている。2005年には世界最高所を走る青蔵鉄道がラサまで開通した。

①**東北**：鉄鉱石産地の**アンシャン**では，[　12　]の石炭を利用して鉄鋼業が立地。中国最大の[　13　]油田からは，**ターリエン**などへパイプラインがのびる。

②**華北**：首都の**ペキン**，港湾都市の**テンチン**(ペキンの外港)，**チンタオ**などで工業が発達。渤海沿岸には**ションリー**などの油田が分布。黄河下流域は綿花産地で，[　14　](かつての唐の都長安)などに**綿工業**が発達。

③**華中**：長江河口の[　15　]は最大の港湾・商工業都市で，東部のプートン地区には新しいオフィス街や国際空港が立地。繊維，機械，自動車工業などのほか，郊外の**パオシャン**では臨海型の鉄鋼業が立地。長江沿いには中流に鉄鋼業の**ウーハン**，上流のスーチョワン盆地に直轄市の**チョンチン**が位置する(河港)。

④**華南**：ホンコン，マカオに隣接するチュー川河口の[　16　]が中心。コワントン省，**フーチエン省**は華僑の出身地として有名で，最初に経済特区に指定された**シェンチェン**(ホンコンに隣接)，**アモイ**，**スワトウ**，**チューハイ**は両省に位置する(後にハイナン島を省に昇格させて追加)。外国企業の進出が多く，機械，電子工業が発達。

8 ホンコン：東アジアの貿易，金融の中心の一つで，1997年に[　17　]から返還された。マカオとともに返還後50年間は資本主義制度を維持(**一国二制度**)。

9 マカオ：1999年に[　18　]から返還された。カジノが有名。

10 台湾：タイペイが中心。NIEsで電子工業が発達。最初に輸出加工区に指定されたカオシュンなどが工業の中心。

10

6 鉱産資源

7 工業

11 12 13

11

12

13

14

15

16

8 ホンコン

17

9 マカオ

18

10 台湾

図表でチェック

1 中国の地形

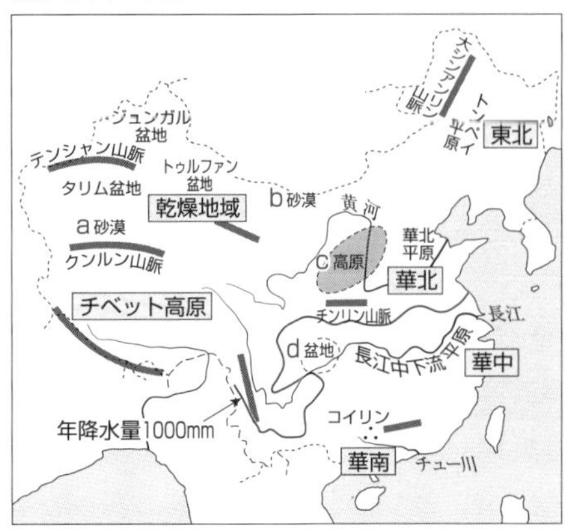

[問題1]　a～dの地名を答えよ。

a（　　　　　　　　　）b（　　　　　　　　　）

c（　　　　　　　　　）d（　　　　　　　　　）

2 中国のあゆみ

年	事項	社会主義政策
1937	日中戦争おこる	
1949	中華人民共和国成立	
1953	５か年計画始まる(計画経済)	
1954	中華人民共和国憲法制定	
1958	人民公社の始まり(集団化による大躍進運動)	強化
1960	ソ連と対立，ソ連技術援助打ち切り (大躍進運動の失敗で集団化を緩和)	 緩和
1966	文化大革命(～76)	強化
1971	台湾に代わって国連代表権を獲得	緩和
1972	米中共同声明，日中国交正常化	強化
1976	毛沢東死去	
1978	新憲法制定，四つの近代化(農業，工業，国防，科学技術)	緩和
1982	人民公社の廃止	
1989	天安門事件(社会主義崩壊に対する政治的歯止めをかけ，経済開放は促進)	
1993	憲法改定で社会主義市場経済をめざす	
1997	ホンコン返還(イギリスより)	
1999	マカオ返還(ポルトガルより)	
2001	WTO(世界貿易機関)加盟	
2008	ペキンオリンピック開催	
2010	シャンハイ万博開催	

3 自治区と直轄市

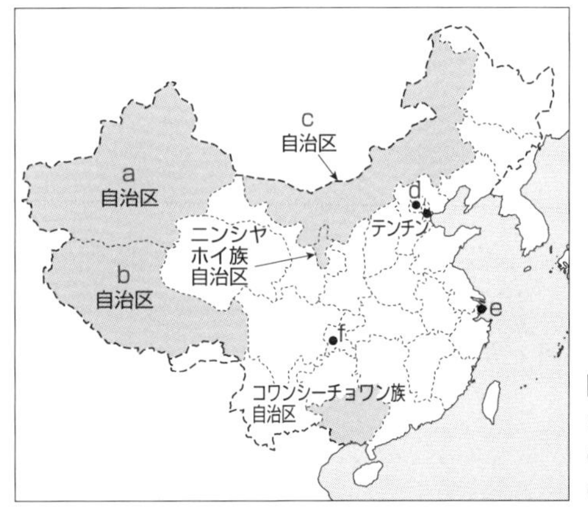

[問題2]　a～cの自治区，d～fの直轄市を答えよ。

a（　　　　　　　　　）b（　　　　　　　　　）

c（　　　　　　　　　）d（　　　　　　　　　）

e（　　　　　　　　　）f（　　　　　　　　　）

4 中国の民族構成

全人口総計13億3,972万人（2010年）

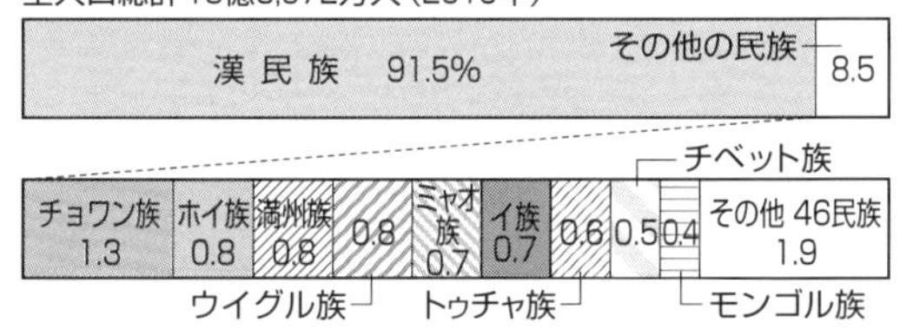

少数民族計1億1,379万人

5 中国の人口の推移

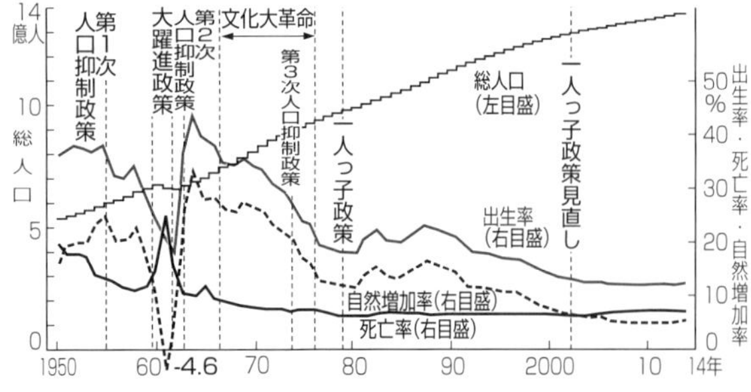

6 人口ピラミッドの変化

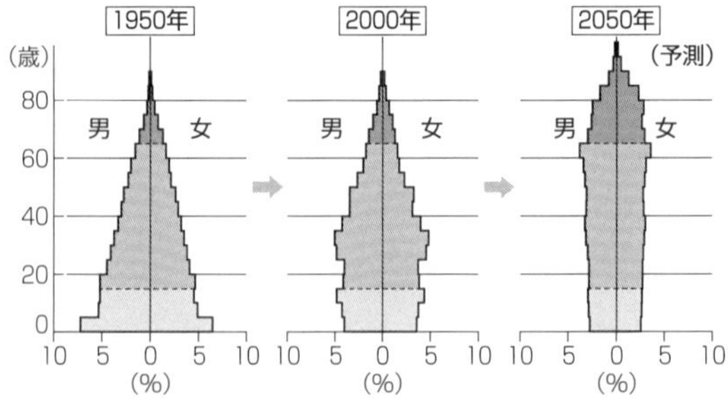

7 中国の農業地域

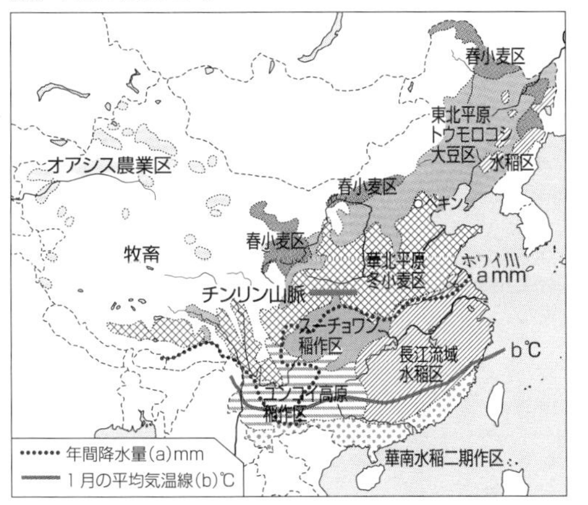

[問題3] 図中のa・bにあてはまる降水量と気温を答えよ。
a(　　　　　) b(　　　　　)

8 中国の代表的料理

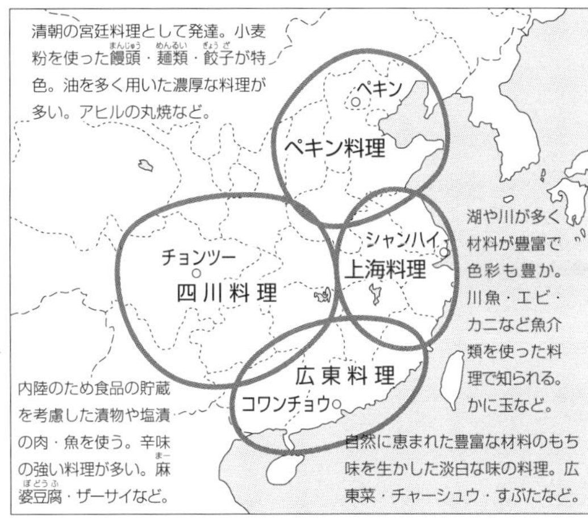

9 米，小麦，トウモロコシ(左)，サトウキビ，茶，綿花(右)の生産上位5省・自治区(2018年)

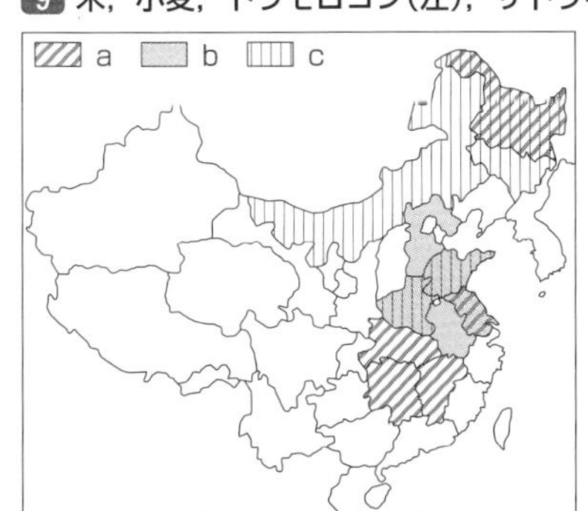

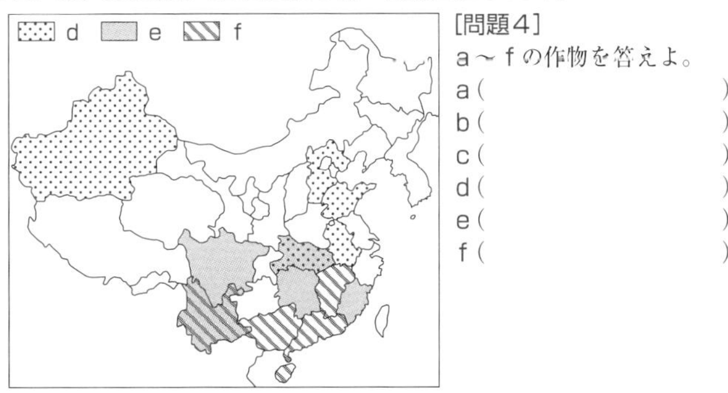

[問題4]
a～fの作物を答えよ。
a(　　　　　)
b(　　　　　)
c(　　　　　)
d(　　　　　)
e(　　　　　)
f(　　　　　)

10 中国の農業制度の変遷

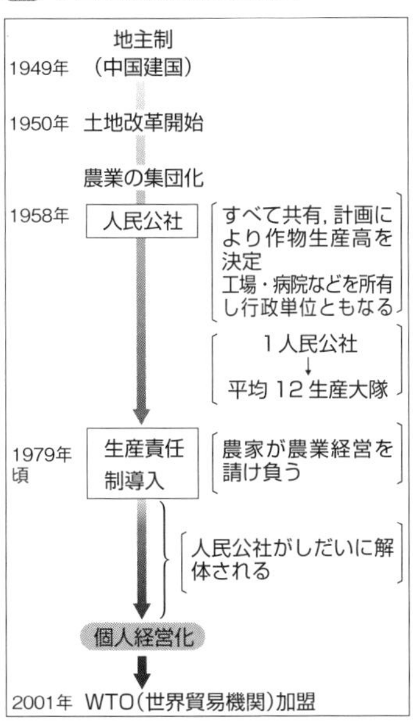

11 西部大開発プロジェクト

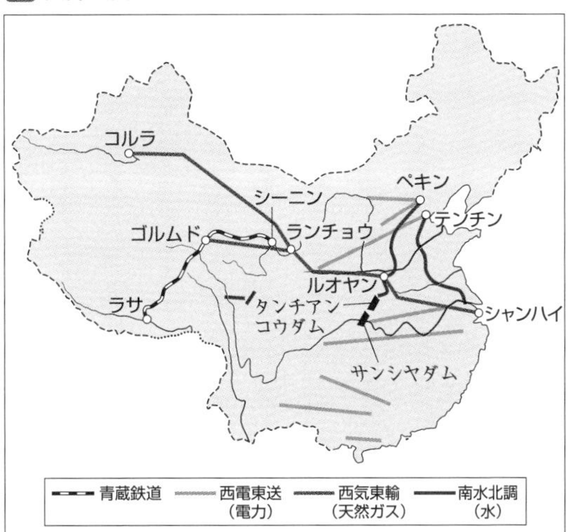

12 中国の工業地域

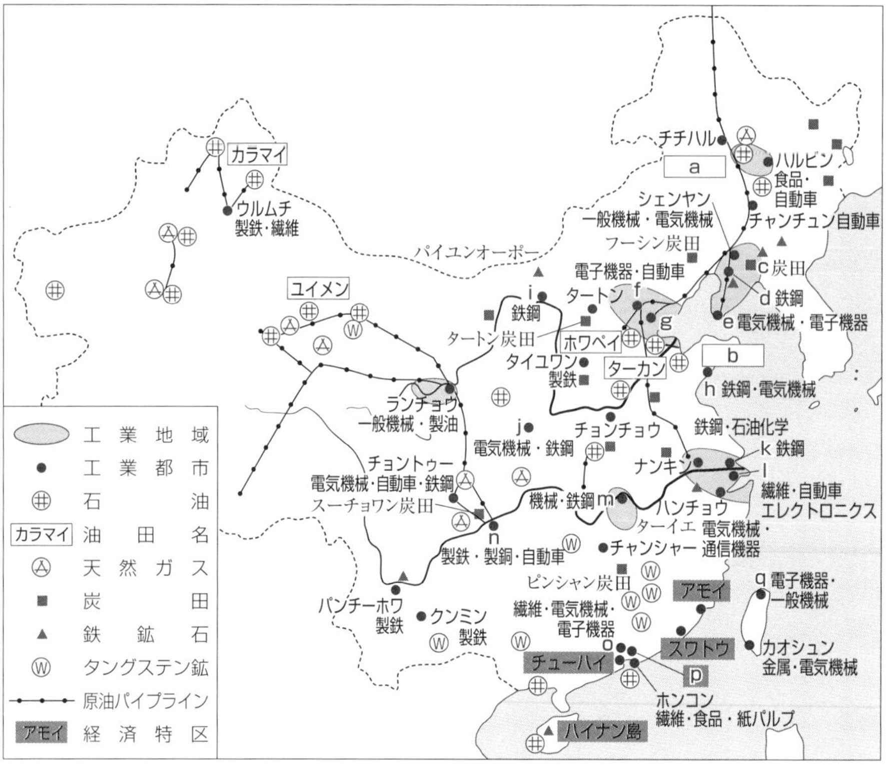

[問題5]
a～qの地名を答えよ。
a（　　　　　　　　　　）
b（　　　　　　　　　　）
c（　　　　　　　　　　）
d（　　　　　　　　　　）
e（　　　　　　　　　　）
f（　　　　　　　　　　）
g（　　　　　　　　　　）
h（　　　　　　　　　　）
i（　　　　　　　　　　）
j（　　　　　　　　　　）
k（　　　　　　　　　　）
l（　　　　　　　　　　）
m（　　　　　　　　　　）
n（　　　　　　　　　　）
o（　　　　　　　　　　）
p（　　　　　　　　　　）
q（　　　　　　　　　　）

13 1人当たりの国民所得と人の移動

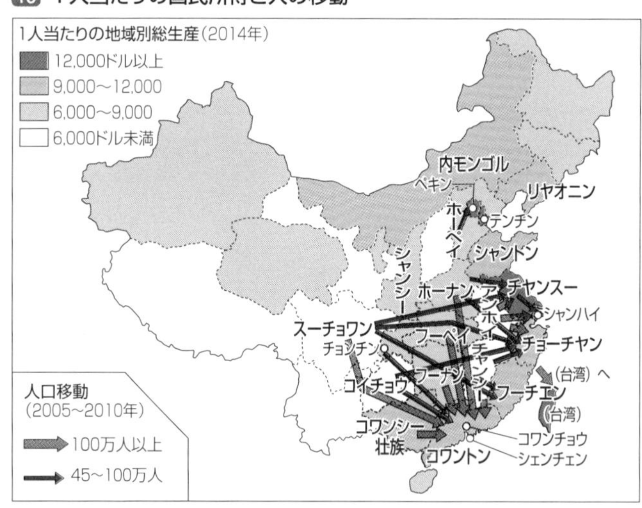

14 東アジア諸国

国　名	人口[1]（万人）	1人当たりGNI[2]（ドル）	おもな宗教	おもな輸出品[3]
中　国	142,589	12,324	道教，仏教	機械類，衣類，繊維品，金属製品，自動車
日　本	12,495	41,162	神道，仏教	機械類，自動車，精密機器，鉄鋼，自動車部品
韓　国	5,182	35,329	キリスト教，仏教	機械類，自動車，石油製品，プラスチック，鉄鋼
北朝鮮	2,607	662	仏教，キリスト教	鉱産物，鉄鋼，時計や楽器，機械類，化学工業品
台　湾	2,389	33,756	仏教，道教	機械類，プラスチック，精密機器，金属製品，鉄鋼
モンゴル	340	3,889	伝統信仰，チベット仏教	銅鉱，石炭，金，鉄鉱石，羊毛・獣毛

1）2022年，2）2021年，3）北朝鮮は2020年，他は2021年。

3 韓国・北朝鮮

[1]**自然環境**：安定陸塊で，日本海側にはテベク山脈が南北に走り，西岸と南岸にはリアス海岸。気候は，南から北へ向けてCfa，Cw，Dwが分布。

[2]**社会**：儒教が生活の中に浸透。韓国ではキリスト教，仏教の信者が多い。表音文字の[1]を使用。女性の伝統的衣装はチマ(長スカート)・チョゴリ(上衣)。伝統的住居には[2]と呼ばれる床暖房施設がある。

[3]**歴史**：1910年に日本に併合され，第二次世界大戦後の1948年，38°N付近で大韓民国(韓国)と朝鮮民主主義人民共和国(北朝鮮)に分かれて独立したが,1950〜53年に朝鮮戦争。1991年両国同時に国連加盟。2000年初の南北首脳会談開催。

[4]**韓国**：1970年代に外国の資本・技術を導入して，「漢江(ハンガン)の奇跡」と呼ばれる経済成長を遂げ，NIEsとなる。造船，鉄鋼，自動車，エレクトロニクス工業が発達。首都[3]と外港(ハブ空港)のインチョン周辺，および南東部沿岸のプサン，ウルサン(石油化学，造船，自動車)，[4](鉄鋼)などに工業が集積。漢江沿いの[3]は人口が1000万人で，国内人口の約1/5を占める。農業面では，セマウル(新しい村)運動(1970年)により農村近代化を行う。

[5]**北朝鮮**：社会主義国。首都は[5]。北朝鮮，中国，ロシア国境付近のトマン川開発計画でラソンを自由貿易地域に指定したが順調には進まなかった。近年，経済危機が続いて食料などの不足が深刻化しているが，一方で核開発問題なども抱えている。日本との国交はない。2018年には初の米朝首脳会談。

[1]自然環境

[2]

[2]社会

1

2

[3]歴史

[1]

[4]韓国

3

4

[5]北朝鮮

5

図表でチェック

[1] 朝鮮半島のあゆみ

1910	韓国併合
1945	日本の朝鮮支配終わる(太平洋戦争の終了)， アメリカ・ソ連が朝鮮半島を分割占領
1948	大韓民国・朝鮮民主主義人民共和国の成立
1950	朝鮮戦争(〜53)
1953	朝鮮戦争の休戦協定成立
1965	日韓基本条約に調印，日韓国交正常化
1984	南北対話再開
1988	ソウルオリンピック開催(北朝鮮は不参加)
1990	韓ソ国交樹立
1991	南北同時国連加盟
1992	中韓国交樹立
1994	北朝鮮，金日成(キムイルソン)が死去
2000	初の南北首脳会談を開催
2002	ワールドカップ日韓共催 日朝首脳会談，日朝ピョンヤン宣言に署名 拉致被害者5人が帰国
2003	ペキンで6か国協議始まる (韓国・北朝鮮・アメリカ・中国・ロシア・日本)
2006	北朝鮮，核実験実施

[2] 朝鮮半島

[問題1]
a〜dにあてはまる都市名を記入せよ。
a(　　　)
b(　　　)
c(　　　)
d(　　　)

4 モンゴル

モンゴル高原に位置する内陸国で，首都はウランバートル。旧社会主義国で，かつてはCOMECONに加盟していた。乾燥気候が広がり，国土の71%を占める牧場・牧草地では，羊，馬の遊牧が行われ，[1](パオ)と呼ばれる移動式住居が利用されるが，近年は都市での定住化が進んでいる。

1

2章 東南アジア

1 自然環境と社会

1 **地形**：インドシナ半島，マレー半島，スンダ列島，フィリピン諸島，カリマンタン(ボルネオ)島など。スンダ・フィリピン海溝に並行する弧状列島には火山が多く，各地でサンゴ礁が発達。インドシナ半島のメコン・チャオプラヤ川などの河口には三角州が発達し，稲作が盛ん。沿岸には[　1　]がみられるが，エビ養殖池の造成などにより伐採が進み，海岸侵食，高潮の被害が発生。

2 **気候**：インドシナ半島，フィリピン諸島は季節風の影響が強く，雨季と乾季が明瞭なAw，Am。赤道に近いマレー半島とスンダ列島，カリマンタン島は大部分がAf。赤道を挟んで南北半球では季節が逆で，雨季・乾季の時期も逆。

3 **民族**：インドシナ半島の大部分はシナ・チベット諸語で仏教(大乗仏教のベトナム以外は上座仏教)，マレー半島と島々はオーストロネシア語族で[　2　]教。[　3　]と東ティモールはカトリック，バリ島はヒンドゥー教。華僑が多く，経済的に優位に立つため，現地人との間で摩擦が生じやすい。

4 **旧宗主国**：ミャンマー，マレーシア，シンガポール，ブルネイは[　4　]領，インドシナ半島のベトナム，ラオス，カンボジアは[　5　]領，その間のタイは，緩衝国として独立を保った。インドネシアは[　6　]領。フィリピンは19世紀末に[　7　]領からアメリカ領にかわる。

5 [　8　](東南アジア諸国連合)：1967年に当時の資本主義国5か国(タイ，マレーシア，シンガポール，インドネシア，フィリピン)により結成。1984年ブルネイが独立して加盟，冷戦終結後の1995年ベトナム，97年ラオス，ミャンマー，99年カンボジアが加盟し，10か国で構成。1993年AFTA(ASEAN自由貿易地域)が発足，2015年にはAEC(ASEAN経済共同体)へと発展し，関税撤廃や市場統合が進められている。NIEsのシンガポールに続き，マレーシア，タイ，次いでフィリピン，インドネシア，さらにベトナムの順に工業化が進む。

1 地形

1

2 気候

3 民族

2 3

2

3

4 旧宗主国 1

4

5

6

7

5 [　8　]

8

4 5

図表でチェック

1 第二次世界大戦中(1941年)のアジア

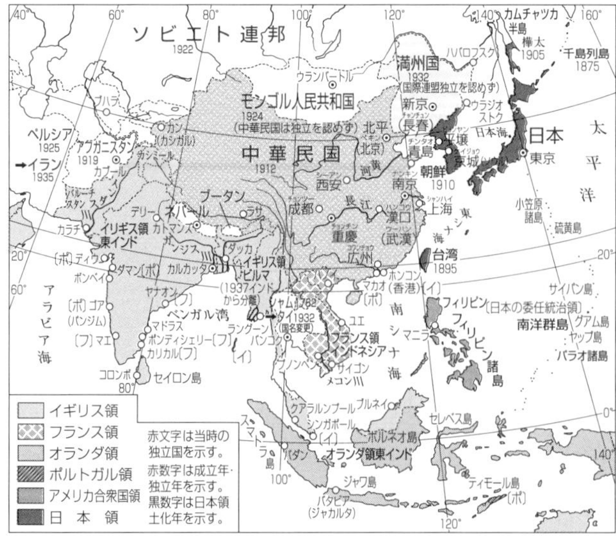

2 東南アジアの言語

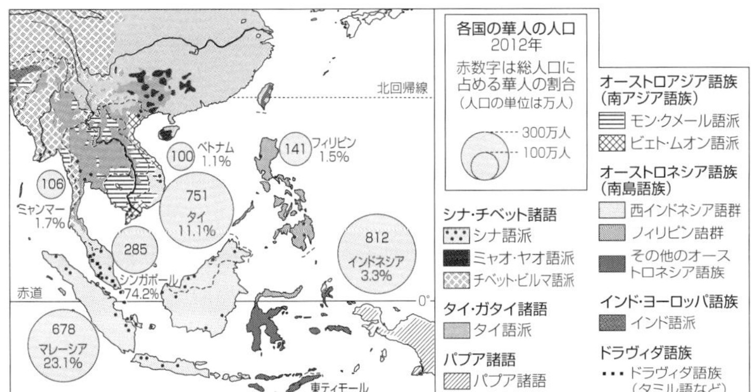

3 東南アジアの宗教

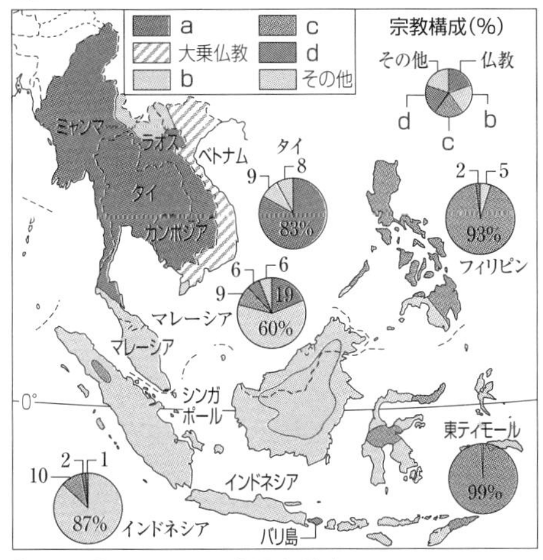

[問題1] a～dの宗教を答えよ。
a (　　　　　　　　) b (　　　　　　　　)
c (　　　　　　　　) d (　　　　　　　　)

4 東南アジアの鉱産資源と農作物

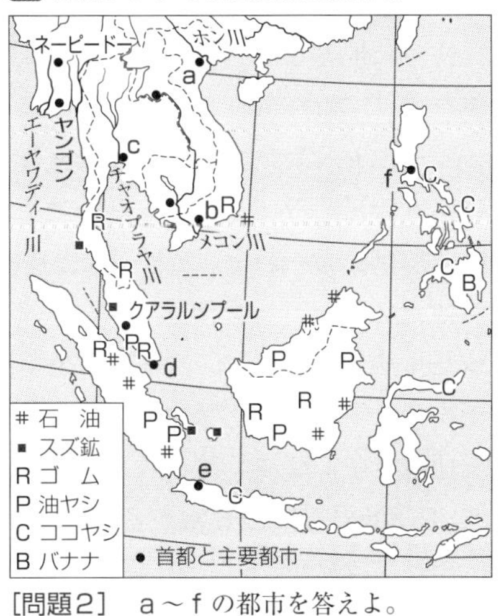

[問題2] a～fの都市を答えよ。
a (　　　　　　　　) b (　　　　　　　　)
c (　　　　　　　　) d (　　　　　　　　)
e (　　　　　　　　) f (　　　　　　　　)

5 東南アジアの国々

国名	人口[1](万人)	1人当たりGNI[2](ドル)	おもな宗教	旧宗主国	ASEAN加盟年	主要輸出品[3]
(a)	27,550	4,217	イスラム教	オランダ	1967年	石炭，パーム油，鉄鋼，機械類，有機化合物
(b)	11,556	3,584	カトリック	※	1967年	機械類，野菜・果実，銅，精密機器，ニッケル鉱
(c)	9,819	3,564	大乗仏教	フランス	1995年	機械類，衣類，はきもの，家具，鉄鋼
(d)	7,170	6,818	上座仏教	—	1967年	機械類，自動車，プラスチック，野菜・果実，石油製品
ミャンマー	5,418	1,095	上座仏教	イギリス	1997年	衣類，天然ガス，野菜・果実，穀物，魚介類
(e)	3,394	10,769	イスラム教	イギリス	1967年	機械類，石油製品，衣類，パーム油，精密機器
カンボジア	1,677	1,523	上座仏教	フランス	1999年	衣類，金，はきもの，バッグ類，機械類
ラオス	753	2,414	上座仏教	フランス	1997年	電力，野菜・果実，金，銅鉱，動物
(f)	598	58,770	多様	イギリス	1967年	機械類，石油製品，精密機器，金，プラスチック
東ティモール	134	1,842	カトリック	ポルトガル	未加盟	コーヒー豆，中古衣類，植物性原材料，魚介類
ブルネイ	45	31,650	イスラム教	イギリス	1984年	液化天然ガス，石油製品，原油，化学薬品，ガス状炭化水素

※スペイン→アメリカ　1)2022年，2)2021年，3)2020～2021年。

[問題3] a～fの国名を答えよ。
a (　　　　　　　　) b (　　　　　　　　) c (　　　　　　　　) d (　　　　　　　　)
e (　　　　　　　　) f (　　　　　　　　)

2 東南アジア諸国

[1]**タイ**：独立を保ったため，植民地化によりプランテーションが行われて稲作が停滞した周辺諸国へ米が輸出され，**世界一の米輸出国**(2017年以降はインド)となる。稲作は［　1　］川流域が中心。乾季には作付けできないため一期作が行われてきたが，**緑の革命**によって灌漑網が整備され，二期作が拡大。**天然ゴム**生産は世界一。工業化が進み，自動車生産は東南アジア最大。首都［　2　］はプライメートシティで水上マーケットがあり，郊外には**自動車工業**が集積。

[2]**マレーシア**：マレー系6割，中国系2割，インド系1割の複族国で，経済的に下位にある**マレー系を優遇**する［　3　］政策をとり，**マレー語を国語**，**イスラム教を国教**とする。かつて**天然ゴム生産世界一**であったが，老木化や合成ゴムとの競合による価格低下などで**油ヤシ栽培**への転換を進め，［　4　］生産はインドネシアに抜かれ世界2位。半島部では**スズ鉱**，カリマンタン(ボルネオ)島では**原油**，**木材**(ラワン材)を生産。1980年代に，日本や韓国などをモデルとした「ルック・イースト政策」をとり，外資を導入して工業化。首都クアラルンプール近郊に高度情報都市「サイバージャヤ」を建設し，ICT産業を誘致。

[3]**シンガポール**：独立時，マレーシアとともに連邦を構成したが，［　5　］系が約75%を占めるため，マレー系優遇政策に反発して分離独立。**英語**，**中国語**，**マレー語**，**タミル語**(インド南部の言語)を公用語とする。［　6　］海峡に近い水上交通の要衝で，**中継貿易港**として発展したが，1960年代以降工業化を進め，ジュロン工業団地などに機械，電子，石油化学工業が発達。国際金融センター。

[4]**インドネシア**：2.7億の人口の6割が首都**ジャカルタ**のある［　7　］島に居住し，他の島への移住政策がとられている。［　8　］教徒数は世界一。2002年**東ティモール**が分離独立。**スマトラ**，**カリマンタン島**(首都移転予定)で原油，天然ガスを産出(2009年OPEC脱退，2015年再加盟，2016年脱退)。**スズ鉱生産**は世界2位(2020年)。稲作のほか，油ヤシ，天然ゴム，コーヒーなどのプランテーションも盛ん。木材は丸太輸出を規制し，付加価値の高い合板を輸出。

[5]**フィリピン**：スペイン領時代に広まった**カトリック**が信仰されるが，南部には［　8　］教徒が居住し，分離独立運動を続ける。アメリカ統治の影響で，公用語は**フィリピノ語**と**英語**。首都はルソン島の**マニラ**。**ココヤシ**からとれるヤシ油(コプラ油)生産は世界一。**バナナ**生産世界6位，輸出世界3位(2021年)。

[6]**ベトナム**：ベトナム戦争(1965〜73年)後，南北ベトナムが統一。首都は**ハノイ**(旧北ベトナムの首都)，最大都市は**ホーチミン**(旧南ベトナム首都のサイゴン)。社会主義国だが，1986年に［　9　］(刷新)政策で市場経済を導入して工業化を進め，農業生産も拡大(コーヒー生産世界2位)。北部のホン川，南部の**メコン**川デルタで稲作。1995年にASEAN加盟，アメリカとの国交正常化で経済発展。

[7]**ミャンマー**：1989年軍事政権への移行でビルマから国名変更，稲作が盛んなエーヤワディー川デルタの首都ラングーンもヤンゴンへ改称。2006年首都をネーピードーに移転。2011年民政移行で外資進出。イスラム系少数民族ロヒンギャは迫害され難民化し，出自とされるバングラデシュに避難。スズ鉱生産世界3位。

[1]タイ
1
2
[2]マレーシア
3
4
[3]シンガポール
5
6
[4]インドネシア
7
8
[5]フィリピン
[6]ベトナム
9
[7]ミャンマー

3章 南アジア

1 自然環境と社会

1 **地形**：インド半島は安定陸塊のゴンドワナランドの一部。**デカン高原**は溶岩台地で，玄武岩の風化した［ 1 ］が分布。プレートの衝突によって形成された8000m級のヒマラヤ山脈，カラコルム山脈などの南側には**ガンジス川**，**インダス川**が流れ，ガンジス河口部には世界最大級の**三角州**が発達。

2 **気候**：夏の南西季節風がアラビア海から吹くインド半島南西岸や，［ 2 ］湾から吹く**アッサム丘陵**などは世界的な多雨地域(Am)。インド半島東部は**Aw**，西部は**BS**，ガンジス川沿いのヒンドスタン平原は**Cw**で，雨季と乾季が明瞭。インド・パキスタン国境付近の大インド砂漠から西は**BW**。

3 **農業**：年降水量**1000mm**以上の沿岸部や**ヒンドスタン平原**では稲作。ガンジス川上流域やインド・パキスタン国境付近の［ 3 ］地方では**小麦**栽培。肥沃な［ 1 ］が分布するデカン高原やインダス川中流域では［ 4 ］，ガンジスデルタでは繊維原料の［ 5 ］を栽培。**茶**は**ヒマラヤ山麓**のダージリンやアッサム地方，スリランカの山地などで栽培。牛の飼育頭数が多いインドでは近年の経済成長に伴い牛乳生産量が増加し，**白い革命**と呼ばれる。菜食主義者が多く不浄とされる豚肉も食べられないが，近年は鶏肉生産が増加(ピンクの革命)。

4 **民族**：西方から古代に侵入した**インド・ヨーロッパ系**が北部に，先住民の［ 6 ］系が南部に居住。第二次世界大戦後，イギリスから独立したが，宗教の違いから**ヒンドゥー教**のインド，**イスラム教**のパキスタン，**仏教**のスリランカ(独立時はセイロン)に分かれた。西パキスタンと民族が異なる東パキスタンは，1971年に［ 7 ］として分離独立。インド，パキスタンは，［ 8 ］地方の領有をめぐって対立を続け，両国は核保有。

1 地形
1

2 気候
2

3 農業
3
4
5
→P.120 1

4 民族
6

1 2

7
8

図表でチェック

1 南アジアの言語

2 南アジアの宗教

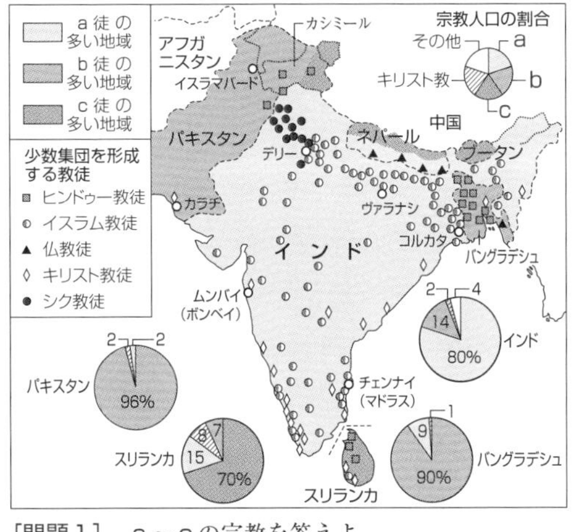

［問題1］ a～cの宗教を答えよ。
a（　　　　　　　　　） b（　　　　　　　　　）
c（　　　　　　　　　）

2 南アジア諸国

1 インド

①**社会**：人口は2023年に世界1位。連邦国家。連邦公用語の［　1　］語を含む22の憲法公認語があり，英語は準公用語。宗教は**ヒンドゥー教徒**が80%，イスラム教徒が14%。ヒンドゥー教の**カースト制**が残るが，カーストによる差別は憲法で禁止。［　2　］と首都**デリー**（ニューデリー）が二大都市。

②**工業**：デカン高原周辺では綿工業，ガンジスデルタの**コルカタ**では**ジュート工業**が発達。総合開発の行われた［　3　］川付近では**石炭**と**鉄鉱石**を産出し，**ジャムシェドプル**（20世紀初頭に民族資本により操業）などに**鉄鋼業**が立地。1991年の経済自由化以降，外資の進出が増加。英語圏の有利性をいかしてソフトウェア産業も立地し，南部の［　4　］はインドのシリコンヴァレーと呼ばれる。

2 パキスタン
：人口2.4億人。国語はウルドゥー語。繊維品，衣類，米などを輸出。

3 バングラデシュ
：人口1.7億人。公用語はベンガル語。国土の大部分がガンジスデルタに位置し，低平なため**サイクロン**による高潮被害を受けやすく，温暖化による水没も懸念される。**耕地率は72%**（2020年）で世界一，人口密度は1153人／km^2（2022年）で，主要国中最高。**ジュート生産**はインドに次いで世界2位。

4 スリランカ
：主要民族は**仏教徒**の**シンハラ人**で，少数派で**ヒンドゥー教徒**の［　5　］人と対立が続いている。中央部の山地で**茶**を栽培し，輸出。

5 ネパール
：南部の平野部にはヒンドゥー教徒，北部のヒマラヤ山脈付近には仏教徒が居住。ヒマラヤ山脈の登山，観光が盛ん。2015年に大地震。

1 インド
1
2
3
2
4
2 パキスタン
3 バングラデシュ
4 スリランカ
5
5 ネパール

図表でチェック

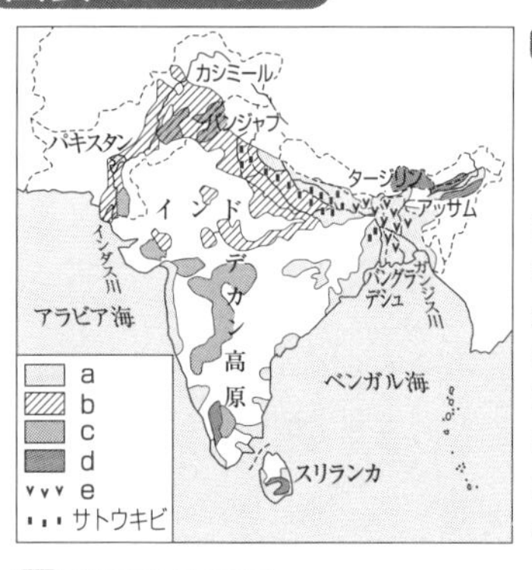

1 南アジアの農業

［問題1］
a～eの作物を答えよ。
a（　　　　　）
b（　　　　　）
c（　　　　　）
d（　　　　　）
e（　　　　　）

ラホール
パキスタン
a
ネパール
ブータン
インド
ダモダル炭田
バングラデシュ
b
ジャムシェドプル
e
シングブーム
ダモダル川
ガンジス川
c
d
チェンナイ
スリランカ
コロンボ
石炭
鉄鉱石
石油

2 南アジアの鉱工業

［問題2］
a～eの都市を答えよ。
a（　　　　　）
b（　　　　　）
c（　　　　　）
d（　　　　　）
e（　　　　　）

3 南アジアの国々

国名	人口[1]（万人）	1人当たりGNI[2]（ドル）	おもな宗教	おもな言語	主要輸出品[3]
（　a　）	141,717	2,239	ヒンドゥー教	ヒンディー語	石油製品，機械類，ダイヤモンド
（　b　）	23,583	1,584	イスラム教	ウルドゥー語	繊維品，衣類，米
（　c　）	17,119	2,579	イスラム教	ベンガル語	衣類，繊維品，はきもの
ネパール	3,055	1,212	ヒンドゥー教	ネパール語	繊維と織物，パーム油，衣類
（　d　）	2,183	3,823	仏教	シンハラ語・タミル語	衣類，茶，ゴム製品
ブータン	78	2,809	チベット仏教	ゾンカ語	鉄鋼，電力，化学製品

1）2022年，2）2021年，3）2012～2021年。

［問題3］　a～dの国名を答えよ。
a（　　　　　）　b（　　　　　）　c（　　　　　）　d（　　　　　）

4章 西アジア・アフリカ

1 自然環境

1 **地形**：アフリカ大陸は平均高度750mで，沿岸部に平地が少ない台地状の大陸。河川の多くは下流部に滝や急流があり，外洋船の遡航はできない。

①**安定陸塊**：アフリカ大陸，アラビア半島，マダガスカル島はゴンドワナランドの一部で，紅海はプレートの広がる境界に海水が浸入したもの。その北には世界最低所の死海(湖面標高－400m)が位置する。エチオピア高原からザンベジ川河口付近に続く[　1　]も広がる境界に当たり，キリマンジャロ山(5895m，山頂には氷河がある)などの火山やタンガニーカ湖などの断層湖が分布する。

②**古期造山帯**：南アフリカのドラケンスバーグ山脈。付近では石炭を産出。

③**新期造山帯**：北アフリカの[　2　]山脈(最高峰4167m)，トルコからイラン高原に続く地域はアルプス・ヒマラヤ造山帯に属する。イラン高原北側のエルブールズ山脈(最高峰5671m)，南西側のザグロス山脈(最高峰4548m)は高峻で，ザグロス山脈の南西側のメソポタミア平原，ペルシャ湾岸には油田が分布。

④**河川**：赤道直下の[　3　]湖とエチオピア高原を源とするナイル川は世界最長。コンゴ盆地を流れるコンゴ川は，流域面積がアマゾン川に次いで世界2位。イラクのティグリス・ユーフラテス川，ナイル川，西アフリカのニジェール川は外来河川。ザンベジ川には，南アメリカのイグアス滝，北アメリカのナイアガラ滝とともに世界三大瀑布のヴィクトリア滝がある。

2 **気候**：南北端がほぼ緯度35度なので，気候区は赤道を挟んでほぼ対称的に分布。

①**熱帯**：赤道直下のコンゴ盆地はAfだが，大地溝帯より東側はAwで，インド洋岸の赤道付近は乾燥帯。Afの周囲にはAw。マダガスカル島東岸は，年中[　4　]風に対して山地の風上側に位置し，多雨のためAf，風下側の西岸はBS，BW。

②**乾燥帯**：回帰線付近のサハラ砂漠やアラビア半島，カラハリ砂漠は，年中亜熱帯高圧帯の圏内で乾燥。南西部の[　5　]砂漠は，沖合いを北上する寒流(ベンゲラ海流)の影響を受け乾燥。サハラ砂漠南縁の[　6　]など半乾燥地域では，降水量の減少(自然的要因)や，人口急増に伴う過耕作，過放牧，過伐採で植生が破壊され(人為的要因)，砂漠化が進行している。

③**温帯**：アトラス山脈北側，西アジアの地中海沿岸からカスピ海南側にかけてとアフリカ南西端のケープタウン周辺は[　7　]。エチオピア高原など大地溝帯沿いの高原にはCwが広がる(低地はAwで，高地は気温が下がりCwとなる)。

1 地形
2
1
2
3
2 気候
3
4
5
6
7

1 西アジアの国々　[問題1]　a～cの国名を答えよ。　a(　　　　)　b(　　　　)　c(　　　　)

国名	人口[1](万人)	1人当たりGNI[2](ドル)	公用語	おもな宗教	主要輸出品[3]
(　a　)	8,534	9,519	トルコ語	スンナ派	機械類，自動車，衣類，繊維品，鉄鋼
トルコ	8,855	6,556	ペルシャ語	シーア派	原油，石油製品，化学薬品
イラク	4,450	4,645	アラビア語	シーア派	原油，石油製品
アフガニスタン	4,113	377	パシュトゥー語・ダリ語	スンナ派	植物性原材料，ブドウ，ナッツ
(　b　)	3,641	23,642	アラビア語	スンナ派	原油，石油製品，プラスチック
(　c　)	904	53,302	ヘブライ語	ユダヤ教	機械類，ダイヤモンド，精密機械，航空機

1)2022年，2)2021年，3)2016～2021年。

図表でチェック

2 西アジア・アフリカの地形

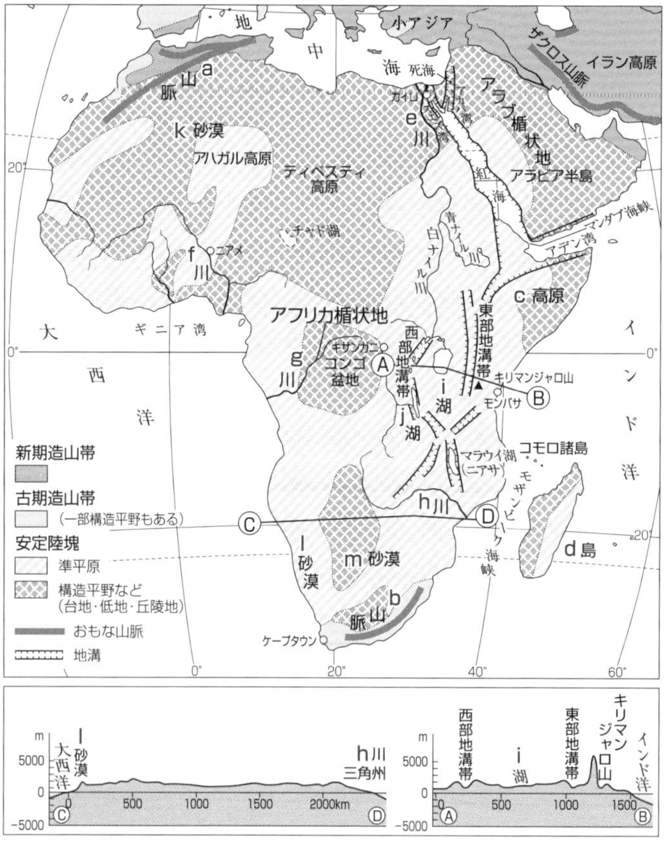

［問題２］
ａ～ｍの名称を答えよ。

新期造山帯	a（	）
古期造山帯	b（	）
安定陸塊	c（	）
	d（	）
河川	e（	）
	f（	）
	g（	）
	h（	）
湖	i（	）
	j（	）
砂漠	k（	）
	l（	）
	m（	）

3 西アジア・アフリカの気候

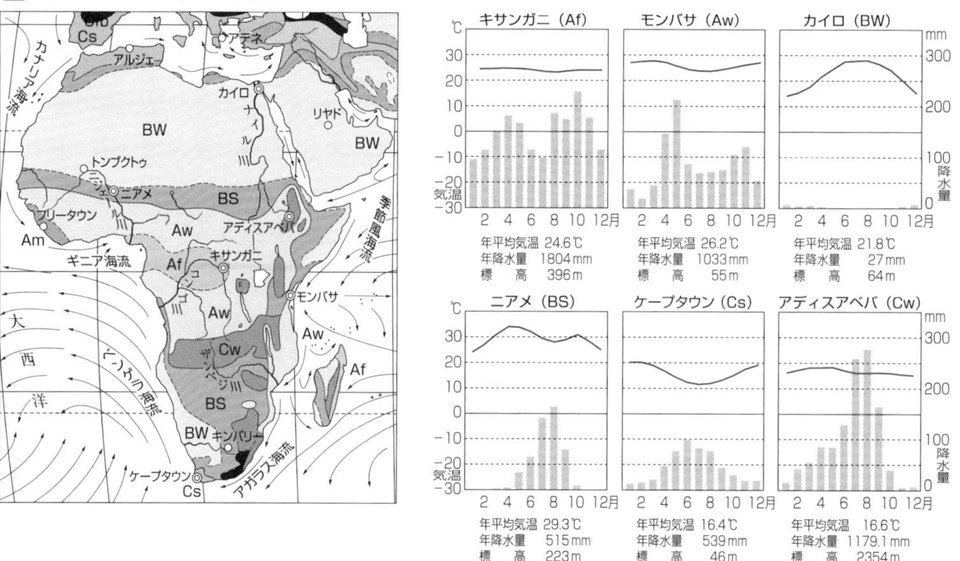

2 社会

1 西アジア・北アフリカの人種・民族

イラク以西のアラビア半島付近からサハラ砂漠以北の北アフリカにはコーカソイドのアフリカ・アジア語族が居住し，[　1　]教がおもに信仰されている。[　2　]語が広く使用されるが，イスラエルではヘブライ語が使用され，ユダヤ教が信仰されている。アラブ諸国はアラブ連盟(LAS)を結成。イランではインド・ヨーロッパ語族のペルシャ語，トルコではアルタイ諸語のトルコ語が使用される。イラン・イラク・トルコ国境付近には[　3　]人が居住し，分離独立運動。

2 中南アフリカの人種・民族

サハラ砂漠以南にはネグロイドが居住し，大部分はニジェール・コルドファン諸語に属する。カラハリ砂漠付近には少数民族のコイサン族が，[　4　]には東南アジア出身のマレー・ポリネシア系民族が居住。原始宗教が卓越するが，一部にキリスト教が分布。南アフリカには，オランダ系，イギリス系など白人が入植。多民族からなる国が多いため，旧宗主国の言語が公用語とされている。東アフリカのケニア，タンザニア，ウガンダではスワヒリ語も公用語に含まれる。

3 植民地支配と国境

①西アジア：多くの国は第一次世界大戦後，オスマン帝国領から独立。

②アフリカ：イギリス，フランスなどヨーロッパ諸国の植民地支配を受け，第二次世界大戦前の独立国は，エチオピア，リベリア，南アフリカ，[　5　]の4か国。戦後，独立が相次ぎ，17か国が独立した1960年は「アフリカの年」と呼ばれる。民族分布と無関係な植民地時代の境界を国境として独立した国が多いため，国内統一が難しく，民族対立に起因する内戦が頻発している。未独立の

1 西アジア・北アフリカの人種・民族
1
1
2
3
2 中南アフリカの人種・民族
4
3 植民地支配と国境
2
5

図表でチェック

1 アフリカの言語

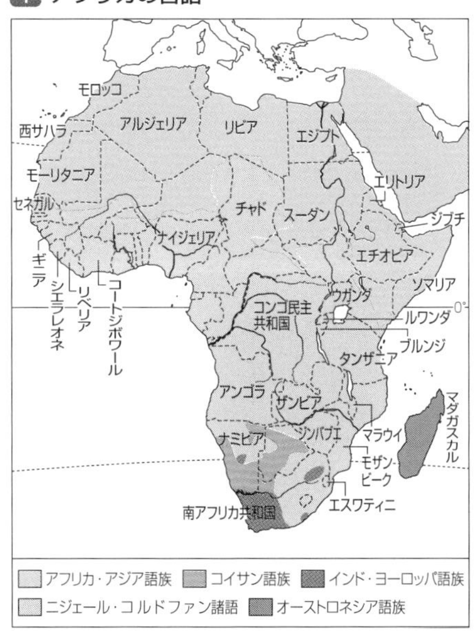

2 アフリカの独立

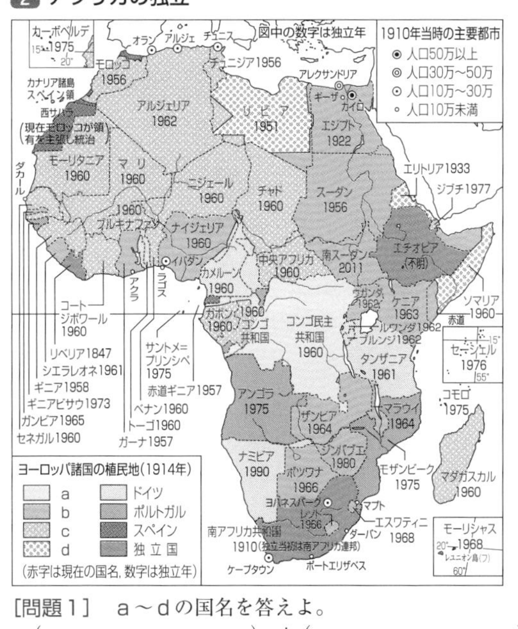

[問題1]　a～dの国名を答えよ。

a(　　　　　　　　)　b(　　　　　　　　)

c(　　　　　　　　)　d(　　　　　　　　)

西サハラが加盟するAUに，領有を主張するモロッコが2017年に再加盟。

[4] **アラブの春**：2011年1月，チュニジアで民主化運動により独裁政権が崩壊(ジャスミン革命)。同年エジプト，リビア，イエメンでも独裁政権が崩壊したが，民主化は進展せず，シリアでは内戦が続き，イスラム国(IS)問題も発生。

[4] アラブの春

3 農業

[1] **西アジア・北アフリカ**：乾燥地域では羊，ヤギ，ラクダなどの遊牧。外来河川沿いや，カナート(イラン)，[1](北アフリカ)と呼ばれる地下水路の末端，湧水地などのオアシスでは，[2]や小麦，綿花などを栽培する**オアシス農業**。サウジアラビアではセンターピボット方式の灌漑農地で小麦・野菜栽培。Cs気候地域では，柑橘(かんきつ)類やオリーブ，ブドウなどを栽培する**地中海式農業**。

[2] **中南アフリカ**：熱帯では焼畑農業が広く行われ，Af気候地域では[3]，ヤムイモ，タロイモなどのイモ類，Aw気候地域ではモロコシ，キビ，アワ，ヒエなどの雑穀を栽培。サヘルでは落花生や綿花を栽培。プランテーションは，ギニア湾岸の[4]，大地溝帯沿いの高原の**コーヒー**，ケニアの茶が重要。

[3] **南アフリカ共和国**：入植したヨーロッパ人によって新大陸型の農業が行われ，内陸の高原では**企業的牧畜**，ケープタウン付近の南西部では**地中海式農業**。

[1] 西アジア・北アフリカ
1
1
2

[2] 中南アフリカ
3
4

[3] 南アフリカ共和国

図表でチェック

1 アフリカの農業

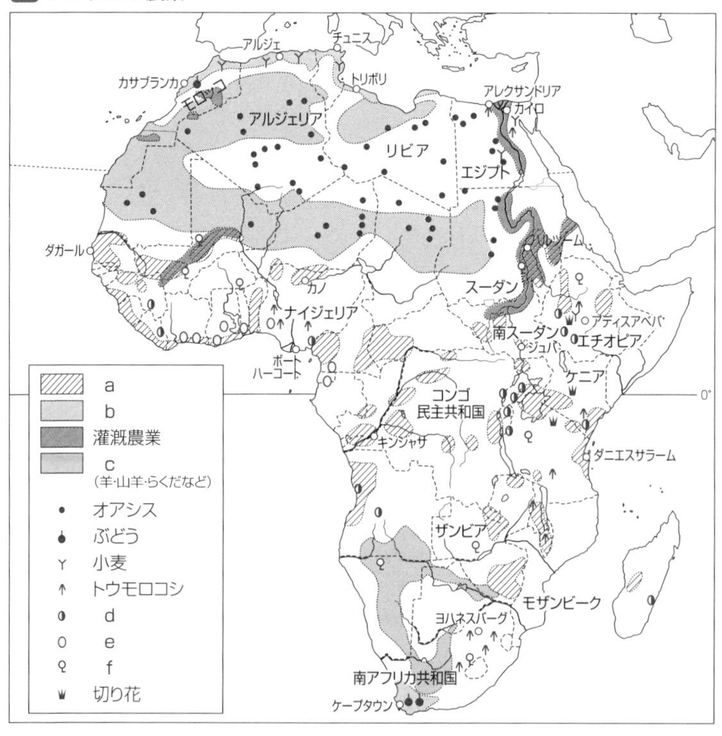

[問題1]　a～fの農業，作物を答えよ。

a(　　　　) b(　　　　) c(　　　　)
d(　　　　) e(　　　　) f(　　　　)

4 鉱産資源

1 **石油**：西アジア・北アフリカは，世界の原油埋蔵の約６割を占め，石油輸出の中心となる。1960年の［　1　］結成，1968年のOAPEC結成，1970年代の石油危機を経て，国際石油資本（メジャー）の支配から脱して国有化が進んだ。ペルシャ湾岸や北アフリカの油田からは，地中海沿岸に**パイプライン**がのびる。サウジアラビアやアラブ首長国連邦などの高所得国では南アジアなどからの外国人労働者が多い。中南アフリカの産油国は**ナイジェリア**と**アンゴラ**。

2 **その他の鉱産資源**：南アフリカ共和国は，［　2　］の生産が2006年まで世界一であったほか，**石炭**，**鉄鉱石**の生産はアフリカ一。コンゴ民主共和国，ザンビア国境付近は**カッパーベルト**と呼ばれ，**銅鉱**の生産が多い。［　3　］はボーキサイト生産世界３位（2020年）。コンゴ民主共和国からボツワナ，南アフリカ共和国にかけての中南部では**ダイヤモンド**，**レアメタル**などの生産も多い。モロッコ，チュニジアでは**リン鉱石**（肥料などの原料）を産出。

1 石油
1
1

2 その他の鉱産資源
2
2
3

図表でチェック

1 西アジア・北アフリカの油田

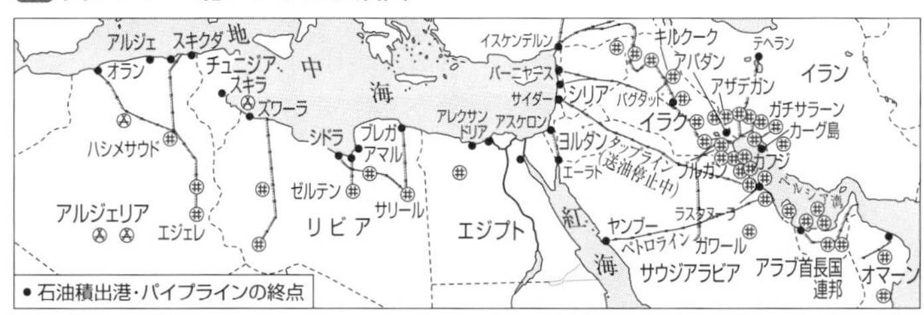

2 アフリカの鉱産資源

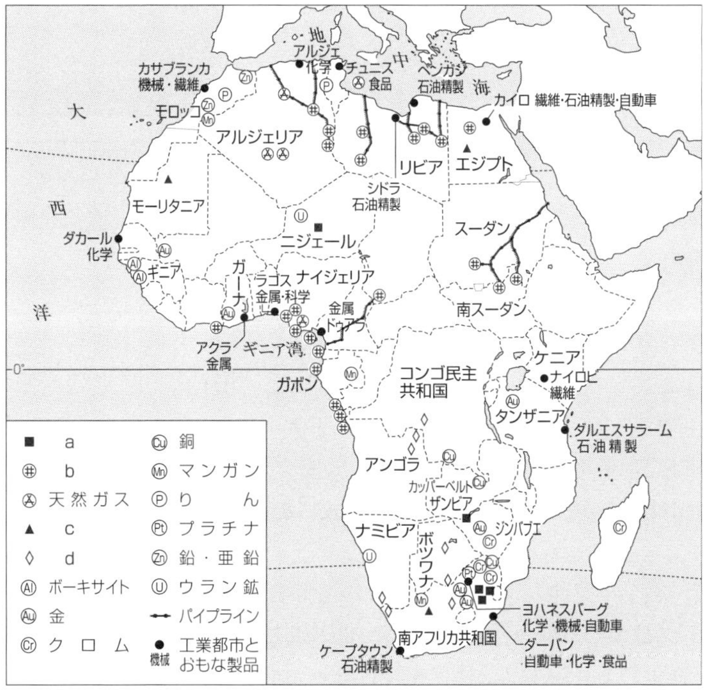

［問題１］
a～dの資源を答えよ。
a（　　　　　　　　）
b（　　　　　　　　）
c（　　　　　　　　）
d（　　　　　　　　）

5 西アジア諸国

1 **イラン**：イスラム教シーア派。首都テヘラン(35°N)は標高1200mのイラン高原に立地。地下水路[1]による灌漑農業。原油生産世界８位(2022年)。1979年のイラン革命で王政が倒され，イスラム共和国が成立し，核問題などでアメリカ合衆国と対立，経済制裁を受ける。

2 **イラク**：首都[2]は，ティグリス川沿いのメソポタミア平原に立地。1980～88年イラン・イラク戦争，1990～91年クウェートに侵攻し湾岸戦争。経済制裁で原油生産は減少したが，近年増加し，生産世界５位(2022年)，輸出世界３位(2020年)。2003年に崩壊したフセイン政権はスンナ派だが，国民の多数はシーア派で，北部にはクルド人も居住。2006年の新政府発足後も民族対立が続く。

3 **サウジアラビア**：ネフド，ルブアルハリ砂漠が広がり，遊牧民ベドウィンは定住化が進む。原油生産世界２位(2022年)，輸出世界一(2020年)。首都リヤドは北回帰線付近に立地。西部にイスラム教の聖地[3]とメディナがあり多数の巡礼者を受け入れている。政教一致の専制君主国で，国会，憲法はない。

4 **アラブ首長国連邦**：[4]は運輸・物流・観光の拠点。首都はアブダビ。

5 **イスラエル**：ユダヤ人国家創設をめざすシオニズム運動で1948年建国。パレスチナ人が難民化し４回の中東戦争が生じた。1993年パレスチナ暫定自治協定を締結したが，情勢は不安定。首都エルサレムはユダヤ教，イスラム教，キリスト教の聖地。[5]が輸出の２位，ICT産業が発達。ヘブライ語が公用語。

6 **トルコ**：オスマン帝国崩壊後，1922年政教分離により共和国となる。外交は欧米寄りで，NATO，OECDに加盟し，EU加盟申請中。外資の進出で工業化が進み，EUへの輸出が多い。[6]海峡に臨むイスタンブールが最大都市。首都アンカラは40°Nの高原に立地。プレート境界で地震が頻発。

7 **アフガニスタン**：2001年同時多発テロ後，米軍侵攻で消滅したタリバン政権復活。

1 イラン
1

2 イラク
2

3 サウジアラビア
3

4 アラブ首長国連邦
4

5 イスラエル
5

6 トルコ
6

7 アフガニスタン

6 北アフリカ諸国

1 **エジプト**：人口1.1億人でアフリカ３位。ナイルデルタには，首都カイロ，貿易港アレキサンドリアなどの大都市が集中。[1]ダムによってナイル川の洪水を制御し，灌漑耕地拡大で綿花などの生産が増加したが，塩害も発生。小麦，米の生産はアフリカ１，２位。北東部のシナイ半島西側にはスエズ運河。

2 **スーダン**：首都ハルツーム付近で白ナイルと青ナイルが合流。西部のダルフール地方では，アラブ系民兵によるアフリカ系住民の大量虐殺が生じた。2011年，非イスラームの南スーダンが分離独立(英語が公用語で，キリスト教中心)。

3 **リビア**：[2]から独立。OPEC加盟の産油国。ほぼ全土が砂漠で，人口が680万人と少なく１人当たりGNIは多いが，2011年独裁政権崩壊後に混乱が続く。

4 **アルジェリア**：チュニジア，モロッコとともに[3]から独立し，マグレブ諸国と呼ばれる(アラビア語で「西」の意味)。[4]山脈の北側では地中海式農業。南側では遊牧とオアシス農業が行われ，石油も産出(OPEC加盟)。

5 **モロッコ**：非産油国で，外資の進出により輸出品は機械類，自動車が上位。

1 エジプト
1

2 スーダン

3 リビア
2

4 アルジェリア
3
4

5 モロッコ

7 中南アフリカ諸国

1 **エチオピア**：アフリカ最古の独立国。1993年に旧イタリア領のエリトリアが分離独立し内陸国となる。**キリスト教**(エチオピア正教)が信仰される。人口1.2億人でアフリカ2位。首都アディスアベバはエチオピア高原の標高2300mに位置し，高原南部のカッファ地方は[1]原産地。

2 **ケニア**：イギリスから独立。首都ナイロビは標高1600mの高原に位置し，周辺の白人入植地はホワイトハイランドと呼ばれ，[2](生産世界3位，2021年)，コーヒーを栽培。サバナの自然公園(サファリ)には外国人観光客が多い。

3 **マダガスカル**：南部に南回帰線が通る。マレー・ポリネシア系民族が居住し，稲作が行われる。南東貿易風に対し風上側の東岸はAf，西岸はBS，BW。

4 **ナイジェリア**：人口2.2億人でアフリカ一。イギリスから独立。アンゴラと並ぶ産油国(OPEC加盟)で，[3]河口付近に油田。油田地帯のイボ族独立をめぐって生じた**ビアフラ戦争**後，民族対立緩和のため，行政区分の再編成や，ラゴスからアブジャへの遷都が行われた。湿潤な南部にはキリスト教徒が多く，カカオ，油ヤシを栽培。やや乾燥する北部にはイスラム教徒が多く，綿花を栽培。

5 **ガーナ**：イギリスから独立。カカオ豆生産世界2位(2021年)。ヴォルタ川総合開発で，水力発電を利用してアルミニウム精錬。首都付近を本初子午線が通る。

6 **コートジボワール**：フランスから独立。[4]生産世界一(2021年)。

7 **リベリア**：アメリカの解放奴隷によって建国されたアフリカ最古の黒人共和国。便宜置籍船国で，パナマに次ぎ商船保有量世界2位。

8 **コンゴ民主共和国**：ベルギーから独立(公用語フランス語)。1997年政変でザイールから国名変更。銅鉱生産世界4位(2019年)，**コバルト**生産世界一(2022年)。

9 **南アフリカ共和国**：17世紀に[5]人，18世紀末に**イギリス人**が入植し，農業開拓。19世紀に金や**ダイヤモンド**が発見され，イギリス領となる。人口の約1割の白人の権益を守るため，[6]と呼ばれる人種隔離政策を実施してきたが，1991年に廃止。黒人大統領が誕生し，OAU(現AU)に加盟。工業も発達。

1 エチオピア
1
2 ケニア
2
3 マダガスカル
4 ナイジェリア
3
5 ガーナ
6 コートジボワール
4
7 リベリア
8 コンゴ民主共和国
9 南アフリカ共和国
5
6

図表でチェック

1 アフリカの国々

[問題1]
a～iの国名を答えよ。
a( )
b( )
c( )
d( )
e( )
f( )
g( )
h( )
i( )

国名	人口[1] (万人)	1人当たりGNI[2] (ドル)	旧宗主国	公用語	主要輸出品[3]
(a)	21,854	1,868	イギリス	英語	原油，液化天然ガス，船舶
(b)	12,338	821	—	アムハラ語	コーヒー豆，野菜・果実，ゴマ
(c)	11,099	3,778	イギリス	アラビア語	石油製品，LNG，野菜・果実
(d)	9,901	541	ベルギー	フランス語	銅，無機化合物，銅鉱
(e)	5,989	6,920	イギリス	英語，他10言語	白金属，自動車，鉄鉱石
(f)	5,403	2,051	イギリス	スワヒリ語，英語	茶，切花，衣類，野菜・果実
アルジェリア	4,490	3,618	フランス	アラビア語・アマジグ(ベルベル)語	原油，天然ガス，石油製品
(g)	3,746	3,801	フランス	アラビア語・アマジグ(ベルベル)語	機械類，化学肥料，自動車
ガーナ	3,348	2,348	イギリス	英語	金，原油，カカオ豆
マダガスカル	2,961	489	フランス	マダガスカル語・フランス語	バニラ，衣類，ニッケル
(h)	2,816	2,462	フランス	フランス語	カカオ豆，金，野菜・果実
ザンビア	2,002	1,062	イギリス	英語	銅，鉄鋼，機械類
(i)	681	5,839	イタリア	アラビア語	原油，液化天然ガス，石油製品

1)2022年，2)2021年，3)2017～2021年。

5章 ヨーロッパ

1 自然環境

1 位置

- 40° N(秋田)：マドリード，アンカラ。
- 50° N(サハリン中部)：ドーヴァー海峡，プラハ，キーフ(キエフ)。
- 60° N(カムチャツカ半島基部)：オスロ，ストックホルム，ヘルシンキ。

2 地形

①**大地形**：バルト海周辺は安定陸塊(**バルト楯状地**，**ロシア卓状地**)，そのまわりに古期造山帯(**スカンディナヴィア山脈**，**ペニン山脈**など)が分布。東ヨーロッパ平原や北ドイツ平原は[1]平野で，パリ盆地には[2]がみられる。地中海周辺は新期造山帯(**ピレネー山脈**，**アルプス山脈**，カルパティア山脈以南)。火山は，イタリア南部(ヴィズヴィオ山)，シチリア島など地中海周辺や，プレートの広がる境界の大西洋中央海嶺上に位置する**アイスランド**に分布。

②**小地形**：イギリス，北ドイツ平原以北は**大陸氷河**に覆われたため，[3](ノルウェー)，氷河湖(フィンランド)，モレーンなどの氷河地形が分布。**リアス海岸**(スペイン北西部)，[4](エルベ川，セーヌ川，ロアール川，ジロンド川，テムズ川)，**カルスト地形**(スロベニア)も発達している。

③**河川**：平野が広く流れが緩やかで，流量も安定しているため，国際河川(ライン・ドナウ川など)と運河を利用した河川交通が盛ん。[5]川沿いには，上流からウィーン，ブラチスラバ，**ブダペスト**(双子都市)，**ベオグラード**の四つの首都が位置する。

3 気候：高緯度に位置するが，暖流の**北大西洋海流**とその上を吹く[6]風の影響を受けて，冬は温和。スカンディナヴィア半島北端まで不凍港が分布。1月0℃の等温線はヨーロッパ中部を南北に走り，東部に向かうほど年較差は大きくなる。南から**Cs⇒Cfb⇒Df⇒ET**と配列。イタリア北部，ハンガリーなどに**Cfa**が分布するが，最暖月平均気温が22℃をわずかに超えたためで，Cfbに準ずると考えればよい。地中海周辺にはフェーン，ボラ，シロッコなどの局地風。

1 位置

2 地形

2

1

2

3

4

5

3 気候

6

1 3

→P.25 5

図表でチェック

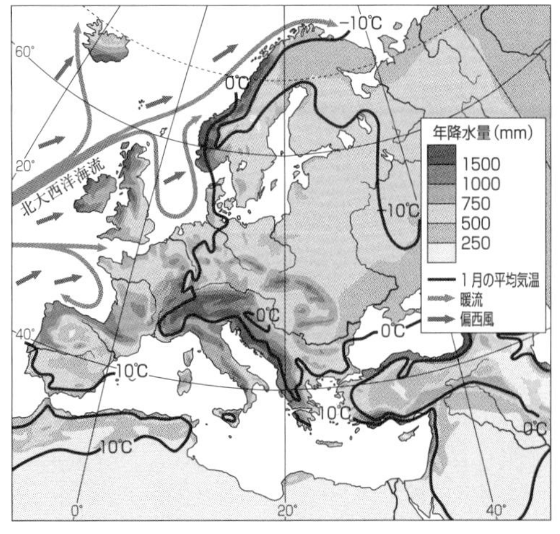

1 ヨーロッパの気候

◀1月の0℃の等温線は，北大西洋海流と偏西風の影響を受けて中央部を南北に走る。温帯と亜寒帯の境界は最寒月平均気温－3℃なので，この等温線に近いところを走る(→3)。
　降水量は偏西風に対して山脈の風上側に当たるノルウェー西部などで多い。

2 ヨーロッパの地形

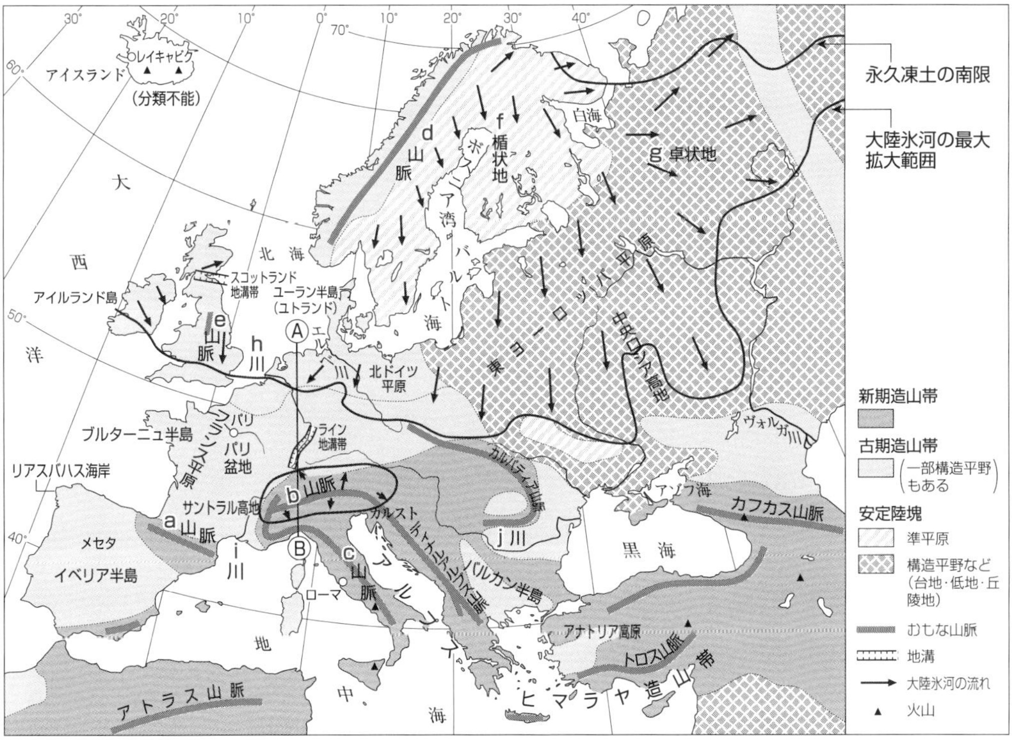

永久凍土の南限
大陸氷河の最大拡大範囲
アイスランド
レイキャビク
(分類不能)
白海
d 山脈
f 楯状地
g 卓状地
ボスニア湾
バルト海
東ヨーロッパ平原
中央ロシア高地
大西洋
北海
スコットランド地溝帯
ユーラン半島(ユトランド)
アイルランド島
e 山脈
h 川
エルベ川
北ドイツ平原
ブルターニュ半島
パリ盆地
パリ
フランス平原
ライン地溝帯
リアスバハス海岸
サントラル高地
b 山脈
カルパティア山脈
アゾフ海
カフカス山脈
ヴォルガ川
a 山脈
メセタ
イベリア半島
i 川
c 山脈
ローマ
アルプス
カルスト
ディナルアルプス山脈
j 川
バルカン半島
黒海
アナトリア高原
トロス山脈
アトラス山脈
地中海
アルプス=ヒマラヤ造山帯

新期造山帯
古期造山帯(一部構造平野もある)
安定陸塊
準平原
構造平野など(台地・低地・丘陵地)
おもな山脈
地溝
大陸氷河の流れ
火山

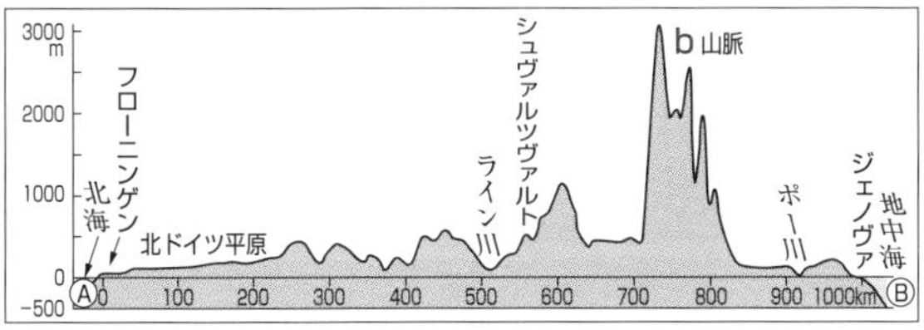

3000 m
2000
1000
0
-500
北海
フローニンゲン
北ドイツ平原
ライン川
シュヴァルツヴァルト
b 山脈
ポー川
ジェノヴァ
地中海
0 100 200 300 400 500 600 700 800 900 1000km

[問題1] a～jの名称を答えよ。

新期造山帯

a (　　　　　) b (　　　　　)

c (　　　　　)

古期造山帯

d (　　　　　) e (　　　　　)

安定陸塊

f (　　　　　) g (　　　　　)

河川

h (　　　　　) i (　　　　　)

j (　　　　　)

3 ヨーロッパの気候区

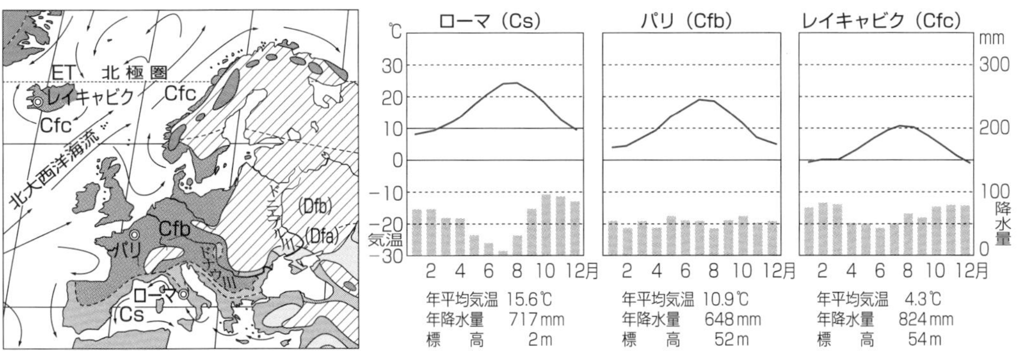

2 社会

1 言語

①**分布**：大部分がインド・ヨーロッパ語族で，北西部に[1]語派，南部にラテン語派，東部に[2]語派が分布。ルーマニアには離れてラテン語派が分布。ほかに，バルト語派，[3]語派(イギリス，アイルランドの一部とフランスのブルターニュ半島)，ギリシャ語派，アルバニア語派が分布。[4](フィン・サーミ人)，エストニア，ハンガリーにはウラル語族が分布。フランス・スペイン国境付近のバスク人はバスク語族。

②**公用語と対立**

・**スイス**：周囲の国で使用されるドイツ語(64%)，フランス語(20%)，イタリア語(7%)とロマンシュ(レートロマン)語(1%)が公用語。

・**ベルギー**：北部の[5]語系フラマン人(58%)と南部のフランス語系ワロン人(32%)の間で対立が続き連邦制に移行。首都ブリュッセルでは二言語併用。

・**スペイン**：公用語のスペイン語の他に五つの地方公用語があり，バスク地方やバルセロナのあるカタルーニャ地方では分離独立運動。

・**イギリス**：スコットランド(ケルト語派中心)の分離独立運動。

2 宗教

①**分布**：[1]民族はプロテスタント，ラテン民族は[6]，[2]民族は正教会(東方正教)が多い。[6]はプロテスタントを取り囲んで分布し，ポーランド，チェコ，スロバキア，ハンガリー，アイルランドなどで信仰。かつてオスマン帝国支配下にあったバルカン半島のボスニア・ヘルツェゴビナやアルバニア，コソボには[7]教が分布。

②**対立**

・**北アイルランド**：アイルランドがイギリスから独立する際，イギリス人の多い北アイルランドのみイギリスとして残留したため，アイルランド統一をめざすカトリック(アイルランド系)と，プロテスタント(イギリス系)が対立。

・**ボスニア・ヘルツェゴビナ**：旧ユーゴスラビアからの分離独立時，カトリックのクロアチア人，正教会(セルビア正教)のセルビア人，イスラム教のムスリム人の間で内戦が生じた。

・**コソボ**：セルビア南部のコソボ自治州にはアルバニア系イスラム教徒が居住し，2008年に分離独立したが，ロシア，セルビアなどは独立未承認で国連未加盟。

3 住居と食物

①**住居**：森林の豊かな北部は木造，南部の地中海沿岸は石造，中部は木材とレンガ，石を使用した木骨造。

②**食物**：北部は[8]のパンやジャガイモ，南部は小麦のパン，パスタ，ピザやトウモロコシ。地中海周辺ではワインやオリーブ油の消費が多く，米料理(イタリアのリゾットやスペインのパエリア)もある。北欧と地中海周辺では魚介類の消費が多い。

1 言語
1
2
3
4
1 3
5
2 宗教
6
2 4
7
3 住居と食物
8

図表でチェック

1 ヨーロッパの言語

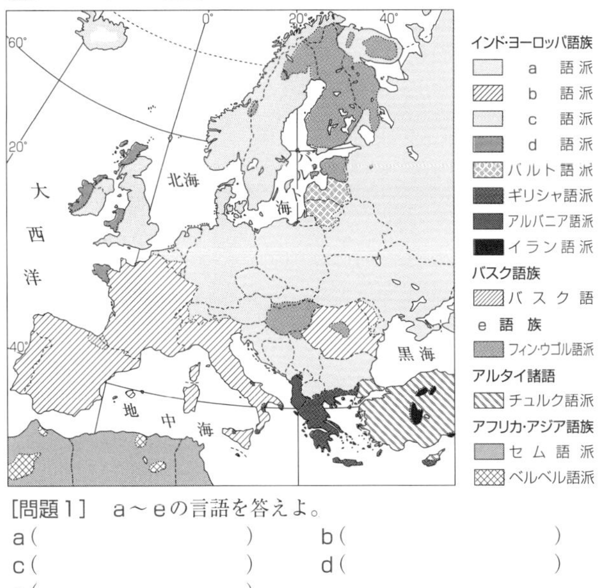

[問題1]　a～eの言語を答えよ。

a（　　　　　　　）　b（　　　　　　　）
c（　　　　　　　）　d（　　　　　　　）
e（　　　　　　　）

2 ヨーロッパの宗教

[問題2]　a～cの宗教を答えよ。

a（　　　　　　　）b（　　　　　　　）
c（　　　　　　　）

3 ベルギーの言語分布

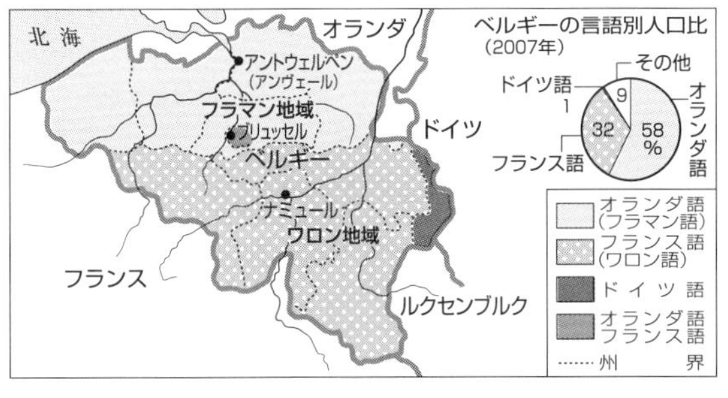

4 旧ユーゴスラビアの宗教と民族分布

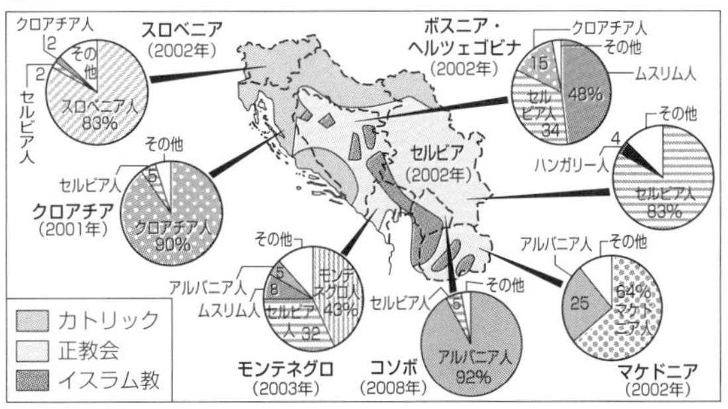

5 東欧圏の変化

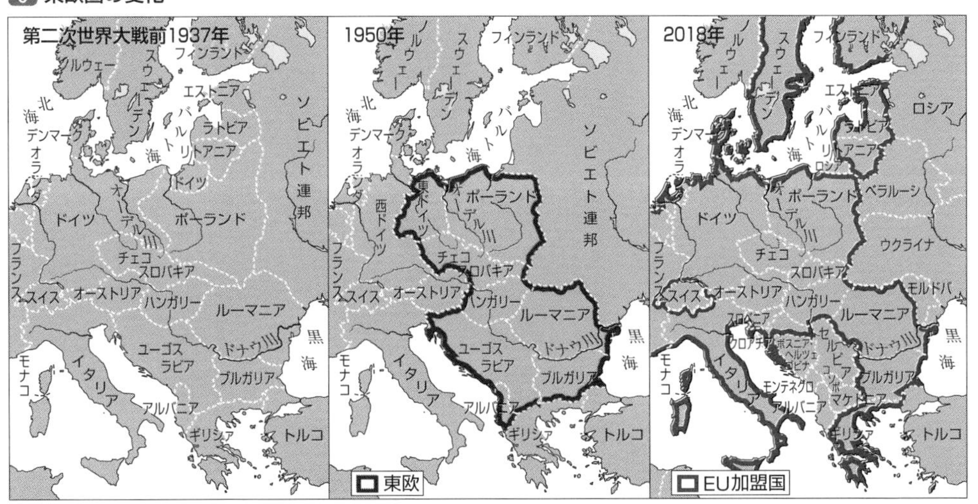

3 EU

1 成立と発展

①ECの成立：[　1　]，西ドイツ，イタリア，ベネルクス三国（ベルギー，オランダ，ルクセンブルク）は，1952年に[　2　]（ヨーロッパ石炭鉄鋼共同体），1958年にEEC（ヨーロッパ経済共同体），EURATOM（ヨーロッパ原子力共同体）を結成。1967年に三共同体を統合してEC（ヨーロッパ共同体）を結成。

②EFTA（ヨーロッパ自由貿易連合）：EECに対抗して1960年に[　3　]を中心に結成。現在は，[　4　]，スイス，アイスランド，リヒテンシュタインが加盟。

③EUへの発展：経済統合から政治統合への発展をめざすマーストリヒト条約が1993年に発効し，ECはEU（ヨーロッパ連合）へ発展。本部はブリュッセル，ヨーロッパ議会はストラスブール，ヨーロッパ司法裁判所はルクセンブルク，ヨーロッパ中央銀行はフランクフルトに置かれている。

④加盟国の拡大

1973年：[　3　]，デンマーク，アイルランド。1981年：ギリシャ。1986年：[　5　]，ポルトガル。1995年：[　6　]，スウェーデン，フィンランド。2004年：エストニア，ラトビア，リトアニア，ポーランド，チェコ，スロバキア，ハンガリー，スロベニア，マルタ，キプロス。2007年：ルーマニア，ブルガリア。2013年：クロアチア。2020年：[　3　]離脱。

2 政策

①経済統合：1968年に域内関税の撤廃と対外共通関税を実施。共通農業政策では，共通農業市場と農産物統一価格が成立。1987年以降，域内非関税障壁の撤廃や人・物・サービス・資本の自由化が進められ，1993年市場統合開始。1995年発効のシェンゲン協定により国境管理も廃止されたが，イギリスとアイルランドは非参加。一方，非加盟のアイスランド，ノルウェー，スイスは参加。

②単一通貨：[　7　]を1999年に銀行間取引などで導入，2001年から貨幣が流通。1995年までに加盟した15か国のうち，[　3　]，デンマーク，スウェーデンを除く12か国とスロベニア，マルタ，キプロス，スロバキア，エストニア，ラトビア，リトアニアの計19か国が参加（2020年）。また，コソボ，モンテネグロなど非加盟国でも使用。

1 成立と発展 3 4
1
2
European Coal and Steel Community
European Economic Community
European Atomic Energy Community
European Community
European Free Trade Association
3
4
European Union
5
6

2 政策 1 2
7
Euro

図表でチェック

1 EU加盟国の拡大過程

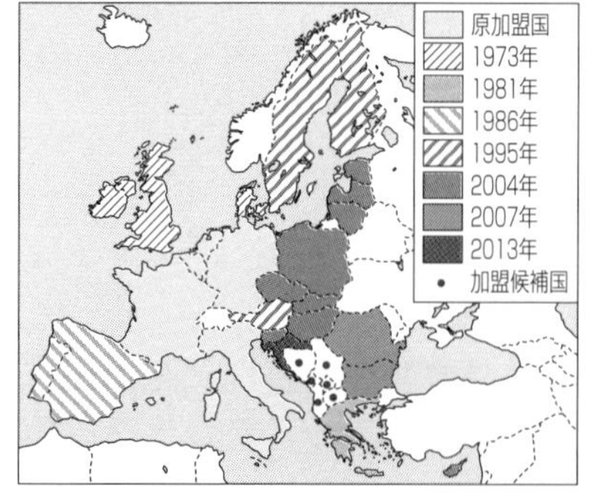

2 ユーロ参加国とシェンゲン協定締結国（2018年）

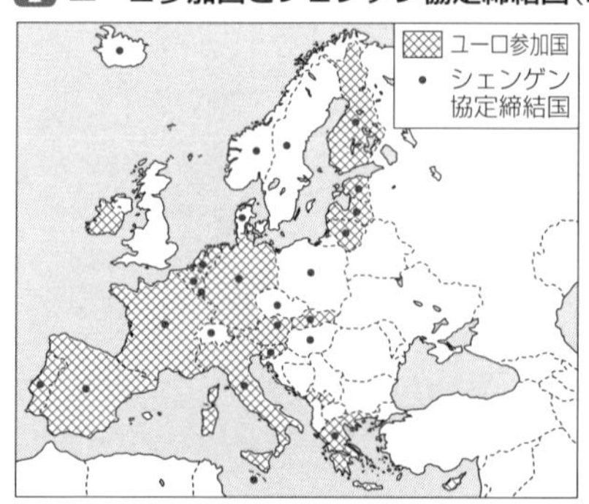

3 EUのあゆみ

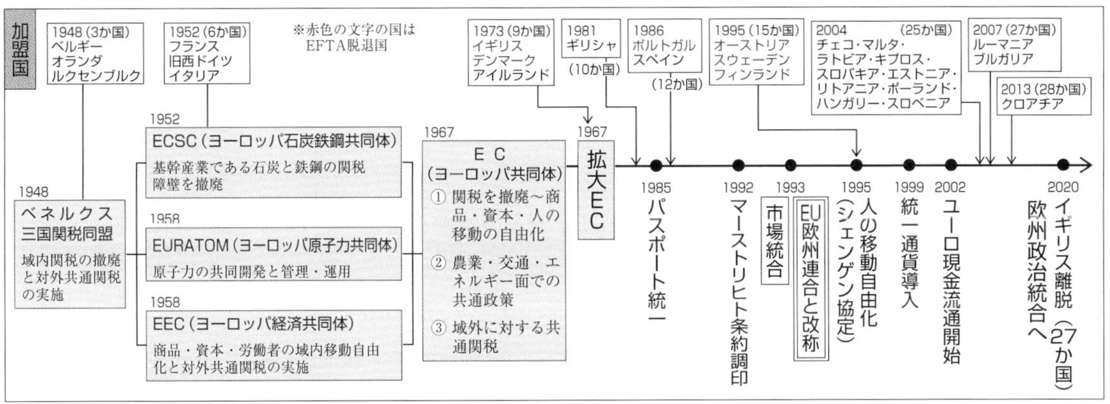

4 EU，EFTA諸国

国　名	加盟年	人口[1]（万人）	面積（千km²）	1人当たりGNI[2]（ドル）	おもな言語	おもな宗教	ユーロ	NATO
a（　　　）	1967年	8,337	357.0	52,885	ゲルマン系	プロテスタント・カトリック	○	○
b（　　　）	1973年	6,751	242.9	46,338	ゲルマン系	プロテスタント		○
c（　　　）	1967年	6,463	551.5	45,535	ラテン系	カトリック	○	○
d（　　　）	1967年	5,904	301.3	36,216	ラテン系	カトリック	○	○
e（　　　）	1986年	4,756	506.0	30,216	ラテン系	カトリック	○	○
f（　　　）	1967年	1,756	41.5	56,574	ゲルマン系	カトリック・プロテスタント	○	○
ベルギー	1967年	1,166	30.5	51,639	ゲルマン・ラテン	カトリック	○	○
ギリシャ	1981年	1,039	132.0	20,481	ギリシャ系	正教会	○	○
g（　　　）	1995年	1,055	450.0	62,469	ゲルマン系	プロテスタント		
h（　　　）	1986年	1,027	92.0	24,353	ラテン系	カトリック	○	○
i（　　　）	1995年	894	83.9	54,082	ゲルマン系	カトリック	○	
j（　　　）	1973年	588	43.1	70,309	ゲルマン系	プロテスタント		○
k（　　　）	1995年	554	338.1	54,714	ウラル系	プロテスタント	○	
l（　　　）	1973年	502	70.3	76,726	ゲルマン系	カトリック	○	
ルクセンブルク	1967年	65	2.6	93,369	ゲルマン系	カトリック	○	○
m（　　　）	EFTA	874	41.3	90,045	ゲルマン・ラテン	カトリック・プロテスタント		
n（　　　）	EFTA	543	323.9	93,149	ゲルマン系	プロテスタント		○
o（　　　）	EFTA	37	103.0	69,996	ゲルマン系	プロテスタント		○
p（　　　）	2004年	3,986	323.3	16,908	スラブ系	カトリック		○
q（　　　）	2007年	1,966	238.9	14,416	ラテン系	正教会		○
r（　　　）	2004年	1,049	78.9	25,608	スラブ系	カトリック		○
s（　　　）	2004年	967	93.0	18,139	ウラル系	カトリック		○
ブルガリア	2007年	678	110.9	11,889	スラブ系	正教会		○
スロバキア	2004年	564	49.0	21,124	スラブ系	カトリック	○	○
クロアチア	2013年	403	56.6	16,950	スラブ系	カトリック	○	○
リトアニア	2004年	275	65.2	22,926	バルト系	カトリック	○	○
スロベニア	2004年	212	64.6	28,724	スラブ系	カトリック	○	○
ラトビア	2004年	185	20.3	20,876	バルト系	プロテスタント	○	○
エストニア	2004年	133	45.2	27,506	ウラル系	プロテスタント	○	○
キプロス	2004年	125	9.3	29,554	ギリシャ系	正教会・イスラム教	○	
マルタ	2004年	53	0.3	31,132	混在	カトリック	○	

1）2022年，2）2021年。ユーロ，NATOは2023年。

［問題1］　表の上は，西ヨーロッパのEU・EFTA加盟国（離脱したイギリスを含む）を，下は，2004年以降にEUに加盟した12か国をそれぞれ人口順に並べたものである（リヒテンシュタインは除く）。a～sの国名を答えよ。

4 農林水産業

[1] 土地利用(2020年)

①**耕地率の高い国**：デンマーク(59.9%)，ハンガリー(45.7%)。

②**牧場・牧草地率の高い国**：アイルランド(59.1%)，[　1　](46.4%)。

③**森林率の高い国**：[　2　](73.7%)，スウェーデン(68.7%)。

[2] 経営規模：農業人口率が低いイギリスなど西欧北部では経営規模が大きいが，農業人口率が高いギリシャなど地中海周辺諸国や東欧諸国では小さい。

[3] EUの共通農業政策：国際価格より高い統一価格を設定し域内農産物の増産を図る。域外からの安価な農産物に対しては統一価格との差額を輸入課徴金として徴収し，域外に輸出する場合は，差額を補助金として農家に支給したため，アメリカなどとの間で貿易摩擦が生じた。また，余剰農産物の発生，農業関連財政膨張，国による受給額の多少などの問題が発生したため，統一価格の引下げや生産調整などが行われた。食の安全，環境保全のため2003年以降，補助金から農家への直接所得保障へ転換。

[4] 農業地域：冷涼で氷食を受けたやせ地が広がる北海，バルト海周辺とアルプス地方では[　3　]，中部では[　4　]，地中海周辺では地中海式農業や温暖な気候を利用した野菜栽培などの輸送園芸。スカンディナヴィア半島北部のラップランドではサーミ(ラップ人)によるトナカイの遊牧。アルプス山脈や地中海周辺のアペニン山脈，イベリア高原では[　5　]が行われる。

①**イギリス**：農林水産業人口率1.0%(2021年)。羊の頭数はヨーロッパ一。

②**フランス**：国土面積が広く農業生産が多い。パリ盆地周辺では小麦の企業的栽培。ローヌ，ジロンド，ロアール川沿いなどでは[　6　]栽培。小麦，テンサイの生産，牛の頭数はヨーロッパ一。

③**ドイツ**：氷食を受けた北部では荒地を改良し，ライ麦，ジャガイモを栽培。肥沃なレスが分布する南部では小麦，テンサイを栽培。豚の飼育を組み合わせた[　4　]が盛ん。豚の頭数はヨーロッパ2位。ライン川沿いでは[　6　]栽培。

④**デンマーク**：耕地で飼料作物を栽培し，豚などの飼育を行う。豚肉輸出が多い。

⑤**オランダ**：国土の1/4が海面下。[　7　]と呼ばれる干拓地は牧草地が多く酪農，海岸砂丘地帯では野菜，花卉(かき)を栽培する[　8　]が盛ん。バター，チーズの輸出も多い。大規模施設園芸で増産し，農産物輸出額はアメリカに次ぐ2位。

⑥**スイス**：牧場・牧草地が国土の27%を占める。夏は山腹の牧草地アルプで家畜を放牧し，冬は麓の集落で飼育する[　5　]が行われる。

⑦**イタリア**：ポー川流域のパダノ・ヴェネタ平野(Cfa)では，混合農業が行われ，米も栽培される。山がちな南部や島部では，封建的な大土地所有制が残存し，オリーブや[　6　]，柑橘類を栽培する地中海式農業が行われる。

⑧**スペイン**：地中海式農業でオリーブ，[　6　]などを栽培。オレンジの輸出は世界一。豚の頭数はヨーロッパ一，野菜の生産・輸出も多い。

[5] 林業：針葉樹林の豊かなスウェーデン，[　2　]は，木材，紙・パルプの輸出国。

[6] 水産業：[　9　]，アイスランド，スペインは漁獲量が多い。

[1] 土地利用
1
2
[2] 経営規模
[3] EUの共通農業政策
2 3
[4] 農業地域
3
4
1 4
5
6
7
8
[5] 林業
[6] 水産業
9

図表でチェック　1 ヨーロッパの農業

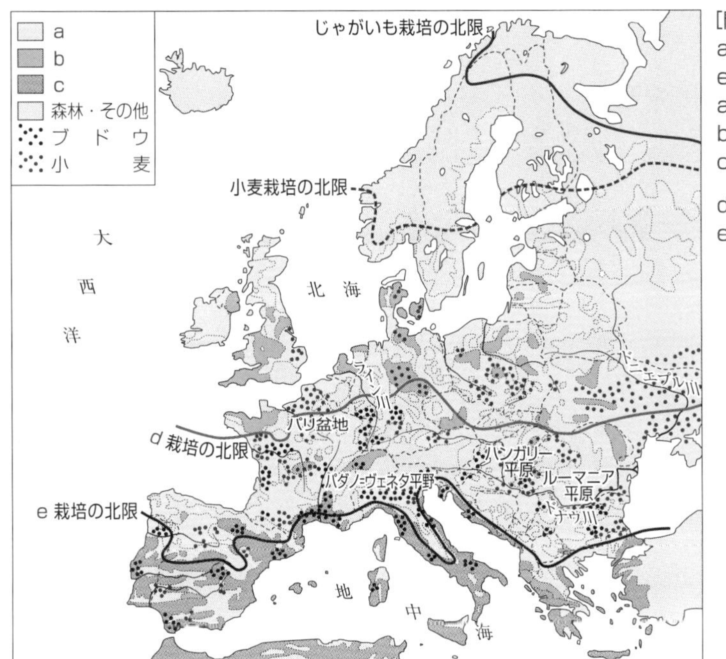

[問題1]
a～cの農業地域名，d・eの農作物名を答えよ。
a（　　　　　　）
b（　　　　　　）
c（　　　　　　）
d（　　　　　　）
e（　　　　　　）

2 EUの共通農業政策（小麦の場合）

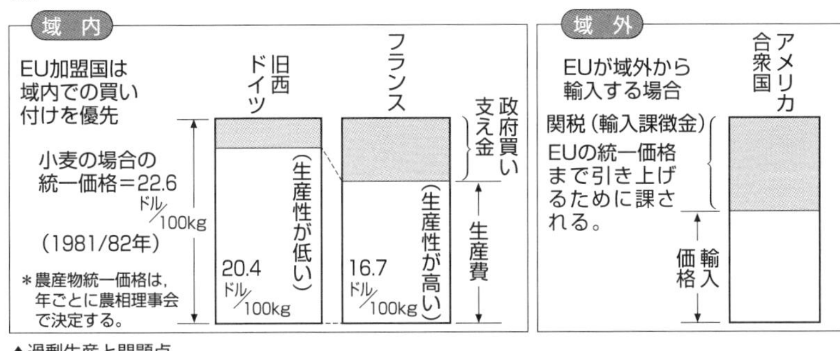

▲過剰生産と問題点
・買い支えに依存した需給無視の過剰生産が行われ，生産性の高い国ほど受益金が大きい。
　→財政赤字と受益金の差による国の対立。
・余剰生産物を輸出するときは，国際価格まで引き下げ，差額を補助金として農家に配分するため，莫大な赤字となる。

3 共通農業政策の改革の変遷

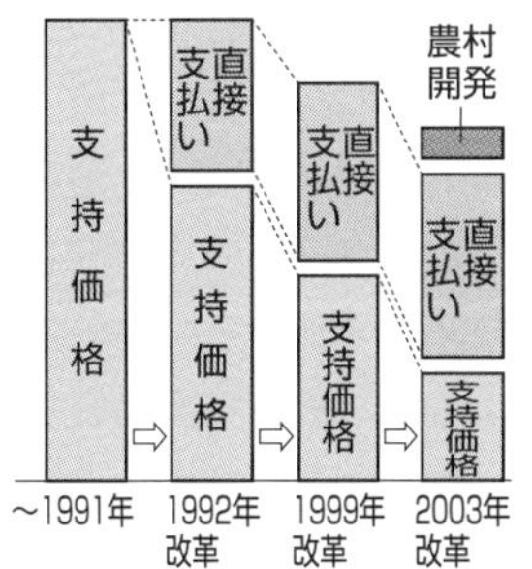

4 ヨーロッパ主要国の農業統計

国名	農林水産業人口率[1]（%）	土地利用[2]（%） 耕地	牧場・牧草地	森林	農民1人当たり耕地[2]（ha）	農作物の生産量[1]（万t） 小麦	トウモロコシ	イモ類	家畜の頭数[1]（万頭） 牛	豚	羊
（　a　）	1.0	24.9	46.4	13.2	17.3	1,399	—	531	960	532	3,296
ドイツ	1.3	34.0	13.5	32.7	21.2	2,146	446	1,131	1,104	2,376	151
（　b　）	2.0	6.2	1.1	68.7	29.9	303	2	83	139	137	35
（　c　）	2.3	30.9	22.9	11.0	5.6	95	17	668	371	1,087	73
（　d　）	2.5	34.6	17.5	31.5	29.1	3,656	1,536	899	1,733	1,294	670
（　e　）	4.1	31.3	12.6	32.3	10.0	730	608	136	628	841	673
スペイン	4.1	33.3	19.0	37.2	21.8	857	460	208	658	3,445	1,508
ハンガリー	4.4	45.7	8.0	22.5	19.9	529	643	24	91	273	89
（　f　）	8.4	36.8	10.4	31.0	6.7	1,189	732	708	638	1,024	27

1）2021年，2）2020年。

[問題2]　次の国はa～fのどれか。
イギリス（　），イタリア（　），オランダ（　），スウェーデン（　），フランス（　），ポーランド（　）

5 鉱工業

1 鉱産資源の分布

①**石炭**：[　1　]（シロンスク炭田）で生産が多く，ドイツ，イギリスでは減少。

②**石油**：[　2　]油田が中心で，**ノルウェー**（輸出世界8位，2020年），**イギリス**の生産が多い。

③**天然ガス**：**ノルウェー**（輸出世界4位，2020年），**オランダ**，イギリスで生産が多い。

④**鉄鉱石**：[　3　]（北部の**キルナ鉄山**が中心）は生産世界10位（2020年）。

2 工業化の歴史：産業革命は，18世紀後半にイギリスの[　4　]地方で始まり，石炭をエネルギー源としたため，その後，ベルギー，ドイツなどヨーロッパ中部の炭田地域で工業が発達。第二次世界大戦後，資源の枯渇やエネルギー革命などによって鉄鋼業や石油化学工業は**臨海地域**に立地。一方，伝統的な工業地域では繊維，鉄鋼などが衰退し，機械，エレクトロニクスなどへの転換が進んでいる。EUの市場統合で経済的国境がなくなり，ロンドン付近からベネルクス三国，ルール，北イタリアにかけての地域が工業および経済の核心地域となり，**ブルーバナナ**（青いバナナ）と呼ばれている。

3 イギリス：ロンドン以外の工業地域は，当初，炭田を背景に立地。

①**スコットランド**：グラスゴー，エディンバラを中心とし，鉄鋼，造船が盛んであったが衰退。近年は，**エレクトロニクス産業**が発達（シリコングレン）。

②**北東イングランド**：**北海油田**の開発とともに発展。パイプラインの到達するミドルズブラには石油化学，**鉄鋼業**が発達。

③**ランカシャー**：ペニン山脈西麓で偏西風の風上側に当たり，湿潤で綿糸が切れにくく，水力，石炭を動力源として利用，産業革命時には，インドやアメリカからの綿花を使用して綿工業が発達。[　5　]が中心都市で，近年はエレクトロニクス産業が発達。港湾都市リヴァプールとは運河で結ばれている。

④**ヨークシャー**：ペニン山脈東麓。産業革命でリーズなどに**毛織物工業**が発達。

⑤**ミッドランド**：[　6　]は炭田，鉄山を背景に**鉄鋼業**の中心となったが衰退。

⑥**南ウェールズ**：カーディフに臨海型製鉄所が立地。

⑦**ロンドン**：[　7　]川河口近くに位置し，**印刷・出版**など大都市型工業のほか，各種工業が集積した国内最大の工業地域。国際金融の中心の一つ。

4 フランス

①**ロレーヌ**：ロレーヌ鉄山を背景に鉄鋼業が発達したが，現在は閉山し，衰退。ライン川沿いの**アルザス地方**（**ストラスブール**が中心都市）とともにドイツとの係争地域であった。ドイツのザール炭田に隣接。

②**北フランス**：[　8　]海峡付近のダンケルクには**鉄鋼**，**石油化学**が，セーヌ川河口のルアーヴルには石油化学，造船が発達。

③**パリ**：自動車，機械など各種工業が集積した国内最大の工業地域。

④**南部**：ピレネー山脈北側の[　9　]にはエアバス（フランス，ドイツ，イギリス，スペインが出資）の航空機組立工場が立地。ローヌ川沿いの**リヨン**には伝統的

1 鉱産資源の分布
1
2
3
2 工業化の歴史
4
1 2 3
3 イギリス
5
6
7
4 フランス
8
9

な絹織物工業。ローヌ川河口のフォスは石油輸入港で，パイプラインがドイツ方面にのび，鉄鋼業も立地。[　10　]はフランス最大の貿易港。

5 **ドイツ**：ヨーロッパ最大の工業国。工業化にはライン川などの水運が貢献。

①**ルール**：ヨーロッパ最大の工業地域。**ルール炭田**を背景にエッセン，ドルトムントに**鉄鋼業**が発達したが，炭田地域の衰退で，**ライン川沿い**の河港のデュースブルクやケルンなどに中心が移る。近年は環境関連産業が発達し，産業遺産は世界遺産に。市街地が連続した[　11　]を形成し，国内最大の都市化地域。

②**ライン川中流域**：支流のマイン川沿いの[　12　]は，ドイツ銀行，EUの欧州中央銀行が立地する**金融**の中心。支流のネッカー川沿いのシュツットガルトには自動車工業(ベンツ)。最大の自動車企業VWは中北部のヴォルフスブルク。

③**ザール**：ロレーヌに隣接し，ザール炭田を背景に鉄鋼業が発達。

④**バイエルン**：南東部の**ドナウ川流域**で，中心都市[　13　]には，伝統的なビール工業のほか，**自動車**(BMW)，エレクトロニクス産業などが発達。

⑤**エルベ川流域**：河口にドイツ最大の貿易港**ハンブルク**，中流域(旧東ドイツ)の**ザクセン地方**には炭田を背景に機械，化学工業。

6 **オランダ**：ライン川河口付近の[　14　]は**ヨーロッパ最大の貿易港**で，EUの玄関として建設された**ユーロポート**が隣接し，石油化学工業が発達。首都**アムステルダム**は港湾，商業都市で運河が発達，スキポール空港はハブ空港。

7 **ベルギー**：南部のベルギー炭田周辺で鉄鋼業などが発達したが，近年は北部臨海地域で工業化が進む。首都[　15　]にはEU，NATOの本部がある。

8 **スイス**：付加価値の高い**時計**，**精密機械工業**が発達。チューリヒが最大都市。フランス国境の[　16　]にはWTO，WHO，ILOなど国際機関が多数立地。北部のバーゼルはライン川の河港で遡航限界点。

9 **イタリア**：北部はアルプスの水力やポー川流域の天然ガスを利用。[　17　](繊維，機械，経済の中心)，**トリノ**(**自動車**)，**ジェノヴァ**(鉄鋼，造船，石油化学)が工業の中心。北部と南部の**経済格差**が大きく，南部開発として半島南部の[　18　]に**製鉄所**を建設。フィレンツェ，ボローニャ，ヴェネツィア周辺は，伝統技術をいかした繊維，皮革，宝飾，家具などのブランド品を多品種少量生産する中小企業が集積し，**第3のイタリア**(**サードイタリー**)と呼ばれる。

10 **スペイン**：バスク地方のビルバオは鉄山立地型の鉄鋼業(鉄山は閉山)。**マドリード**やカタルーニャ地方(バスク地方などとともに自治権をもつ)の[　19　]などには外国企業が進出し，自動車生産台数はヨーロッパではドイツに次ぐ。

11 **スウェーデン**：北部の**キルナ**の鉄鉱石を，夏はバルト海に面するルレオ，冬は暖流の影響で凍らないノルウェーのナルヴィクから輸出。鉄鋼業，自動車工業などが発達。首都ストックホルムにはノーベル財団があり，ノーベル賞授賞式。

12 **東ヨーロッパ**：近年は，EUの拡大とともに安価な労働力と市場を求めて西欧諸国の企業を中心に進出，西欧に隣接する**ポーランド**，**ハンガリー**，**チェコ**などで工業化が特に進展。ポーランドでは南部のシロンスク地方，チェコではエルベ川沿いのプラハ(伝統工業はガラス，ビール)などで工業が発達。

10

5 ドイツ

11

12

13

6 オランダ

14

7 ベルギー

15

8 スイス

16

9 イタリア

17

18

10 スペイン

19

11 スウェーデン

12 東ヨーロッパ

図表でチェック

1 ヨーロッパの資源と工業地域

おもな工業地域
炭田に発達したもの
炭田以外に発達したもの
ブルーバナナ
鉄鉱石
(□閉山)
石油
臨海部の製鉄所
70°
60°
50°
40°
0°
10°
20°
キルナ
オスロ
ヘルシンキ
ストックホルム
タリン
リガ
ビリニュス
ダブリン
コペンハーゲン
ロンドン
アムステルダム
ベルリン
ワルシャワ
ミンスク
ブリュッセル
パリ
プラハ
ベルン
ブダペスト
リスボン
マドリード
ベオグラード
ブカレスト
ローマ
ソフィア
ティラナ

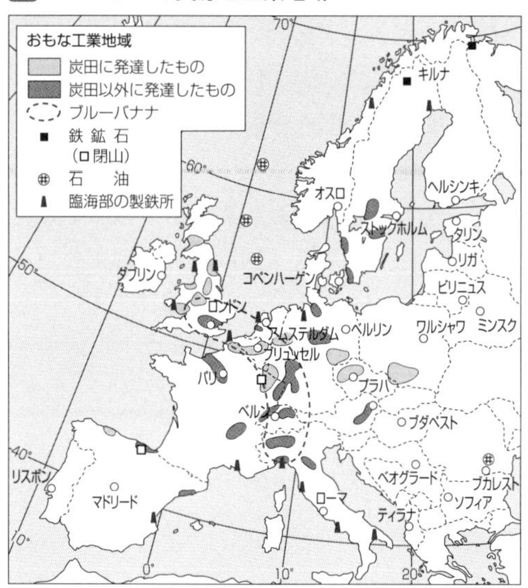

2 イギリスとフランスの工業

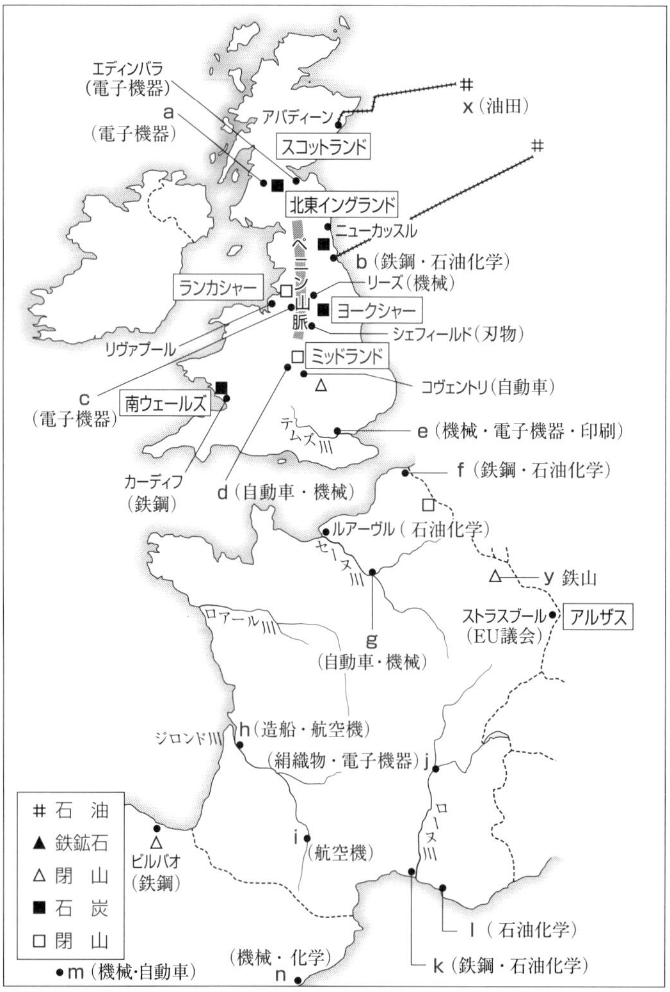

エディンバラ
(電子機器)
a
(電子機器)
アバディーン
x (油田)
スコットランド
北東イングランド
ニューカッスル
b (鉄鋼・石油化学)
ペニン山脈
ランカシャー
リーズ(機械)
ヨークシャー
リヴァプール
シェフィールド(刃物)
ミッドランド
コヴェントリ(自動車)
c
(電子機器)
南ウェールズ
テムズ川
e (機械・電子機器・印刷)
カーディフ
(鉄鋼)
d (自動車・機械)
f (鉄鋼・石油化学)
ルアーヴル(石油化学)
セーヌ川
y 鉄山
ストラスブール
(EU議会)
アルザス
ロアール川
g
(自動車・機械)
ジロンド川
h (造船・航空機)
(絹織物・電子機器) j
ローヌ川
i
(航空機)
ビルバオ
(鉄鋼)
l (石油化学)
k (鉄鋼・石油化学)
(機械・化学)
n
•m (機械・自動車)
♯ 石 油
▲ 鉄鉱石
△ 閉 山
■ 石 炭
□ 閉 山

[問題1]

a～nの地名とx・yの油田，鉄山名を答えよ。

a (　　　　　　　　　　)
b (　　　　　　　　　　)
c (　　　　　　　　　　)
d (　　　　　　　　　　)
e (　　　　　　　　　　)
f (　　　　　　　　　　)
g (　　　　　　　　　　)
h (　　　　　　　　　　)
i (　　　　　　　　　　)
j (　　　　　　　　　　)
k (　　　　　　　　　　)
l (　　　　　　　　　　)
m (　　　　　　　　　　)
n (　　　　　　　　　　)

x (　　　　　　　　　　)油田
y (　　　　　　　　　　)鉄山

3 ヨーロッパ中央部の工業

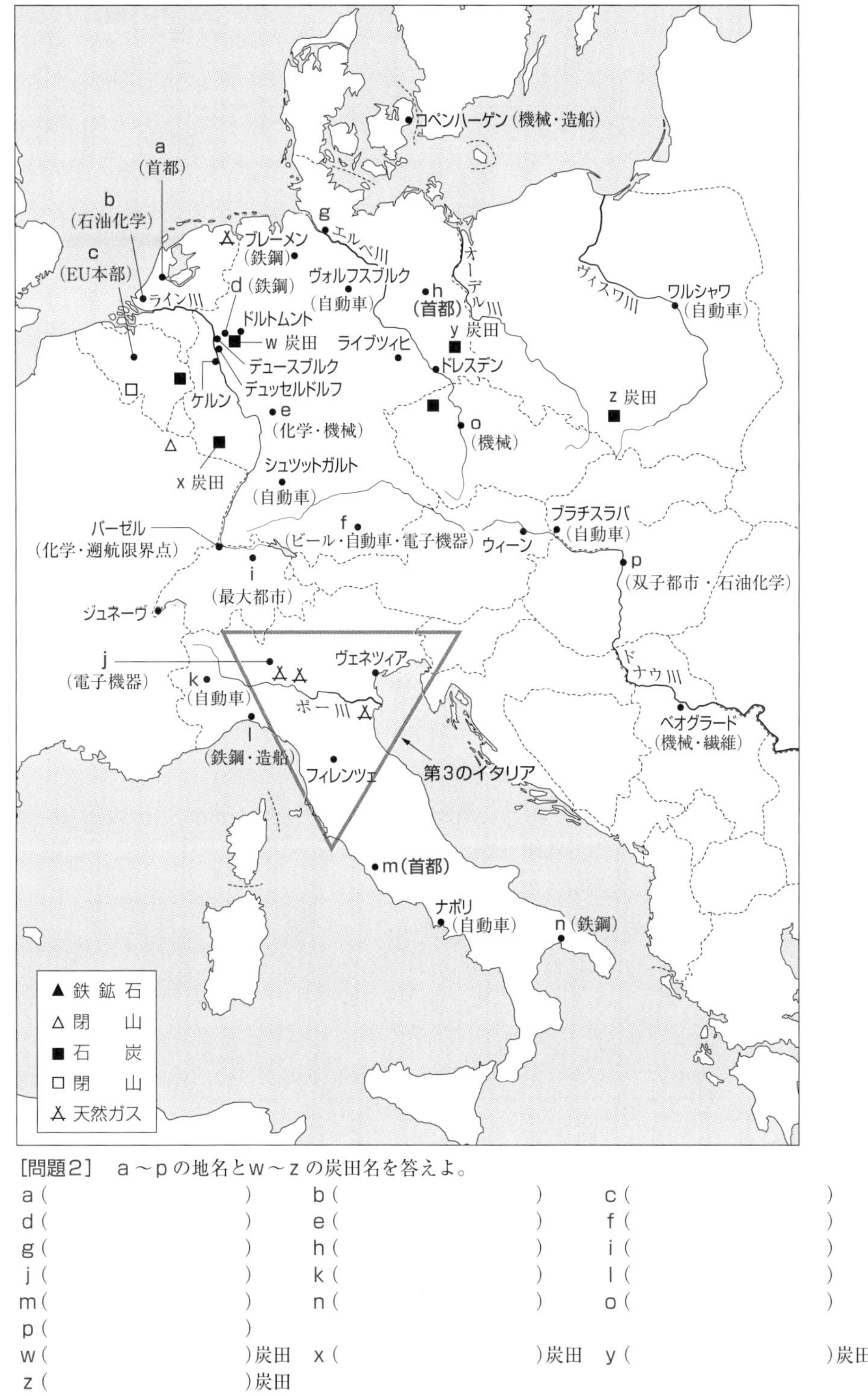

［問題2］　a～pの地名とw～zの炭田名を答えよ。

a（　　　　　　）　b（　　　　　　）　c（　　　　　　）
d（　　　　　　）　e（　　　　　　）　f（　　　　　　）
g（　　　　　　）　h（　　　　　　）　i（　　　　　　）
j（　　　　　　）　k（　　　　　　）　l（　　　　　　）
m（　　　　　　）　n（　　　　　　）　o（　　　　　　）
p（　　　　　　）
w（　　　　　　）炭田　x（　　　　　　）炭田　y（　　　　　　）炭田
z（　　　　　　）炭田

6章 ロシアと周辺諸国(旧ソ連)

1 自然環境

ウラル山脈以西のヨーロッパ・ロシア，以東のシベリア，中央アジアに大別。

1 ヨーロッパ・ロシア：安定陸塊の**ロシア卓状地**には，構造平野の**東ヨーロッパ平原**が広がり，[　1　]川が**カスピ海**(湖面標高は海面下28m)に，ドニエプル川などが黒海に注ぐ。**カフカス山脈**(最高峰5642m)は新期造山帯。気候は大部分が**Df**だが，黒海沿岸にはCfaとBS，北極海沿岸にはETが分布。

2 シベリア

①**地形**：**古期造山帯**でなだらかな**ウラル山脈**の東側は**安定陸塊**で，オビ川の流れる**西シベリア低地**の下流域は湿地帯。中央部の**中央シベリア高原**はシベリア卓状地で，西側にはエニセイ川が，東側にはレナ川が流れる。レナ側より東の太平洋側は**新期造山帯**で，[　2　]半島には火山が多い。バイカル湖は断層湖で世界最深(1741m)。

②**気候**：偏西風の影響は東に向かうにつれて弱まり，**レナ川流域周辺**では1月平均気温が－40℃を下回って北半球の**寒極**と呼ばれる(オイミャコンとヴェルホヤンスクで－67.8℃を記録)。寒気の蓄積によってシベリア高気圧が形成され，これに覆われる東シベリアは[　3　]，西シベリアは**Df**。また，**永久凍土**も東シベリアでは南方まで分布し，建物は凍土の融解による傾きや沈下を防ぐため**高床式**などの工夫がなされている。北極海沿岸は**ET**。

③**河川**：北極海に注ぐ大河は，下流ほど凍結期間が長く，春には上流から融雪水が流れ込んで洪水が発生する。夏は水上交通に利用され，主要都市は**シベリア鉄道**，バム(バイカル・アムール)鉄道と大河川との交点に立地する。

3 中央アジア：面積が縮小した[　4　]海周辺にはカラクーム砂漠などの砂漠が，その北側にはカザフステップが広がる。南部には新期造山帯のパミール高原や山脈が走り，山麓のオアシス都市を結んで**シルクロード**が通っていた。

1 2

1 ヨーロッパ・ロシア
1

2 シベリア
2

3

3

3 中央アジア
4

2 社会

1 歴史：ソ連は，ロシア革命によって1922年に成立した世界最初の社会主義国で，15共和国で構成される連邦国家であった。1980年代後半から自由化の動きが高まり，ペレストロイカ(改革)やグラスノスチ(情報公開)が進められた。1991年バルト三国が分離独立，同年末ソ連は解体され，バルト三国を除く12か国は[　1　](**独立国家共同体**)を結成(2005年トルクメニスタン，2009年ジョージア，2014年ウクライナが脱退し，現在は9か国)。

一党独裁から民主主義へ，計画経済から市場経済へと転換し，思想，言論，信仰の自由化も進んだため，政治的混乱，民族対立，インフレ，貧富の差の拡大，治安の悪化などが生じた。また，社会不安による出生率の低下と，医療体制の混乱や自殺率の上昇などで死亡率が高まり，ロシアやウクライナなどでは人口が減少した。1990年代末から資源価格の高騰でロシアなどは経済成長。

1 歴史

1
Commonwealth of
Independent States

図表でチェック

1 ロシアと周辺諸国の地形

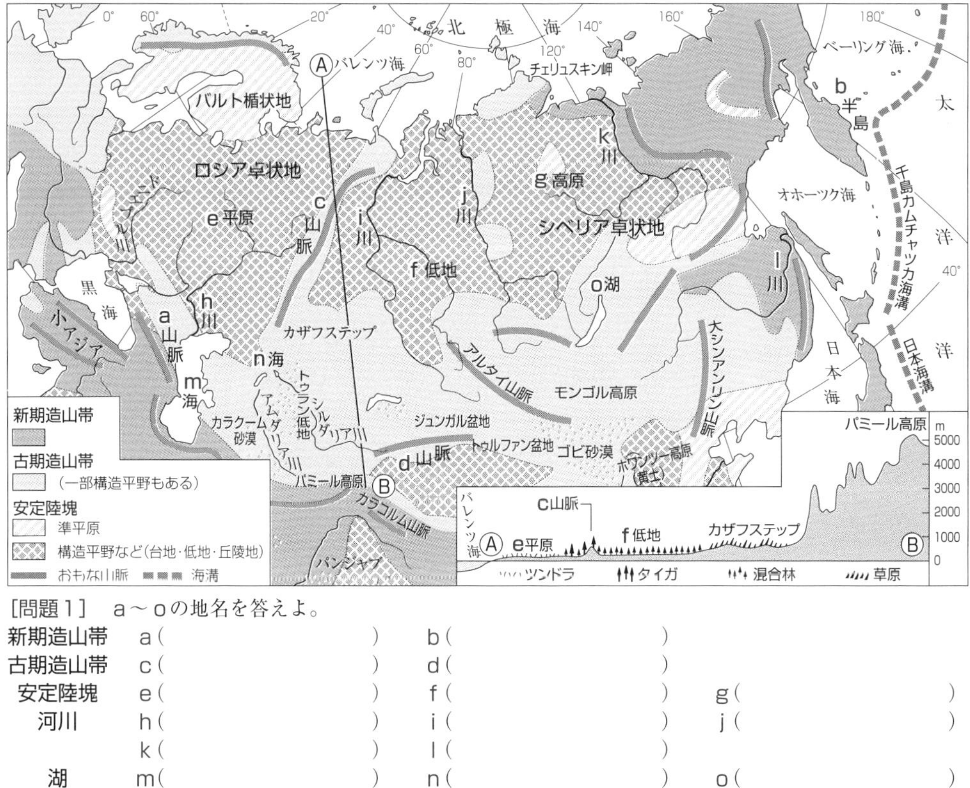

[問題1]　a～oの地名を答えよ。

新期造山帯	a(　　　)	b(　　　)	
古期造山帯	c(　　　)	d(　　　)	
安定陸塊	e(　　　)	f(　　　)	g(　　　)
河川	h(　　　)	i(　　　)	j(　　　)
	k(　　　)	l(　　　)	
湖	m(　　　)	n(　　　)	o(　　　)

2 ロシアと周辺諸国の気候と植生

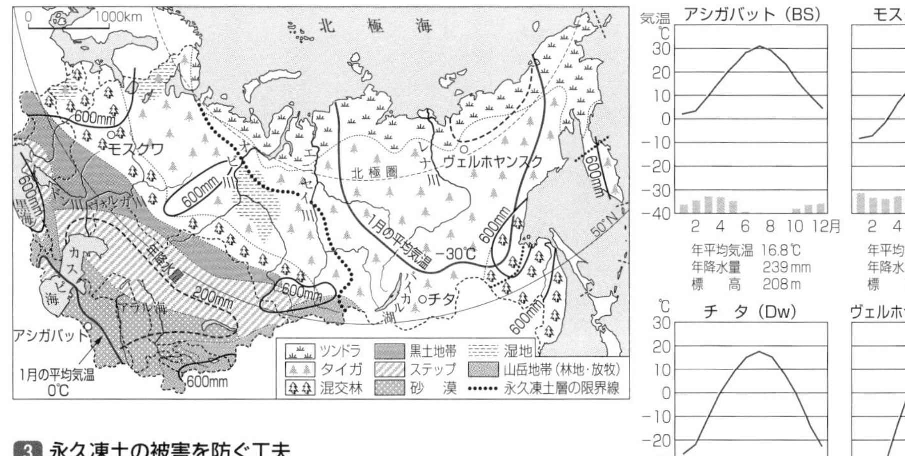

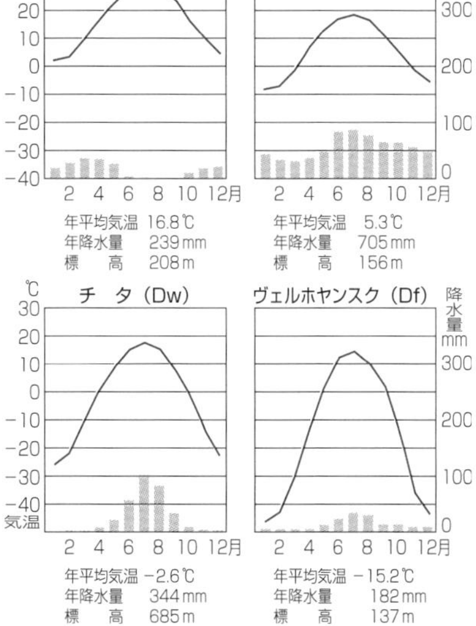

3 永久凍土の被害を防ぐ工夫

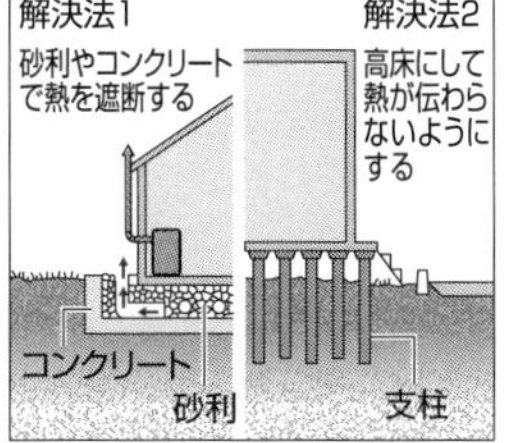

② 民族

①**分布**：人口が多いロシア(1.4億人)，［　2　］(4000万人)とベラルーシは**スラブ系**で**正教会**，キリル文字が使用される。ルーマニアに隣接するモルドバは**ラテン系**で正教会。バルト三国にはバルト系やウラル系が居住し，カトリックやプロテスタントが信仰される。ウズベキスタン，カザフスタンなど中央アジア諸国では，**イスラム教**が信仰され，イラン系(インド・ヨーロッパ系)のタジキスタンの他はトルコ系(アルタイ系)。カフカス地方は，［　3　］のみ**イスラム教**で，アルメニア，ジョージアは**正教会**。ロシアでは，シベリアやウラル，カフカス地方を中心に，少数民族による共和国，自治共和国，自治州，自治管区が形成されている。サハ(ヤクート)人などシベリアの先住民は**モンゴロイド**。

②**民族問題**：**カフカス地方**はキリスト教とイスラム教が接するため民族対立が起こりやすく，イスラム教徒の多い**チェチェン共和国**では，ロシアからの分離独立を求めて武力紛争が生じている。2008年にはジョージアとロシアとの間で紛争。アルメニアとアゼルバイジャンは，アゼルバイジャン領内でアルメニア人が多いナゴルノ・カラバフ自治州の帰属をめぐって紛争。ロシアは2014年にはウクライナのクリム半島を編入し，2022年には軍事侵攻から戦争に。

② 民族
2
❶❷
3

図表でチェック

❶ ロシア連邦と周辺諸国の民族

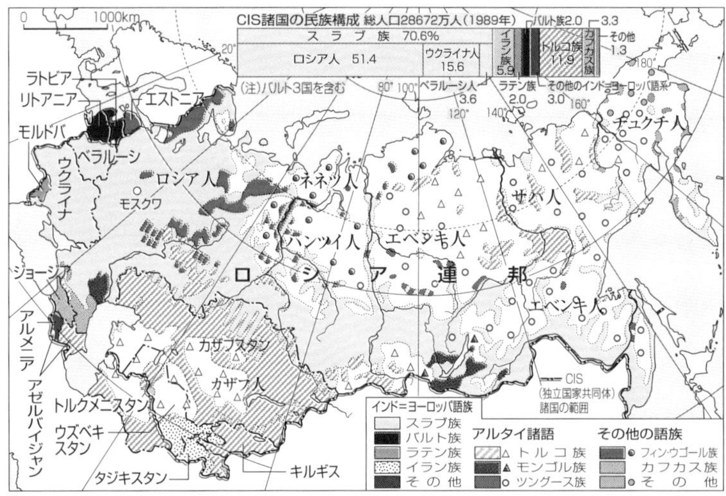

❷ ロシアと周辺諸国の宗教

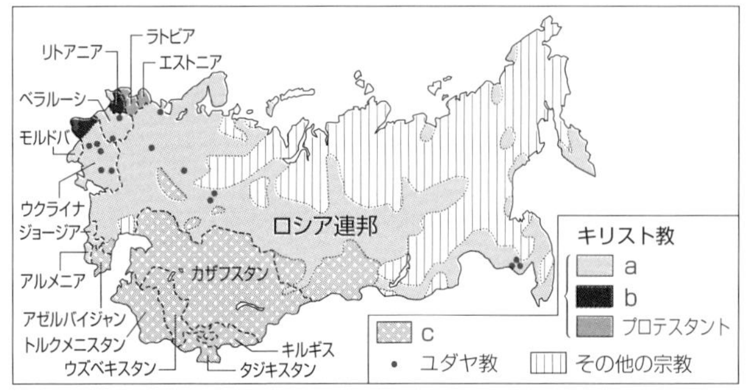

［問題1］
a～cの宗教を答えよ。
a（　　　　　　　　）
b（　　　　　　　　）
c（　　　　　　　　）

3 農業

[1] **集団農業の解体**：ソ連時代は，コルホーズ(集団農場)，ソフホーズ(国営農場)によって集団農業が行われたが，生産意欲の低下や，干ばつ，冷害などによって農業生産は不安定で，小麦などの大輸入国であった。解体後，農場の多くは大規模農場(農業企業)として存続し，個人農場は少ない。ソ連崩壊後は，農業生産が著しく低下したが，近年は回復し，ロシア，ウクライナ，カザフスタンは小麦の輸出世界1，5，12位(2021年)。モスクワなど大都市では，郊外にダーチャと呼ばれる別荘をもつ人が多く，自給用の野菜などを栽培している。

[2] **農業地域**：気候・植生・土壌の分布にほぼ対応し，東西に帯状に広がる。

①**狩猟・トナカイ飼育地域**：北極海沿岸のツンドラ地域からシベリア北部のタイガ地域。先住民によるトナカイの遊牧も行われている。

②**大麦・エン麦地域，ライ麦地域**：冷涼な東ヨーロッパ平原を中心に混合農業が行われ，[　1　]が最も高緯度まで栽培される。

③**小麦地域**：ウクライナからカザフステップにかけては肥沃な[　2　]が分布し，大規模な小麦生産(企業的穀物農業)が行われる。

④**綿花地域**：中央アジアで灌漑により栽培。ウズベキスタンは生産世界6位(2020年)。乾燥地域では伝統的な羊やラクダの遊牧も行われる。

⑤**その他**：バルト三国では酪農，温暖な黒海周辺やカフカス地方ではブドウ，茶などを栽培。

[1] 集団農業の解体

[2] 農業地域

1

1

2

図表でチェック

1 旧ソ連の農牧業地域

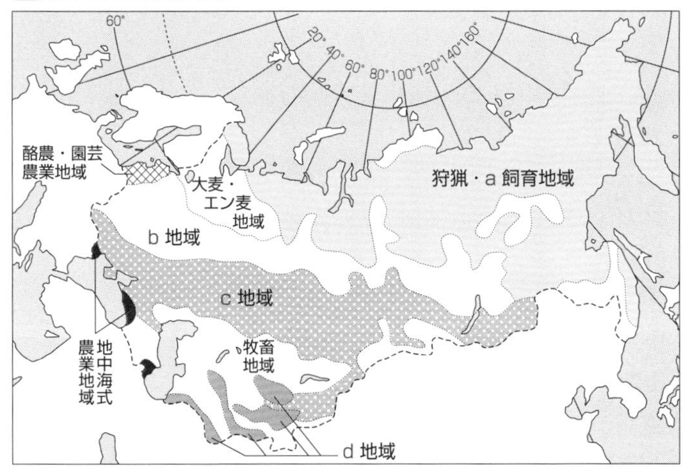

[問題1]　a～dの農業地域名を答えよ。

a (　　　　　　　　)
b (　　　　　　　　)
c (　　　　　　　　)
d (　　　　　　　　)

2 ロシアの作物別経営形態

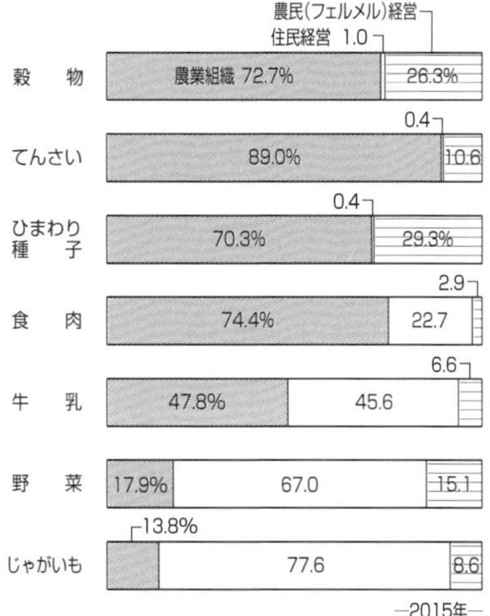

▲現在のロシア産業は，大規模会社農場である「農業組織」，自宅付属地・ダーチャなどでの小規模自給経営である「住民経営」，個人独立農場である「農民（フェルメル）経営」によって担われている。このうち，「農業組織」は機械化作業中心の農作物を，「住民経営」は労働集約的な農産物を生産しており，相互補完的な関係にある。

4 鉱工業

1 **鉱工業の変化**：ソ連時代には，離れた地域の資源を結びつけて工業化を進めるコンビナートや，地域内で産出する資源を利用した地域生産複合体(コンプレックス)によって，原料立地型を中心とした工業地域が形成された。しかし，東西冷戦下で，軍需産業を中心とした重化学工業偏重政策がとられて生活物資が不足したり，企業間競争がなく技術開発が遅れ，ハイテク分野で欧米諸国に立ち遅れたりした。また，自然改造と呼ばれる地域開発や，公害対策の不備，核実験などで環境破壊が深刻化した。

ソ連解体後の低迷期を経て石油・天然ガスの生産が増加し，パイプラインでヨーロッパ諸国や中国へ輸出され，石油輸出は世界２位，天然ガス輸出は世界一である。資源価格の高騰を背景に，21世紀に入るとロシアは経済停滞から成長に転じ，ヨーロッパ・ロシアでは外資の進出が盛んで，他の地域との所得格差が拡大。ソ連時代に蓄積した技術を利用した宇宙産業，軍需産業も発展。また，最近は資源を戦略物資に位置づけ，資源の国有化を進めている。

2 **工業地域**

①**モスクワ**，[　1　]：ロシアの首都，旧首都で人口１，２位。市場立地型の総合的工業地域。自動車や先端技術産業などの外資の進出が盛ん。

②**ドニエプル**(ウクライナ)：旧ソ連最大の工業地域で，[　2　]炭田と**クリヴィーリフ鉄山**を背景に鉄鋼，機械工業が立地。ウクライナの首都[　3　]北方の**チェルノブイリ**(チョルノービリ)**原子力発電所**では，1986年に事故発生。

③**ヴォルガ**：ヴォルガ川の水力発電と[　4　]油田を背景に石油化学や自動車工業が立地。

④**ウラル**：マグニトゴルスク鉄山や付近の炭田を背景に鉄鋼業などが立地。エカテリンブルクが中心。

⑤**クズネツク**：**クズネツク炭田**と付近の鉄山，北西方の[　5　]油田からの石油を背景に発達。オビ川沿いの**ノヴォシビルスク**はシベリア最大の都市。

⑥**アンガラ・バイカル**：豊富な森林資源，バイカル湖から流れ出すアンガラ川や本流のエニセイ川の水力発電を背景に，木材，パルプ，アルミニウム工業が立地。バイカル湖南西部のイルクーツクが中心。

⑦**極東**：森林資源，水産資源を利用して木材，パルプ，水産加工業が立地。[　6　]川沿いの**ハバロフスク**，シベリア鉄道終点の港湾都市[　7　]が中心。

⑧**カラガンダ**(カザフスタン)：**カラガンダ炭田**を背景に鉄鋼業などが立地。

⑨**バクー**(アゼルバイジャン)：ソ連で最も開発が古い**バクー油田**を背景に石油化学工業が立地。パイプラインはロシアを通らずジョージアを経由してトルコの地中海沿岸にものびている。

⑩**中央アジア**：綿花地域を背景に綿工業が立地。**タシケント**(ウズベキスタン)が中心。

1 鉱工業の変化

2 工業地域
1
1
2
3
4
5
6
7

図表でチェック

1 ロシアと周辺諸国の鉱工業

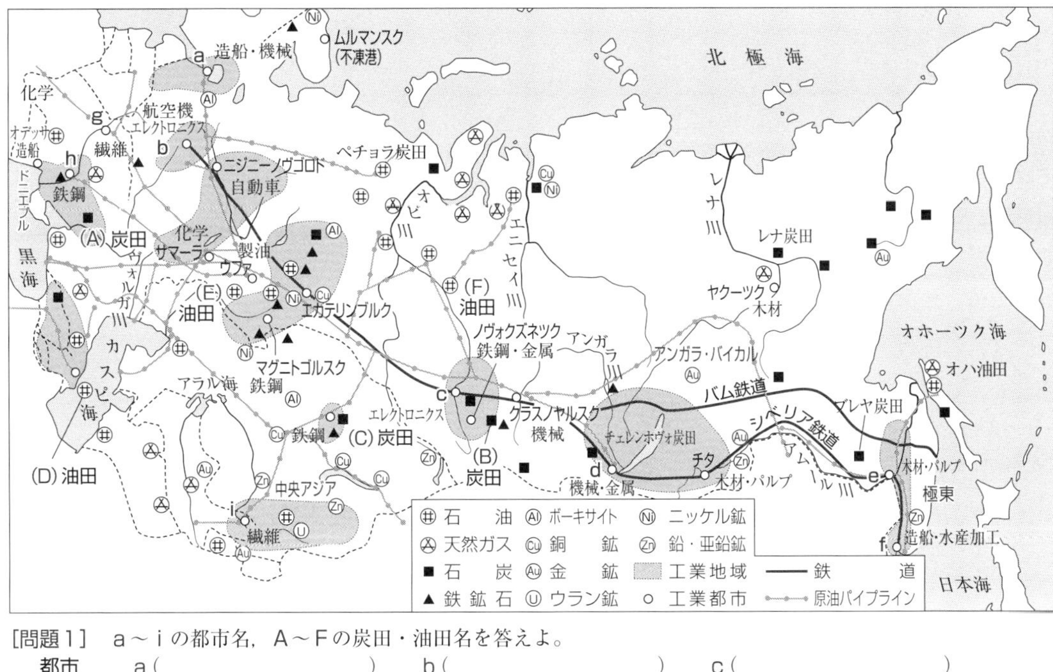

[問題1]　a～iの都市名，A～Fの炭田・油田名を答えよ。

都市　a(　　　)　b(　　　)　c(　　　)
　　　d(　　　)　e(　　　)　f(　　　)
　　　g(　　　)　h(　　　)　i(　　　)
炭田　A(　　　)　B(　　　)　C(　　　)
油田　D(　　　)　E(　　　)　F(　　　)

2 旧ソ連を構成していた国々

	国名	人口[1](万人)	1人当たりGNI[2](ドル)	主要民族	主要宗教	小麦の生産[2](万t)	羊の頭数[2](万頭)	石炭の生産[3](万t)	原油の生産[4](万t)
東欧系の国	ロシア*	14,471	11,960	スラブ系	正教会	7,606	1,979	35,756	48,221
	(　a　)	3,970	4,697	スラブ系	正教会	3,218	62	2,460	167
	ベラルーシ*	954	6,842	スラブ系	正教会	244	8	—	171
	モルドバ*	327	4,592	ラテン系	正教会	157	47	—	0.5
カフカス諸国	(　b　)*	1,036	5,263	トルコ系	イスラム教	184	731	—	3,030
	ジョージア	374	4,700	カフカス系	正教会	14	90	42	3
	アルメニア*	278	5,032	その他のインド・ヨーロッパ系	正教会	10	63	—	—
中央アジア諸国	(　c　)*	3,463	2,023	トルコ系	イスラム教	599	1,933	24	278
	カザフスタン*	1,940	9,168	トルコ系	イスラム教	1,181	1,860	9,859	8,566
	タジキスタン*	995	1,047	イラン系	イスラム教	85	405	196	3
	キルギス*	663	1,294	トルコ系	イスラム教	36	554	33	24
	トルクメニスタン	643	8,070	トルコ系	イスラム教	137	1,407	—	928
バルト三国	リトアニア	275	22,926	バルト系	カトリック	425	14	—	3
	ラトビア	185	20,876	バルト系	プロテスタント	241	9	—	—
	(　d　)	133	27,506	ウラル系	プロテスタント	74	7	—	—

*CIS加盟。1)2022年，2)2021年，3)2020年，4)2019年。

[問題2]　a～dの国名を答えよ。

a(　　　)　b(　　　)　c(　　　)　d(　　　)

7章 アングロアメリカ

1 自然環境

1 大地形

①**安定陸塊**：北部のハドソン湾周辺(カナダ楯状地)からミシシッピ川流域の中央平原(構造平野)にかけての地域。鉄鉱石を産出。

②**古期造山帯**：南東部の[　1　]山脈。石炭を産出。

③**新期造山帯**：西部は環太平洋造山帯で，西側に海岸山地やカスケード山脈，シエラネヴァダ山脈，東側にロッキー山脈(いずれも最高峰は4000m以上)が南北に走り，アメリカではその間にコロンビア盆地やコロンビア高原，グレートベースン，コロラド高原などが並ぶ。アラスカ山脈のデナリ(マッキンリー)山(6190m)が最高峰。アラスカとカスケード山脈には火山が分布。カリフォルニアにはプレートの[　2　]境界にあたるサンアンドレアス断層が走り，地震が多発。太平洋沿岸には海溝が分布しない。

④**ハワイ諸島**：太平洋プレート中央部のホットスポット上に噴出した火山島。最大のハワイ島の最高峰は4205mに達し，南東部のキラウエア火山では噴火が続いている。北東貿易風に対し風下側の西岸では少雨で，リゾート地が多い。

2 小地形

①**氷河地形**：かつて40°N付近まで大陸氷河に覆われたため，五大湖などの氷河湖や，カナダ太平洋側〜アラスカにかけての海岸には[　3　]がみられる。

②**その他**：アメリカの大西洋岸平野からメキシコ湾岸平野にかけては，浅い海底が隆起した海岸平野が広がる。五大湖から流れ出すセントローレンス川河口には[　4　]，中央平原を流れるミシシッピ川河口には鳥趾(ちょうし)状三角州が発達。コロラド高原のモニュメントヴァレーにはメサとビュート。

3 気候

気候：北極海沿岸はET。東岸では五大湖周辺までDf，その南側の中央平原から大西洋岸にかけてはCfa。中央平原には温帯草原の[　5　]が広がり，肥沃な[　5　]土が分布。フロリダ半島南端は熱帯(Am)。

西岸は，アラスカ南部からカナダにかけての太平洋岸がCfb・Cfc，シアトル付近からカリフォルニアまでCs。ただし，山脈が海に迫るためCfb，Csは海岸沿いに限られ，内陸は偏西風が遮られてロッキー山脈東麓のグレートプレーンズまでBSが広がる。グレートベースンのグレートソルト湖(大塩湖)付近からコロラド川下流域にかけてはBWでモハーヴェ砂漠などが分布。カジノで有名なラスヴェガスは，景勝地として有名なコロラド川を刻むグランドキャニオンの西側の砂漠に立地。付近のデスヴァレー(死の谷，−85m)では世界最高気温56.7℃を記録。

フロリダ半島周辺からメキシコ湾岸にかけての地域には，熱帯低気圧の[　6　]が襲来。中央平原ではトルネード(竜巻)が発生し，被害が大きいため，トルネードシェルターなどに避難。

1 大地形
1
1
2
2
2 小地形
3
4
3 気候
3
5
6

図表でチェック

1 アングロアメリカの地形

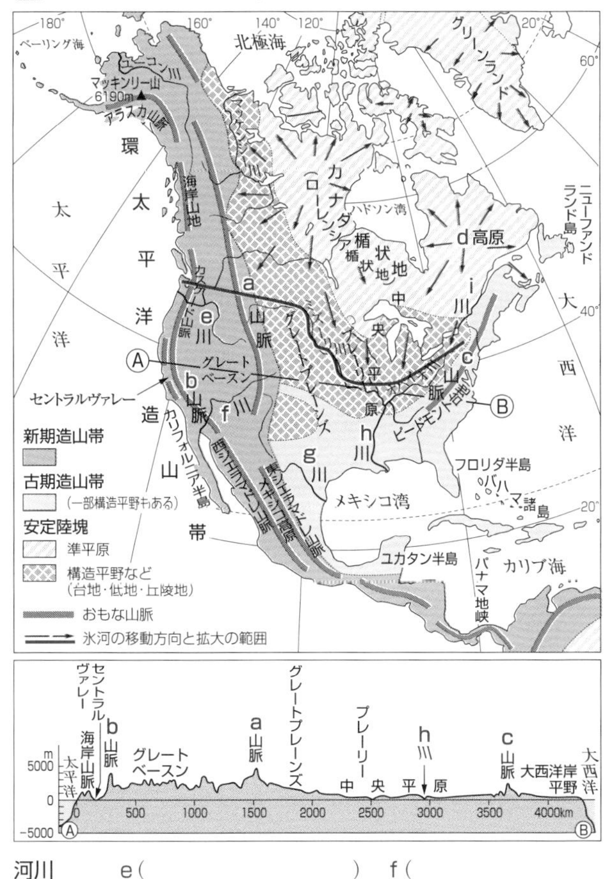

2 ハワイ島の地形と降水量

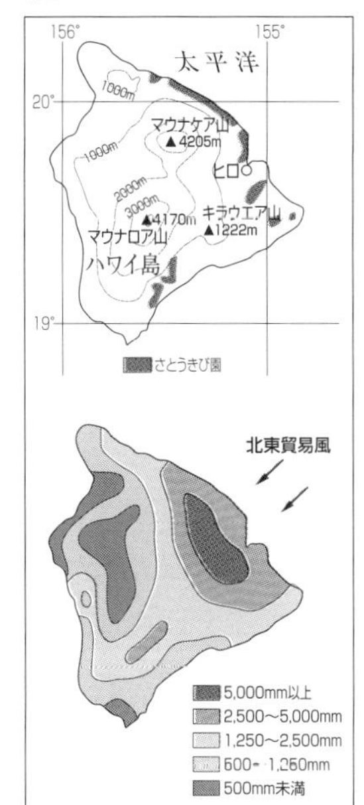

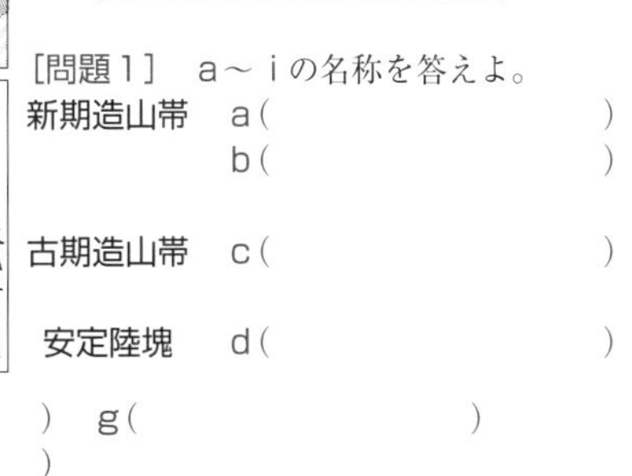

［問題1］　a～ i の名称を答えよ。

新期造山帯　a（　　　　　　　　）
　　　　　　b（　　　　　　　　）

古期造山帯　c（　　　　　　　　）

安定陸塊　d（　　　　　　　　）

河川　e（　　　　　　　　）　f（　　　　　　　　）　g（　　　　　　　　）
　　　h（　　　　　　　　）　i（　　　　　　　　）

3 アングロアメリカの気候

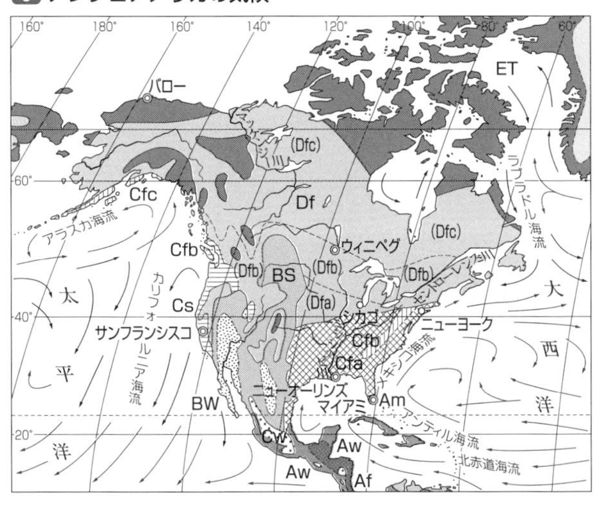

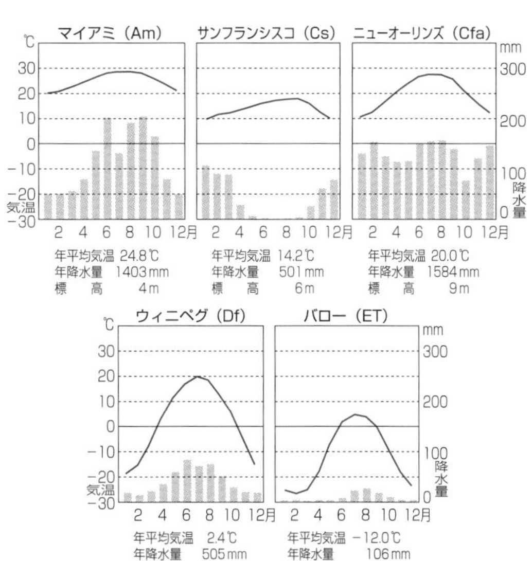

2 アメリカ合衆国

1 歴史：先住民(ネイティブアメリカン)は**インディアン**と**イヌイット**(エスキモー)。16世紀前半よりヨーロッパからの移民が始まり，南からは[　1　]人，東からは**イギリス人**，北東部からは[　2　]人が入植した。1776年東部の13州が**イギリス**から独立。イギリス，フランス，メキシコなどからの買収や併合を重ねて19世紀半ばに太平洋岸まで領土拡大。1867年**アラスカ**をロシアから買収，1898年**ハワイ**を併合。面積983万km²(世界３位)，人口3.4億人(世界３位)。

2 移民：建国を担ったイギリス系白人は[　3　](ワスプ，White Anglo－Saxon Protestant)と呼ばれ，政治･経済･文化的に上層を占めてきた。19世紀以降，ヨーロッパ各地から移民が流入し，ドイツ系，イギリス系，アイルランド系の割合が高い。アフリカからの**黒人奴隷**は，南部の農園労働者として18世紀末に多く流入。南北戦争後の1863年**奴隷解放**が行われ，1964年公民権法の成立によって人種差別撤廃。第二次世界大戦後は，スペイン語系のヒスパニック([　4　]，キューバ，プエルトリコなどから)やアジア系([　5　]，中国，ベトナム，インドなどから)の移民が増加し，ヒスパニックは人口の19%，黒人は14%，アジア系は６%を占める(2021年)。各民族が混じり合うことなく共存する様子は，「民族のサラダボウル(モザイク)」と表現され，大都市では民族，社会階層などにより居住地が分化する住み分け現象(セグリゲーション)がみられる。

3 民族分布

①**黒人**：ミシシッピ川下流域からアパラチア山脈南部にかけての州で割合が高く，早くから工業化が進み雇用が多いメガロポリス，五大湖周辺の大都市にも多い。

②**ヒスパニック**：[　4　]に接する州とカリブ海諸国に近いフロリダ州に多い。

③**アジア系**：地理的に近い太平洋側の[　6　]州などで割合が高い。

④**先住民**：ヨーロッパ人により西部に追われ，ミシシッピ川以西を中心に**インディアン居留地**が設けられている。

4 農業：18世紀後半に公有地を分割して入植を進めた[　7　]制(土地区画制)や，19世紀半ばのホームステッド法(自営農地法)，**大陸横断鉄道**の開通などによって開拓前線(フロンティア)が前進し，**適地適作**に基づく各種農業地帯が成立。農民１人当たり耕地面積は61ha(2020年)で，**機械化**された**大規模経営**が行われるが，近年も生産性向上のために規模拡大が進み，家族農場は減少している。

　穀物の集荷，貯蔵，輸送などを行う**穀物メジャー**(巨大穀物商社)などの[　8　](農業関連産業)が発達し，**世界一の農産物輸出国**となっている。一方で，畑作地域での過剰な耕作による**土壌侵食**(等高線耕作が対策)や，灌漑用の過剰揚水による地下水の枯渇などの環境問題も発生している。

　農業地域は，**西経100度**付近を南北に走る年降水量[　9　]mm線付近を境界として，湿潤な東側に農業地域，乾燥した西側に牧畜地域が広がり，境界付近には小麦地域が分布。

①**酪農地帯**：**五大湖周辺**から**ニューイングランド地方**。冷涼な気候と氷食を受けたやせ地，大市場を背景に成立。飼料作物を栽培し，乳牛を飼育。

1 歴史
1
2
1 2

2 移民
3
4
4
5

3 民族分布
3
6

4 農業
7
6 7 8
8
9

②**トウモロコシ地帯(コーンベルト)**：五大湖南側のプレーリーで，飼料用のトウモロコシ，［ 10 ］を栽培し，豚，肉牛などを飼育する**混合農業**が行われる。アイオワ，イリノイ州が中心。西部の放牧地域から運ばれた肉牛の肥育も行う。

③**綿花地帯(コットンベルト)**：無霜期間200日の線以南の地域。黒人奴隷を利用した［ 11 ］から発展。連作障害や土壌侵食によって作物の**多角化**が進み，綿花栽培の中心は，灌漑により栽培される**テキサス州**やカリフォルニア州など西へ移動。ミシシッピ川下流部は稲作の中心。

④**小麦地帯**：プレーリー西部からグレートプレーンズにかけて，冷涼なカナダ国境付近の北部には**春小麦地帯**(ノースダコタ州が中心)，温暖な中部には**冬小麦地帯**(カンザス州が中心)が広がる。北西部のコロンビア盆地では冬小麦栽培。

⑤**放牧，灌漑農業地帯**：**グレートプレーンズ**からグレートベースンにかけて，広大な牧場で肉牛を飼育する企業的牧畜。出荷前には穀物を与える**フィードロット**(肥育場)で肥育。［ 12 ］方式による巨大スプリンクラーで地下水を散水した円形の灌漑耕地で飼料用のトウモロコシなどを栽培。牛肉生産世界一。

⑥**地中海式農業地帯**：**セントラルヴァレー**(カリフォルニア盆地)で，雪どけ水による灌漑で果樹，野菜などを栽培。稲作も行われる。**メキシコ人労働者**も利用。カリフォルニア州は州別人口１位で，農業生産額も１位。

5 鉱工業

①**メガロポリス地域**：最初に工業化したニューイングランド地方の［ 13 ］では，伝統的な繊維工業のほか，大学，研究機関の集積を背景に，先端技術産業が発達(**エレクトロニクスハイウェー**)。最大の都市**ニューヨーク**は金融(ウォール街)・経済の中心で，印刷・出版などの大都市型工業や先端技術産業が発達。**フィラデルフィア**(旧首都)や**ボルティモア**には臨海立地型鉄鋼業が発達。

②**五大湖周辺**：**アパラチア炭田**と**メサビ**などの鉄鉱石，五大湖周辺の水運を背景に**鉄鋼業**が立地し，［ 14 ］に**自動車工業**が発達。鉄鋼業の中心であった［ 15 ］では先端技術産業に転換。アメリカ第三の都市［ 16 ］には国内最大の**穀物・食肉取引所**があり，食品，農業機械工業も発達。ミシシッピ川に沿うミネアポリス(対岸のセントポールと双子都市)や支流のミズーリ川沿いのカンザスシティ，両河川の合流点に位置するセントルイスなどでは，農業地域を背景に製粉，食肉加工業など食品工業が発達。

③**南部**：戦前は，アパラチア山麓の**アトランタ**などで綿工業が発達。エネルギー革命後の1970年代になると，温暖な気候，豊富な石油，安価な労働力，税制上の優遇措置などを背景に企業進出が相次いで，**石油化学**，**航空宇宙**，**先端技術産業**などが発展し，北緯［ 17 ］度以南の地域は［ 18 ］と呼ばれるようになった。一方，五大湖周辺など旧来の工業が立地した北東部は，**スノーベルト**(**フロストベルト**)，あるいはラスト(さびついた)ベルトと呼ばれ，設備の老朽化，後発国の追い上げなどによって低迷し，人口も停滞。

　メキシコ湾岸油田を背景に［ 19 ］では**石油化学**や**宇宙産業**(←NASAの管制センターが立地)，**ダラス**周辺では先端技術産業が発達(**シリコンプレーン**)。ミシシッピ川河口の［ 20 ］は流域の農産物の輸出港。保養都市として有名

10
11
12
5 鉱工業
9 10
→P.70 5
13
14
15
16
17
18
5
19
20

なマイアミのあるフロリダ半島にはロケット打上げ基地のケネディ宇宙センターがあり，先端技術産業も発達。

④**西部**：太平洋岸北部のワシントン，オレゴン州は林業が盛んで，木材加工，紙・パルプ工業が立地。[21]川総合開発による水力を利用したアルミニウム工業を背景に，[22]周辺には航空機工業(ボーイング)が発達。

アメリカ第二の都市[23]では，カリフォルニア油田を背景とした石油化学や航空機，自動車工業などのほか，BSで晴天が多く古くからハリウッドに映画産業が発達。貿易港サンフランシスコ南方のサンノゼ付近にはスタンフォード大学などを背景に先端技術産業が集積し，[24]と呼ばれる。

ロッキー山脈周辺では[25]を多く産出(生産世界5位，2019年)。山間部のコロラド州のデンヴァー(シリコンマウンテン)や乾燥帯のアリゾナ州のフェニックス(シリコンデザート)には先端技術産業が発達。

⑤**アラスカ**：20世紀初めのゴールドラッシュと鉄道建設によって発展。石油危機後，北極海沿岸のノーススロープ地方でプルドーベイ油田が開発され，太平洋岸までパイプラインがのびる。太平洋岸では林業が盛ん。南部のアンカレジは日本と欧米を結ぶ北極回り航空路の中継・給油地として発展したが，ロシア上空の通過が可能になったことや航空機の航続距離が長くなったことで衰退。

21
22
23
24
25

3 カナダ

1 社会：面積999万km^{2}で世界2位。人口3800万人の大部分は，温和な南部に集中し，大都市は二つの大陸横断鉄道沿いに立地。17世紀，英仏間で植民地争奪，18世紀にイギリス領となり，1867年独立。住民は英語系(57%)とフランス語系(21%)が中心で，公用語は英語とフランス語。フランス語系住民の多い[1]州は分離独立運動を推進。首都オタワは[1]州と英語圏の中心であるオンタリオ州の境界に位置。北部には先住民のイヌイットが居住し，1999年には自治を認めるヌナブト準州が発足。移民の流入によって民族構成が多様化しており，2国語2文化主義から[2]主義政策へ転換。

2 産業

①**農業**：中央部のプレーリーにアメリカから続く[3]地帯。耐寒性品種の開発によって栽培地域が拡大。二つの大陸横断鉄道が交わるウィニペグが集散地。

②**林業**：西部のブリティッシュコロンビア州が中心で，ロシアに次ぐ世界2位(2021年)の木材輸出国。

③**水産業**：大西洋側の[4]島近海でタラ，ニシン。太平洋側ではサケ，マス。

④**鉱業**：ロッキー山脈東麓で石油(オイルサンド)，天然ガス，石炭，東部のラブラドル高原で鉄鉱石，北部で金鉱，ウラン(生産世界3位，2021年)を産出。水力発電の割合が60%(2022年)を占め，アルミニウム生産世界4位(2020年)。

⑤**工業**：五大湖周辺が最大の工業地域で，アメリカの進出企業が多い。輸出は，原油・機械類・自動車が上位で，77%はアメリカ向け(2022年)。オンタリオ湖畔の[5]とセントローレンス川沿いの[6]が二大都市。太平洋岸はヴァンクーヴァーが最大都市。

1 社会
1
2
2 産業
3
4
5
6

図表でチェック

1 アメリカ合衆国の成立と拡大

2 アメリカ合衆国領土の変遷と行政区分

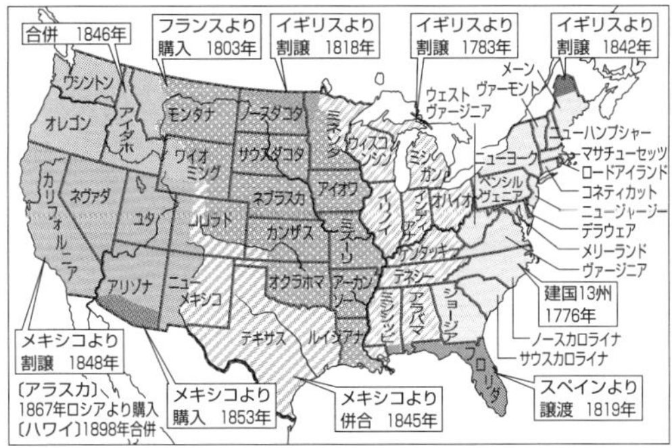

3 アングロアメリカの民族分布

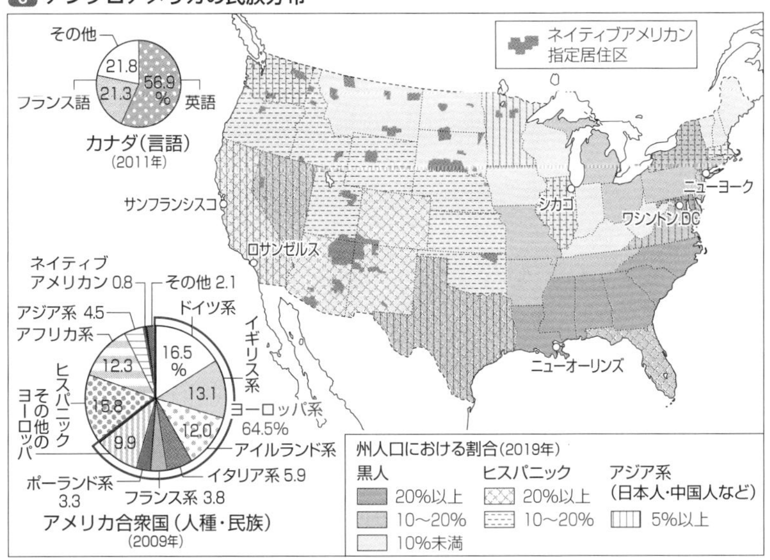

4 アメリカ合衆国への移民の推移

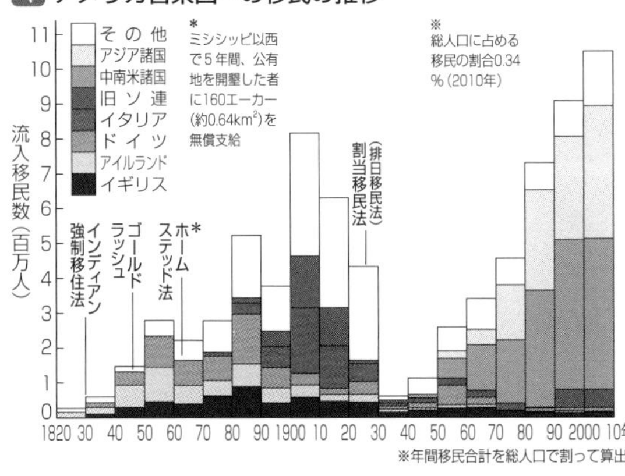

5 州別人口増加率(2018～19年)

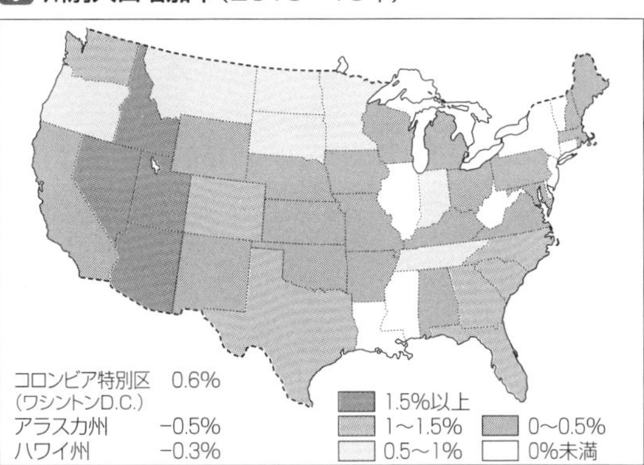

6 アングロアメリカの農牧業地域

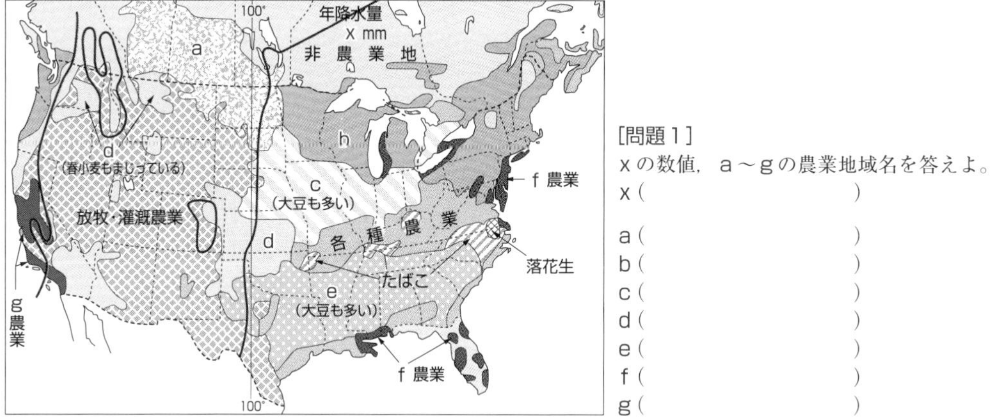

[問題1]
xの数値，a～gの農業地域名を答えよ。

x（　　　　　　　　）

a（　　　　　　　　）
b（　　　　　　　　）
c（　　　　　　　　）
d（　　　　　　　　）
e（　　　　　　　　）
f（　　　　　　　　）
g（　　　　　　　　）

7 アメリカ合衆国のおもな農産物の州別生産(2019年)

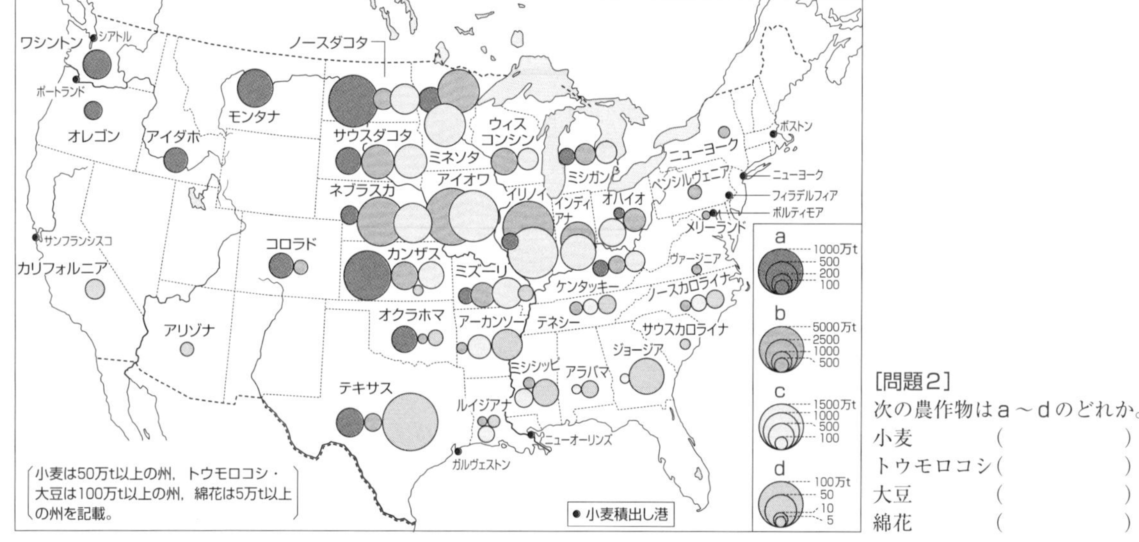

[問題2]
次の農作物はa～dのどれか。

小麦（　　　　　）
トウモロコシ（　　　　　）
大豆（　　　　　）
綿花（　　　　　）

8 アメリカ合衆国の牛・豚の州別頭数(2019年)

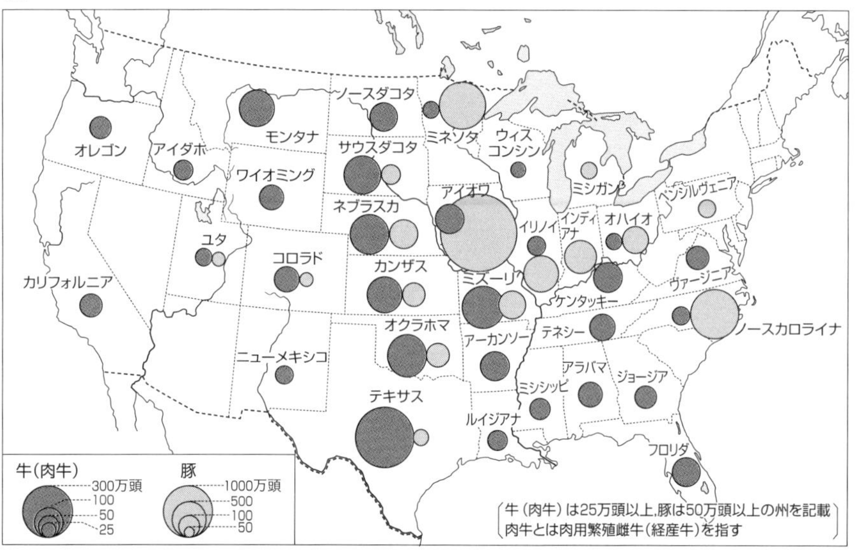

9 アングロアメリカの地下資源

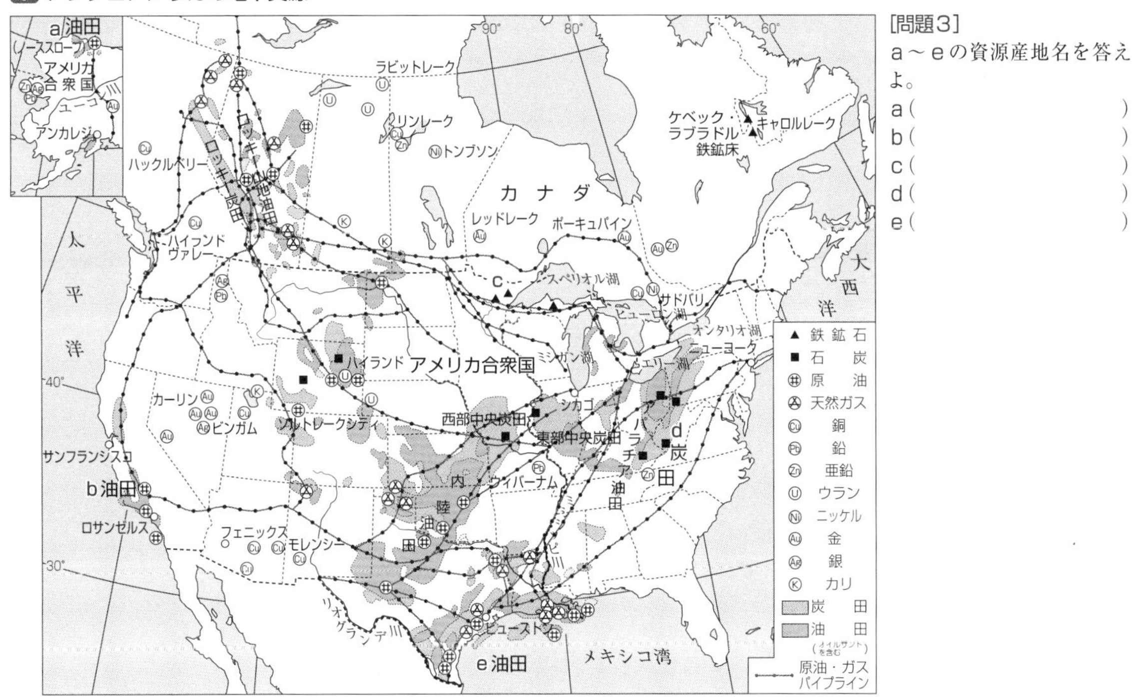

[問題3]
a～eの資源産地名を答えよ。

a (　　　　　　　　　　)
b (　　　　　　　　　　)
c (　　　　　　　　　　)
d (　　　　　　　　　　)
e (　　　　　　　　　　)

10 アングロアメリカの工業

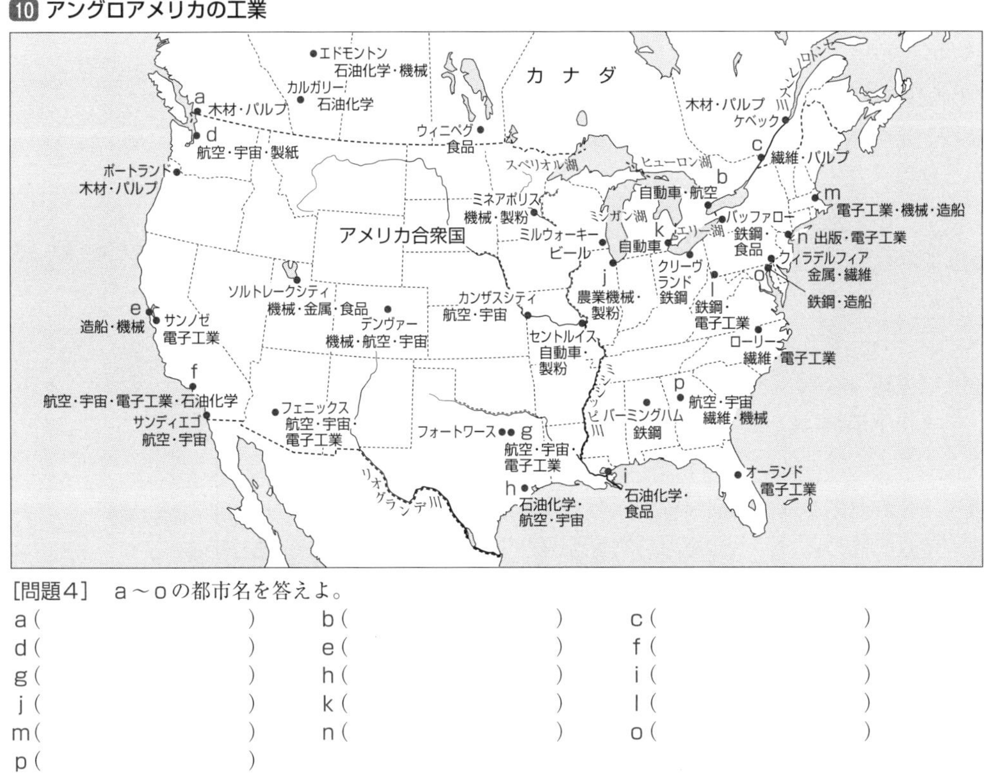

[問題4]　a～oの都市名を答えよ。

a (　　　　　　　　) b (　　　　　　　　) c (　　　　　　　　)
d (　　　　　　　　) e (　　　　　　　　) f (　　　　　　　　)
g (　　　　　　　　) h (　　　　　　　　) i (　　　　　　　　)
j (　　　　　　　　) k (　　　　　　　　) l (　　　　　　　　)
m (　　　　　　　　) n (　　　　　　　　) o (　　　　　　　　)
p (　　　　　　　　)

8章 ラテンアメリカ

1 自然環境

1 地形

①中央アメリカ・カリブ海：環太平洋造山帯は，カリブプレートを挟んで，中央アメリカと西インド諸島(大アンティル・小アンティル諸島など)の２列に分かれる。太平洋には中央アメリカ海溝，カリブ海にはプエルトリコ海溝が走り，並行するメキシコ南部以南の中央アメリカと小アンティル諸島には火山が多い。ロッキー山脈から続く東西シエラマドレ山脈の間に[　1　]高原が位置し，南部のメキシコシティ付近には5000mを超える火山もみられる。

②南アメリカ：太平洋側には，ペルー・チリ海溝に並行して環太平洋造山帯の世界一長いアンデス山脈が南北に走り，火山も多い。標高により作物は異なり，アンデス原産のジャガイモが最高所で栽培。ボリビア付近では山脈幅が広く，アルティプラノと呼ばれる高原の北部にはチチカカ湖(湖面標高3812m，ペルー・ボリビア国境)があり，南部には有名な観光地でリチウムが埋蔵されているウユニ塩原がある。最高峰はアコンカグア山(6959m)，オホスデルサラード山(6879m)は世界一の火山。チリ南部沿岸にはフィヨルドがみられる。

　東部はゴンドワナランドに属する安定陸塊で，テーブルマウンテンが並び，落差979mで世界一のアンヘル滝のある[　2　]高地とブラジル高原は楯状地。北から，オリノコ川，アマゾン川(流域面積世界一)，ラプラタ川(河口は[　3　])が流れ，流域には構造平野が広がる。ブラジル高原から流れるラプラタ川支流のパラナ川の支流には世界最大の幅４kmのイグアス滝があり，付近には世界２位の水力発電所のイタイプダム(ブラジル・パラグアイ)がある。

2 気候と植生

①熱帯：赤道直下のアマゾン盆地はAfで，[　4　]と呼ばれる熱帯雨林が広がる。その南北はAwで，北側のオリノコ川流域には[　5　]，南側のブラジル高原にはカンポセラード，パラグアイ周辺にはグランチャコと呼ばれる熱帯草原が広がる。カリブ海周辺もAwで，ハリケーンが襲来する。

②温帯：ラプラタ川下流域はCfaで，[　6　]と呼ばれる温帯草原が広がる。その西側に当たるチリ中部はCs，チリ南部はCfb。低緯度の高原はCw。

③乾燥帯：南アメリカ西岸では，南回帰線付近のチリ北部に[　7　]砂漠があり，沖合いを北上する寒流の[　8　]海流の影響で大気が安定するためペルー北部まで海岸砂漠が続く。チリ北端のアリーカは，最少年平均降水量0.76mm。東岸では，[　9　]風に対してアンデス山脈の風下側に位置するアルゼンチン南部のパタゴニアに砂漠が広がる。

④寒帯：アンデス山脈の高所や南端のフエゴ島南部にはETが分布。

⑤高山気候：メキシコシティ(2309m)，ボゴタ(2547m)，キト(2794m)，[　10　](4058m，世界最高所の首都)など，南北回帰線の間の地域では過ごしやすい気候の高地に都市が立地。

1 地形
1
1
2
3
2 気候と植生 2 3
4
5
6
7
→P.34 3
8
9
10

図表でチェック

1 ラテンアメリカの地形

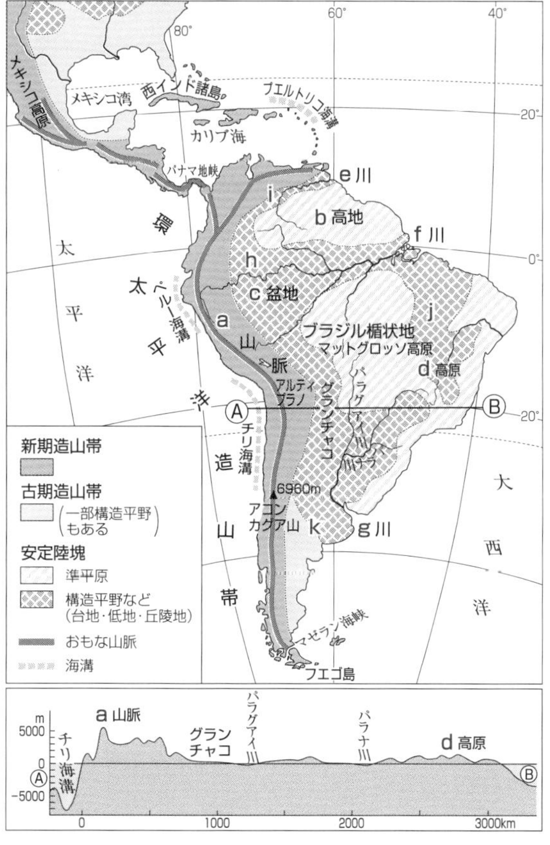

[問題1]　a～kの名称を答えよ。

新期造山帯	a (	)
安定陸塊	b (	)
	c (	)
	d (	)
河川	e (	)
	f (	)
	g (	)
熱帯雨林	h (	)
熱帯草原	i (	)
	j (	)
温帯草原	k (	)

2 ラテンアメリカの気候

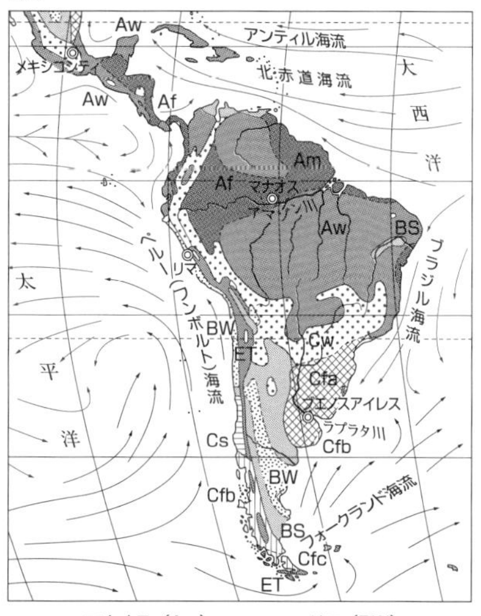

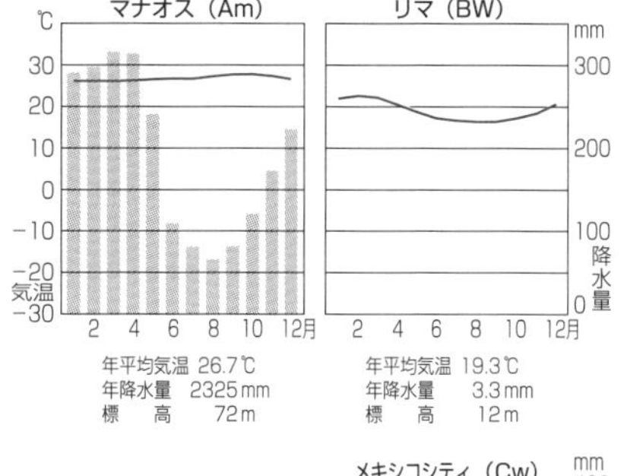

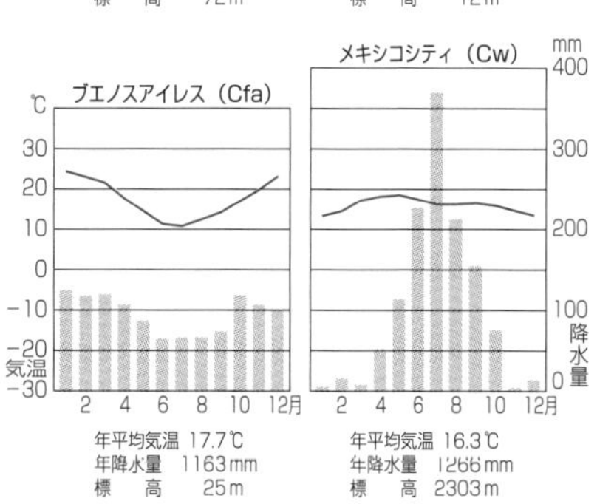

3 アンデスの作物と植生

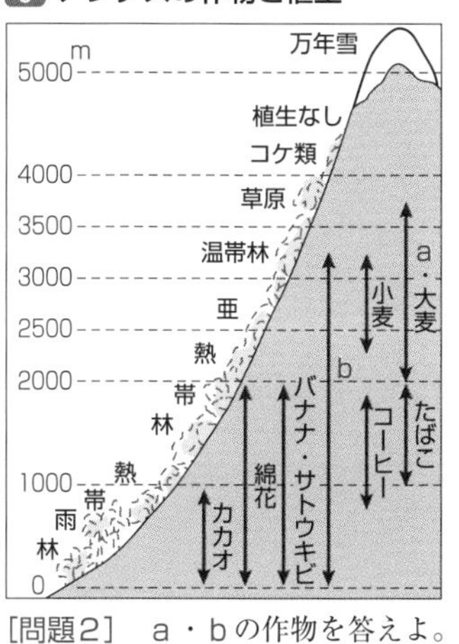

[問題2]　a・bの作物を答えよ。

a (　　　　　　　　)

b (　　　　　　　　)

2 社会

1 人種・民族

①**西インド諸島**：最初にヨーロッパ人が入植した地域で，プランテーションの過酷な労働やヨーロッパから持ち込まれた疫病(天然痘)によって先住のインディオが激減したため，アフリカから黒人が連行され，ジャマイカ，ハイチなど黒人の割合の高い国が多い。

②**南アメリカ南部**：温帯気候地域で，農業開拓を行うヨーロッパ人が家族単位で入植したため，[　1　]やウルグアイでは白人の割合が高い。

③**アンデス地方**：自然環境の厳しいアンデス高地ではインカ帝国が栄え，白人の入植も少なかったため，[　2　]，ペルーではインディオの割合が高い。

④**その他の地域**：プランテーション経営や鉱山開発を行う単身男性の入植者が多かったため，西インド諸島やブラジルでは白人と黒人の混血であるムラート，他地域では白人とインディオの混血である[　3　]の割合が高い。

2 言語と宗教：ユカタン半島のマヤ文明，メキシコ高原のアステカ文明，アンデスのインカ文明などが栄えたが，16世紀以降，スペイン，ポルトガルの支配下で[　4　]が布教され，ラテン文化圏を形成。大部分の国ではスペイン語が使用されるが，ブラジルでは[　5　]語，ジャマイカ，ガイアナでは[　6　]語，ハイチでは[　7　]語，スリナムではオランダ語が公用語。

3 大土地所有制：スペイン，ポルトガルによって持ち込まれ，農地改革も行われてきたが，貧富の差は大きい。農牧場は，ブラジルでは[　8　]，アルゼンチンでは[　9　]，その他の多くの国ではアシエンダと呼ばれる。

1 人種・民族

1

1

2

3

2 言語と宗教

4

5

6

7

3 大土地所有制

8

9

図表でチェック

1 ラテンアメリカの公用語・人種構成

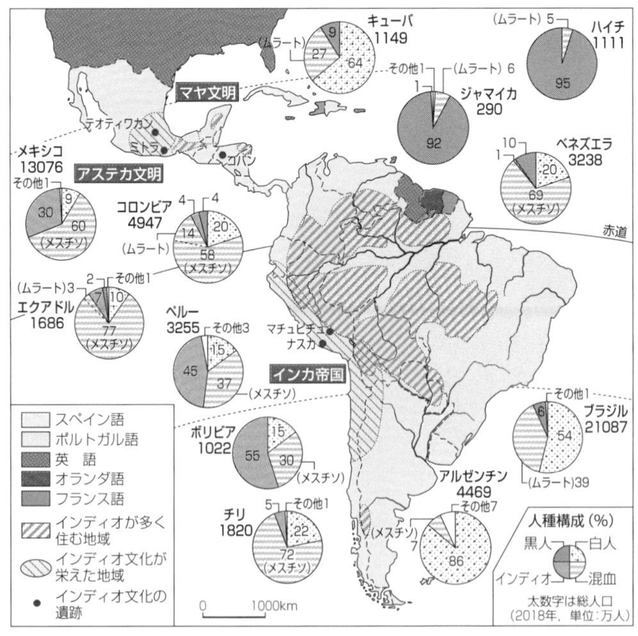

3 農業

1 プランテーション

①**サトウキビ**：西インド諸島やブラジル東部など。砂糖輸出はブラジルが世界一。

②**バナナ**：中央アメリカ～南アメリカ北部。［　1　］は輸出世界一。

③**コーヒー**：ブラジル高原南部の［　2　］分布地域や，中央アメリカ～コロンビア，カリブ海周辺(ジャマイカのブルーマウンテンなど)。ブラジルは生産，輸出が世界一，コロンビアは生産世界4位，輸出世界3位(2021年)。

2 穀物・豆類

①**小麦**：パンパの広がるアルゼンチンでは**企業的穀物農業**が行われ，小麦生産は世界12位，輸出は世界7位(2021年)。

②**トウモロコシ**：熱帯アメリカ原産。ブラジル，アルゼンチン，メキシコは生産世界3，4，7位，アルゼンチン，ブラジルは輸出世界2，4位(2021年)。

③**大豆**：ブラジル，アルゼンチンは生産世界1，3位，輸出世界1，5位(2021年)。

3 牧畜

牧畜：リャノ，カンポ，パンパなどでは**企業的牧畜**が行われ，**牧牛**が盛ん。［　3　］は牛の頭数世界一(2021年)。乾燥したアルゼンチンのパタゴニアでは牧羊が行われ，アンデス山脈では［　4　］やアルパカの放牧が行われる。

4 水産業

水産業：漁獲量(2021年)世界3位の**ペルー**は，**アンチョビ**を魚粉に加工して輸出。漁獲量は1970年頃世界一となったが，その後，乱獲やエルニーニョの影響で変動が大きい。世界10位のチリは，フィヨルドでサケ・マスを養殖し，輸出。

1 プランテーション
1
1
2
2 穀物・豆類
2
3 牧畜
3
4
4 水産業

図表でチェック

1 ラテンアメリカの熱帯商品作物

［問題1］　a～cの作物名を答えよ。
a(　　　　　　)　b(　　　　　　)　c(　　　　　　)

2 南北アメリカの農業の共通性

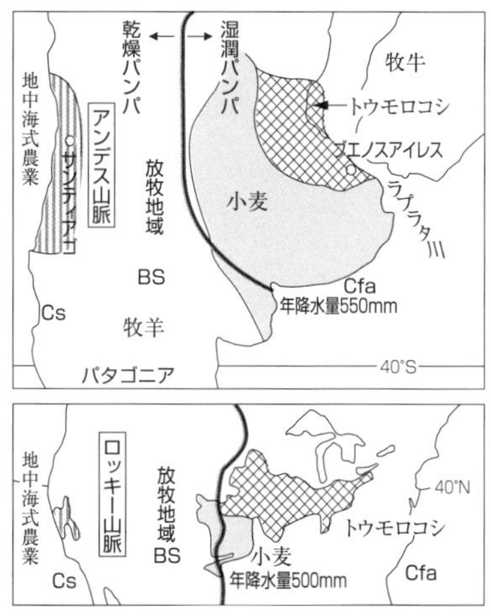

▲両地域はほぼ同緯度で，西岸から東岸にかけて，Cs→BS→Cfaと変化し，農業も地中海式農業→企業的牧畜→企業的穀物農業(500mm付近)→混合農業と変化する。

4 鉱工業

[1] 鉱産資源

①石油：メキシコ湾岸，アンデス山脈沿いに油田が分布。ブラジル(海底油田が中心)，メキシコは生産世界８，10位(2022)。[　1　](マラカイボ油田が中心)は埋蔵量世界一のOPEC加盟国。

②石炭：古期造山帯がほとんど分布しないため，生産は少ないが，コロンビアは生産世界12位(2022年)，輸出世界４位(2020年)。

③鉄鉱石：ブラジル高原，ギアナ高地(ベネズエラ)で産出。ブラジルは生産，輸出世界２位(2020年)で，カラジャス，イタビラ鉄山が有名。

④銅鉱：アンデス山脈沿いに分布。[　2　]，ペルーは生産世界１，２位(2019年)。

⑤ボーキサイト：ブラジル，[　3　]は生産世界４，７位(2020年)。ガイアナ，スリナムでも産出。

⑥銀鉱：メキシコ，ペルー，チリ，ボリビアは生産世界１，３，４，９位(2020年)。

⑦スズ鉱：ペルー，ブラジル，ボリビアは生産世界４，５，６位(2018年)。

[2] 工業：メキシコ，ブラジルはNIEsに分類され，工業が発達。

①メキシコ：1960年代後半からアメリカ合衆国との国境沿いにマキラドーラという輸出加工区を設置し，外資を導入して，電気機械，自動車工業が発達。1994年NAFTA，2020年USMCAに加盟し，輸出の82%がアメリカ向け(2022年)。

②ブラジル：イタビラ鉄山周辺のベロオリゾンテやイパチンガ(日本企業も出資するウジミナス製鉄所)などで鉄鋼業が発達。自動車，航空機工業も発達。

[1] 鉱産資源
1
1
2
3
[2] 工業

図表でチェック　1 ラテンアメリカの地下資源

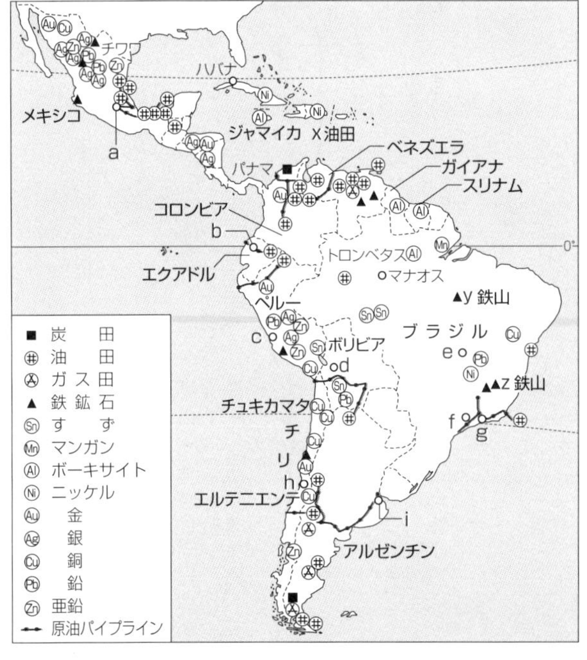

[問題1]　a～iの都市名，x～zの産地名を答えよ。

a (　　　　　)
b (　　　　　)
c (　　　　　)
d (　　　　　)
e (　　　　　)
f (　　　　　)
g (　　　　　)
h (　　　　　)
i (　　　　　)

x (　　　　　)
y (　　　　　)
z (　　　　　)

5 ラテンアメリカ諸国

①メキシコ：人口1.3億人。原油，銀を産出。メキシコ高原に位置する首都メキシコシティは人口2200万人の大都市で，人口集中が著しく［　1　］の典型。盆地状の地形で大気汚染が深刻。湖を埋め立てたため地震被害も大きい。

②キューバ：［　2　］国で，かつてはCOMECONに加盟し，砂糖輸出世界一だった。

③エクアドル：国名は赤道という意味で，首都キトは赤道直下に位置する。西方の［　3　］諸島はダーウィンの進化論で有名。バナナ輸出世界一。

④ペルー：かつての［　4　］帝国の中心で，都のクスコや遺跡のマチュピチュはアンデス山中にある。首都リマは人口1100万人の大都市で，海岸砂漠地帯に位置し(南にはナスカの地上絵)，ペルー海流の影響を受けて緯度の割には冷涼。

⑤チリ：南北に細長く，北からBW，BS，Cs，Cfb，ETと配列。首都［　5　］周辺はCsで，地中海式農業が行われ，ブドウ栽培が盛ん。銅鉱，銅が輸出の中心。

⑥ブラジル：面積852万km^2(世界５位)，人口2.2億人(世界６位)。南東部に人口が集中し，［　6　］とリオデジャネイロ(旧首都)が二大都市。首都ブラジリアは北部開発のために建設された計画都市。アマゾン地方ではアマゾン横断道路の建設後，農牧地や鉱山の開発，ダム建設などで，熱帯林破壊が深刻化。アマゾン開発の拠点マナオスは自由貿易地区で外資が進出。農業は，コーヒーのモノカルチャーから多角化が進み，大豆(ブラジル高原が主産地)や肉類(牛肉・鶏肉)を輸出。工業化が進み，機械類，鉄鋼，自動車などを輸出。エネルギー資源に乏しいためブラジル高原南部にイタイプダムなどを建設し，水力発電の割合は63％(2022年)。サトウキビからつくるバイオエタノールをガソリンに混合して使用。近年，リオデジャネイロ沖などで油田開発が進み，石油輸出国となった。

⑦アルゼンチン：ラプラタ川河口の首都［　7　］は人口1400万人。パンパの年降水量550mm線付近では［　8　］栽培，湿潤な東側ではトウモロコシ，アルファルファ(牧草)を栽培して牧牛，乾燥した西部から南部のパタゴニアでは牧羊。

①メキシコ
1

②キューバ
2

③エクアドル
3

④ペルー
4

⑤チリ
5

⑥ブラジル
6

⑦アルゼンチン
7
8

図表でチェック　1 ラテンアメリカの国々

1)2022年，2)2021年，3)2013～2021年。

国名	人口[1] (万人)	1人当たりGNI[2](ドル)	公用語	おもな民族		おもな輸出品[3]
(　a　)	21,531	7,305	ポルトガル語	白人	54%	鉄鉱石，大豆，原油，肉類，機械類，鉄鋼，砂糖
(　b　)	12,750	9,956	スペイン語	メスチソ	60%	機械類，自動車，自動車部品，原油，野菜・果実
(　c　)	5,187	6,003	スペイン語	メスチソ	58%	原油，石炭，コーヒー豆，金，石油製品
(　d　)	4,551	10,590	スペイン語	白人	86%	トウモロコシ，植物性油かす，大豆油，自動車
(　e　)	3,405	6,446	*	インディオ	45%	銅鉱，金，野菜・果実，銅，石油製品
(　f　)	2,830	3,528	**	メスチソ	64%	原油，石油製品，化学薬品，鉄鋼，鉄鉱石
(　g　)	1,960	15,320	スペイン語	メスチソ	72%	銅鉱，銅，野菜・果実，魚介類，パルプ・古紙
エクアドル	1,800	5,873	スペイン語	メスチソ	77%	原油，魚介類，野菜・果実，石油製品，装飾用切花
ボリビア	1,222	3,266	***	インディオ	55%	金，天然ガス，亜鉛鉱，銀鉱，植物性油かす
ハイチ	1,159	1,665	フランス語・ハイチ語	黒人	95%	繊維と織物，化学工業品，鉄鋼，機械類
キューバ	1,121	11,086	スペイン語	白人	64%	鉱物，化学工業品，タバコ，砂糖
(　h　)	283	5,023	英語	黒人	92%	アルミナ，石油製品，アルコール飲料，ボーキサイト

*スペイン語・ケチュア語・アイマラ語，**スペイン語と31の先住民族言語，***スペイン語と36の先住民族言語。

［問題1］　a～hの国名を答えよ。

a(　　　　)　b(　　　　)　c(　　　　)　d(　　　　)
e(　　　　)　f(　　　　)　g(　　　　)　h(　　　　)

9章 オセアニアと両極地方

1 オーストラリア

1 自然環境

①地形：面積最小の大陸で，大部分はゴンドワナランドに属する安定陸塊。中央部には，侵食から取り残された巨大な岩山(残丘)のウルル(エアーズロック)。東部の[1]山脈はなだらかで(最高峰コジアスコ山は2229m)，タスマニア島とともに古期造山帯。北東部の[2](大堡礁(ほしょう))は世界最大のサンゴ礁。

②気候：南回帰線が中央部を横断するため，中央部から西岸にかけてBW，BSが広がり，その面積割合は全大陸中最高。大陸北端は10° S付近なのでAfはみられず，北部はAw。東岸は大部分がCfaで，北東部の一部にAm，Cwが分布。南西部はCs。南東部とタスマニアはCfb。

2 社会

①歴史：18世紀末からイギリスの流刑植民地として開拓が始まる。19世紀後半のゴールドラッシュで中国人が流入し，白人の失業者が増加したため，1901年の建国とともに有色人種の移民を制限する[3]主義政策を実施した。しかし，労働力不足や旧宗主国イギリスのEC加盟，アジア諸国との貿易拡大などよって1970年代に廃止。その後は多文化主義に転換し，東南アジアや中国，インドなどからのアジア系移民が増加。イギリス連邦に属する立憲君主国で，イギリス国王を元首とするが，共和制への移行も検討されている。

②先住民：オーストラロイドの[4]は，ブーメランを利用した狩猟や採集を行っていた。現在の人口は約70万人で，大部分は都市に居住しているが，先住権が認められ，土地返還により保留地が設定されている。

③人口と都市：面積769万ｋ㎡(世界６位)，人口2600万人。人口は南部の温帯気候地域に集中し，都市人口率は86%に達する。[5](Cfa)，メルボルン(Cfb，旧首都)が二大都市で，首都[6]はこの中間の山間部に建設された計画都市。ブリズベン(Cfa)，パース(Cs)，アデレード(Cs)も百万都市。

3 農業：農業地域は年降水量に対応して分布。

①牧羊地域：年降水量250～500mmの[7]盆地付近で，被圧地下水を利用し粗放的に飼育。毛用のメリノ種が中心。羊毛生産世界２位，輸出世界一(2021年)。

②牧牛地域：北部のAw気候地域から東部で肉牛飼育。牛肉輸出世界３位(2021年)。

③サトウキビ地域：北東部のAm，Cw地域でプランテーション農業が行われる。

④小麦地域：年降水量500mm前後の南東部と南西部。南東部のマリー川流域では，オーストラリアアルプス山脈から太平洋に注ぐスノーウィー川の雪どけ水を貯水し，トンネルを建設して導水する[8]計画によって灌漑が行われている。

⑤酪農地域：市場に近い南東部，南西部沿岸の温帯地域。

4 鉱工業：工業は大都市周辺で行われているが，一次産品の輸出が中心であるため輸出指向は低い。

①鉄鉱石：生産・輸出世界一(2020年)。北西部のピルバラ地区(マウントホエー

---

1 自然環境
1 2
1
2

2 社会
4
3

3
4
5
6

3 農業
→P.163 2
7
8

4 鉱工業
→P.163 4

ルバック鉄山など)が中心で，ポートヘッドランドなどから輸出される。

②**石炭**：世界２位の輸出国(2020年)で，［　1　］山脈周辺に炭田が分布。

③**ボーキサイト**：世界一の生産国(2020年)で，Aw気候の北部を中心に産出。

④**その他の鉱産資源**：金鉱は世界３位の生産国(2021年)で，他に銀鉱，銅鉱，ダイヤモンド，鉛鉱，亜鉛鉱，スズ鉱，ニッケル鉱などの大生産国。

5 貿易

①**輸出品目**：羊毛中心から，鉄鉱石，石炭，液化天然ガス，金などの鉱産資源中心に変化。

②**相手国**：［　9　］中心から，中国，日本，アメリカなど環太平洋諸国中心に変化。

5 貿易

5

9

図表でチェック

1 オーストラリア・ニュージーランドの地形

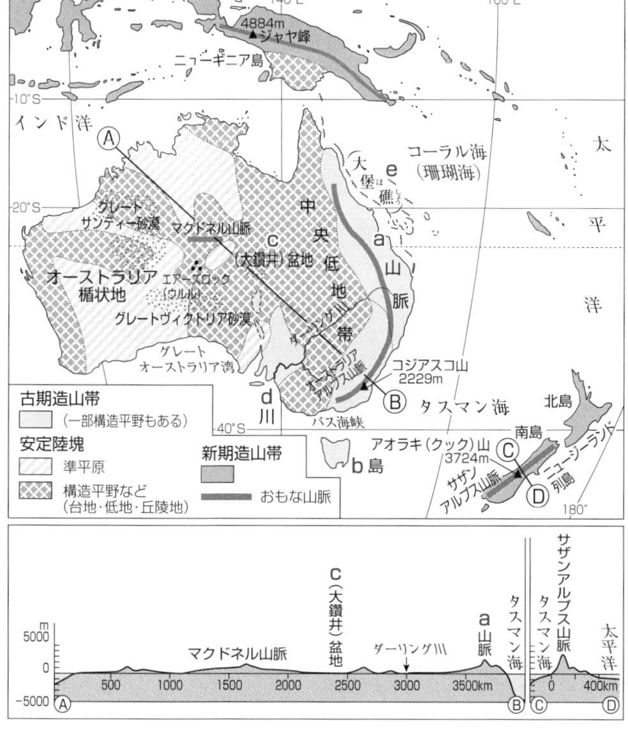

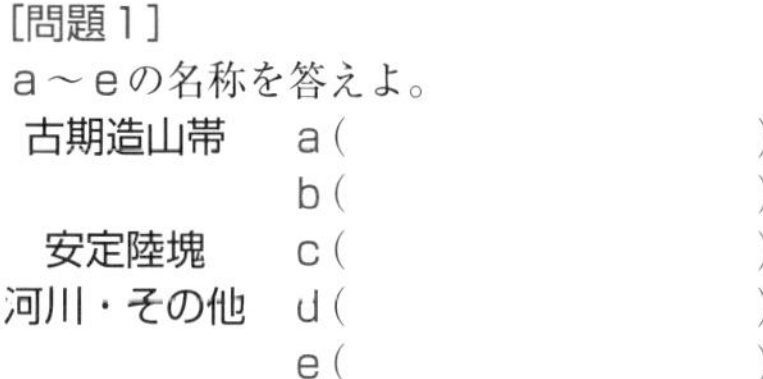

3 アボリジニーの保留地（アボリジナルランド）の分布

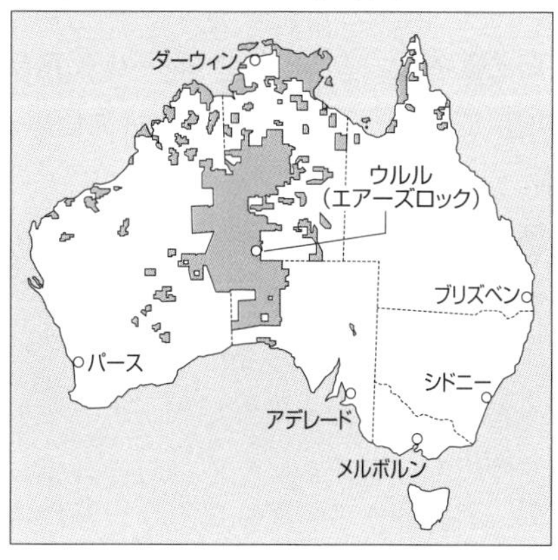

2 オーストラリア・ニュージーランドの気候

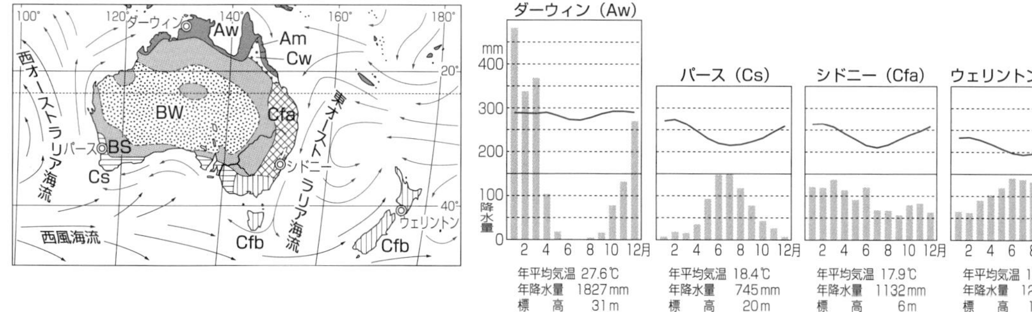

4 オーストラリアの移民のおもな出身国

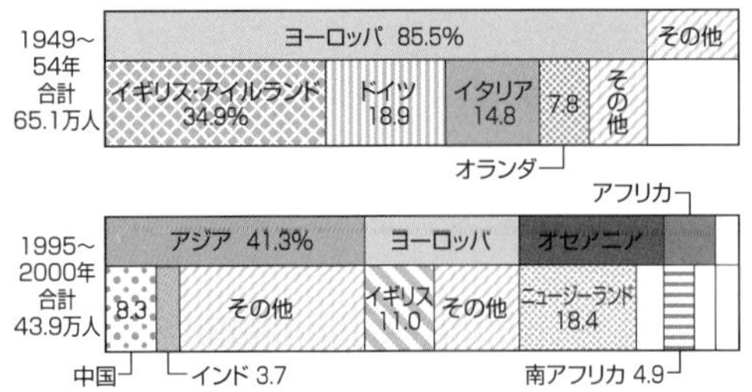

5 オーストラリアの貿易

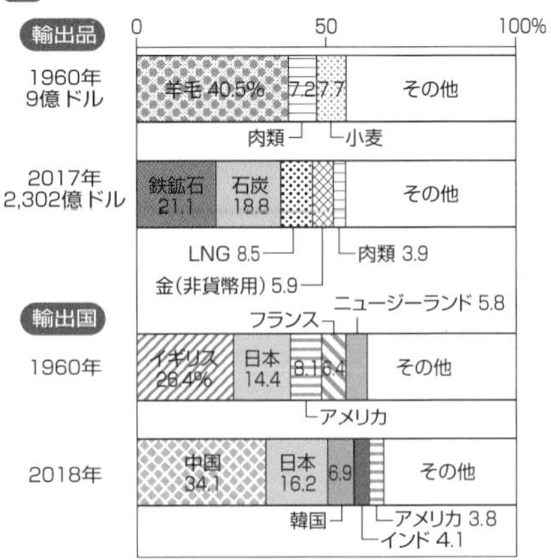

2 ニュージーランド

1 自然環境

①**地形**：環太平洋造山帯。北島には火山が分布し，地熱発電が盛ん。南島には高峻なサザンアルプス山脈(最高峰3724m)が走り，氷河もみられる。南西部の海岸には[　1　]が発達。北島と南島の間のクック海峡は40°S。

②**気候**：年中[　2　]風によって海洋の影響を受けるため，全土がCfb。山脈が南北に走る南島では，風上側の西部で多雨，風下側の東部で少雨。

2 社会

人口520万人。首都はクック海峡に面する北島の[　3　]，最大都市は北島北部のオークランド。イギリス連邦に属し，住民の多くはイギリス系。先住民はポリネシア系の[　4　](人口の約14%)。公用語は英語と[　4　]語。

3 産業

①**農業**：降水量の多い北島では[　5　]が盛んで，バター，チーズの輸出は世界的。南島の西部は平地が少なく林業地域，東部は少雨のため[　6　]が中心で，沿岸部の平野では小麦栽培。羊毛生産は世界3位，輸出は世界2位(2021年)。

②**鉱工業**：資源に恵まれないが，水力発電中心で，アルミニウム精錬を行い，日本へ輸出。

③**貿易**：酪農品，肉類が輸出上位。輸出は中国，オーストラリア，アメリカ，日本，輸入は中国，オーストラリア，アメリカ，韓国が上位相手国(2022年)。

1 自然環境

1

2

2 社会

3

4

3 産業

5

6

2 3

図表でチェック

1 オセアニアの国々

国　名	人口[1)] (万人)	1人当たり GNI[2)] (ドル)	旧宗主国	公用語	おもな輸出品[3)]
オーストラリア	2,618	64,490	イギリス	英語	鉄鉱石，石炭，LNG，金，肉類
パプアニューギニア	1,014	2,607	オーストラリア	英語	白金，パーム油，銅鉱，貴金属鉱
ニュージーランド	519	47,876	イギリス	英語・マオリ語	酪農品，肉類，木材，野菜・果実，機械類
フィジー	93	4,376	イギリス	英語	水，石油製品，魚介類，金，木材

1)2022年，2)2021年，3)2012～2021年。

2 オーストラリアの農業

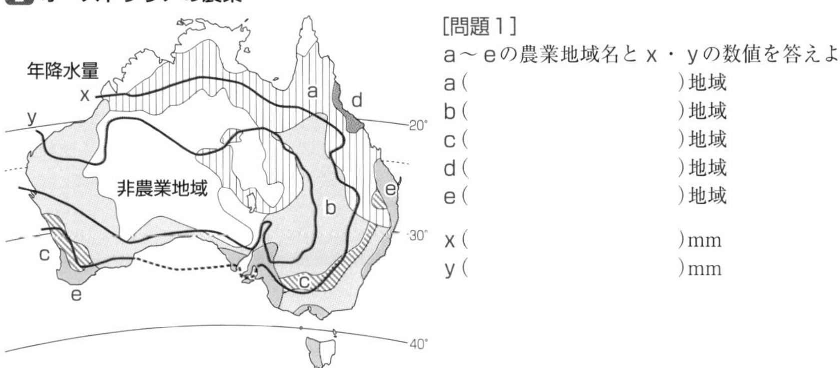

[問題1]
a～eの農業地域名とx・yの数値を答えよ。

a(　　　　　　　　　　)地域
b(　　　　　　　　　　)地域
c(　　　　　　　　　　)地域
d(　　　　　　　　　　)地域
e(　　　　　　　　　　)地域

x(　　　　　　　　　　)mm
y(　　　　　　　　　　)mm

3 ニュージーランドの降水量と家畜の分布

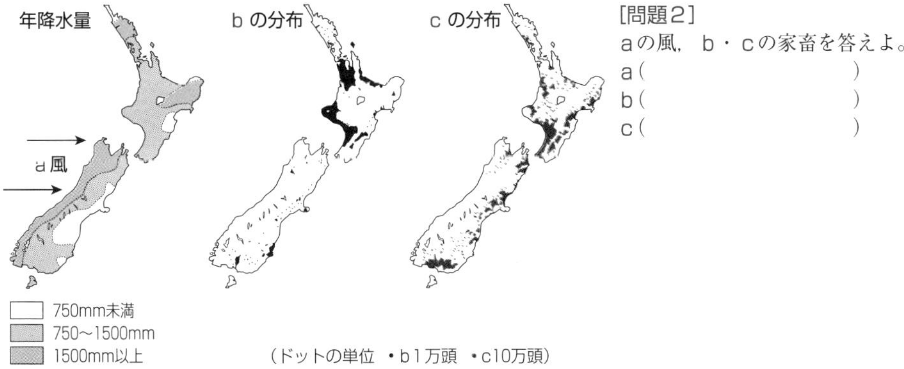

[問題2]
aの風，b・cの家畜を答えよ。

a(　　　　　　　　　)
b(　　　　　　　　　)
c(　　　　　　　　　)

4 オーストラリア・ニュージーランドの鉱工業

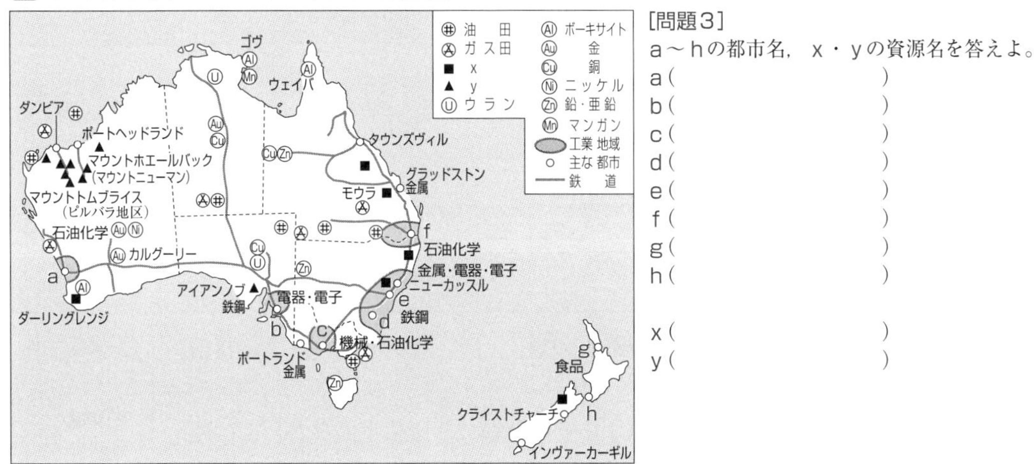

[問題3]
a～hの都市名，x・yの資源名を答えよ。

a(　　　　　　　　　)
b(　　　　　　　　　)
c(　　　　　　　　　)
d(　　　　　　　　　)
e(　　　　　　　　　)
f(　　　　　　　　　)
g(　　　　　　　　　)
h(　　　　　　　　　)

x(　　　　　　　　　)
y(　　　　　　　　　)

3 太平洋の島々

[1] **ミクロネシア**：小さな島々を意味し，ほぼ赤道以北，経度180度以西の地域。リン鉱石を産出したナウルなどの国々。グアム，サイパンなどは[1]領。

[2] **メラネシア**：黒い島々(皮膚の黒い人々が住む島々)を意味し，ほぼ赤道以南，経度180度以西の地域。パプアニューギニアは，世界第二の島であるニューギニア島の東半を占める。砂糖生産の盛んなフィジーは旧イギリス領で，先住民とインド系住民が対立。フランス領の[2]は世界的なニッケル鉱の産地。

[3] **ポリネシア**：多くの島々を意味し，ほぼ経度180度以東の地域で，ハワイ諸島の北西にあるミッドウェー諸島，モアイという石像で知られるラパヌイ(イースター)島，ニュージーランドを結んだ範囲。観光地として有名なタヒチはフランス領で，ムルロア環礁では地下核実験が行われた。

[1] ミクロネシア [1]
1
[2] メラネシア
2
[3] ポリネシア

図表でチェック

[1] オセアニア

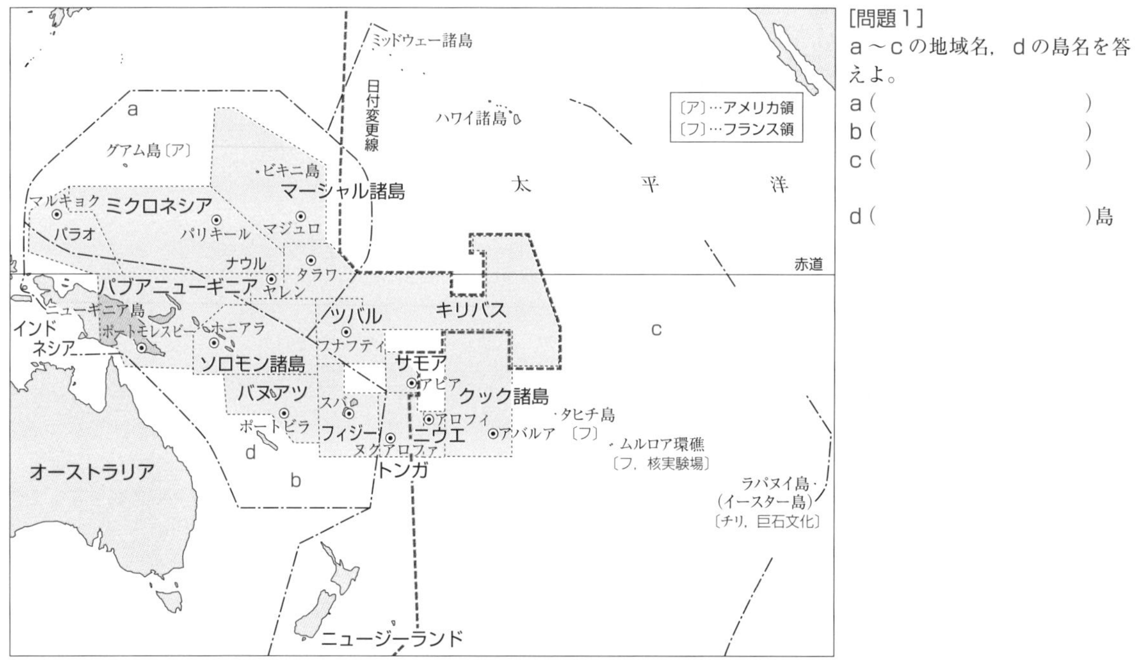

[問題1]
a～cの地域名，dの島名を答えよ。
a（　　　　）
b（　　　　）
c（　　　　）
d（　　　　）島

4 両極地方

[1] **北極**：大陸氷河(氷床)に覆われる世界最大の島[1]は，デンマークの自治領で，イヌイットが居住。

[2] **南極**：大部分はゴンドワナランドに属する安定陸塊で，南極半島など一部は環太平洋造山帯。厚さ約2000～3000mの大陸氷河に覆われているため，平均高度は2200mで全大陸中最高。南極条約(1959年)によって領土圏が凍結されているが，イギリス，ノルウェー，フランス，アルゼンチン，チリ，オーストラリア，ニュージーランドが領有を主張。

[1] 北極
1
[2] 南極

10章 日本

1 領域と領土問題

[1] **領域**：北端は択捉島，南端は沖ノ鳥島(サンゴ礁上の岩礁で，水没を避けるため護岸工事を行い，200海里経済水域を確保)，東端は南鳥島，西端は与那国島。

[2] **領土問題**

①**北方領土**：択捉島，国後島，色丹島，歯舞群島の返還をロシアに対して要求。

②[　1　]：日本海に位置し，島根県に属するが，韓国が実効支配。

③[　2　]：石垣島北方の無人島。中国が領有権を主張。

[1] 領域
1
[2] 領土問題
1
2

図表でチェック

1 日本の領土と200海里水域

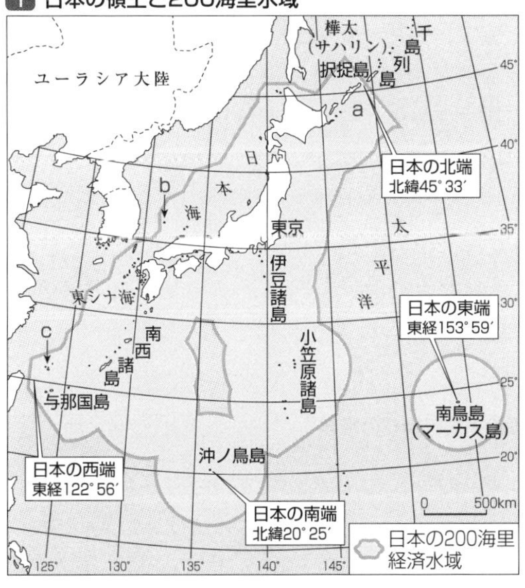

[問題1]　a～cの名称を答えよ。
a(　　　　　　)
　：ロシアとの領土問題
b(　　　　　　)
　：韓国との問題
c(　　　　　　)
　：中国との問題

2 人口

[1] **産業別人口構成の推移**：工業化とともに，1950年には50%近くを占めていた第1次産業人口率は，2000年には5%に低下。第2次産業人口率は，高度経済成長期直後の1975年に34.1%とピークに達したのち低下傾向にあり，一方，第3次産業人口率は，経済のサービス化とともに上昇を続け，業種別でも[　1　]業の比率が最も高い。

[2] **近年の人口動態**：人口1億2550万人，出生率6.6‰，死亡率11.7‰(2021年)。戦後の第1次ベビーブーム後，多産少死型から少産少死型に移行し，特に[　2　]率は第2次ベビーブーム後低下が著しく，ドイツ，イタリアなどとともに世界で最も低いグループに入る。合計特殊出生率は1.30(2021年)で，2005年の1.26以降やや上昇。一方，平均寿命は，男81.47歳，女87.57歳(2021年)と世界最高水準で，老年人口率は29.0%と年少人口の11.6%を上回り(2022年)，少子高齢化が進行している。2009年以降，人口は減少している。

[3] **都道府県別の人口増減**

[1] 産業別人口構成の推移
1
1
[2] 近年の人口動態
2 3
2
[3] 都道府県別の人口増減

①**高度経済成長期**(1955〜73年)：工業化に伴う太平洋ベルトの発達によって，三大都市圏への人口集中と地方の人口減少が進み，[　3　]が生じた。高度経済成長期前半は三大都市圏の中心である東京，大阪，愛知の増加率が高かったが，後半には[　4　]現象が進み，東京近郊の神奈川，[　5　]，千葉，大阪近郊の奈良，[　6　]の増加率が高くなった。

②**安定成長期**(1974〜84年)：石油危機による景気低迷で地方から大都市圏への人口流出が減少，一方で故郷に戻る[　7　]現象や地方中心都市まで戻るJターン現象が生じたため，地方での人口減少県はほとんどなくなった。東京や大阪では人口が停滞あるいは減少し，増加率上位の近郊諸県でも増加率は低下。

③**バブル経済期以降**(1985年〜)：少子高齢化による自然増加率の低下によって，地方では社会増加率のマイナスを自然増加率のプラスで補うことができなくなり，人口減少県が増加した。一方で，出生率が伝統的に高い[　8　]が人口増加率の上位に浮上した。また，1991年のバブル経済の崩壊後，地価の下落が進み，[　9　]では都心周辺で高層マンションなど住宅供給が増加したため，社会増加率がプラスに転じ，人口の都心回帰現象が生じた。2021〜22年の人口増加率上位は，東京・沖縄・神奈川・埼玉・滋賀。

4 **外国人人口の増加**：バブル経済期の労働力不足で1990年に出入国管理法が改正されて日系人の単純労働が認められたため，[　10　]人などの流入が増加。2022年末現在の外国人人口は308万人で，総人口の約２％。国籍別では，[　11　]，ベトナム，韓国，フィリピン，[　10　]，ネパールの順。

4 6 7
3
4
5
6
7
8
9
4 外国人人口の増加
5
10
11

図表でチェック

1 日本の産業別人口構成の推移

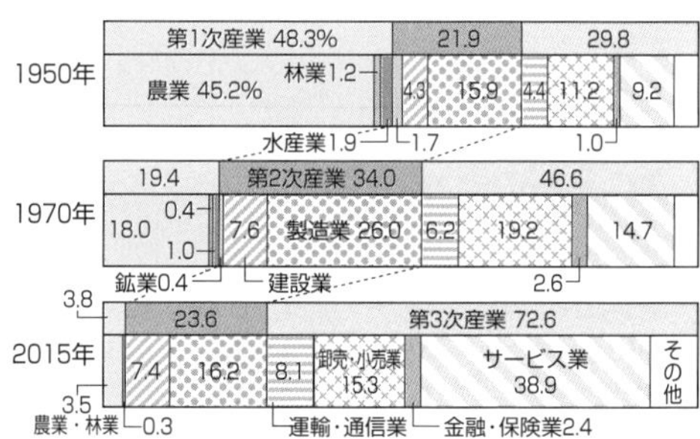

2 日本の人口推移

3 日本の人口ピラミッド(2019年)

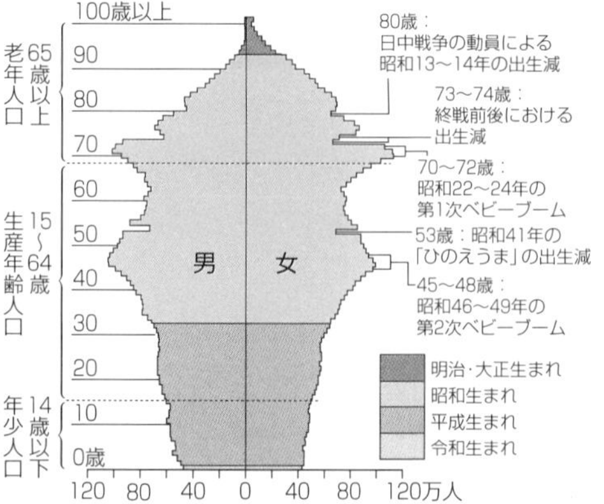

4 三大都市圏と地方圏間の人口移動

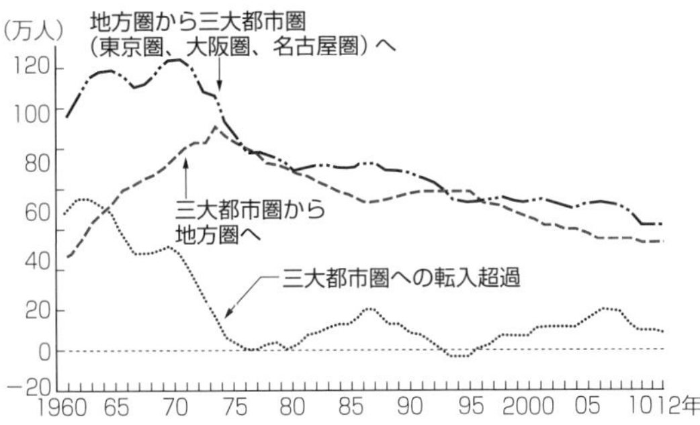

▲高度成長期に地方から三大都市圏への流入が目立ったが，石油危機後はUターン・Jターン現象など，地方への人口の還流が目立った。

5 在留外国人数※の推移

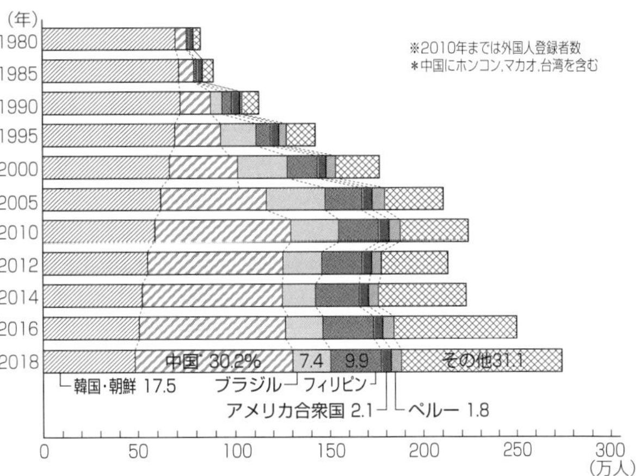

6 都道府県別人口増加率

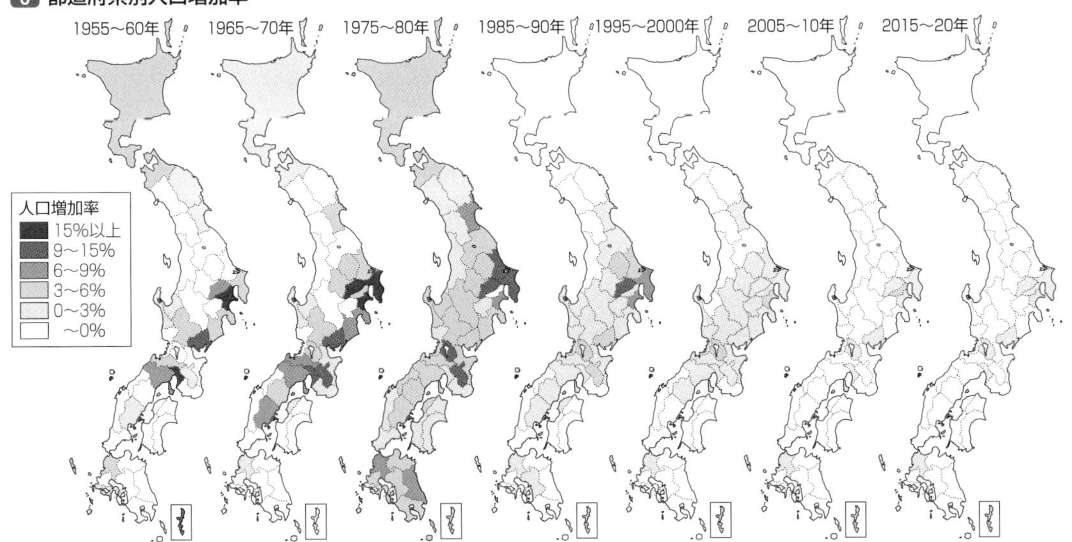

7 人口に関する諸指標の上位と下位の都道府県

	人口増減率[1] (%)	社会増減率[1] (%)	合計特殊出生率[2]	老年人口率[3] (%)	産業別人口構成[4] (%) 第1次	第2次	第3次
1位	(a) 0.07	埼玉 0.32	(a) 1.80	(b) 38.6	青森 11..3	富山 33.2	(c) 84.6
2位	神奈川 −0.01	神奈川 0.31	鹿児島 1.65	高知 36.1	高知 10.1	滋賀 33.0	(a) 81.7
3位	埼玉 −0.06	千葉 0.26	宮崎 1.64	山口 35.2	宮崎 9.8	静岡 32.7	神奈川 79.0
4位	千葉 −0.15	福岡 0.12	島根 1.62	徳島 35.0	岩手 9.6	岐阜 32.7	千葉 78.5
5位	滋賀 −0.22	大阪 0.07	長崎 1.60	山形 34.8	山形 8.7	(d) 32.4	福岡 77.7
43位	福島 −1.16	岐阜 −0.30	(b) 1.22	滋賀 26.8	兵庫 1.8	千葉 19.1	静岡 63.8
44位	岩手 −1.16	(d) −0.31	千葉 1.21	神奈川 25.8	埼玉 1.5	北海道 16.9	富山 63.8
45位	山形 −1.23	福島 −0.36	北海道 1.20	(d) 25.6	神奈川 0.8	高知 16.9	栃木 63.5
46位	青森 −1.35	青森 −0.36	宮城 1.15	(a) 23.5	大阪 0.5	(c) 15.0	山形 62.8
47位	(b) −1.52	長崎 −0.48	(c) 1.08	(c) 22.8	(c) 0.4	(a) 14.4	長野 62.8

1)2020年〜2021年，2)2021年，3)2022年，4)2020年。

［問題1］ 次の都道府県はａ〜ｄのどれか。

秋田(　　　　) 東京(　　　　) 愛知(　　　　) 沖縄(　　　　)

3 農林水産業

1 農業

①**経営規模と経営形態**：耕地面積率は10％と低く，第１次産業人口率は3.2％で西ヨーロッパ諸国並みだが，人口が多いため農業人口は多く，農民１人当たり耕地面積は1.7haと，西ヨーロッパ諸国の約20ha，アメリカの60haに比べて非常に狭い(2020年)。このため[　1　]生産性は高いが，[　2　]生産性は低い。経営規模の拡大は耕地の借り入れや農作業の請負などの形で進んでいるが，農地の流動性が小さく，その進行は遅い。また，**兼業化**が進み，**主業農家**(所得の50％以上が農業所得で，65歳未満の農業従事60日以上の者がいる農家)は，総農家の６割を占める販売農家(４割は自給的農家)の21％(2019年)と低く，農業以外の収入が多い農家が大部分を占める。

②**低い自給率**：農業の国際競争力が弱いため，農産物輸入が多く，供給熱量総合食料自給率は約38％(2021年)と主要先進国中最低で，特に小麦，**トウモロコシ**，**大豆**の自給率は低い。1990年代には輸入自由化の進展により果実と肉類の自給率が低下。米と野菜の自給率もやや低下しているが高い。肉類，卵，牛乳・乳製品の自給率は比較的高いが，トウモロコシなど[　3　]の大部分は輸入。

③**農業生産の変化**：戦後の農地改革で自作農が増加し，食糧管理制度で米の価格が維持されてきたが，食生活の変化で余剰米が発生し，1970年から米の生産調整(**減反政策**)を実施(2018年廃止)。1993年のやませによる凶作を契機に米輸入を部分的に解禁。1995年からは新食糧法を施行して市場原理を導入。一方，食生活の多様化で，農業産出額に占める米の割合は16％と低下し，畜産物(39％)，野菜(24％)の割合は上昇(2021年)。

④**地域的特徴**：北陸から東北の日本海側は，水田単作地帯で農業生産額に占める米の割合が高い。首都圏などでは近郊農業が盛んで[　4　]の割合が高い。北海道や南九州では畜産が中心。青森(リンゴ)，山梨(ブドウ・モモ)，和歌山(ミカン)などでは果実の割合が高い。

2 林業

林業：地形が険しく輸送に不便で，経営規模も小さく，生産コストが高いため，安価な外材の輸入が多く，木材自給率は2000年には19％まで低下したが，1950年代に始まった大規模な植林により人工林が成長して近年は国産材の生産量が増加し，自給率は2021年には41％。輸入は1997年まで世界一であったが，その後減少し，2021年は８位。輸入先は，かつては東南アジアからが多かったが，輸出規制や合板輸出への転換により減少し，[　5　]やアメリカなどが中心。

木材の輸入先(2021年)：[　5　]・アメリカ・ロシア・スウェーデン。

3 水産業

水産業：漁獲量世界８位(2021年)。水産物輸入額は2012年まで世界一であったが，その後はアメリカ，中国に次ぎ世界３位(2020年)。**遠洋漁業**は，**石油危機**による燃料費の高騰と[　6　]海里排他的経済水域の設定によって1973年をピークとして急減。代わって中心となった沖合漁業も，1990年頃から主要魚種のイワシ類の不漁で漁獲量が減少し，漁獲量世界一の座から後退。養殖業や栽培漁業(稚魚を生産・放流)が盛んになっている。

1 農業
1 2
1
2
3
3
4
2 林業
4
5
3 水産業
5
6

図表でチェック

1 農畜産物統計（*は2019年，**は2020年）

品目	全国計	1位		2位		3位		4位		5位	
（ 1 ）*	726.9万t	新潟	8.7%	（ a ）	7.6%	秋田	6.3%	山形	5.0%	宮城	4.5%
小麦*	99.4万t	（ a ）	61.8%	福岡	7.6%	佐賀	5.7%	愛知	3.0%	三重	2.5%
（ 2 ）**	74.9万t	和歌山	19.7%	愛媛	17.1%	（ c ）	13.3%	熊本	12.0%	長崎	6.9%
（ 3 ）**	66.2万t	青森	62.8%	（ b ）	16.7%	岩手	6.4%	山形	4.9%	福島	2.8%
（ 4 ）**	16.5万t	山梨	24.6%	（ b ）	17.4%	岡山	9.1%	山形	8.8%	福岡	4.2%
茶**	7.8万t	（ c ）	38.0%	（ d ）	33.9%	三重	6.9%	宮崎	3.9%	京都	3.1%
（ 5 ）*	894.9万頭	（ d ）	13.4%	宮崎	8.5%	（ a ）	8.1%	群馬	6.8%	千葉	6.5%
肉用牛*	261.4万頭	（ a ）	21.2%	（ d ）	12.9%	宮崎	9.7%	熊本	5.1%	岩手	3.4%
（ 6 ）*	137.1万頭	（ a ）	61.7%	栃木	4.0%	熊本	3.2%	岩手	2.9%	群馬	2.5%

［問題1］　1～4の農作物と5・6の家畜を答えよ。

1（　　　）　2（　　　）　3（　　　）　4（　　　）　5（　　　）　6（　　　）

［問題2］　a～dの道県名を答えよ。

a（　　　）　b（　　　）　c（　　　）　d（　　　）

2 農業就業者数・農家戸数と兼業の推移

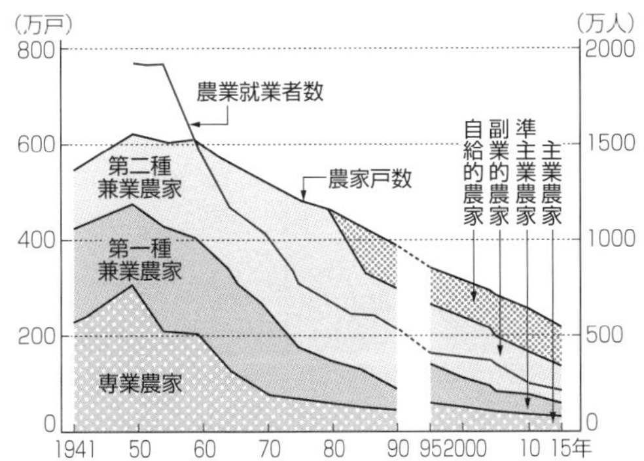

▲1995年より分類の基準が変更になった。

3 農産物の自給率の変化

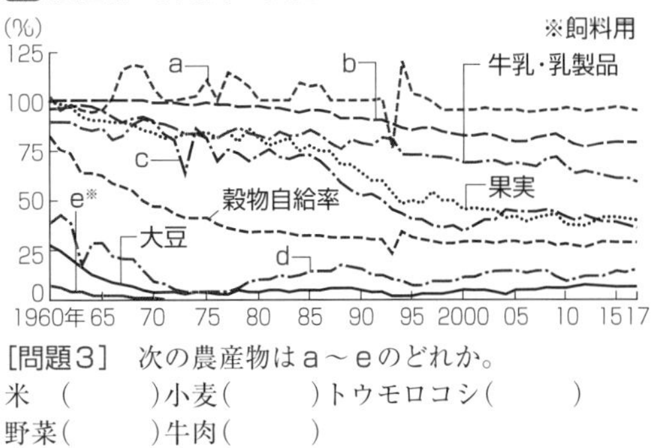

［問題3］　次の農産物はa～eのどれか。

米（　　）小麦（　　）トウモロコシ（　　）

野菜（　　）牛肉（　　）

4 日本の木材輸入先の推移

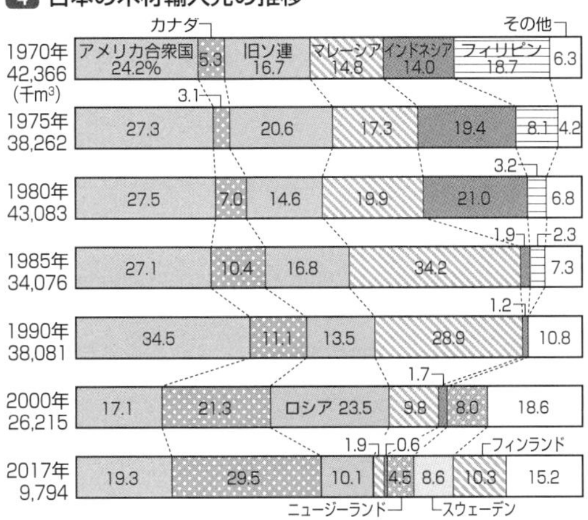

5 日本の漁業形態の変化

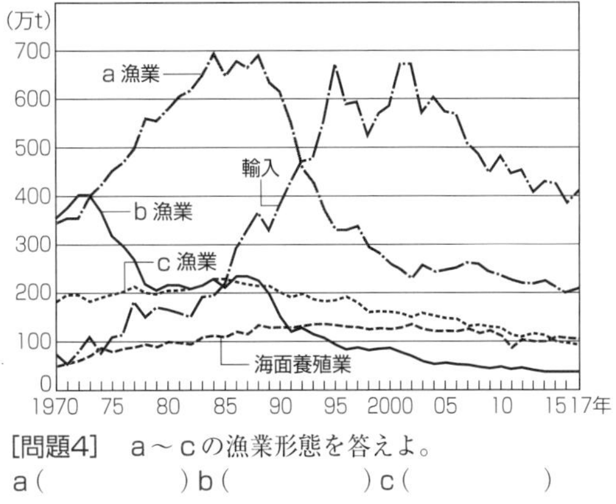

［問題4］　a～cの漁業形態を答えよ。

a（　　　）b（　　　）c（　　　）

4 工業

1 **工業化の歴史**：明治以降の工業化政策によって第一次世界大戦後には四大工業地帯が形成された。第二次世界大戦前は軽工業中心で，綿糸・生糸などを輸出。

第二次世界大戦後，朝鮮戦争による特需の後，1955～73年の[　1　]期には重化学工業化が進み，繊維に代わって鉄鋼，造船などが輸出を牽引(けんいん)した。1973年の第1次石油危機後，貿易赤字となって景気が低迷し，安定成長期に入った。その後，自動車やエレクトロニクス製品が輸出を牽引し，1980年代後半から1991年まで[　2　]と呼ばれる好景気が続いた。

2 **企業の海外進出**：1970年代から繊維，電気機械工業などが安価な労働力を求めて当初はアジアNIEsに進出。1980年代には円高が進んで，より低賃金の[　3　]諸国，さらに中国へと進出先が変化し，海外生産が増加した。また，欧米先進国との間では，1980年代に日本からの輸出が急増したため貿易摩擦問題が発生し，[　4　]工業を中心に海外生産が進んだ。一方で，国内では産業の空洞化が懸念されている。

3 **おもな工業地域**：京浜，中京，阪神を三大工業地帯という。

製造品出荷額(2020年)：[　5　]・大阪・静岡・神奈川・兵庫・埼玉・茨城。

①**京浜**：生産額日本一であったが，工場移転などでシェアが低下。東京都では[　6　]が出荷額全国一。神奈川では自動車，石油化学(川崎)。

②**中京**：繊維，窯業から自動車が中心となり，出荷額は1999年から日本一。[　7　]市は製造品出荷額日本一の都市。四日市(石油化学)。

③**阪神**：戦前は日本一の工業地帯であったが，中心業種の繊維，鉄鋼業が衰退して地位が低下。

④**関東内陸**：京浜が内陸に拡大して発展。群馬，埼玉では自動車。

⑤**京葉**：石油化学(市原)，鉄鋼(君津・千葉)。

⑥**東海**(駿河湾)：浜松の自動車，楽器。富士の紙・パルプ。

⑦**瀬戸内**：石油化学，造船，鉄鋼。広島(自動車)，倉敷(石油化学・鉄鋼)。

⑧**北九州**：鉄鋼業中心だったため大きく地位が低下。

1 工業化の歴史

1

1

2

2 企業の海外進出

5 6

3

4

3 おもな工業地域

2 3 4

5

6

7

図表でチェック

1 日本の輸出製品にみる産業構造の変化

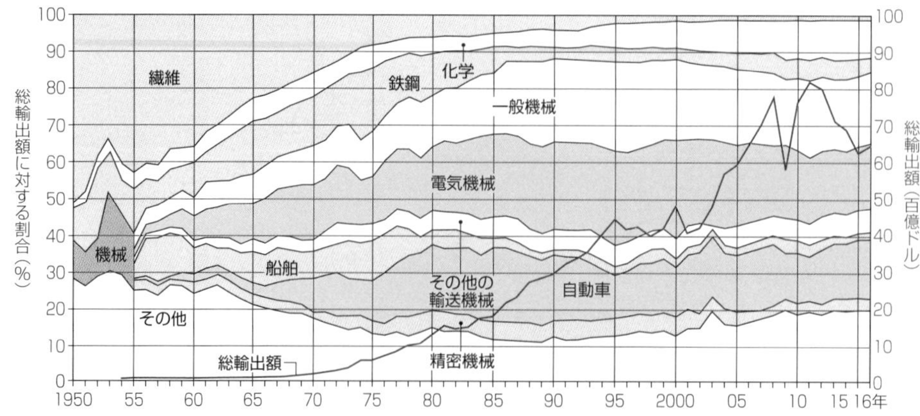

2 日本の地域別工業生産額の推移

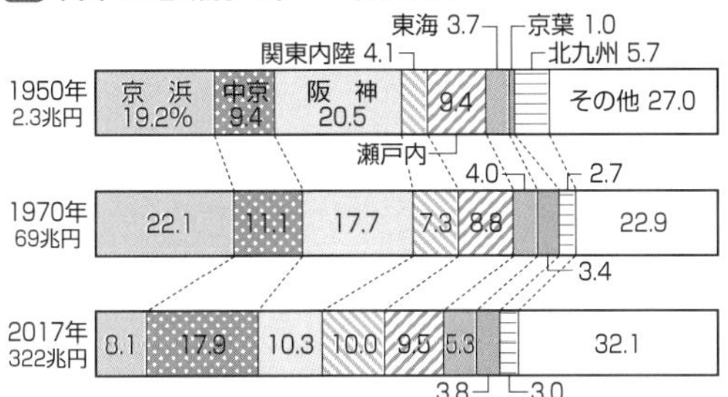

・京浜…東京・神奈川　・中京…愛知・三重
・阪神…大阪・兵庫　・関東内陸…栃木・群馬・埼玉
・瀬戸内…岡山・広島・山口・香川・愛媛　・東海…静岡
・京葉…千葉　・北九州…福岡

3 おもな工業地帯の産業別出荷額割合(2017年)

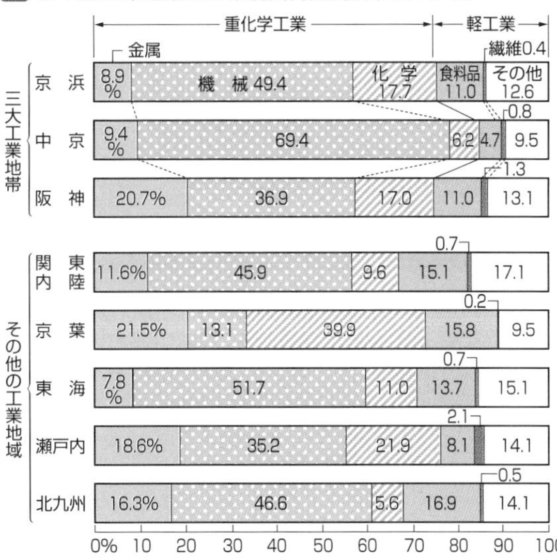

4 業種別製造品出荷額上位5都道府県(2020年)

(単位：%)

	全国(億円)	1位		2位		3位		4位		5位	
製造品総出荷額	3,035,547	(a)	14.5	大阪	5.6	(b)	5.4	(c)	5.2	兵庫	5.1
食料品	297,276	(d)	7.1	埼玉	6.9	(a)	6.0	兵庫	5.6	(e)	5.4
繊維工業	35,353	(a)	9.4	大阪	8.1	岡山	5.7	福井	5.7	滋賀	5.6
パルプ・紙・紙加工品	71,245	(b)	11.5	愛媛	7.6	埼玉	6.9	(a)	5.3	(d)	4.3
印刷・同関連業	46,630	東京	15.4	埼玉	15.2	大阪	9.2	(a)	5.2	(c)	3.7
化学工業*	555,642	(e)	9.2	(c)	7.7	(a)	6.8	大阪	6.8	(b)	5.3
窯業・土石製品	76,418	(a)	9.7	福岡	5.3	岐阜	5.1	茨城	4.3	滋賀	4.3
鉄鋼業	151,183	(a)	14.2	兵庫	11.1	(e)	9.2	大阪	8.0	広島	6.6
生産用機械器具	197,080	(a)	10.4	大阪	9.3	茨城	5.7	(c)	5.7	兵庫	5.6
電気機械器具	178,745	(a)	19.0	(b)	13.3	兵庫	7.2	栃木	5.2	茨城	5.1
情報通信機械器具	64,210	(f)	16.0	(c)	13.3	埼玉	7.2	東京	7.0	兵庫	6.5
電子部品・デバイス**	146,154	三重	11.7	(f)	5.3	福島	3.3	大阪	3.2	滋賀	3.2
輸送用機械器具	620,308	(a)	38.8	(b)	6.6	(c)	5.1	広島	4.9	福岡	4.6

[問題1]　a～fの道県名を答えよ。　*石油・石炭製品，プラスチック製品，ゴム製品を含む　**電子回路を含む。

a(　　　)　b(　　　)　c(　　　)　d(　　　)　e(　　　)　f(　　　)

5 日本の製造業の対外直接投資額と円相場の推移

(兆円) 6 5 4 3 2 1 0
(円) 0 50 100 150 200 250 300
1ドル当たりの円相場(右目盛)
製造業の対外直接投資額(左目盛)
プラザ合意　第1次円高　第2次円高　アジア通貨危機　ユーロ導入　世界金融危機
1980 85 1990 95 2000 05 10 15年

▶日本は直接投資受入額が少ない。アメリカは対外直接投資が急減。

6 おもな国の対外直接投資と対内直接投資(2021年)

対外直接投資(億ドル)		対内直接投資(億ドル)	
アメリカ	4,031	アメリカ	3,674
ドイツ	1,517	中国	1,810
日本	1,468	(香港)	1,407
中国	1,452	シンガポール	991
イギリス	1,077	カナダ	597
カナダ	899	ブラジル	504
(香港)	875	インド	447
ロシア	636	南アフリカ	409
アイルランド	620	ロシア	382
韓国	608	メキシコ	316
先進国	12,692	先進国	7,457
途上国	4,384	途上国	8,366
世界計	17,076	世界計	15,823

5 貿易

①**輸出入品目**：第二次世界大戦前は，綿花などを輸入し，綿織物，生糸などを輸出していた。戦後のおもな輸出品は，繊維製品(高度経済成長期前半)→［　1　］・船舶(同後半)→［　2　］・機械類(1980年代以降)と変化し，輸入品は1980年代まで［　3　］が1位であったが，海外進出による現地生産の増加で工業製品の逆輸入が増加し，近年は機械類が1位となっている。

②**相手国**：アジア，北アメリカ，ヨーロッパをおもな相手地域としている。国別にみると，戦後，一貫して［　4　］を輸出入とも最大の相手国としてきたが，1990年代後半から［　5　］との貿易額が急増し，2007年には輸出入額合計で最大の相手国となった。

貿易相手上位国(輸出入合計，2021年)：［　5　］，［　4　］，台湾，韓国，オーストラリア，タイ，ドイツ，ベトナム，香港，マレーシア，アラブ首長国連邦，インドネシア，サウジアラビア，シンガポール，カナダ，フィリピン，ロシア，インド，フランス，イギリス。

③**問題点**：原・燃料を輸入し，工業製品を輸出する**加工貿易**を進め，近年は工業製品の輸入が増加しているものの，先進国の中では輸入比率が低い。したがって，欧米諸国のような工業製品輸出国に対しては**出超**，原・燃料輸出国に対しては**入超**となることが多く，1980年代後半のバブル経済期には，**貿易黒字**が大幅に拡大し，欧米先進国との間で［　6　］が生じた。1990年代以降は工業化の進む中国，アジアNIEs，ASEAN諸国などアジアとの貿易が拡大し，欧米との貿易は相対的に地位を低下させている。2011～15年は，原発停止に伴う火力発電用LNG輸入急増や円安などにより，1980年以来となる貿易赤字が続いた。

①輸出入品目
1 2 4 7
1
2
3
②相手国
3 5 6
4
5
③問題点
6

図表でチェック

1 日本の主要輸入相手国からの輸入額上位品目(2021年)

	a	b	c	d	e	f
1位	機械類	機械類	石炭	機械類	機械類	石炭
2位	衣類	液化石油ガス	液化天然ガス	肉類	医薬品	機械類
3位	金属製品	医薬品	鉄鉱石	自動車	自動車	銅鉱
4位	織物類	液化天然ガス	銅鉱	プラスチック	有機化合物	液化天然ガス
5位	家具	肉類	肉類	科学光学機器	科学光学機器	天然ゴム
輸入額	203,818億円	89,156億円	57,533億円	28,931億円	26,030億円	21,569億円

［問題1］　次の国は表中a～fのどれか。
アメリカ　(　　　)
インドネシア　(　　　)
オーストラリア　(　　　)
タイ　(　　　)
中国　(　　　)
ドイツ　(　　　)

2 日本の主要輸出入品とその割合(2021年)

	輸出		輸入	
1位	機械類	38.1%	機械類	25.1%
2位	自動車	12.9	石油	10.7
3位	鉄鋼	4.6	液化ガス	5.9
4位	自動車部品	4.3	医薬品	5.0
5位	プラスチック	3.6	衣類	3.3
計	830,914億円		848,750億円	

3 日本の主要貿易相手国とその割合(2021年)

	輸出		輸入	
1位	中国	21.6%	中国	24.0%
2位	アメリカ	17.8	アメリカ	10.5
3位	台湾	7.2	オーストラリア	6.8
4位	韓国	6.9	台湾	4.3
5位	香港	4.7	韓国	4.1
6位	タイ	4.4	サウジアラビア	3.6

④**貿易港**：貿易額上位(輸出入合計，2019年)は，[7](半導体等製造装置を輸出)，名古屋(自動車を輸出)，東京(衣類や肉類，魚介類を輸入)，横浜(自動車を輸出)，関西国際空港(集積回路を輸出)，神戸(たばこ，衣類を輸入)である。

④貿易港
8
7

4 日本の貿易品目の変化

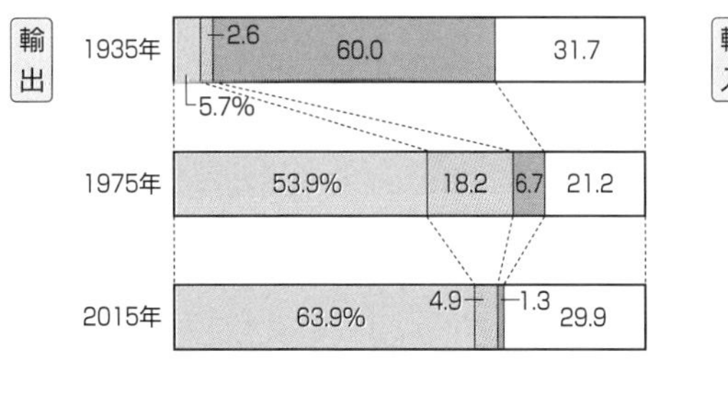

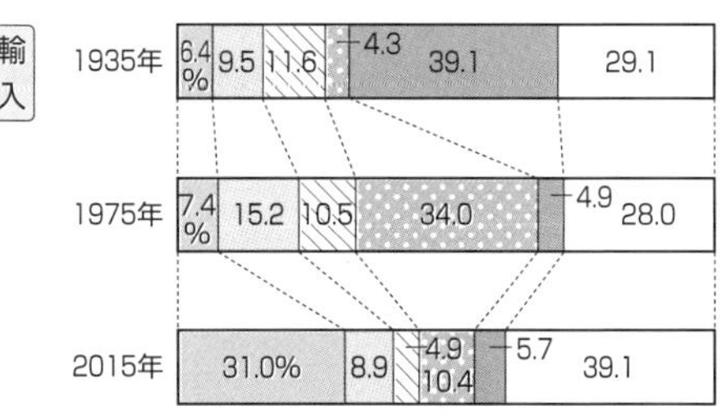

機械類　鉄鋼　繊維・繊維製品　食料品　金属・金属製品　原油　その他

5 日本の貿易相手の変化

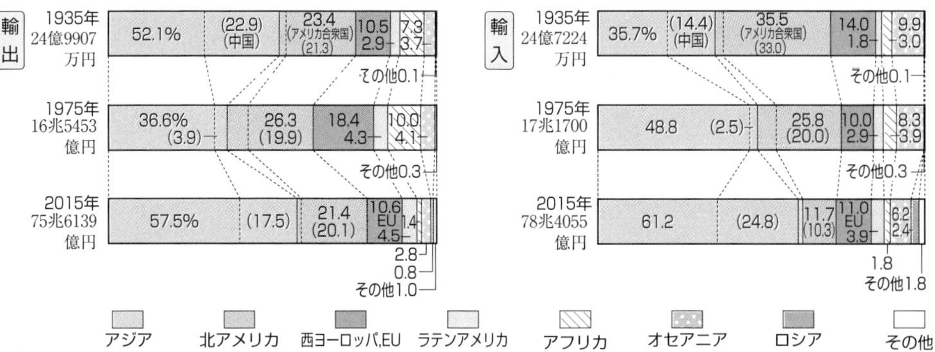

6 わが国のおもな貿易相手国(2021年)

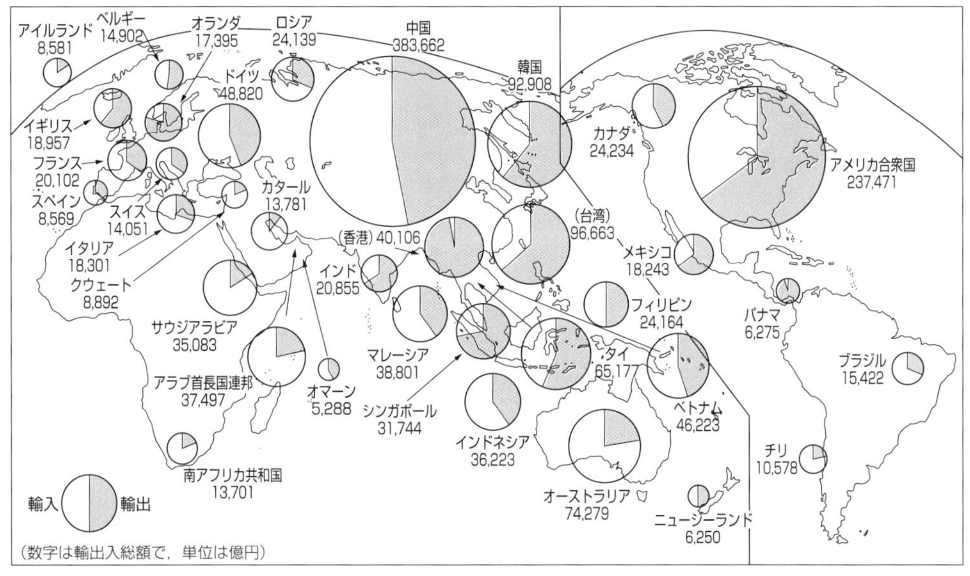

7 日本の主要輸入品と輸入先(2021年)

品目	輸入先	輸入額(億円)
(a　　　)	アメリカ・タイ・オーストラリア・カナダ・中国・ブラジル・メキシコ	15,569
魚介類[1]	中国・チリ・ロシア・アメリカ・ノルウェー・ベトナム・タイ	15,158
小麦[2]	アメリカ・カナダ・オーストラリア	1,958
トウモロコシ[2]	アメリカ・ブラジル・アルゼンチン	5,201
果実	フィリピン・アメリカ・中国	5,575
(b　　　)	中国・アメリカ・韓国・タイ	5,325
(c　　　)	カナダ・アメリカ・ロシア・スウェーデン・フィンランド	4,067
鉄鉱石	オーストラリア・ブラジル・カナダ・南アフリカ共和国・アメリカ	19,586
銅鉱	チリ・オーストラリア・インドネシア・ペルー・カナダ・パプアニューギニア	14,423
(d　　　)	オーストラリア・インドネシア・ロシア・アメリカ・カナダ・中国	28,013
原油	サウジアラビア・アラブ首長国連邦・クウェート・カタール・ロシア・エクアドル	69,291
(e　　　)	オーストラリア・マレーシア・アメリカ・カタール・ロシア・ブルネイ	42,772
アルミニウム[3]	ロシア・オーストラリア・アラブ首長国連邦	8,192
コンピュータ[4]	中国・タイ・アメリカ	23,915
集積回路	台湾・中国・アメリカ・韓国	27,452
(f　　　)[4]	ドイツ・タイ・アメリカ・イギリス・イタリア・オーストリア・スペイン	13,718
(g　　　)	中国・ベトナム・バングラデシュ	28,352
精密機器	中国・アメリカ・スイス	21,927

1)調整品を含む。2)飼料用を含む。3)合金を含む。4)部品を含まず。

[問題2]　a～gの品目を次から選べ。
[衣類，自動車，石炭，液化天然ガス，肉類，木材，野菜]

8 日本のおもな港別貿易額(2021年)

輸出港	輸出額(億円)	上位4輸出品(%)
(a)	128,215	半導体等製造装置(9.1)・科学光学機器(5.8)・金(非貨幣用)(5.6)・集積回路(3.9)
(b)	124,805	自動車(23.1)・自動車部品(16.8)・内燃機関(4.1)・電気計測機器(3.4)
横浜	72,255	自動車(16.8)・自動車部品(5.2)・プラスチック(4.5)・内燃機関(4.4)
(c)	64,938	半導体等製造装置(7.6)・プラスチック(4.8)・自動車部品(4.7)・コンピュータ部品(4.5)
神戸	58,960	プラスチック(7.2)・建設・鉱山用機械(6.5)・織物類(4.4)・無機化合物(3.9)
関西空港	57,362	集積回路(20.4)・電気回路用品(6.4)・科学光学機器(6.2)・半導体等製造装置(5.2)
大阪	46,981	集積回路(11.1)・コンデンサー(8.4)・プラスチック(5.4)・個別半導体(3.8)

輸入港	輸入額(億円)	上位4輸入品(%)
(a)	161,145	医薬品(15.9)・通信機(13.8)・集積回路(9.0)・コンピュータ(8.0)
(c)	122,281	衣類(7.5)・コンピュータ(5.3)・集積回路(4.6)・肉類(4.3)
(b)	52,892	液化ガス(7.7)・石油(6.9)・衣類(5.8)・アルミニウム(5.5)
大阪	50,967	衣類(12.4)・肉類(6.3)・織物類(4.3)・音響・映像機器(3.5)
横浜	49,870	石油(12.0)・アルミニウム(4.0)・有機化合物(3.3)・液化ガス(3.0)
関西空港	41,858	医薬品(25.5)・通信機(13.4)・集積回路(7.9)・科学光学機器(4.3)
神戸	35,862	タバコ(7.9)・衣類(7.3)・有機化合物(4.5)・無機化合物(4.3)

[問題3]　a～cの港を答えよ。
a(　　　　　　　)　b(　　　　　　　)　c(　　　　　　　)

6 地域開発

1 **戦後復興期**：特定地域総合開発(1951年)では，各地で[　1　]建設を行い，治山治水と電源開発を行った(TVA方式)。

2 **高度経済成長期**(1955～73年)：工業化が進んで太平洋ベルト地帯と地方との経済格差拡大や過疎・過密が生じたため，地方の工業化を進めた。全国総合開発計画(全総，1962年)では[　2　]と工業整備特別地域の指定，新全総(1969年)では大規模工業基地や交通(新幹線・高速道路・港湾・空港など)・通信網の整備が行われたが，環境破壊や石油危機により挫折した。

3 **安定成長期**(1974～84年)：石油危機後，人口の地方還流や産業の地方分散が進んだため，三全総(1977年)では，地方の生活環境を整備し人口定住をめざした(定住構想)。

4 **バブル経済以降**(1985年～)：バブル経済による東京への[　3　]を是正するため，四全総(1987年)では多極分散型国土の形成をめざしたが，バブル崩壊(1991年)で見直し。最後の全総である五全総(21世紀の国土のグランドデザイン，1998年)では，四つの国土軸からなる多軸型国土の形成をめざしている。

1 戦後復興期
1
❶
2 高度経済成長期
2
❷
3 安定成長期
4 バブル経済以降
3

図表でチェック

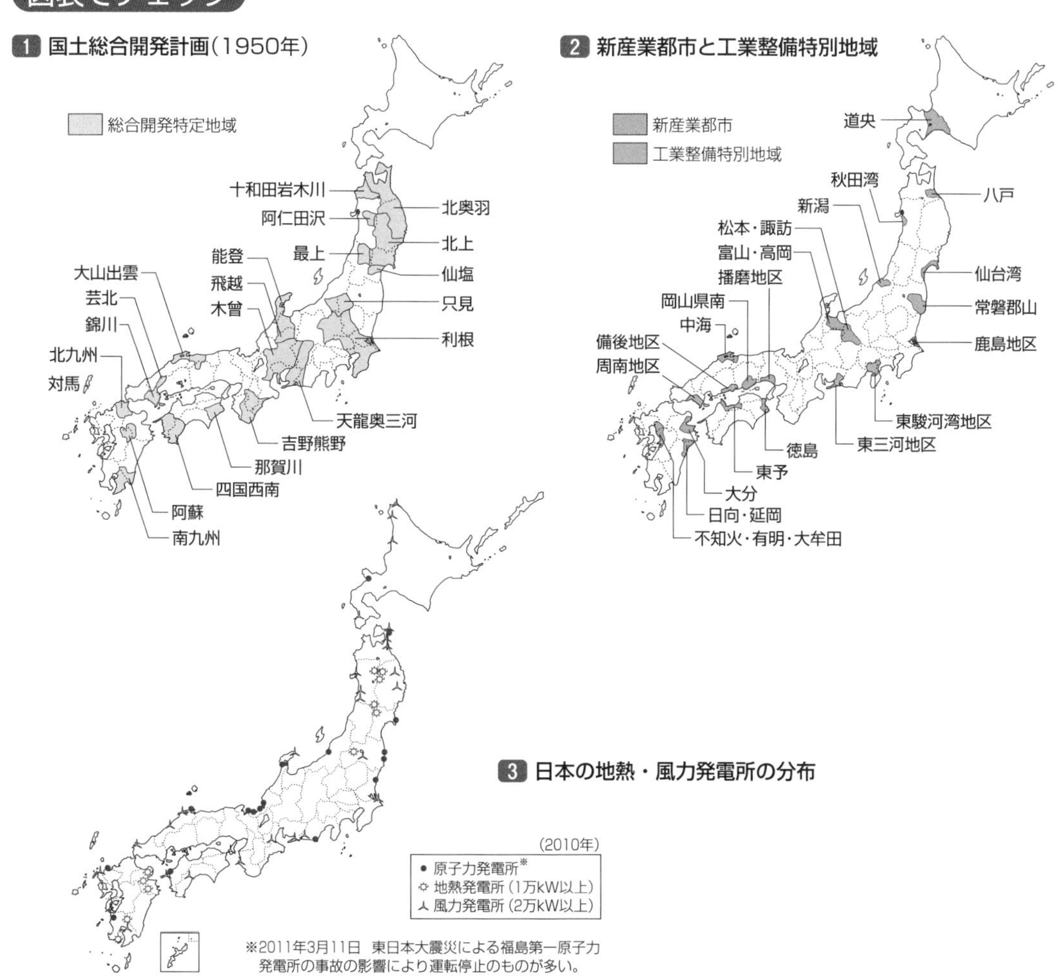

第 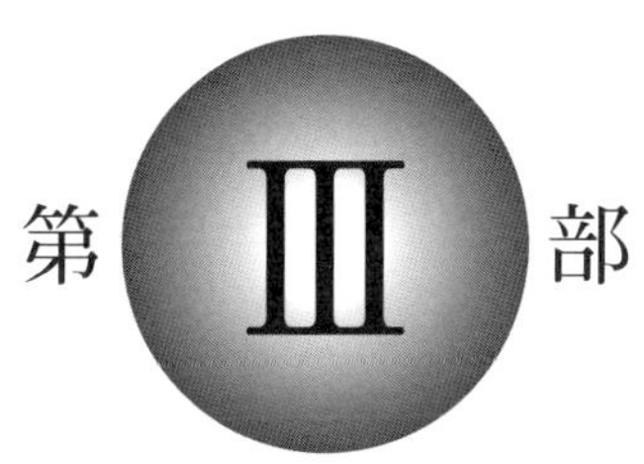 部

大学入学共通テスト問題
地理B（2021年，本試験）

地　理　B

(解答番号 1 ～ 32)

第1問 世界の自然環境に関する次の問い(A・B)に答えよ。(配点　20)

A　地理の授業で世界の気候と自然災害について学んだコハルさんのクラスは，気候の成り立ちやその変動の影響について各班で探究することにした。世界の気候と自然災害に関する次の問い(**問1～3**)に答えよ。

問1　各地の雨温図の特徴に影響を与える気候因子を確認するために，コハルさんの班は，仮想的な大陸と等高線および地点**ア**～**カ**が描かれた次の資料1を先生から渡された。これらの地点から2地点を選択して雨温図を比較するとき，海からの距離による影響の違いが強く現れ，それ以外の気候因子の影響ができるだけ現れない組合せとして最も適当なものを，下の①～④のうちから一つ選べ。 1

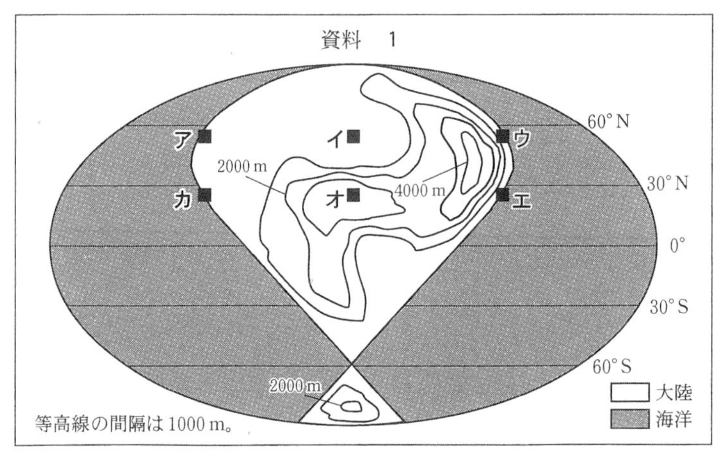

①　アとイ　　②　イとウ　　③　エとオ　　④　オとカ

問2　次に，コハルさんの班は，ある地点DとEの二つの雨温図が描かれた次の資料2を先生から渡されて，雨温図に示された気候の特徴とその原因となる大気大循環について話し合った。下の会話文中の空欄**サ**と**シ**に当てはまる語の正しい組合せを，下の①～④のうちから一つ選べ。 2

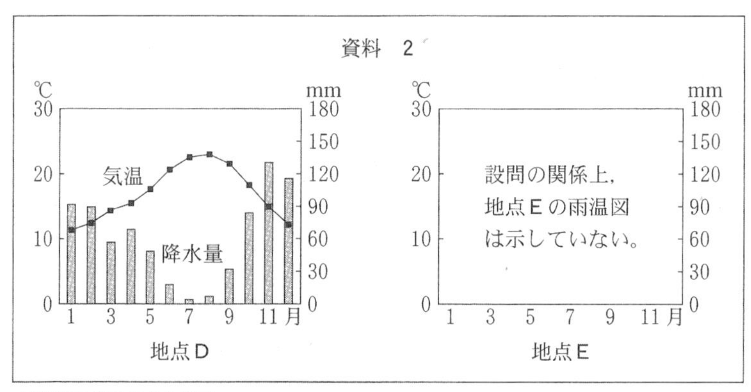

気象庁の資料により作成。

コハル 「地図帳で調べてみると，地点DとEはどちらも沿岸にあり，地点Eは地点Dからほぼ真南に約800km離れているようだね」

イズミ 「最暖月や最多雨月は，それぞれ両地点で現れる時期がほぼ同じだね」

ミツハ 「地点DとEが位置する緯度帯では，降水量が多い時期の雨は，主に（　サ　）という気圧帯の影響を強く受けていることを授業で習ったよ」

コ　ウ 「月降水量30mm以上の月が続く期間に注目すると，地点Eの方が地点Dよりも（　シ　）のは，この気圧帯の移動を反映していると考えられるね」

	①	②	③	④
サ	亜寒帯低圧帯（高緯度低圧帯）	亜寒帯低圧帯（高緯度低圧帯）	熱帯収束帯（赤道低圧帯）	熱帯収束帯（赤道低圧帯）
シ	長　い	短　い	長　い	短　い

問3　コハルさんたちはまとめとして，気候変動などに関連した世界各地の自然災害の原因について，各班で調べてカードに書き出した。次の**a**～**d**は，タカシさんの班とコハルさんの班のカードであり，下の会話文は，その内容について意見交換したときのものである。会話文中の空欄**タ**には**a**と**b**のいずれか，空欄**チ**には**c**と**d**のいずれか，空欄**ツ**には下の文**G**と**H**のいずれかが当てはまる。空欄**タ**と**チ**のそれぞれに当てはまるカードと，空欄**ツ**に当てはまる文との組合せとして最も適当なものを，次ページの①～⑧のうちから一つ選べ。［　3　］

カード

【タカシさんの班が調べた災害】　タイで雨季に起こった大洪水

a	b
河川上流域での森林減少による水源涵養(かんよう)機能の喪失(そうしつ)	低緯度地域で発生した熱帯低気圧の襲来

【コハルさんの班が調べた災害】　東アフリカで飢餓(きが)をもたらした大干ばつ

c	d
貯水・給水施設の不足や内戦に伴う農地の荒廃	ラニーニャ現象を一因とした大気の循環の変化

タカシ 「自然災害には複数の原因があり，“災害のきっかけ”と“災害に対する弱さ”に分けられそうだよ」

コハル 「なるほど。そうすると，“災害に対する弱さ”に対応するのは，タイの洪水についてはカード（　タ　），東アフリカの大干ばつについてはカード（　チ　）だね」

タカシ 「被害を軽減するためには，“災害に対する弱さ”への対策を講じるとともに，“災害のきっかけ”が起こる状況を事前に知っておく必要がありそうだね」

コハル 「タイの洪水については，例えば，タイの雨季に降水量が多かった事例と（　ツ　）事例とで周辺の気圧配置や気流などを比較すると，タイでの“災害のきっかけ”を考えるヒントが得られそうだよ」

（　ツ　）に当てはまる文

G　雨季に降水量が少なかった

H　乾季に降水量が多かった

	①	②	③	④	⑤	⑥	⑦	⑧
タ	a	a	a	a	b	b	b	b
チ	c	c	d	d	c	c	d	d
ツ	G	H	G	H	G	H	G	H

B　地理の授業で，世界の代表的な山を教材に取りあげて，世界の自然環境やその変化を考えることにした。次の図１と下の図２を見て，下の問い（問４～６）に答えよ。

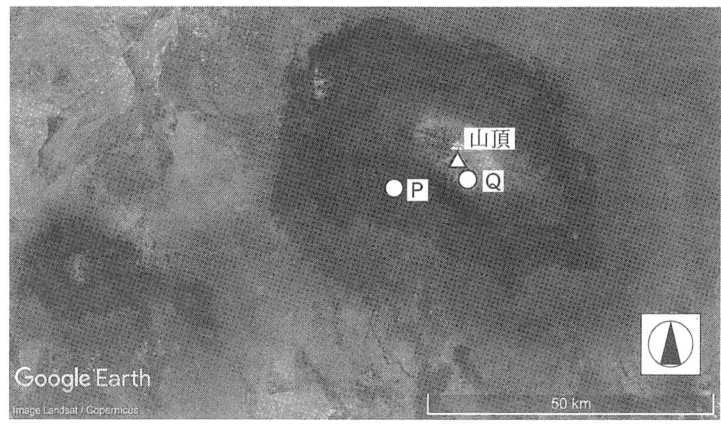

Google Earthにより作成。

図　1

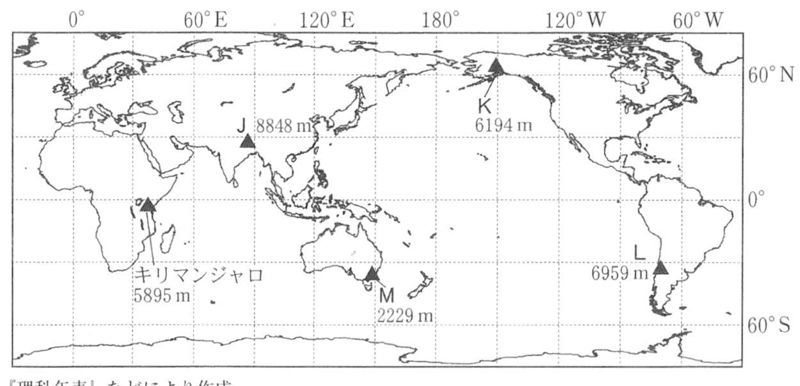

『理科年表』などにより作成。

図　2

問４　次の先生と生徒たちの会話文中の空欄マとミに当てはまる正しい数字を，下の①～④のうちから一つずつ選べ。ただし，同じものを繰り返し選んでもよい。マ［ 4 ］・ミ［ 5 ］

先　生「学校の休みを利用して，図**1**に示したアフリカ大陸最高峰のキリマンジャロに登ってきました。キリマンジャロは，標高が5895mで，山頂付近には小規模な氷河がある火山です。図**2**はキリマンジャロと，ユーラシア，北アメリカ，南アメリカ，オーストラリアの各大陸における最高峰の山**J**～**M**の位置と標高を示しています。図**1**や図**2**からどのようなことが考えられるでしょうか」

アズサ「現在の変動帯に位置している山は，山**J**～**M**の中で(　**マ**　)つあります」

チヒロ「氷河が分布している山は，山**J**～**M**の中で(　**ミ**　)つあります」

先　生「なるほど。みなさん様々な視点から山をとらえることができていますね」

① 1　　② 2　　③ 3　　④ 4

問5　次の写真**1**は，図**1**中の地点**P**と**Q**で先生が登山中に撮影したものであり，下の生徒たちの発言**ヤ**と**ユ**は，写真**1**を見て両地点の自然環境を比較したものである。生徒たちの発言**ヤ**と**ユ**の内容について**誤りを含むものをすべて**選び，その組合せとして正しいものを，下の①～④のうちから一つ選べ。 6

地点　P

地点　Q

写真　1

生徒たちの発言

ヤ「森林の有無は降水量のみで決まるので，地点**P**の方が地点**Q**に比べて降水量が多いと考えられます」

ユ「標高が高くなるにつれて気温は下がるので，地点**P**は地点**Q**よりも気温が高いと考えられます」

① **ヤ**と**ユ**

② **ヤ**

③ **ユ**

④ 誤りを含むものはない

問6　生徒たちは，世界の山岳氷河の中に，急激に縮小しているものがあることを教わった。そこで，氷河の縮小に伴って，氷河に覆われた流域から流出する水の構成要素やその変化，それが生活に与える影響を調べ，次の資料**3**に模式図としてまとめた。資料**3**中の空欄**ラ**には下の図**3**中の**f**～**h**のいずれか，空欄**リ**には下の文**X**と**Y**のいずれかが当てはまる。空欄**ラ**と**リ**に当てはまる図と文との組合せとして最も適当な

ものを，下の①～⑥のうちから一つ選べ。 7

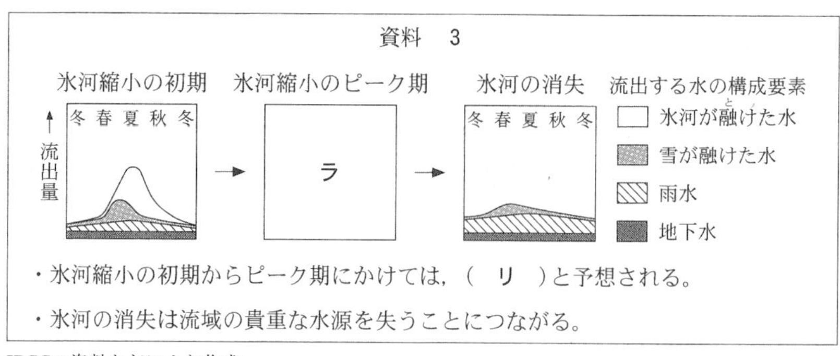

IPCCの資料などにより作成。

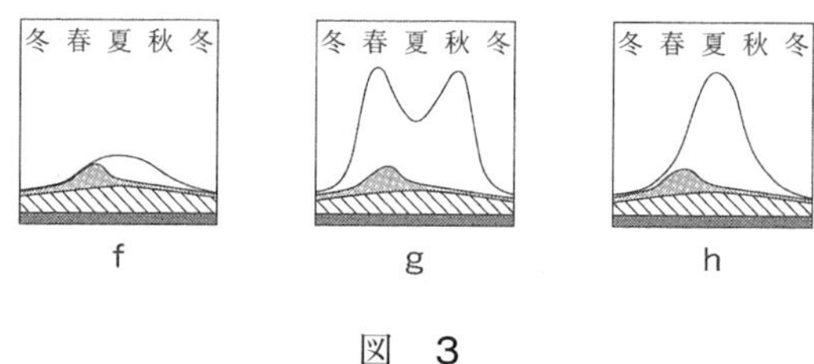

図　3

X　発電や農業などに利用できる水の量が一時的に増える
Y　氷河が融けた水によって発生する洪水の頻度が減少する

	①	②	③	④	⑤	⑥
ラ	f	f	g	g	h	h
リ	X	Y	X	Y	X	Y

第2問　産業に関する次の問い(問1～6)に答えよ。(配点 20)

問1　次の表1は，小麦の主要輸出国について，小麦の生産量，小麦の1ha当たり収量，国土面積に占める耕地の割合を示したものであり，A～Cは，アメリカ合衆国，フランス，ロシアのいずれかである。また，下の文ア～ウは，表1中のA～Cのいずれかにおける小麦生産の特徴と背景について述べたものである。A～Cとア～ウとの組合せとして最も適当なものを，下の①～⑥のうちから一つ選べ。 8

表　1

	小麦の生産量（百万トン）		小麦の1ha当たり収量（トン）	国土面積に占める耕地の割合(%)
	1997年	2017年		
A	67.5	47.4	3.1	17.5
B	44.3	86.0	3.1	7.5
C	33.8	38.7	7.3	35.5

統計年次は2017年。FAOSTATにより作成。

ア　生産活動の自由化が進められ，大規模な農業企業が増加した。
イ　農村振興のために，補助金を支払う政策が推進された。
ウ　バイオ燃料や植物油の原料となる他の穀物との競合が生じた。

	①	②	③	④	⑤	⑥
A	ア	ア	イ	イ	ウ	ウ
B	イ	ウ	ア	ウ	ア	イ
C	ウ	イ	ウ	ア	イ	ア

問2　次の図1中の**カ**と**キ**は，2000年と2017年のいずれかについて，漁獲量*と養殖業生産量の合計の上位8か国を示したものであり，凡例**E**と**F**は，漁獲量と養殖業生産量のいずれかである。2017年の図と養殖業生産量の凡例との正しい組合せを，下の①～④のうちから一つ選べ。 **9**

*養殖業生産量を含まない。

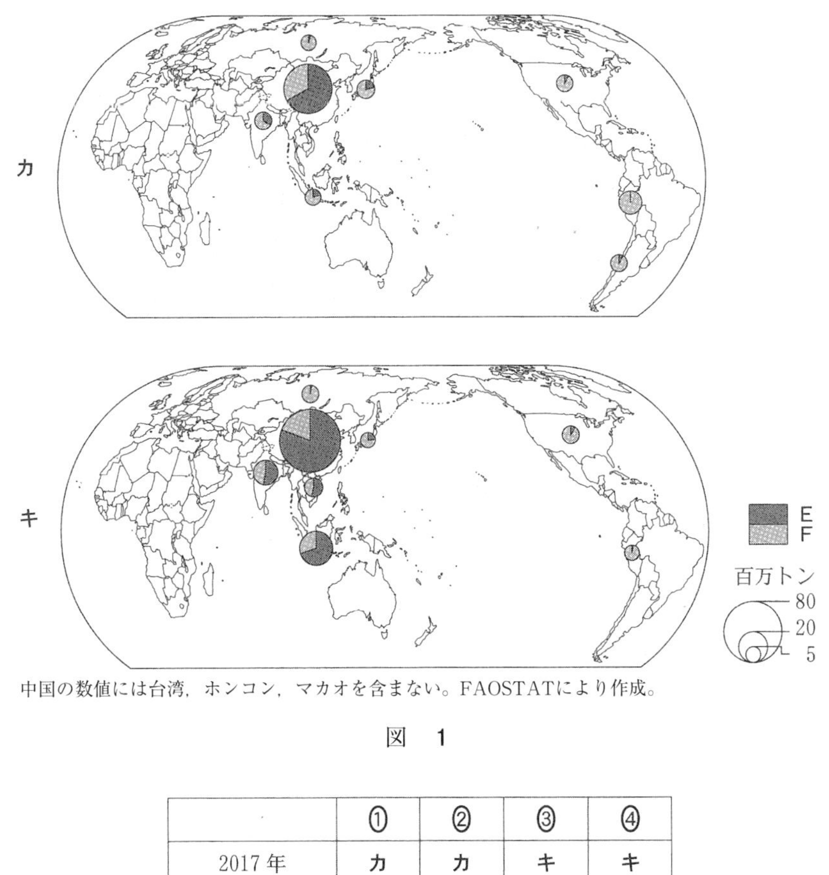

中国の数値には台湾，ホンコン，マカオを含まない。FAOSTATにより作成。

図　1

	①	②	③	④
2017年	カ	カ	キ	キ
養殖業生産量	E	F	E	F

問3　工場は，原料や製品の輸送費が小さくなる地点に理論上は立地するとされている。次の図2は，原料産地から工場までの原料の輸送費と，市場で販売する製品の輸送費を示した仮想の地域であり，下の条件を

満たす。また，図２中の①～④の地点は，工場の建設候補地を示したものである。総輸送費が最小となる地点を，図２中の①～④のうちから一つ選べ。 10

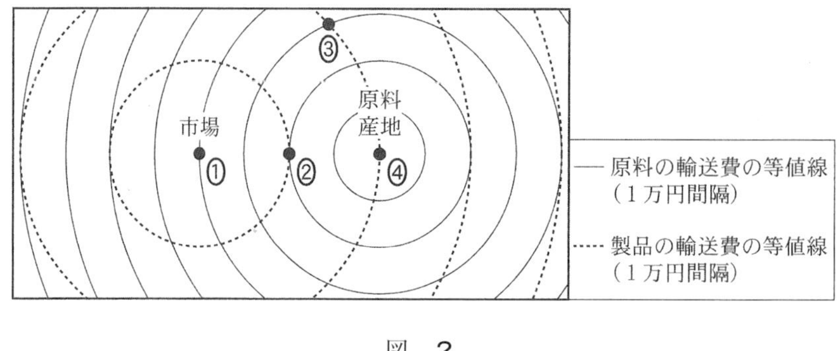

図　2

条　件

・使用する原料は１種類であり，原料産地から工場まで原料を輸送し，工場で生産した製品を市場まで輸送する。
・総輸送費は，製品１単位当たりの原料の輸送費と製品の輸送費の合計である。
・輸送費は距離に比例して増加し，距離当たり輸送費について，原料は製品の２倍の費用がかかる。
・市場や原料産地にも工場を建設できる。

問４　工業の立地には原料や製品の輸送費が影響し，主な原料が同じであっても製品の性質によって工場の立地パターンが異なる場合がある。次の文**サ**～**ス**は，飲用牛乳，バター，アイスクリーム*のいずれかの輸送費について述べたものであり，下の表２中の**Ｊ**～**Ｌ**は，東日本に立地する工場数をそれぞれ地域別に示したものである。**サ**～**ス**と**Ｊ**～**Ｌ**との正しい組合せを，下の①～⑥のうちから一つ選べ。 11

*乳脂肪分8％以上のもので，原料は生乳のほかクリーム，バター，脱脂粉乳など。

サ　製品に比べて原料の輸送費が多くかかる。
シ　原料と製品の輸送費はほとんど変化しない。
ス　原料に比べて製品の輸送費が多くかかる。

表　2

	J	K	L
北海道	51	29	4
東　北	50	6	17
関　東	60	11	26

年間生産量5万リットル未満のアイスクリーム工場は含まない。
統計年次は2018年。『牛乳乳製品統計調査』により作成。

	①	②	③	④	⑤	⑥
サ	J	J	K	K	L	L
シ	K	L	J	L	J	K
ス	L	K	L	J	K	J

問5　日本の企業は，経済のグローバル化に伴い，海外への直接投資を積極的に増やしてきた。次の図**3**は，日系海外現地法人の売上高のうち，製造業の売上高について主な国・地域別の構成比の推移を示したものであり，**タ〜ツ**は，ASEAN*，アメリカ合衆国，中国**のいずれかである。国・地域名と**タ〜ツ**との正しい組合せを，下の①〜⑥のうちから一つ選べ。 12

*インドネシア，タイ，フィリピン，マレーシアの4か国の値。
**台湾，ホンコン，マカオを含まない。

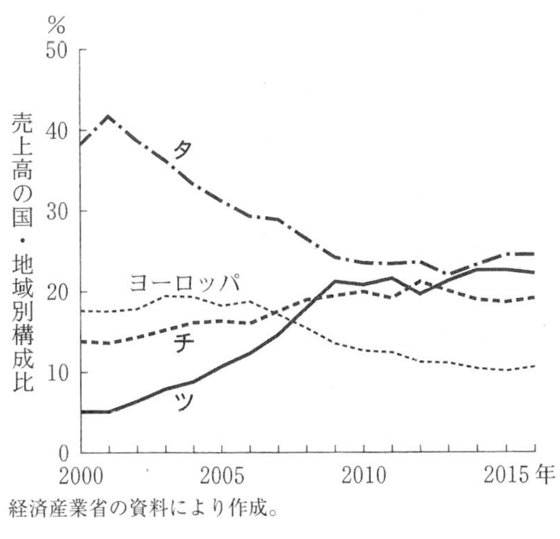

経済産業省の資料により作成。

図　3

	①	②	③	④	⑤	⑥
ASEAN	タ	タ	チ	チ	ツ	ツ
アメリカ合衆国	チ	ツ	タ	ツ	タ	チ
中　国	ツ	チ	ツ	タ	チ	タ

問6　次の図**4**は，日本のいくつかの商業形態の店舗数について，立地する地区の特徴別の割合を示したものであり，**X〜Z**は，大型総合スーパー*，コンビニエンスストア，百貨店のいずれかである。また，図**4**中の凡例**マ**と**ミ**は，住宅街とロードサイド**のいずれかである。コンビニエンスストアとロードサイドとの正しい組合せを，下の①〜⑥のうちから一つ選べ。 13

*衣食住にわたる各種商品を販売し，売場面積3,000m²以上(特別区及び政令指定都市は6,000m²以上)のもの。
**国道など主要道路の沿線。

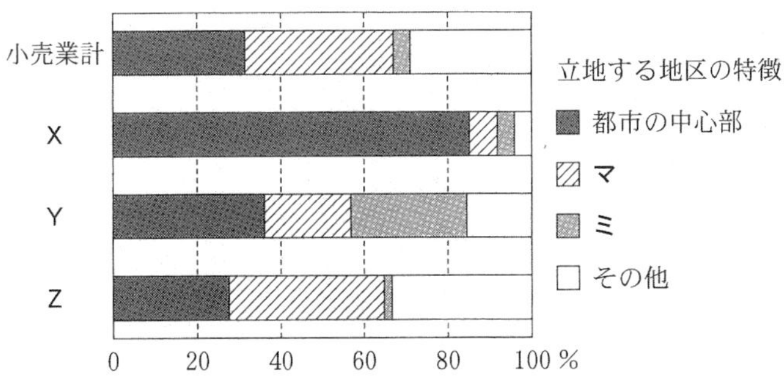

都市の中心部は，駅周辺と市街地の商業集積地区およびオフィス街地区。
統計年次は2014年。商業統計表により作成。

図　4

	①	②	③	④	⑤	⑥
コンビニエンスストア	X	X	Y	Y	Z	Z
ロードサイド	マ	ミ	マ	ミ	マ	ミ

第3問 都市と人口に関する次の問い(問1～6)に答えよ。(配点 20)

問1 都市は，社会・経済的条件だけでなく，様々な自然条件のもとで立地している。下の図2中の①～④は，図1中のア～エのいずれかの範囲における人口100万人以上の都市の分布を示したものである。イに該当するものを，図2中の①～④のうちから一つ選べ。 14

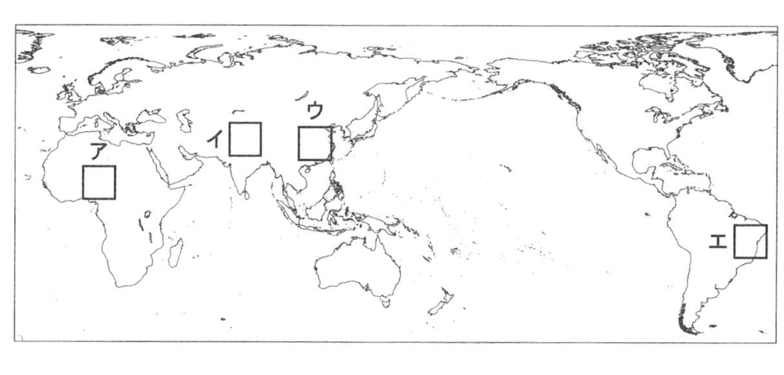

図 1

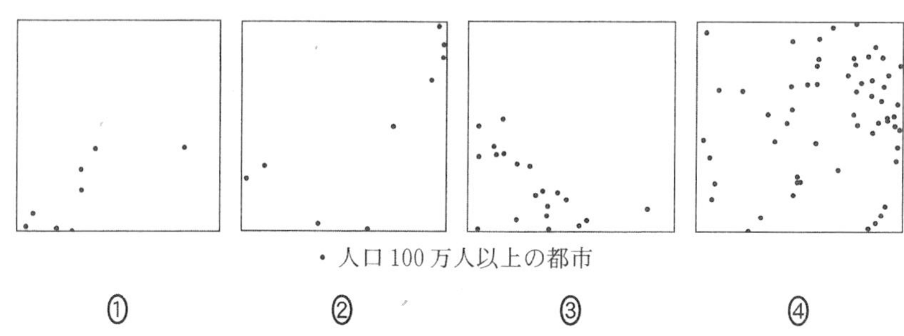

統計年次は2015年。*World Urbanization Prospects*により作成。

図 2

問2　次の図3中の**カ**～**ク**は，オーストラリア，韓国，ケニアのいずれかの国における，国全体の人口および人口第1位の都市の人口に占める，0～14歳，15～64歳，65歳以上の人口の割合を示したものであり，**a**と**b**は，国全体あるいは人口第1位の都市のいずれかである。オーストラリアの人口第1位の都市に該当する正しい組合せを，下の①～⑥のうちから一つ選べ。［15］

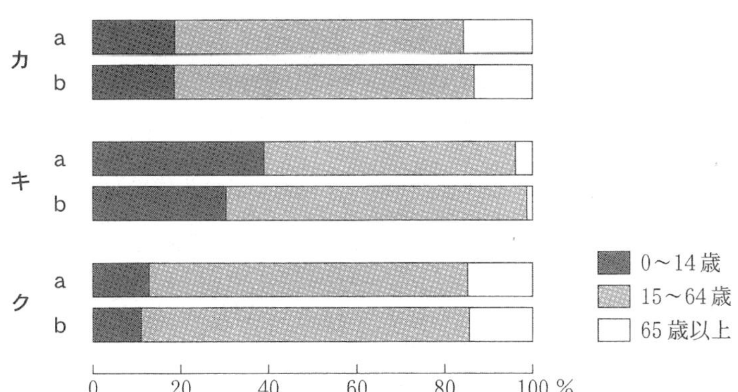

統計年次は，オーストラリアが2016年，韓国が2018年，ケニアが2019年。
Australian Bureau of Statisticsの資料などにより作成。

図　3

① カ―a　　② カ―b　　③ キ―a
④ キ―b　　⑤ ク―a　　⑥ ク―b

問3　次の図4は，インド系住民*の人口上位20か国とその国籍別の割合を示したものである。図4とそれに関連することがらについて述べた文として最も適当なものを，下の①～④のうちから一つ選べ。［16］

*インド国籍を有する者と，インド出身者またはその子孫で移住先の国籍を有する者との合計。

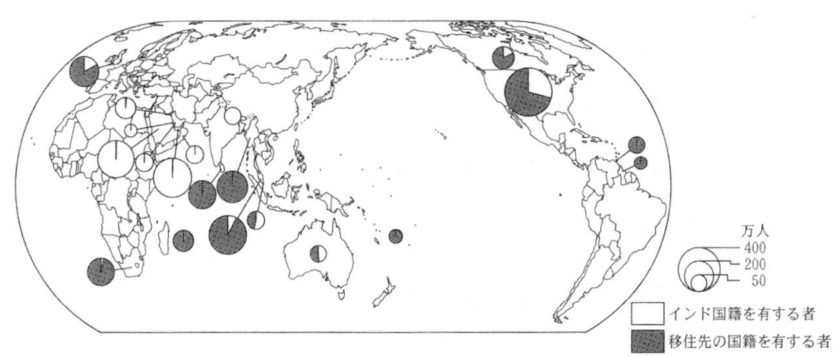

統計年次は2018年。インド政府の資料により作成。

図　4

① インド系住民のうち，移住先の国籍を有する者は，英語を公用語とする国やイギリスの植民地であった国に多く分布する。
② 東南アジアやラテンアメリカには，第二次世界大戦以前に，観光業に従事するために移住したインド出身者の子孫が多く居住している。

③ 1970年代のオイルショック以降に増加した西アジアのインド系住民の多くは，油田開発に従事する技術者である。

④ 1990年代以降，インド国内の情報通信技術産業の衰退に伴い，技術者のアメリカ合衆国への移住が増加している。

問4 大都市圏の内部では，人口分布の時系列変化に一定のパターンがみられる。次の図5は，島嶼(とうしょ)部を除く東京都における2010年の市区町村と1925年の人口密集地*を示したものである。また，下の表1中のサ～スは，図5中のA～Cのいずれかの市区町村における1925～1930年，1965～1970年，2005～2010年の人口増加率を示したものである。A～Cとサ～スとの正しい組合せを，下の①～⑥のうちから一つ選べ。 17

＊1925年時点の市区町村のうち，人口密度が4,000人/km²以上のもの。

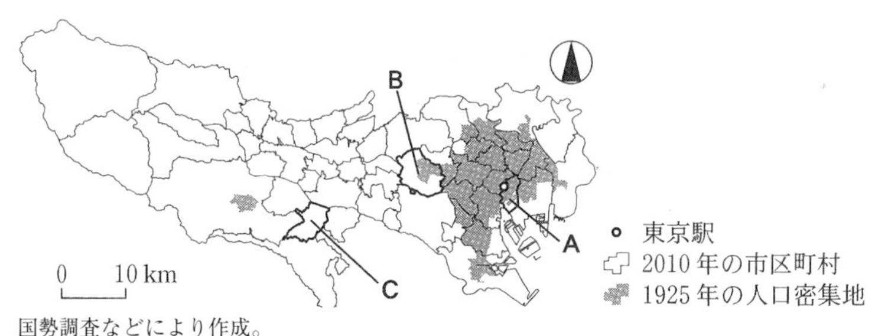

国勢調査などにより作成。

図 5

表 1

（単位：%）

	1925～1930 年	1965～1970 年	2005～2010 年
サ	103.9	3.0	4.0
シ	6.3	−18.9	24.8
ス	2.6	65.3	1.2

国勢調査により作成。

	①	②	③	④	⑤	⑥
A	サ	サ	シ	シ	ス	ス
B	シ	ス	サ	ス	サ	シ
C	ス	シ	ス	サ	シ	サ

問5　近年，日本の都市や農村の多くで，居住者のいない住宅が増加している。次の図**6**は，日本のいくつかの市区町村について，居住者のいない住宅の割合とその内訳を，空き家*，賃貸用・売却用の住宅，別荘などの住宅に分けて示したものである。また，下の文**E**～**G**は，図**6**中の**タ**～**ツ**のいずれかの市区町村の特徴について述べた文である。**E**～**G**と**タ**～**ツ**との正しい組合せを，下の①～⑥のうちから一つ選べ。 18

*人が長期間住んでいない住宅や取り壊すことになっている住宅。

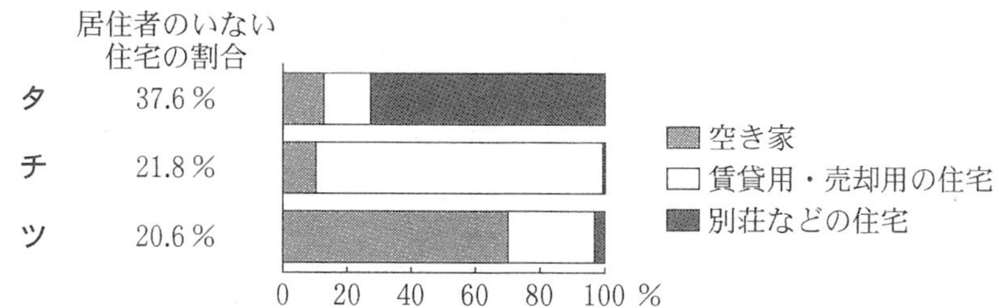

統計年次は2018年。住宅・土地統計調査により作成。

図　6

E　観光やレジャーのために多くの人々が来訪する。
F　高齢化や過疎化によって人口減少が進んでいる。
G　転出者や転入者の多い大都市圏に含まれる。

	①	②	③	④	⑤	⑥
E	タ	タ	チ	チ	ツ	ツ
F	チ	ツ	タ	ツ	タ	チ
G	ツ	チ	ツ	タ	チ	タ

問6　急速に経済発展した台湾のタイペイ(台北)では，交通網の再編成が政策上の課題になっている。次の図**7**は，タイペイのバス専用レーンの分布を設置時期別に示したものであり，図**8**は地下鉄路線とバス路線の長さの推移について，1998年の値を100とした指数で示したものである。図**7**と図**8**に関連することがらについて述べた下の文章中の下線部**x**と**y**の正誤の組合せとして正しいものを，下の①～④のうちから一つ選べ。 19

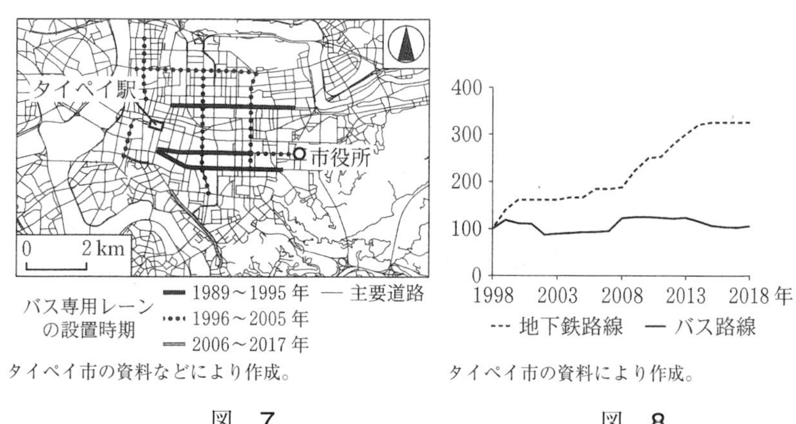

タイペイ市の資料などにより作成。

図　7

タイペイ市の資料により作成。

図　8

タイペイの従来の都心部はタイペイ駅周辺であり，市役所周辺にも副都心が計画的に整備された。都心部・副都心の周辺におけるバス専用レーンは，主に$_x$<u>都心部・副都心と郊外を結ぶ道路から</u>順に整備されてきた。

市民の移動にかかる環境負荷が小さい都市交通体系への再編が求められるようになり，2000年代半ば以降，$_y$<u>大量輸送の可能な地下鉄路線が拡充してきた</u>。

	①	②	③	④
x	正	正	誤	誤
y	正	誤	正	誤

第4問 アメリカ合衆国に関する次の問い(A・B)に答えよ。(配点　20)

A　次の図1を見て，アメリカ合衆国に関する下の問い(**問1～4**)に答えよ。

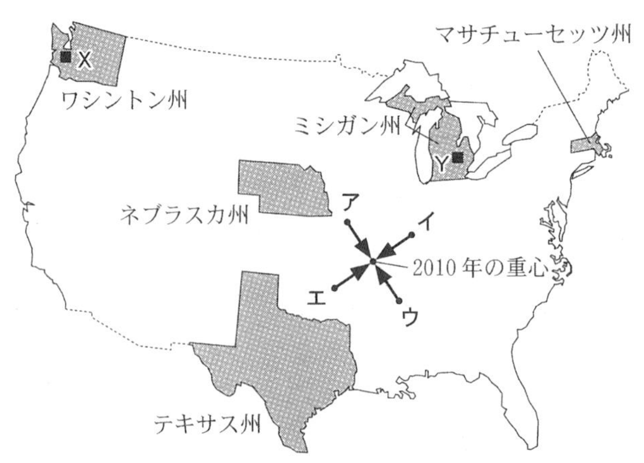

U.S. Census Bureauの資料などにより作成。

図　1

問1(1)　図1中の**ア**～**エ**の地点と矢印のうち，1950年の人口分布の重心と2010年の重心への移動方向を示したものとして最も適当なものを，次の①～④のうちから一つ選べ。 20

①　**ア**　　②　**イ**　　③　**ウ**　　④　**エ**

(2)　(1)で示された，1950年から2010年にかけての重心の移動が生じた要因として最も適当なものを，次の①～④のうちから一つ選べ。 21

①　安価な労働力を指向した工場の進出と先端技術産業の成長
②　製鉄業や自動車産業の成長と雇用の増加
③　大陸横断鉄道の開通と開拓の進展
④　農村部から大都市圏への大規模な人口の移動

問2　次の表1は，図1中に示したいくつかの州における取水量の水源別の割合と使用目的別の割合を示したものであり，表1中の**カ**～**ク**は，テキサス州，ネブラスカ州，マサチューセッツ州のいずれかである。州名と**カ**～**ク**との正しい組合せを，下の①～⑥のうちから一つ選べ。 22

表　1

（単位：%）

	水源別の割合		使用目的別の割合		
	地下水	地表水	工業用水	生活用水	農業用水
カ	61.3	38.7	31.3	3.1	65.6
キ	27.0	73.0	40.8	48.5	10.6
ク	33.8	66.2	58.6	14.2	27.2

統計年次は2015年。USGSの資料により作成。

	①	②	③	④	⑤	⑥
テキサス州	カ	カ	キ	キ	ク	ク
ネブラスカ州	キ	ク	カ	ク	カ	キ
マサチューセッツ州	ク	キ	ク	カ	キ	カ

問3　図1中のミシガン州とワシントン州は，ほぼ同緯度に位置しており，面積もほぼ同じである。次の図2中の**サ**と**シ**は，図1中の**X**と**Y**のいずれかの地点における月平均気温と月降水量をハイサーグラフで示したものである。また，下の表2中の**G**と**H**は，ミシガン州とワシントン州のいずれかにおける小麦とテンサイの年間生産量を示したものである。地点**X**に該当するハイサーグラフとワシントン州に該当する作物の年間生産量との正しい組合せを，下の①～④のうちから一つ選べ。 23

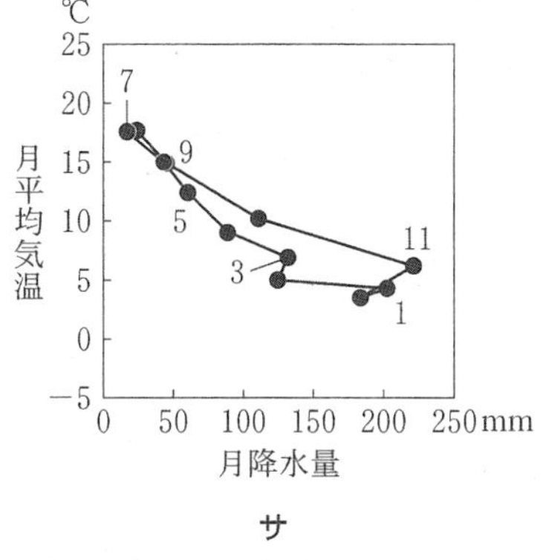

サ

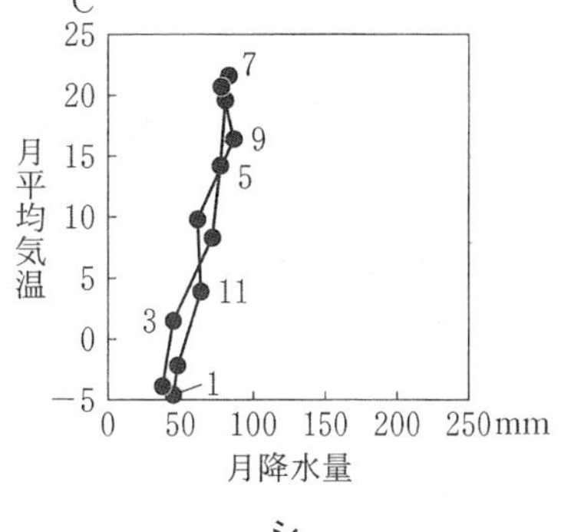

シ

気象庁の資料により作成。

図　2

表 2

	小麦(万ブッシェル)	テンサイ(千トン)
G	15,321	87
H	3,572	4,278

ブッシェルは穀物の計量単位で，1ブッシェルは約35リットルに相当する。
統計年次は2017年。USDAの資料により作成。

	①	②	③	④
ハイサーグラフ	サ	サ	シ	シ
作物の年間生産量	G	H	G	H

問4 次の図3は，ミシガン州とワシントン州の州全体，およびミシガン州とワシントン州の人口最大都市であるデトロイト市とシアトル市における，人種・民族別人口割合を示したものである。図3中の**タ**と**チ**は，ミシガン州とワシントン州のいずれか，**J**と**K**は，州全体と人口最大都市のいずれかである。ミシガン州の州全体に該当するものを，図3中の①～④のうちから一つ選べ。 24

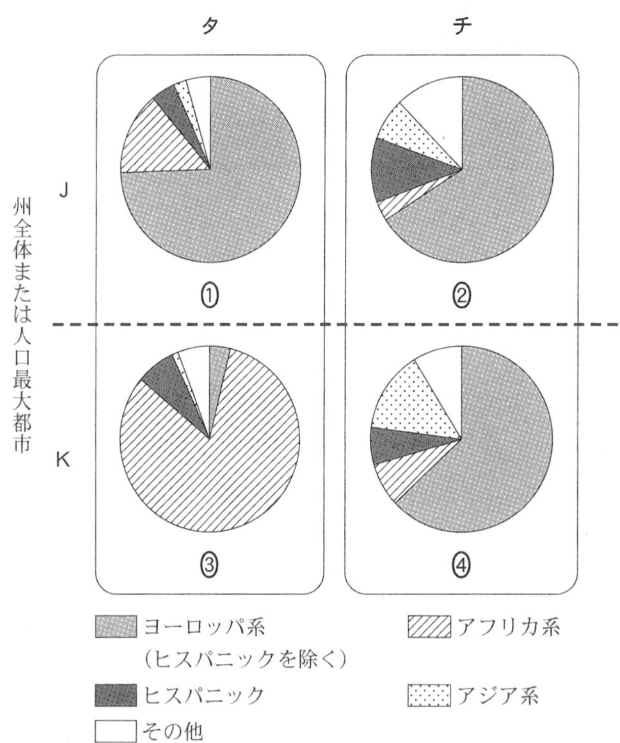

統計年次は2010年。U.S. Census Bureauの資料により作成。

図 3

B　アメリカ合衆国の社会と経済の多様性に関する次の問い(**問5・6**)に答えよ。

問5　次の図4は，アメリカ合衆国の各州*における都市人口率と，社会経済にかかわるいくつかの指標を示したものであり，図4中の**マ**～**ム**は，外国生まれの人口の割合，貧困水準以下の収入の人口の割合，持ち家率のいずれかである。指標名と**マ**～**ム**との正しい組合せを，下の①～⑥のうちから一つ選べ。 25

*コロンビア特別区(ワシントンD.C.)を含み，アラスカ州とハワイ州を除く。

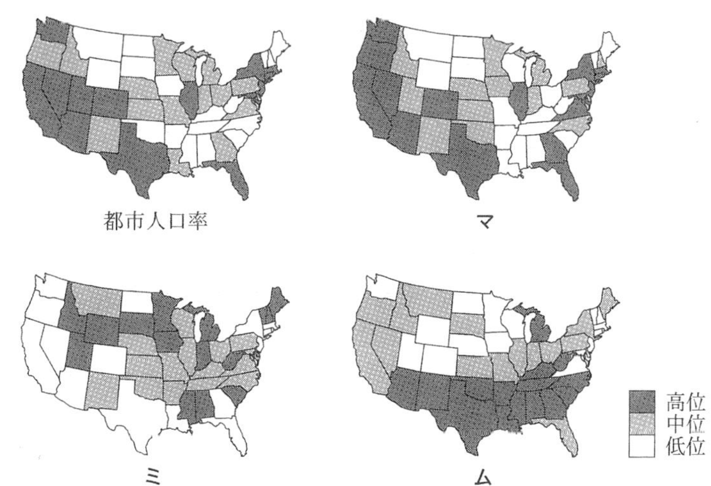

統計年次は，都市人口率が2010年，外国生まれの人口の割合，貧困水準以下の収入の人口の割合，持ち家率が2016年。
U.S. Census Bureauの資料などにより作成。

図　4

	①	②	③	④	⑤	⑥
外国生まれの人口の割合	マ	マ	ミ	ミ	ム	ム
貧困水準以下の収入の人口の割合	ミ	ム	マ	ム	マ	ミ
持ち家率	ム	ミ	ム	マ	ミ	マ

問6　次の図5は，2012年と2016年のアメリカ合衆国の大統領選挙における，各州*の選挙人**の数と選挙人を獲得した候補者の政党を示したものである。図5から読み取れることがらとその背景について述べた下の文章中の空欄**ラ**と**リ**に当てはまる語句の正しい組合せを，下の①～④のうちから一つ選べ。 26

*コロンビア特別区(ワシントンD.C.)を含み，アラスカ州とハワイ州を除く。
**有権者が投票で大統領選挙人を選出し，この選挙人が大統領を選出する。一部の州を除いて，各州で最も得票の多い候補者が，その州のすべての選挙人を獲得する。

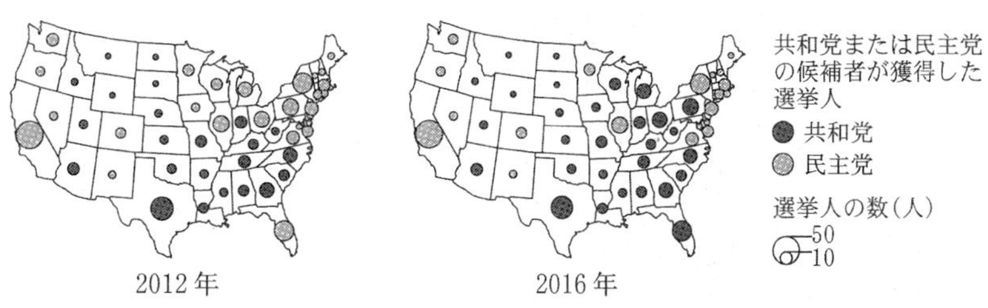

アメリカ合衆国連邦政府の資料などにより作成。

図　5

図**5**を見ると，両時点とも民主党の候補者が選挙人を獲得した州は(　**ラ**　)に多い。この要因として，地域の産業構造の特徴や有権者の社会経済的特性などがあげられる。五大湖沿岸の地域では，2012年の民主党に代わって，2016年には共和党の候補者が選挙人を獲得した州が多く分布する。これは，グローバル化の影響で衰退したこの地域の製造業について，共和党の候補者が(　**リ**　)政策を主張したことなどが大きく影響したと考えられている。

	①	②	③	④
ラ	南部や中西部	南部や中西部	ニューイングランドや西海岸	ニューイングランドや西海岸
リ	移民労働力を増やす	工場の海外移転を抑制する	移民労働力を増やす	工場の海外移転を抑制する

第5問　京都市に住む高校生のタロウさんは，京都府北部にある宮津(みやづ)市の地域調査を行った。次の図**1**を見て，この地域調査に関する下の問い(**問1～6**)に答えよ。(配点　20)

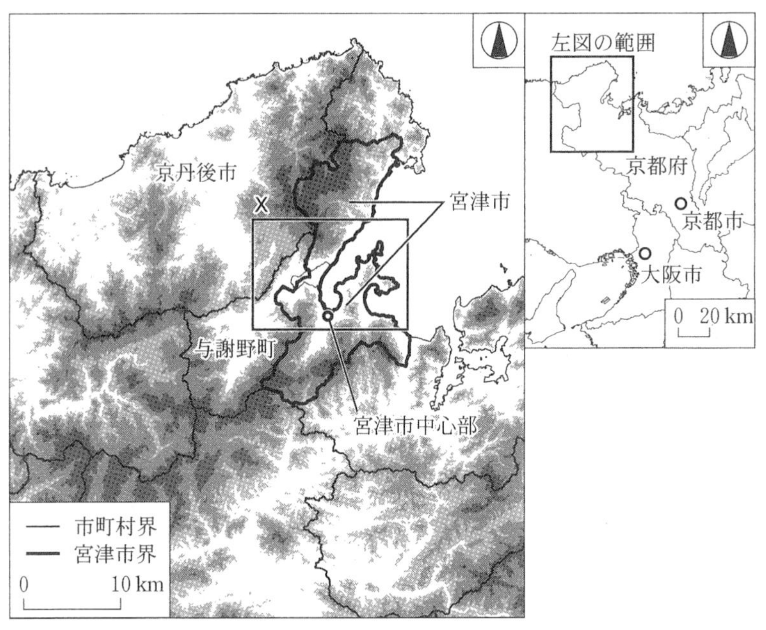

左図の陸地では，色の濃い部分ほど標高の高い地域を示している。
宮津市界の一部は水面上にある。
国土数値情報などにより作成。

図　**1**

問1　タロウさんは，京都府における人口変化の地域差と京都市との関係を調べるために，主題図を作成した。次の図**2**は，京都府の各市町村について，1990～2015年の人口増減率と2015年の京都市への通勤率を示したものである。図**2**から読み取れることがらを述べた文として正しいものを下の①～④のうちから一つ選べ。 27

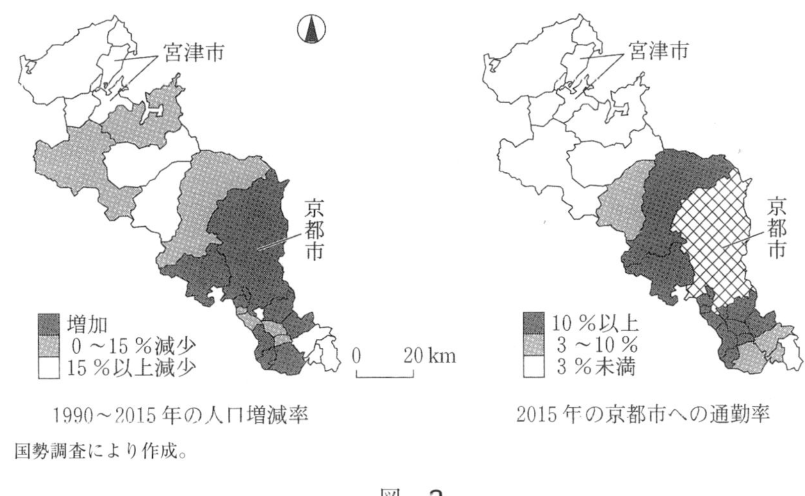

国勢調査により作成。

図　**2**

① 宮津市とその隣接市町村では，すべての市町村で人口が15％以上減少している。
② 京都市への通勤率が10％以上の市町村では，すべての市町村で人口が増加している。
③ 京都市への通勤率が3～10％の市町村の中には，人口が増加している市町村がある。
④ 京都市への通勤率が3％未満の市町村の中には，人口が増加している市町村がある。

問2　タロウさんは，宮津市の中心部が城下町であったことに関心をもち，現在の地形図と江戸時代に描かれた絵図を比較して，地域の変化を調べることにした。次ページの図**3**中の**ア**は，宮津市中心部の現在の地形図であり，**イ**は，**ア**とほぼ同じ範囲の江戸時代に描かれた宮津城とその周辺の絵図を編集したものである。図**3**から読み取れることがらとして最も適当なものを，次の①～④のうちから一つ選べ。 28

① 新浜（しんはま）から本町（ほんまち）にかけての地区には，江戸時代は武家屋敷が広がっていた。
② 体育館の北側にある船着き場は，近代以降の埋立地に立地している。
③ 宮津駅から大手橋（おおてばし）までの道は，江戸時代から城下町の主要道であった。
④ 宮津城の本丸の跡地には，市役所を含む官公庁が立地している。

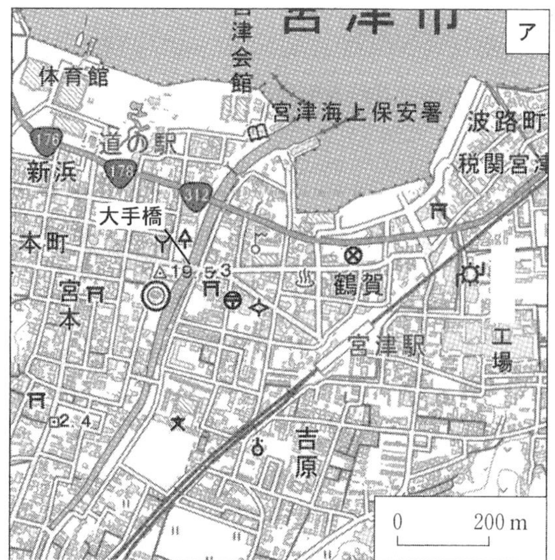

地理院地図により作成。

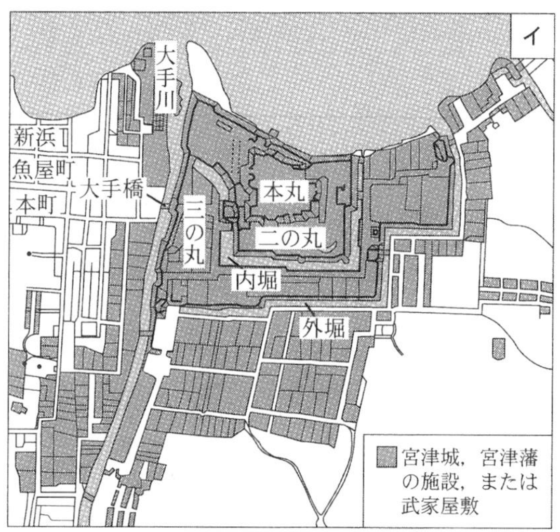

弘化2(1845)年に描かれた絵図を編集したものであるため歪みがある。
『宮津市史』をもとに作成。

図 3

問3　宮津湾と阿蘇（あそ）海の間にある砂州は天橋立（あまのはしだて）と呼ばれ，有名な観光地であることを知ったタロウさんは，様々な地点から天橋立の写真を撮影した。次の図**4**は，図**1**中の**X**の範囲を示したものであり，下の写真**1**は，図**4**中の地点**A**～**D**のいずれかから矢印の方向に撮影したものである。地点**A**に該当するものを，写真**1**中の①～④のうちから一つ選べ。 **29**

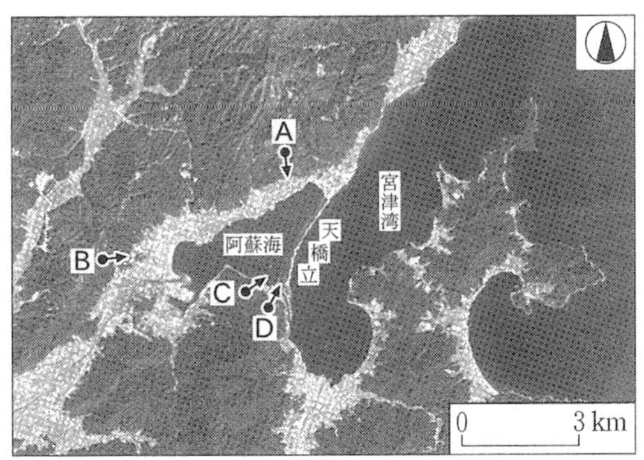

地理院地図により作成。

図　4

写真　1

問4 天橋立近くの土産物店で丹後ちりめんの織物製品が数多く売られているのを見たタロウさんは，丹後ちりめんについて調べ，次の資料1にまとめた。資料1中の空欄**カ**～**ク**に当てはまる語の正しい組合せを，下の①～⑧のうちから一つ選べ。 30

資料 1

●丹後ちりめんの特徴
・生地に細かい凹凸のある絹織物。
・しわが寄りにくく，風合いや色合いに優れる。
・主要な産地は京都府の京丹後市と与謝野町で，冬季の(**カ**)季節風が生産に適する。

●丹後ちりめんの動向
・1960～70年代：豊富な労働力や広い土地を求めた京都市の西陣織の業者から仕事を請け負い，生産量が多かった。
・1980～90年代：和服を着る機会が減少したことと(**キ**)な織物製品の輸入が急増したことで，生産が縮小した。
・2000年以降:洋服の生地や，スカーフ，インテリア用品などの商品開発を進めるとともに，(**ク**)により海外市場へ進出しつつある。

	カ	キ	ク
①	乾いた	安 価	大量生産
②	乾いた	安 価	ブランド化
③	乾いた	高 価	大量生産
④	乾いた	高 価	ブランド化
⑤	湿った	安 価	大量生産
⑥	湿った	安 価	ブランド化
⑦	湿った	高 価	大量生産
⑧	湿った	高 価	ブランド化

問5 タロウさんは，宮津市北部の山間部にある集落で調査を行った。次の資料**2**は，ある集落の住民に対してタロウさんが実施した聞き取り調査の結果を整理したものと，その内容から考察したことをまとめたものである。タロウさんの考察をまとめた文として**適当でないもの**を，資料**2**中の①～④のうちから一つ選べ。 31

資料 2

【聞き取り調査の結果】

●小学校(分校)の廃校

・かつては集落に子どもが多かったため，分校が設置されていた。

・廃校に伴い，集落の小学生は，遠くの学校に通うことになる。

●伝統的な文化や技術の継承

・春祭りで行われていた太刀振り(たちふ)神事が途絶えてしまった。

・集落にある植物を用いた織物や和紙がつくられてきた。

●都市と農村の交流

・NPOや地元企業などにより，棚田の保全が進められている。

・集落の周辺で，ブナ林や湿地などをめぐるツアーが行われている。

●移住者の増加

・米作りや狩猟を行うことを目的として移住してきた人がいる。

・移住者の中には，古民家を改修して居住する人がいる。

【考察】

① 小学校の廃校は，若年層の継続的な流出や少子化が背景にある。

② 住民の高齢化により，伝統的な文化や技術の担い手が減少している。

③ 自然環境への関心の高まりにより，都市と農村の交流が進められている。

④ 移住者の増加は，宮津市における人口の郊外化が背景にある。

問6 天橋立で多くの外国人を見かけたタロウさんは，外国人観光客の動向を調べることにした。次の図**5**は，2018年の外国人延べ宿泊者数*と，その2013年に対する比を都道府県別に示したものである。また，下の文章は，図**5**から読み取れることがらとその背景について述べたものであり，空欄**サ**には大阪府と沖縄県のいずれか，空欄**シ**には下の文**F**と**G**のいずれかが当てはまる。空欄**サ**に当てはまる府県名と空欄**シ**に当てはまる文との組合せとして最も適当なものを，下の①～④のうちから一つ選べ。 32

*宿泊者数×宿泊数。

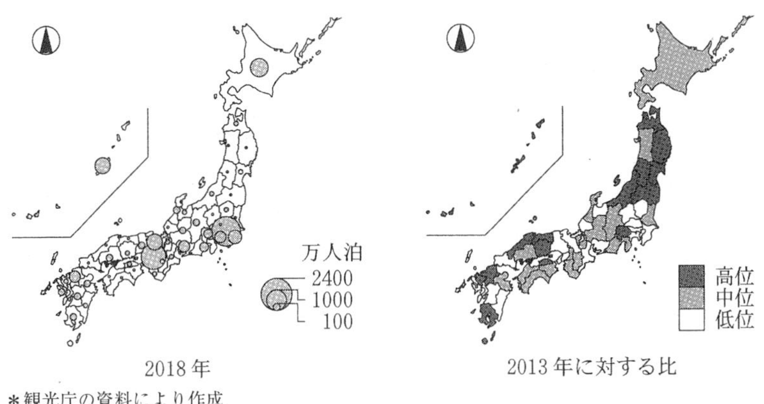

図 5

2018年の外国人延べ宿泊者数をみると，東京都が最多であり，次に多いのが(　サ　)である。また2013年に対する比をみると，外国人延べ宿泊者数が少ない県で高位を示すところが多く，この背景として，(　シ　)外国人旅行者が増加し，外国人の宿泊地が多様化したことが考えられる。

F　温泉や農山漁村を訪れて体験型の観光を楽しむ
G　ショッピングや大型テーマパークを楽しむ

①　大阪府―F　　②　大阪府―G　　③　沖縄県―F　　④　沖縄県―G

大学入学共通テスト地理総合・地理探究対応
地理ノート

2024年5月　初版発行

編　　者　脇阪　義和
発 行 者　野澤　武史
印 刷 所　明和印刷株式会社
製 本 所　有限会社　穴口製本所
発 行 所　株式会社　山 川 出 版 社
〒101-0047　東京都千代田区内神田1-13-13
電話　03（3293）8131（営業）
03（3293）8135（編集）
https://www.yamakawa.co.jp/
装　　幀　水戸部　功

*

ISBN978-4-634-05442-4　NYZK0101

大学入学共通テスト地理総合・地理探究対応
地理ノート
解　答

山　川　出　版　社

第Ⅰ部　現代世界の系統地理的考察

1章　地図の利用(p. 2～9)

1　緯度・経度と時差

1. 4　2. 23.4　3. 北回帰線　4. 南回帰線
5. 夏至　6. 冬至　7. 15　8. 明石

図表でチェック

問題1　14時間　ニューヨークと東京の時差は，(135＋75)÷15=14時間。東京到着時刻1月2日15：30は，ニューヨークでは1月2日1：30。

作業1　略

2　地図の発達と図法(地図投影法)

1. サンソン　2. モルワイデ　3. メルカトル
4. 等角　5. 正距方位　6. 大圏

図表でチェック

問題1　a. サンソン　b. モルワイデ　c. グード(ホモロサイン)　d. ボンヌ　e. メルカトル　f. 正距方位

問題2　2倍

［解説］赤道の長さを$2\pi r$とすると，緯度60度の緯線の長さは$2\pi r\cos 60 = \pi r$で，赤道の1/2である。メルカトル図法では，すべての緯線が同じ長さで表されるので，緯度60度では，距離は実際の2倍，面積は4倍で表される。参考までに，サンソン図法で緯線が正弦曲線で表されるのは，上記のように任意の緯度αにおける緯線の長さが$2\pi r\cos\alpha$で描かれるためである。

問題3　北北東・約1万km

［解説］方位は，東京とニューヨークを直線で結べば北北東とわかる。距離は，半径が2万km(中心から対蹠点まで)で，東京・ニューヨーク間はそのほぼ半分であるから約1万kmとなる。図中の同心円は，内側から順に，中心から5千km，1万km，1万5千kmの距離を示している。ロンドンの方位は北北西，距離は約1万kmである。

3　いろいろな地図

1. ドットマップ　2. 等値線　3. リモートセンシング

図表でチェック

問題1　a. ドットマップ　b. 階級区分図　c. 等値線図　d. 図形表現図　e. 流線図　f. カルトグラム

4　地形図

1. 250　2. 500　3. 25

図表でチェック

作業1

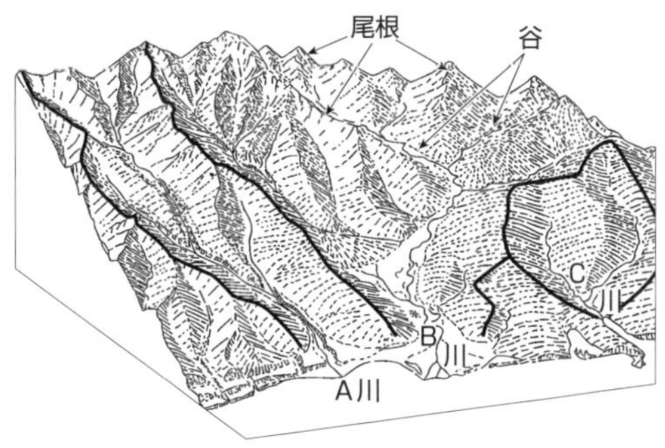

2章　地形(p. 10～22)

1　大地形

1. ヨーロッパ　2. アフリカ　3. 断層　4. 準平原　5. アイスランド　6. 海溝　7. ハワイ
8. 楯状地　9. 卓状地　10. 鉄鉱石　11. 石炭
12. 環太平洋

図表でチェック

問題1　a. アジア　b. アフリカ　c. オーストラリア

問題2　a. 広がる　b. せばまる　c. ずれる

2　平野地形

1. ケスタ　2. 水無　3. 天井　4. 自然堤防
5. 後背湿地　6. 三角州　7. 河岸段丘

図表でチェック

問題1　a. ビュート　b. メサ　c. ケスタ　d. 残丘

問題2　a. 水無　b. せき　c. 土石流　d. 果樹園　e. 天井　f. 氾濫原

問題3　a. 自然堤防　b. 畑　c. 後背湿地　d. 旧河道(旧流路)

問題4　a. 自然堤防　b. 後背湿地

問題5　a. 水田　b. 畑　c. 侵食谷

3　海岸地形

1. 低下　2. 上昇　3. 海岸平野　4. 海食崖
5. スペイン　6. U字谷　7. 河口　8. 潟湖(せきこ)
9. 環礁

図表でチェック

問題1　a　　問題2　a. 段丘崖　b. 段丘面

問題3　(1)浜堤　(2)X→Y→Z

問題4　a. 潟湖(ラグーン)　b. 砂州　c. 陸繫島　d. トンボロ(陸繫砂州)　e. 砂嘴

問題5　(1)60m　(2)B. 砂州　C. 潟湖(ラグーン)　D. トンボロ(陸繫砂州)　E. 陸繫島

問題6　a. リアス海岸　b. フィヨルド　c. エスチュアリー(三角江)

問題7　a. 裾礁　b. 堡礁　c. 環礁

問題8　(1)干潮時に現れる砂浜。

(2)島は石灰岩で形成され，水はけがよいため。

作業1

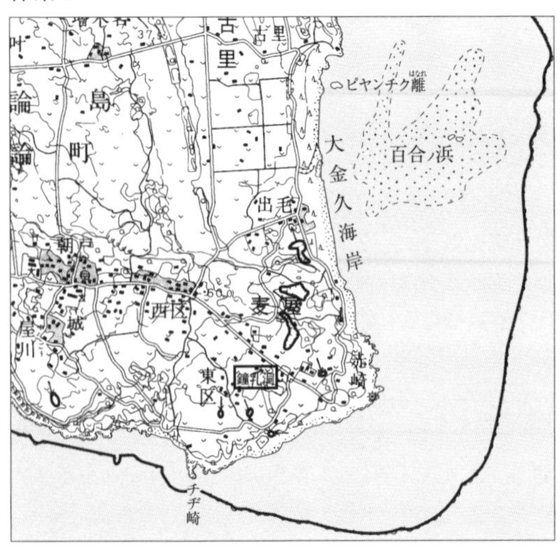

問題9　a. フィヨルド　b. ケスタ　c. リアス海岸　d. カルスト地形　e. 三角州　f. サンゴ礁　g. 氷河湖　h. エスチュアリー　i. 海岸平野

4　その他の地形

1. カール　2. モレーン　3. ドリーネ　4. ワジ　5. 外来

5　日本の地形

1. フォッサマグナ　2. 中央構造線　3. 氷河

図表でチェック

問題1　ロープウェイの標高差：2320－1820＝500m

駅間の距離:3.5cm→1750m

∴平均勾配:500/1750＝2/7

問題2　a. ホーン　b. カール　c. モレーン

問題3　a. ドリーネ　b. ウバーレ　c. 鍾乳洞

問題4　a. フォッサマグナ　b. 糸魚川・静岡構造線　c. 中央構造線

作業1

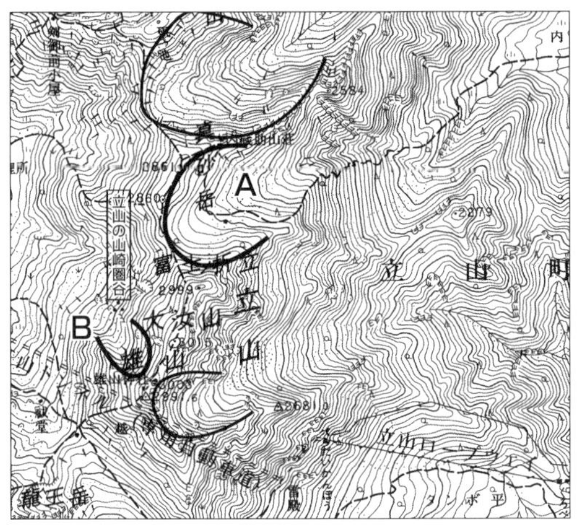

作業2・3

3章　気候・水(p. 23～39)

1　気候要素

1. 年較差　2. 日較差　3. 赤道低圧　4. 亜熱帯(中緯度)高圧　5. 貿易　6. 偏西　7. ジェット気流　8. 低圧　9. 高圧　10. サイクロン　11. ハリケーン　12. フェーン

図表でチェック

問題1　a. 30℃　b. 20℃　c. 10℃　d. 0℃　e. －10℃　f. －20℃　g. －30℃　h. －40℃

問題2　a. 北西季節風　b. 北東貿易風　c. 南東貿易風　d. 偏西風　e. 北東季節風　f. 南東季節風　g. 南西季節風

作業1

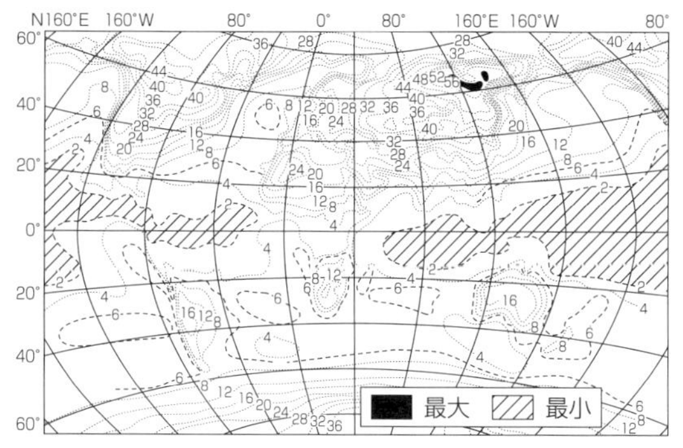

問題3

熱帯低気圧　a. 台風　b. ハリケーン　c. サイクロン

少雨の原因　A. 寒流　B. 偏西風に対し山脈の風下側　C. 年中亜熱帯高圧帯の圏内　D. 大陸内部

多雨をもたらす風　X. 偏西風　Y. 南東貿易風　Z. 南西季節風

2　ケッペンの気候区分

1. 18　2. −3　3. 10　4. サバナ　5. 60　6. 22　7. ツンドラ

図表でチェック

問題1

	1	2	3	4	5	6	7	8	9	10	11	12
気候区	Af	Aw	BW	BS	Cs	Cw	Cfa	Cfb	Df	Dw	ET	Cw
都市名	d	c	j	l	b	g	f	k	i	a	e	h

問題2　a. ユーラシア　b. アフリカ　c. 北アメリカ　d. 南アメリカ　e. オーストラリア

問題3　a. Cfb　b. Cs　c. BS　d. BW　e. Aw　f. Af

3　植生・土壌

1. セルバ　2. タイガ　3. カンポセラード　4. ラトソル　5. ポドゾル　6. チェルノーゼム　7. 石灰岩　8. ブラジル　9. デカン

図表でチェック

問題1　a. タイガ　b. サバナ　c. 熱帯雨林　d. ポドゾル　e. 褐色森林土　f. ラトソル

問題2

熱帯雨林　1. ジャングル　2. セルバ

熱帯草原(サバナ)　3. リャノ　4. カンポセラード

温帯草原　5. プレーリー　6. パンパ

ステップ　7. グレートプレーンズ

間帯土壌　a. テラロッサ　b. レグール　c. レス(黄土)　d. テラローシャ

4　気候区の特色

1. 熱帯収束(赤道低圧)　2. 亜熱帯高圧　3. アタカマ　4. 季節風　5. 偏西

5　陸水・海洋

1. 地下水　2. 地盤沈下　3. 塩　4. 時計(右)　5. 反時計(左)　6. エルニーニョ

図表でチェック

問題1　a. 宙水　b. 自由地下水　c. 被圧地下水

問題2　X. 融雪　Y. 梅雨　Z. 秋雨

6　日本の気候

1. 北西　2. やませ　3. Df　4. ヒートアイランド

図表でチェック

問題1　1. a(網走)　2. e(長野)　3. b(秋田)　4. c(仙台)　5. d(金沢)　6. g(岡山)　7. f(東京)　8. i(熊本)　9. h(潮岬)　10. j(那覇)

4章　環境問題(p. 40〜45)

1　公害と地球環境問題

1. ストックホルム　2. リオデジャネイロ　3. 水俣病　4. イタイイタイ病

図表でチェック

問題1　a. ワシントン　b. ラムサール　c. 長距離越境大気汚染

2　さまざまな環境問題

1. 硫黄　2. フロン　3. 南極　4. 温室効果　5. 炭素　6. チェルノブイリ(チョルノービリ)　7. サヘル

3　環境保全

1. 世界遺産　2. 屋久島

4　世界の地域開発

1. TVA　2. アルミニウム　3. ロサンゼルス　4. 小麦　5. ポルダー　6. アラル　7. サンシヤ　8. ダモダル　9. アスワンハイ

図表でチェック

問題1　a. コロンビア　b. コロラド　c. テネシー　d. ナイル　e. 長江　f. ダモダル　g. スノーウィーマウンテンズ

5章　農林水産業(p. 46〜59)

1　農業の発達と成立条件

1. 500　2. 1000　3. 土壌侵食　4. バングラデシュ　5. デンマーク　6. 集約　7. 粗放　8. 土地　9. 労働

図表でチェック

問題1　稲：a　小麦：b　トウモロコシ：c
問題2　a. インド　b. 中国　c. ブラジル　d. ロシア　e. 日本　f. フランス　g. オーストラリア　h. アメリカ　i. カナダ　j. イギリス

2　主要農産物の生産と輸出入

1. モンスーンアジア　2. 500　3. フランス　4. アメリカ　5. アンデス　6. アマゾン　7. エチオピア　8. スリランカ　9. エクアドル　10. オアシス　11. イタリア　12. ブラジル　13. オーストラリア

図表でチェック

問題1　米：c　小麦：b　ライ麦：f　トウモロコシ：a　大豆：d　キャッサバ：e
問題2　イギリス：d　インド：b　オーストラリア：a　日本：c
問題3　サトウキビ：a　綿花：c　バナナ：b　カカオ：h　茶：f　コーヒー：g　天然ゴム：d　油ヤシ：e
問題4　米：a　小麦：b　バレイショ：d　キャッサバ：e　大豆：c　サトウキビ：g　テンサイ：h　茶：i　コーヒー：j　カカオ：k　綿花：l　オリーブ：f
問題5　a. 牛　b. 豚　c. 羊

3　自給的農業

1. キャッサバ　2. モンゴル　3. ヤク　4. 外来河川　5. カナート　6. モンスーン(季節風)

図表でチェック

問題1　a. 遊牧　b. 焼畑農業　c. 集約的稲作農業　d. 集約的畑作農業
問題2　水牛：b　トナカイ：d　ヤク：e　ラクダ：a　リャマ：c

4　商業的農業

1. 三圃式　2. 混合　3. 酪農　4. 園芸農業　5. トウモロコシ　6. 大陸氷河　7. 移牧　8. 近郊

5　企業的農業

1. 小麦　2. プレーリー　3. 冷凍船　4. グレートプレーンズ

図表でチェック

問題1　a. 地中海式農業　b. 混合農業　c. 酪農　d. 園芸農業
問題2　a. 企業的牧畜　b. 企業的穀物農業　c. プランテーション農業

6　集団制農業

1. 生産責任

7　世界の食料問題

1. イモ　2. アフリカ　3. 高収量(多収量)

図表でチェック

問題1　a. ナイジェリア　b. インド　c. 日本　d. モンゴル　e. ブラジル　f. 中国　g. ロシア　h. ドイツ　i. アメリカ
問題2　a. 日本　b. ナイジェリア　c. 中国　d. インド　e. アメリカ　f. ブラジル　g. フランス　h. オーストラリア
問題3　a. アジア　b. ヨーロッパ　c. アフリカ

8　林業

1. カナダ　2. 中国　3. 焼畑

図表でチェック

問題1　a. アメリカ　b. 中国　c. ブラジル　d. カナダ　e. インドネシア　f. エチオピア
問題2　a. ロシア　b. アメリカ　c. 中国　d. 日本

9　水産業

1. バンク　2. 中国　3. 日本　4. アンチョビー　5. ラブラドル

図表でチェック

問題1　a. 中国　b. 日本　c. ペルー

6章　エネルギー・鉱産資源(p. 60〜64)

1　エネルギー

1. 石油危機　2. 原子力　3. 中国　4. ロシア　5. オーストラリア　6. 古期造山帯　7. アメリカ　8. ノルウェー　9. 国際石油資本　10. 石油輸出国機構　11. ブラジル　12. フランス　13. ドイツ

図表でチェック

問題1　a. 中国　b. アメリカ　c. ロシア　d. 日本　e. ブラジル　f. フランス　g. イギリス　h. オーストラリア

問題2　a. 中国　b. 日本　c. カナダ　d. フランス　e. オーストラリア　f. ノルウェー　g. ニュージーランド　h. デンマーク　i. アイスランド

2　鉱産資源

1. オーストラリア　2. 安定陸塊　3. スウェーデン　4. チリ　5. ギニア　6. メキシコ

7章　工業(p. 65〜70)

1　工業の発達と立地

1. イギリス　2. 輸入　3. 輸出加工区　4. 輸出　5. 韓国　6. 輸送　7. セメント　8. 出版・印刷　9. 鉄鋼業

図表でチェック

問題1　a. クリヴィーリフ　b. アンシャン　c. パオシャン　d. ピッツバーグ　e. バーミンガム　f. フォス

問題2　a. アメリカ　b. 日本　c. 中国　d. インド

2　各種工業

1. インド　2. アパラチア　3. アンシャン　4. 水力　5. 中国　6. 韓国　7. シアトル　8. トゥールーズ　9. シリコンヴァレー　10. 石灰石　11. カナダ

図表でチェック

問題1　a. アメリカ　b. 日本　c. 中国

問題2　a. シリコンヴァレー　b. シリコンプレーン　c. エレクトロニクスハイウェー

8章　商業・観光業(p. 71〜72)

1　商業

1. 卸売　2. 小売　3. 福岡　4. 神奈川

2　観光業

1. スペイン　2. グリーンツーリズム　3. アメリカ　4. 韓国

問題1　a. フランス　b. スペイン　c. 中国　d. ドイツ　e. タイ

9章　交通・通信と貿易(p. 73〜79)

1　交通

1. 貨物　2. 旅客　3. ウラジオストク　4. パナマ　5. ライン　6. ハブ

図表でチェック

問題1　a. アメリカ　b. 中国　c. ドイツ　d. 日本

問題2　a. 中国　b. ロシア　c. 韓国　d. スペイン　e. 日本　f. アメリカ

問題3　a. マゼラン　b. ジブラルタル　c. ボスポラス　d. ホルムズ　e. マラッカ　f. パナマ　g. スエズ

2　通信

図表でチェック

問題1　a. インド　b. 中国　c. 韓国　d. アメリカ

3　世界の貿易

1. 水平　2. 垂直　3. WTO　4. FTA　5. IMF

図表でチェック

問題1　a. アメリカ　b. ドイツ　c. 日本　d. 中国

問題2　a. OPEC　b. 日本　c. アメリカ

問題3　a. フランス　b. ドイツ　c. 日本　d. 中国　e. インド　f. カナダ　g. ロシア　h. ノルウェー　i. オーストラリア　j. ブラジル　k. チリ

4　対外援助

1. ODA　2. 日本　3. アフリカ　4. 青年海外協力隊　5. NGO

図表でチェック

問題1　a. アメリカ　b. 日本　c. フランス

10章　人口(p. 80～86)

1　人口分布と人口密度

1. アジア　2. アフリカ　3. インドネシア
4. ロシア　5. バングラデシュ

図表でチェック

問題1　1. 中国　2. インド　3. アメリカ　4. インドネシア　5. ブラジル　6. パキスタン　7. ナイジェリア　8. バングラデシュ　9. ロシア
10. メキシコ　11. 日本　12. エチオピア
13. フィリピン

2　人口の推移

1. ヨーロッパ　2. アフリカ

図表でチェック

問題1　(1361－819)÷819×100＝66.2%
問題2　a. インド　b. アメリカ　c. フランス
d. ロシア　e. 中国　f. 日本　g. 韓国
x. 24.0

3　人口転換と人口構成

1. 乳児　2. 高齢　3. ラテンアメリカ

図表でチェック

問題1　日本：e　中国：b　韓国：d　インド：a
オーストラリア：f　フランス：c
問題2　秋田県：c　東京都：a　滋賀県：b
沖縄県：d

4　人口問題

1. 一人っ子　2. 合計特殊出生率

5　人口移動

1. ユダヤ　2. スペイン　3. イギリス　4. ブラジル　5. トルコ　6. ヒスパニック　7. フィリピン
問題1　a. メキシコ　b. インド　c. ポーランド
d. トルコ　e. パキスタン　f. ウクライナ

11章　村落・都市(p. 87～96)

1　村落

1. 自然堤防　2. 塊　3. 路　4. 条里　5. 新田
6. 北海道

図表でチェック

問題1　屋敷林(針葉樹，樹木に囲まれた居住地の記号から)
問題2　塊村

作業1　「伊豆七条町」，「南六条町」，「八条町」

2　都市の発達と立地

1. 門前　2. 城下　3. 宿場　4. イスタンブール
5. ニューオーリンズ　6. ロンドン

3　都市の機能と都市圏

1. ヴァラナシ　2. エルサレム　3. 横浜　4. 仙台　5. 福岡

図表でチェック

問題1　a. 横浜　b. 大阪　c. 名古屋　d. 札幌
e. 福岡　f. 広島　g. 北九州

4　大都市の発達

1. メトロポリス　2. ボストン　3. CBD
4. 副都心　5. ドーナツ化　6. スプロール

5　都市化と都市問題

1. インナーシティ　2. スラム　3. 職住近接
4. 景観保全　5. プライメートシティ

12章　民族・領土問題(p. 97～101)

1　人種と民族

1. モンゴロイド　2. ネグロイド　3. 言語

図表でチェック

問題1　a. コーカソイド　b. モンゴロイド　c. ネグロイド　d. オーストラロイド

2　世界の言語

1. ハンガリー　2. マダガスカル　3. アラビア

図表でチェック

問題1　a. インド･ヨーロッパ　b. ウラル　c. アルタイ　d. シナ･チベット　e. オーストロネシア

3　世界の宗教

1. バチカン　2. スペイン　3. メッカ　4. 豚
5. ヴァラナシ　6. 牛　7. エルサレム　8. ラサ

4　民族問題と領土問題

1. イスラム　2. 南沙群島　3. カシミール　4. タミル　5. クルド　6. イスラエル　7. アパルトヘイト　8. バスク　9. オランダ　10. カトリック
11. ケベック

図表でチェック

問題1　a. ケベック　b. アイルランド　c. オランダ　d. バスク　e. ユダヤ　f. クルド　g. カシミール　h. タミル　i. 南沙　j. イスラム

13章　国家間の結びつき(p. 102〜105)

1　国家

1. 12　2. 200　3. 中央集権　4. 連邦　5. 共和　6. ピレネー　7. リオグランデ　8. アムール　9. 49　10. インドネシア　11. スーダン　12. リビア

図表でチェック

問題1

自然的国境　a. スカンディナヴィア山脈　b. オーデル川　c. ピレネー山脈　d. ドナウ川　e. カフカス山脈　f. アムール川　g. ヒマラヤ山脈　h. メコン川　i. コンゴ川　j. リオグランデ川　k. アンデス山脈

人為的国境　l. 25°E　m. 22°N　n. 141°E　o. 141°W　p. 49°N

2　国家群

1. バチカン　2. UNESCO　3. NATO　4. WTO　5. OECD　6. EU　7. 東南アジア諸国連合　8. AU　9. OPEC

図表でチェック

問題1　a. USMCA　b. MERCOSUR　c. EU　d. EFTA　e. CIS　f. AU　g. ASEAN

問題2　a. NATO　b. LAS　c. APEC　d. OPEC

第Ⅱ部　現代世界の地誌的考察

1章　東アジア(p. 108〜115)

1　アジアの自然環境

1. テンシャン　2. 弧状列島

図表でチェック

問題1

新期造山帯　a. カフカス　b. イラン　c. チベット　d. ヒマラヤ　e. スマトラ　f. ジャワ　g. カリマンタン　h. カムチャツカ

古期造山帯　i. ウラル　j. テンシャン　k. クンルン

安定陸塊　l. タリム　m. デカン

河川　n. ティグリス・ユーフラテス　o. インダス　p. ガンジス　q. チャオプラヤ　r. メコン　s. 黄河　t. 長江

2　中国

1. アムール　2. 土壌侵食　3. スーチョワン　4. タクラマカン　5. ウイグル　6. モンゴル　7. 一人っ子　8. 人民公社　9. 1000　10. ヤク　11. 郷鎮企業　12. フーシュン　13. ターチン　14. シーアン　15. シャンハイ　16. コワンチョウ　17. イギリス　18. ポルトガル

図表でチェック

問題1　a. タクラマカン　b. ゴビ　c. ホワンツー(黄土)　d. スーチョワン(四川)

問題2　a. シンチヤンウイグル　b. チベット　c. 内モンゴル　d. ペキン　e. シャンハイ　f. チョンチン

問題3　a. 1000　b. 10

問題4　a. 米　b. 小麦　c. トウモロコシ　d. 綿花　e. 茶　f. サトウキビ

問題5　a. ターチン　b. ションリー　c. フーシュン　d. アンシャン　e. ターリエン　f. ペキン　g. テンチン　h. チンタオ　i. パオトウ　j. シーアン　k. パオシャン　l. シャンハイ　m. ウーハン　n. チョンチン　o. コワンチョウ　p. シェンチェン　q. タイペイ

3　韓国・北朝鮮

1. ハングル　2. オンドル　3. ソウル　4. ポハン　5. ピョンヤン

図表でチェック

問題1　a. ピョンヤン　b. ソウル　c. ポハン　d. プサン

4　モンゴル

1. ゲル

2章　東南アジア(p. 116〜118)

1　自然環境と社会

1. マングローブ　2. イスラム　3. フィリピン　4. イギリス　5. フランス　6. オランダ　7. スペイン　8. ASEAN

図表でチェック

問題1　a. 上座仏教　b. イスラム教　c. キリスト

教 d. ヒンドゥー教
問題2 a. ハノイ b. ホーチミン c. バンコク d. シンガポール e. ジャカルタ f. マニラ
問題3 a. インドネシア b. フィリピン c. ベトナム d. タイ e. マレーシア f. シンガポール

2 東南アジア諸国
1. チャオプラヤ 2. バンコク 3. ブミプトラ 4. パーム油 5. 中国 6. マラッカ 7. ジャワ 8. イスラム 9. ドイモイ

3章 南アジア(p. 119〜120)

1 自然環境と社会
1. レグール 2. ベンガル 3. パンジャブ 4. 綿花 5. ジュート 6. ドラヴィダ 7. バングラデシュ 8. カシミール

図表でチェック

問題1 a. ヒンドゥー教 b. イスラム教 c. 仏教

2 南アジア諸国
1. ヒンディー 2. ムンバイ 3. ダモダル 4. ベンガロール 5. タミル

図表でチェック

問題1 a. 米 b. 小麦 c. 綿花 d. 茶 e. ジュート
問題2 a. デリー b. コルカタ c. ムンバイ d. ベンガロール e. ダッカ
問題3 a. インド b. パキスタン c. バングラデシュ d. スリランカ

4章 西アジア・アフリカ(p. 121〜127)

1 自然環境
1. 大地溝帯 2. アトラス 3. ヴィクトリア 4. 南東貿易 5. ナミブ 6. サヘル 7. Cs

図表でチェック

問題1 a. イラン b. サウジアラビア c. イスラエル
問題2
新期造山帯 a. アトラス
古期造山帯 b. ドラケンスバーグ
安定陸塊 c. エチオピア d. マダガスカル
河川 e. ナイル f. ニジェール g. コンゴ h. ザンベジ
湖 i. ヴィクトリア j. タンガニーカ
砂漠 k. サハラ l. ナミブ m. カラハリ

2 社会
1. イスラム 2. アラビア 3. クルド 4. マダガスカル 5. エジプト

図表でチェック

問題1 a. ベルギー b. イギリス c. フランス d. イタリア

3 農業
1. フォガラ 2. ナツメヤシ 3. キャッサバ 4. カカオ

図表でチェック

問題1 a. プランテーション農業 b. 地中海式農業 c. 遊牧 d. コーヒー e. カカオ f. 綿花

4 鉱産資源
1. OPEC 2. 金鉱 3. ギニア

図表でチェック

問題1 a. 石炭 b. 石油 c. 鉄鉱石 d. ダイヤモンド

5 西アジア諸国
1. カナート 2. バグダッド 3. メッカ 4. ドバイ 5. ダイヤモンド 6. ボスポラス

6 北アフリカ諸国
1. アスワンハイ 2. イタリア 3. フランス 4. アトラス

7 中南アフリカ諸国
1. コーヒー 2. 茶 3. ニジェール川 4. カカオ豆 5. オランダ 6. アパルトヘイト

図表でチェック

問題1 a. ナイジェリア b. エチオピア c. エジプト d. コンゴ民主共和国 e. 南アフリカ共和国 f. ケニア g. モロッコ h. コートジボワール i. リビア

5章 ヨーロッパ(p. 128〜139)

1 自然環境
1. 構造 2. ケスタ 3. フィヨルド 4. エスチュ

アリー 5. ドナウ 6. 偏西

図表でチェック

問題1
新期造山帯 a. ピレネー b. アルプス c. アペニン
古期造山帯 d. スカンディナヴィア e. ペニン
安定陸塊 f. バルト g. ロシア
河川 h. ライン i. ローヌ j. ドナウ

2 社会
1. ゲルマン 2. スラブ 3. ケルト 4. フィンランド 5. オランダ 6. カトリック 7. イスラム 8. ライ麦

図表でチェック

問題1 a. ゲルマン b. ラテン c. スラブ d. ケルト c. ウラル
問題2 a. プロテスタント b. カトリック c. 正教会(東方正教)

3 EU
1. フランス 2. ECSC 3. イギリス 4. ノルウェー 5. スペイン 6. オーストリア 7. ユーロ

図表でチェック

問題1 a. ドイツ b. イギリス c. フランス d. イタリア e. スペイン f. オランダ g. スウェーデン h. ポルトガル i. オーストリア j. デンマーク k. フィンランド l. アイルランド m. スイス n. ノルウェー o. アイスランド p. ポーランド q. ルーマニア r. チェコ s. ハンガリー

4 農林水産業
1. イギリス 2. フィンランド 3. 酪農 4. 混合農業 5. 移牧 6. ブドウ 7. ポルダー 8. 園芸農業 9. ノルウェー

図表でチェック

問題1 a. 混合農業 b. 酪農 c. 地中海式農業 d. ブドウ e. オリーブ
問題2 イギリス：a イタリア：e オランダ：c スウェーデン：b フランス：d ポーランド：f

5 鉱工業
1. ポーランド 2. 北海 3. スウェーデン 4. ランカシャー 5. マンチェスター 6. バーミンガム 7. テムズ 8. ドーヴァー 9. トゥールーズ 10. マルセイユ 11. コナーベーション 12. フランクフルト 13. ミュンヘン 14. ロッテルダム 15. ブリュッセル 16. ジュネーヴ 17. ミラノ 18. タラント 19. バルセロナ

図表でチェック

問題1 a. グラスゴー b. ミドルズブラ c. マンチェスター d. バーミンガム e. ロンドン f. ダンケルク g. パリ h. ボルドー i. トゥールーズ j. リヨン k. フォス l. マルセイユ m. マドリード n. バルセロナ x. 北海 y. ロレーヌ
問題2 a. アムステルダム b. ロッテルダム c. ブリュッセル d. エッセン e. フランクフルト f. ミュンヘン g. ハンブルク h. ベルリン i. チューリヒ j. ミラノ k. トリノ l. ジェノヴァ m. ローマ n. タラント o. プラハ p. ブダペスト w. ルール x. ザール y. ザクセン z. シロンスク

6章 ロシアと周辺諸国(旧ソ連)(p. 140～145)

1 自然環境
1. ヴォルガ 2. カムチャツカ 3. Dw 4. アラル

2 社会
1. CIS 2. ウクライナ 3. アゼルバイジャン

図表でチェック

問題1
新期造山帯 a. カフカス b. カムチャツカ
古期造山帯 c. ウラル d. テンシャン
安定陸塊 e. 東ヨーロッパ f. 西シベリア g. 中央シベリア
河川 h. ヴォルガ i. オビ j. エニセイ k. レナ l. アムール
湖 m. カスピ n. アラル o. バイカル

図表でチェック

問題1 a. 正教会(東方正教) b. カトリック c. イスラム教

3 農業
1. 大麦 2. チェルノーゼム

図表でチェック

問題1 a. トナカイ b. ライ麦 c. 小麦 d. 綿花

4　鉱工業

1. サンクトペテルブルク　2. ドネツ　3. キーフ　4. ヴォルガ・ウラル　5. チュメニ　6. アムール　7. ウラジオストク

図表でチェック

問題1
都市名　a. サンクトペテルブルク　b. モスクワ　c. ノヴォシビルスク　d. イルクーツク　e. ハバロフスク　f. ウラジオストク　g. キーフ　h. クリヴィーリフ　i. タシケント
炭田　A. ドネツ　B. クズネツク　C. カラガンダ
油田　D. バクー　E. ヴォルガ・ウラル　F. チュメニ
問題2　a. ウクライナ　b. アゼルバイジャン　c. ウズベキスタン　d. エストニア

7章　アングロアメリカ（p. 146～153）

1　自然環境

1. アパラチア　2. ずれる　3. フィヨルド　4. エスチュアリー　5. プレーリー　6. ハリケーン

図表でチェック

問題1
新期造山帯　a. ロッキー　b. シエラネヴァダ
古期造山帯　c. アパラチア
安定陸塊　d. ラブラドル
河川　e. コロンビア　f. コロラド　g. リオグランデ　h. ミシシッピ　i. セントローレンス

2　アメリカ合衆国

1. スペイン　2. フランス　3. WASP　4. メキシコ　5. フィリピン　6. カリフォルニア　7. タウンシップ　8. アグリビジネス　9. 500　10. 大豆　11. プランテーション　12. センターピボット　13. ボストン　14. デトロイト　15. ピッツバーグ　16. シカゴ　17. 37　18. サンベルト　19. ヒューストン　20. ニューオーリンズ　21. コロンビア　22. シアトル　23. ロサンゼルス　24. シリコンヴァレー　25. 銅鉱

3　カナダ

1. ケベック　2. 多文化　3. 春小麦　4. ニューファンドランド　5. トロント　6. モントリオール

図表でチェック

問題1　x. 500　a. 春小麦　b. 酪農　c. トウモロコシ　d. 冬小麦　e. 綿花　f. 園芸　g. 地中海式
問題2　小麦：a, トウモロコシ：b, 大豆：c, 綿花：d
問題3　a. プルドーベイ　b. カリフォルニア　c. メサビ　d. アパラチア　e. メキシコ湾岸
問題4　a. ヴァンクーバー　b. トロント　c. モントリオール　d. シアトル　e. サンフランシスコ　f. ロサンゼルス　g. ダラス　h. ヒューストン　i. ニューオーリンズ　j. シカゴ　k. デトロイト　l. ピッツバーグ　m. ボストン　n. ニューヨーク　o. ボルティモア　p. アトランタ

8章　ラテンアメリカ（p. 154～159）

1　自然環境

1. メキシコ　2. ギアナ　3. エスチュアリー　4. セルバ　5. リャノ　6. パンパ　7. アタカマ　8. ペルー　9. 偏西　10. ラパス

図表でチェック

問題1
新期造山帯　a. アンデス
安定陸塊　b. ギアナ　c. アマゾン　d. ブラジル
河川　e. オリノコ　f. アマゾン　g. ラプラタ
熱帯雨林　h. セルバ
熱帯草原　i. リャノ　j. カンポセラード
温帯草原　k. パンパ
問題2　a. ジャガイモ　b. トウモロコシ

2　社会

1. アルゼンチン　2. ボリビア　3. メスチソ　4. カトリック　5. ポルトガル　6. 英　7. フランス　8. ファゼンダ　9. エスタンシア

3　農業

1. エクアドル　2. テラローシャ　3. ブラジル　4. リャマ

図表でチェック

問題1　a. バナナ　b. コーヒー　c. サトウキビ

4　鉱工業

1. ベネズエラ　2. チリ　3. ジャマイカ

図表でチェック

問題1　a. メキシコシティ　b. キト　c. リマ　d. ラパス　e. ブラジリア　f. サンパウロ　g. リオデジャネイロ　h. サンティアゴ　i. ブエノスアイレス　x. マラカイボ　y. カラジャス　z. イタビラ

5　ラテンアメリカ諸国

1. プライメートシティ　2. 社会主義　3. ガラパゴス　4. インカ　5. サンティアゴ　6. サンパウロ　7. ブエノスアイレス　8. 小麦

図表でチェック

問題1　a. ブラジル　b. メキシコ　c. コロンビア　d. アルゼンチン　e. ペルー　f. ベネズエラ　g. チリ　h. ジャマイカ

9章　オセアニアと両極地方(p. 160〜164)

1　オーストラリア

1. グレートディヴァイディング　2. グレートバリアリーフ　3. 白豪　4. アボリジニー　5. シドニー　6. キャンベラ　7. グレートアーテジアン(大鑽井)　8. スノーウィーマウンテンズ　9. イギリス

図表でチェック

問題1

古期造山帯　a. グレートディヴァイディング　b. タスマニア

安定陸塊　c. グレートアーテジアン

河川・その他　d. マリー　e. グレートバリアリーフ

2　ニュージーランド

1. フィヨルド　2. 偏西　3. ウェリントン　4. マオリ　5. 酪農　6. 牧羊

図表でチェック

問題1　a. 牧牛　b. 牧羊　c. 小麦　d. サトウキビ　e. 酪農　x. 500　y. 250

問題2　a. 偏西　b. 牛　c. 羊

問題3　a. パース　b. アデレード　c. メルボルン　d. キャンベラ　e. シドニー　f. ブリズベン　g. オークランド　h. ウェリントン　x. 石炭　y. 鉄鉱石

3　太平洋の島々

1. アメリカ　2. ニューカレドニア

図表でチェック

問題1　a. ミクロネシア　b. メラネシア　c. ポリネシア　d. ニューカレドニア

4　両極地方

1. グリーンランド

10章　日本(p. 165〜175)

1　領域と領土問題

1. 竹島　2. 尖閣諸島

図表でチェック

問題1　a. 北方領土　b. 竹島　c. 尖閣諸島

2　人口

1. サービス　2. 出生　3. 過疎・過密　4. ドーナツ化　5. 埼玉　6. 滋賀　7. Uターン　8. 沖縄　9. 東京　10. ブラジル　11. 中国

図表でチェック

問題1　秋田：d　東京：a　愛知：c　沖縄：b

3　農林水産業

1. 土地　2. 労働　3. 飼料　4. 野菜　5. カナダ　6. 200

図表でチェック

問題1　1. 米　2. ミカン　3. リンゴ　4. ブドウ　5. 豚　6. 乳用牛

問題2　a. 北海道　b. 長野　c. 静岡　d. 鹿児島

問題3　米：a　小麦：d　トウモロコシ：e　野菜：b　牛肉：c

問題4　a. 沖合　b. 遠洋　c. 沿岸

4　工業

1. 高度経済成長　2. バブル経済　3. ASEAN　4. 自動車　5. 愛知　6. 印刷業　7. 豊田

図表でチェック

問題1　a. 愛知　b. 静岡　c. 神奈川　d. 北海道　e. 千葉　f. 長野

5　貿易

1. 鉄鋼　2. 自動車　3. 原油　4. アメリカ　5. 中国　6. 貿易摩擦　7. 成田空港

図表でチェック

問題１　アメリカ：b　インドネシア：f　オーストラリア：c　タイ：d　中国：a　ドイツ：e

問題２　a. 肉類　b. 野菜　c. 木材　d. 石炭　e. 液化天然ガス　f. 自動車　g. 衣類

問題３　a. 成田空港　b. 名古屋　c. 東京

６　地域開発

1. ダム　2. 新産業都市　3. 一極集中

第Ⅲ部　大学入学共通テスト問題

地理Ｂ(2021年，本試験)

第１問　世界の自然環境

問１　[1]　①

海からの影響が強く現れるのは海洋性気候で，海洋は大陸より比熱が大きく，暖まりにくく冷えにくいので，気温の年較差が小さく，降水量が多い。海洋の影響が弱いのは大陸性気候で，気温の年較差が大きく，降水量が少ない。海洋性気候の特徴がよく現れるのは北半球の中高緯度の大陸西岸で，冬季に，西岸では海洋上を吹く偏西風の影響で冬の気温が高いが，同緯度の東岸では大陸からの寒冷な風の影響で気温が低い。夏季には両岸とも海からの風の影響を受けて気温にあまり差はなく，気温の年較差は西岸では小さく(西岸気候)，東岸では大きい(東岸気候)。よって，資料１では中高緯度の西岸の**ア**が海洋の影響を強く受け，大陸内部の**イ**では影響が弱いので①が正しい。**カ**も西岸であるが，北回帰線付近の低緯度で，大陸内部の**オ**は高山で気候因子の標高の影響を強く受ける。

問２　[2]　②

地点**D**は，最寒月平均気温が－３℃以上・１８℃未満の温帯で，夏季少雨の地中海性気候なので，赤道付近に多雨をもたらす熱帯収束帯(赤道低圧帯)の影響は受けず，冬季の多雨は亜寒帯低圧帯(高緯度低圧帯)，夏季の少雨は亜熱帯高圧帯(中緯度高圧帯)の影響を受けている。大陸西岸の地中海性気候の高緯度側は西岸海洋性気候，低緯度側はステップ気候で，地点**E**は地点**D**からほぼ真南に約800km(緯度では約７度)離れているので，ステップ気候に近く，亜寒帯低圧帯の影響を受ける期間が短く少雨なので，月降水量30mm以上の月が続く期間は短い。

問３　[3]　①

カードのうち，災害のきっかけに対応するのは，大洪水なら豪雨，大干ばつなら少雨なので，それぞれ，**b**低緯度地域で発生した熱帯低気圧(タイなど東南アジアではサイクロン)の襲来，**d**ラニーニャ現象(エルニーニョ現象の逆で，東太平洋の熱帯海域での海面水温が低下し各地で異常気象が発生)を一因とした大気の循環の変化である。災害に対する弱さに対応するのは**a**と**c**で，**a**は，保水力をもつ森林が伐採されて減少し，裸地化が進むと河川に流れ込む雨水が増加し，土壌侵食で土砂が流入して河床が上昇するので，大洪水が起こりやすくなることが書かれている。**c**は，貯水・給水施設の不足による灌漑用水の不足や内戦に伴う農地の荒廃で食料不足が生じると飢餓がもたらされることが書かれている。**ツ**は，**b**のカードからわかるように，熱帯低気圧の襲来のような雨季の降水量が多かった事例と，逆に少なかった事例(**G**)とで，気圧配置や気流などを比較すると，災害のきっかけを考えるヒントが得られる。

問４　[4]　③・　[5]　③

変動帯は，地殻変動が活発で，火山が多く地震が頻発するプレート境界で，高山はせばまる境界にみられる新期造山帯に多い。一方，プレート境界以外の地域は安定大陸で，安定陸塊と古期造山帯がみられる。図２中の**J**のエベレストはヒマラヤ山脈，**K**のデナリ(マッキンリー)はアラスカ山脈，**L**のアコンカグアはアンデス山脈に位置し，いずれも新期造山帯なので変動帯に位置する。**M**のコジアスコは古期造山帯のグレートディヴァイディング山脈に位置するので該当しない。また，キリマンジャロは広がる境界のアフリカ大地溝帯に位置しているが，大地形区分では安定陸塊に位置している。

氷河は，標高の高い**J**・**K**・**L**には分布しているが，南緯35度付近で東京とほぼ同じ緯度に位置する標高の低い**M**にはみられない。

問５　[6]　②

ヤは誤りで，森林のない無樹林気候には，年降水量が乾燥限界より少ない乾燥帯と最暖月平均気温が10℃未満の寒帯があることから，森林の有無は降水量のみでなく気温でも決まる。**ユ**は正しく，標高が高くなるにつれて気温は下がり，森林限界を越えると無樹林の寒帯となるので，森林のある地点**P**は森林のない地点**Q**よりも気温が高い。

問６　[7]　⑤

資料３の**ラ**は，氷河縮小のピーク期なので，氷河が融けた水は氷河縮小の初期より多くなり，氷河が融けるのは気温の高い夏が中心なので，図３では**h**が当てはまる。氷河縮小の初期からピーク期にかけては，融氷水が増加するので**X**が当てはまり，洪水の頻度は増加するので**Y**は当てはまらない。

第2問　産業

問1　8　⑤

表1で小麦生産量の多いAとBは，国土面積が広いロシアかアメリカ合衆国で，国土面積に占める耕地の割合は，北極海に面し，寒冷地域が広いロシアでは低いので，Aがアメリカ合衆国，Bがロシアである。ロシアでは，旧ソ連崩壊後の1990年代には生産量が少なかったが，2000年代からは増加して近年はアメリカ合衆国より多くなり，2017年には中国・インドに次ぐ世界３位となっており，アメリカ合衆国·フランスは４·５位である。１ha当たり収量は，大規模経営で粗放的生産のアメリカ合衆国・ロシアでは少なく，小規模経営で集約的生産のフランスでは多い。下の文のアはロシアで，計画経済から市場経済に移行し，かつての集団農業から生産活動の自由化が進められ，大規模な農業企業が増加した。イはフランスで，ＥＵの共通農業政策では，農村振興のために農家に補助金を支払う政策が推進された。ウはアメリカ合衆国で，近年はバイオ燃料の原料となるトウモロコシや植物油の原料となる大豆の生産が増加し，小麦の生産量は1990年代から減少している。

問2　9　③

漁獲量と養殖業生産量の合計は，発展途上国では人口増加や経済成長により増加しているので，カが2000年，キが2017年である。しかし，天然資源を捕獲する漁獲量は1990年代から低迷しており，近年は養殖業生産量が急増しているので，割合が高くなっているEが養殖業生産量，Fが漁獲量である。2013年以降は養殖業生産量が漁獲量を上回り，2017年でその割合が高い中国・インドネシア・インド・ベトナムは養殖業生産量の上位４か国で，漁獲量との合計でも上位４か国となっている。東南・南アジアでは海岸部でのマングローブ伐採によるエビ養殖池の開発が進み，インド・ベトナムでは海面より内水面の養殖業生産量の方が多い。

問3　10　④

３番目の条件に，距離当たり輸送費が，原料は製品の２倍の費用がかかると書いてあるので，原料産地に工場を建設し，製品を市場まで輸送すれば総輸送費は最小となり，図2から読み取れる各地点の総輸送費は，①が4万円，②が3万円，③が5万円，④が2万円で，④が正解である。生産費を安くすることができる場所に工場を建設する工業立地には，このように輸送費が重要で，鉄鉱石や石炭を原料とする鉄鋼業や石灰石を原料とするセメント工業など，原料の産地が限定され，生産工程で重量が大幅に減少する工業は，原料産地で生産し，軽量化して市場に運ぶと輸送費が最小となる原料指向型工業である。一方，水が最も重い原料となるビールや清涼飲料水など，原料がどこでも得られ，生産工程で重量があまり減らない工業は，市場で生産すれば輸送費が最小となる市場指向型工業である。

問4　11　③

製品に比べて原料の輸送費が多くかかるサは，生乳を加工して生産するバターで，原料産地の中心である北海道で工場数が多いKが該当する。原料と製品の輸送費がほとんど変化しないシは，生乳と重量が変わらない飲用牛乳で，原料産地と市場のどちらにも工場があるJが該当する。原料に比べて製品の輸送費が多くかかるスは，注にあるように，生乳のほかクリーム，バター，脱脂粉乳などを原料とするアイスクリームで，市場に工場が多いLが該当する。

問5　12　③

売上高の構成比が低下しているタは，同様に低下しているヨーロッパと同じ先進国のアメリカ合衆国である。石油危機後の1970年代後半には，日本からアメリカ合衆国へ小型で燃費がよい自動車の輸出が急増し，貿易摩擦が生じたため，輸出を規制した日本企業は，1980年代に直接投資を増やして工場建設を行い，現地生産を増加させ売上高が上昇した。アジアでは，工業化が早く進み社会基盤が整備された国から直接投資が行われ，1970年代には繊維・電気機械工業などが安価な労働力を求めて韓国などのアジアＮＩＥｓへ，1980年代後半には円高が進んで，より低賃金のタイやマレーシアなどのＡＳＥＡＮ諸国へ，その後は中国，インドなどへの企業進出が増加した。よって，2000年代に構成比が急上昇しているツが中国で，チは中国より早くから進出したＡＳＥＡＮである。

問6　13　⑥

Xは都市の中心部の割合が高いので，高価な買い回り品を販売し，公共交通機関の利用に便利な都心のターミナル駅付近に多い百貨店である。大型総合スーパーは，大規模な駐車場をもち，広い敷地が必要なため，都市内にも立地しているが，郊外の国道などの主要道路の沿線に多くみられる。一方，コンビニエンスストアは安価な最寄り品を販売し商圏が狭いため，人口密度が高い住宅街に多い。よって，X～Zの中でYだけ割合が高いミがロードサイドで，Yは大型総合スーパー，マは住宅街で，割合が高いZはコンビニエンスストアである。コンビニエンスストアは店舗数が多いので，小売業計でも住宅街の割合は高い。

第3問　都市と人口

問1　14　③

人口100万人以上の都市が最も多い④は，平野が沿海部を中心とした東部に広がり大都市が多い中国のウ。

最も都市が少ない①は，内陸にサハラ砂漠が広がり人口が少なく，ギニア湾岸とニジェール川本支流沿いに大都市があるアフリカの**ア**。北東部に都市のある②は，大西洋側の沿岸部に大都市が多いブラジルの**エ**。南西部に都市が多い③は，ガンジス川中上流部のインド北西部とインダス川中上流部のパキスタン北部に大都市があり，標高の高いチベット高原やタクラマカン砂漠などの乾燥地域で人口が少ない**イ**。

問2 15 ②

0～14歳の年少(幼年)人口の割合が高い**キ**は，出生率が高い発展途上国のケニア。最も年少人口の割合が低い**ク**は，近年合計特殊出生率が世界で最も低く，少子化が進んでいる韓国。オーストラリアは**カ**で，アメリカ合衆国と同様に移民が多く先進国の中では年少人口の割合が高い。人口第１位の都市では雇用が多く，15～64歳の生産年齢人口の割合が国全体より高いので**b**が該当し，国全体は**a**である。

問3 16 ①

①正しい。移住先の国籍を有する者が多いのは，英語が公用語のイギリス，アメリカ合衆国，カナダや，イギリスの植民地であったスリランカ，ミャンマー，マレーシア，南アフリカ共和国，モーリシャス，フィジー，ガイアナ，トリニダード・トバゴ(アジアの３か国以外では英語が公用語)である。②誤り。第二次世界大戦以前にイギリス植民地の東南アジアのマレーシアやラテンアメリカのガイアナなどに移住したインド人は農業や鉱業に従事した。③誤り。西アジアのサウジアラビアやアラブ首長国連邦などに移住したインド人は建設業などに従事している。④誤り。1990年代以降，インド国内の情報通信技術産業は発展を続け，技術者のアメリカ合衆国への移住も増加している。

問4 17 ③

Aは都心部で，高度経済成長期の後半の1965～1970年には地価の高騰などによるドーナツ化現象で人口が減少したので**シ**が該当し，当時大都市圏の郊外では流入人口が増加したので，1965～1970年の増加率が最も高い**ス**は**C**である。都心部では，1991年のバブル経済崩壊後に地価の下落が進み，再開発により高層マンションなどの住宅供給が増加して人口の都心回帰現象が生じたため人口が増加し，2005～2010年には増加率が高くなっている。**B**は**サ**で，1925年の人口密集地の外縁に位置し，当時の人口増加地域になっていたので，1925～1930年の増加率が最も高い。

問5 18 ②

タは，別荘などの住宅の割合が高いので，観光やレジャーのために多くの人が来訪する**E**が該当する。**チ**は，賃貸用・売却用の住宅の割合が高いので，転出者や転入者の多い大都市圏に含まれる**G**が該当する。**ツ**は，空き家の割合が高いので，高齢化や過疎化によって人口減少が進んでいる**F**が該当する。

問6 19 ③

図７で，バス専用レーンは，都心部のタイペイ駅周辺と副都心の市役所周辺を結ぶ道路が，一番古い1989～1995年に設置されたので，**x**は誤り。図８で，バス路線の長さはほとんど変化していないが，二酸化炭素の排出量が少なく環境負荷が小さい地下鉄路線の長さは2000年代半ば以降延びているので，**y**は正しい。

第４問 アメリカ合衆国

問1 20 ②・ 21 ①

アメリカ合衆国では，北東部のメガロポリス地域や五大湖沿岸地域から繊維工業や鉄鋼業などの工業化が進んだが，石炭から石油中心へと変化したエネルギー革命後の1970年代には，安価な労働力や豊富な石油，温暖な気候，税制上の優遇措置などを背景に，北緯37度以南のサンベルトと呼ばれる地域へ工場が進出して人口が増加し，その後，先端技術産業も成長した。一方，北東部では設備の老朽化や日本など後発国の追い上げによって工業が衰退して人口も停滞し，スノーベルト(フロストベルト)，ラスト(さびついた)ベルトと呼ばれている。したがって，⑴は，矢印が北東から南西方向に向かう**イ**が該当し，⑵は①が該当する。⑵の②は20世紀初めからのピッツバーグの製鉄業やデトロイトの自動車産業の成長，③は19世紀後半の大陸横断鉄道の開通と開拓前線(フロンティア)の西進，④は工業化が進んだ19世紀の農村部から大都市圏への人口移動である。

問2 22 ⑤

テキサス州は，製造品出荷額が最大の州なので，工業用水の割合が高い**ク**であり，農業は牧畜が盛んであるが，綿花生産は最大で灌漑用水の利用が多く，農業用水の割合もあまり低くはない。ネブラスカ州は，プレーリー西部からグレートプレーンズのトウモロコシ地帯と冬小麦地帯の境界付近に位置し，農業が盛んなので，農業用水の割合が高い**カ**であり，乾燥した西部では地下水を利用したセンターピボットによる灌漑地が多いので，地下水の割合が高い。マサチューセッツ州は，州都のボストンがメガロポリス北端の大都市で，エレクトロニクスハイウェイと呼ばれる先端技術産業集積地があり，人口密度が高いため，工業用水と生活用水の割合が高い**キ**であり，面積が狭く農地が狭いため農業用水の割合は低い。

問3 23 ①

図２の**サ**は，温帯で夏乾燥の地中海性気候なので，

大陸西岸のワシントン州の地点**X**で，**シ**は最寒月平均気温が－3℃未満の亜寒帯湿潤気候で気温の年較差が大きいので，内陸のミシガン州の地点**Y**である。ワシントン州の内陸のコロンビア盆地は偏西風に対して高峻なカスケード山脈の風下側で少雨であるが，コロンビア川沿いで灌漑により小麦栽培が行われており，表**2**で小麦生産量の多い**G**が該当する。**H**はミシガン州で，かつて大陸氷河に覆われて土地がやせ冷涼な五大湖周辺では酪農が行われ，農産物生産量は少ないが，冷涼な地域で栽培される砂糖の原料のテンサイの生産量はやや多い。

問4 [24] ①

チは**タ**よりアジア系が多いので，太平洋側のワシントン州で，特に雇用が多い人口最大都市には，ヨーロッパ系以外の移民が多いので，④が航空機産業の中心のシアトル市，②がワシントン州全体である。**タ**はミシガン州で，アフリカ系は18世紀末に奴隷として南部の農園労働者として多く流入し，現在も南部で人口割合が高いが，19世紀後半の奴隷解放後に，早くから工業化が進み雇用が多かったメガロポリス・五大湖周辺の大都市に移住したため，この地域では南部についで人口割合が高い。ミシガン州の人口最大都市で自動車産業の中心であるデトロイトでは，アフリカ系住民が労働者として流入し，その割合は国内の大都市の中でも非常に高いので③が該当し，州全体は①である。

問5 [25] ②

都市人口率が高位の州の多くが高位になっている**マ**は外国生まれの人口の割合で，雇用が多い都市には外国からの移民が多く，太平洋側にはアジア系，メキシコとの国境付近やカリブ海諸国に近いフロリダ州ではヒスパニックが多い。**マ**とは反対に都市人口率が高位の州の多くが低位になっている**ミ**は持ち家率で，都市では賃貸住宅が多く，持ち家が少ない。南部を中心に高位の州が多い**ム**は貧困水準以下の収入の人口の割合で，アメリカ合衆国ではアフリカ系やヒスパニックの所得水準が低い。

問6 [26] ④

ラ：民主党の候補者が選挙人を獲得した州は，太平洋側の西海岸と大西洋側の北東部に多く，北東部でイギリス人が最初に入植した地域はニューイングランドと呼ばれ，ボストンの位置するマサチューセッツ州などニューヨーク州の北東側にある６州が含まれる。**リ**：伝統的工業地域の五大湖沿岸地域では，1970年代以降，工場の閉鎖や失業率の上昇，人口の減少などの問題が発生し，東西冷戦終結後の1990年代以降は経済のグローバル化が進み，ＮＡＦＴＡ(北米自由貿易協定)の結成や中国などの新興国の工業化によって工業生産の多国籍化が進展し，製造業が衰退した。2012年に当選した民主党のオバマ大統領に代わって，2016年に立候補した共和党のトランプは，自国の利益を最優先するアメリカ第一主義で，工場の海外移転を抑制する政策などを主張し，大統領当選後は貿易赤字縮小のため最大の輸入先の中国への追加関税や，ＮＡＦＴＡに代わるＵＳＭＣＡ(米国・メキシコ・カナダ協定)の結成などを行った。

第5問　宮津市の地域調査

問1 [27] ③

図**2**から，③は正しいが，その他は誤りであることが簡単に読み取れる。

問2 [28] ②

①誤り。武家屋敷は宮津城の周囲にあり，新浜から本町にかけての地区までには広がっていない。②正しい。体育館付近は江戸時代には海で，現在は埋立地になっている。③誤り。江戸時代には大手橋への直線道路はみられない。④誤り。市役所は本丸の跡地でなく，大手橋の南西側にある。

問3 [29] ②

天橋立と背後の山や海の見え方から，①は**D**，②は**A**，③は**C**，④は**B**と判定できる。

問4 [30] ⑥

カ：冬季の北西季節風は海から吹いてくるから，湿っている。**キ**：生産が縮小したのだから，発展途上国から安価な織物製品の輸入が急増したことがわかる。**ク**：日本製品は高価なので，ブランド化して海外市場に進出しつつある。

問5 [31] ④

①正しい。小学校の廃校は子どもの減少によるので，その背景として正しい。②正しい。伝統的な文化や技術の継承は高齢化により困難になっている。③正しい。棚田やブナ林，湿地などの自然環境への都市住民の関心の高まりで，棚田の保全やツアーが行われている。④誤り。移住者の増加の背景は，農民の高齢化・減少による耕作放棄地の増加や古民家の増加で，図**2**からわかるように，宮津市などの地方小都市では人口減少率が高く，人口の郊外化はみられない。

問6 [32] ①

サ：図**5**から大阪府が２位と簡単に読み取れる。**シ**：高位となっているのは東北，中国，九州地方などで，**F**の温泉や農山漁村が当てはまる。**G**のショッピングや大型テーマパークを楽しむのは東京や大阪などの大都市圏で，低位が多い。

大学入学共通テスト地理総合・地理探究対応

地理ノート（解答）

2024年５月　初版発行

編　者	脇阪　義和
発行者	野澤　武史
印刷所	明和印刷株式会社
製本所	有限会社　穴口製本所
発行所	株式会社　山 川 出 版 社
	〒101-0047　東京都千代田区内神田1-13-13
	電話　03（3293）8131（営業）
	03（3293）8135（編集）
	https://www.yamakawa.co.jp/
装　幀	水戸部　功

*

ISBN978-4-634-05442-4　NYZK0101